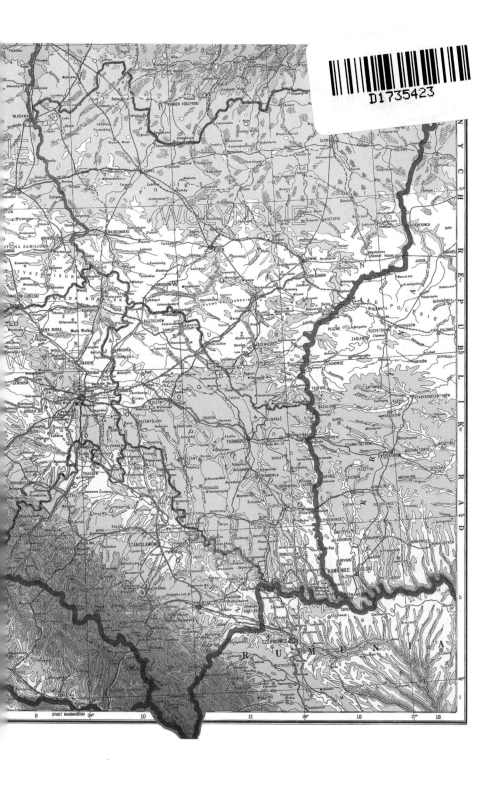

bóhlau

Karolina Lanckorońska

Mut ist angeboren

Erinnerungen an den Krieg 1939–1945

Aus dem Polnischen von Karin Wolff

Böhlau Verlag Wien · Köln · Weimar

Die Fotografie auf dem Frontispiz wurde unmittelbar nach Karolina Lanckorońskas Entlassung aus Ravensburück 1945 in Genf gemacht

Gedruckt mit der Unterstütung durch

Poland Translator Program

Rat zum Schutz des Andenkens an Kämpfe und Martyrium

Titel der polnischen Originalausgabe:
Wspomnienia wojenne
Społeczny Instytut Wydawniczy ZNAK, Krakau 2002

Bibliografische Information Der Deutschen Bibliothek:

Die Deutsche Bibliothek verzeichnet diese Publikation in der Deutschen Nationalbibliografie; detaillierte bibliografische Daten sind im Internet über http://dnb.ddb.de abrufbar.

ISBN 3-205-77086-2

Gedruckt auf umweltfreundlichem, chlor- und säurefreiem Papier

Druck: Obersteirische Druckerei, 8700 Leoben

Printed in Austria

Inhalt

Vorwort

Diese Erinnerungen, zu einer eventuellen Veröffentlichung nach meinem Tod bestimmt, schrieb ich in den Jahren 1945–1946 nieder, nach meiner Befreiung aus deutscher Gefangenschaft.[1] Ursprünglich wurde der Text mit dem Gedanken an eine Publikation in englischer Sprache geschrieben. Ich ließ etliche Passagen übersetzen und präsentierte sie zwei Verlegern. Beide lehnten auf der Stelle ab mit der Begründung, dass „der Text zu antirussisch" sei. Nach ein paar Jahren zeigte ich ihn zwei anderen englischen Verlegern, die ebenfalls ablehnten, diesmal mit der Begründung, der Text sei „zu antideutsch".

Dieses Erinnerungsbuch soll ein Bericht sein und nur ein Bericht über das, wessen ich während des Zweiten Weltkriegs Zeuge war. Ich weiß, dass andere viel mehr durchlebt haben – ich bin weder in Auschwitz noch in Kasachstan gewesen –, aber ich weiß auch, dass jeder gewissenhafte Rechenschaftsbericht dem Bild jener Jahre neue Details hinzufügt.

Änderungen habe ich kaum vorgenommen, obschon so mancher Abschnitt von Dingen spricht, die heute allgemein bekannt und anderswo besser geschildert sind. Das Problem eventueller Kürzungen überlasse ich der Beurteilung meiner Verleger, denn ein vor fünfzig Jahren geschriebenes Buch kann man selber weder einschätzen noch umarbeiten. Ich bedinge mir dabei nur aus, dass sich die Auslassungen allein auf Einzelheiten beschränken und die allgemeine Atmosphäre, in der dieses Gedenkbuch entstand, unangetastet bleibt. Ich vertraue es in erster Linie Professor Lech Kalinowski und Frau Ela Orman an. Mag sein, dass sie andere Freunde zur Beratung in Sachen Kürzungen hinzuziehen möchten.

K. L.   Rom, am 20. 2. 1998

---

[1] Prof. Karolina Lanckorońska fasste im Jahr 2000 den Entschluss, die *Kriegserinnerungen* zu veröffentlichen.

Kapitel 1

Lwów

(22. September 1939 – 3. Mai 1940)

In der Nacht des 22. 9. 1939 nahm die sowjetische Armee Lwów ein.

Früh ging ich einkaufen. In kleinen Gruppen trieben sich Soldaten der Roten Armee, die schon seit ein paar Stunden in der Stadt war, in den Straßen herum. Das „Proletariat" rührte keinen Finger zu ihrer Begrüßung. Die Bolschewiken selber sahen durchaus nicht nach Siegern aus, weder nach frohgemuten noch nach stolzen. Wir bekamen schlecht uniformierte Menschen von erdfahlem Aussehen zu Gesicht, die sichtlich beunruhigt, ja fast verschreckt waren. Sie wirkten vorsichtig und mächtig erstaunt. Lange standen sie vor den Schaufenstern mit den Überresten von Waren dahinter. Erst nach ein paar Tagen begannen sie die Läden zu betreten. Dort waren sie sogar recht lebhaft. In meinem Beisein kaufte ein Offizier eine Klapper. Er hielt sie einem Kameraden ans Ohr, und als die Klapper klapperte, hüpften die beiden und bekundeten laut ihre Freude. Schließlich erwarben sie den Gegenstand und verließen beglückt das Geschäft. Der bestürzte Geschäftsinhaber schwieg eine Weile, dann wandte er sich an mich und fragte hilflos: „Ach, meine Dame, wie soll das noch werden? Immerhin sind das doch Offiziere."

Wir aber traten unterdessen in die erste Phase unseres neuen Lebens ein, wohl wissend, dass die Bolschewiken den ganzen Winter über bleiben würden, dass dagegen nichts zu machen war, dass wir aushalten mussten bis zum fernen Frühling. Wir hatten Radio, hörten sämtliche Sender Europas, beteuerten daher einander, dass wir wirklich nicht abgeschnitten seien, wo wir doch über alles, was vor sich ging, Bescheid wussten. Wir wussten auch vom ersten Augenblick an, dass sich Warschau weiterhin verteidigte, beneideten die Warschauer rückhaltlos. Später erfuhren wir auf demselben Wege, dass wir eine Regierung in Paris haben und dass

Gott diesmal die Ehre der Polen General Sikorski* anvertraut hat. Ebenfalls aus dem Radio, und zwar aus den Lautsprechern, die gleich nach der Instandsetzung des Elektrizitätswerks an den Ecken der Hauptstraßen auftauchten, erfuhren wir noch etwas anderes, nämlich, dass Lwów „die Hauptstadt der (West-)Ukraine" ist, die endlich Eingang gefunden hat als ein neues Mitglied in die große Familie glücklicher Völker des „Sowjecki Sojus". „Proletarier aller Länder vereinigt euch!" dröhnte es für uns zum ersten Mal von überall her. Gleichzeitig sendete der Rundfunk Schimpftiraden über das „Herrenpolen" und seine „ehemalige" Armee. Diese Rundfunksendungen illustrierten Karikaturen, die an den Häuserwänden erschienen. All diese Auftritte zeitigten nur die eine einzige Wirkung: Dem polnischen Arbeiter in Lwów war vom ersten Augenblick an das neue Regime vergällt, er war schlichtweg wütend, entsprechend der natürlichen Temperamentslage dieser Stadt.

Ukrainische Stadtkomitees begannen unterdessen wie Pilze aus dem Erdboden zu schießen. Das Palais der Gołuchowski, unserer Freunde, wurde beschlagnahmt und ihre Zentrale darin untergebracht. Es war dies einer der ersten gegen das Privateigentum gerichteten Akte. Während des ziemlich erschwerten Auszugs der Eigentümer schnappte ich mir vom Boden des schon okkupierten Palais elf Frackhemden, eine Hinterlassenschaft von Minister Agenor Gołuchowski* seligen Andenkens. Die wertvolle Beute brachte ich unverzüglich zum so genannten Krakauer Komitee, das sich um die aus Krakau eingetroffene Bevölkerung kümmerte. An der Spitze des Komitees standen die Professoren Kot* und Goetel*. Der Bedarf an jeglicher Art von Männergarderobe war offenbar gewaltig. Die ministerialen Frackhemden, ausgerüstet übrigens mit den bedrohlichen Vatermördern, wurden nachgerade enthusiastisch empfangen und landeten unverzüglich auf dem Buckel der Bedürftigen.

Lwów soll zum damaligen Zeitpunkt eine Millionenstadt gewesen sein. Es war nicht ganz einfach, die Straßen zu passieren, denn hier war buchstäblich ganz Polen zusammengeströmt. Alle möglichen Verkehrsmittel versperrten die Straßen. Auf den Trottoirs war überhaupt kein Fortkommen. Hunderttausende stießen und drängten sich, Menschen, die einfach Hals über Kopf geflohen waren, unterwegs vielmalig bombardiert und unter dem Verlust jeglicher Habe, nicht selten der nächsten Angehörigen; hier waren sie zusammengeströmt und jetzt wussten sie nicht, was sie mit sich anfangen sollten. Die legale Ausreise nach Rumänien war mit dem Einmarsch der Bolschewiken unmöglich geworden, der Übergang nach Ungarn erschwert. Nichtsdestoweniger reisten die einen aus oder gingen über die Grenze, während andere, diese Gruppe war zahlreicher, noch immer anreisten. Unablässig fragten sie allesamt einer den anderen: „Was soll werden?"

Der Mangel an Lebensmitteln und Unterkünften stellte für die Flüchtlinge ein schwerwiegendes Problem dar. Doch mit jedem Tag verbesserte sich die Situation. Die Verproviantierung vom Lande kam wieder in Gang, und eine große Menschenmenge strömte gen Westen auf „jene Seite" unter den Deutschen, die sich hinter den San zurückgezogen hatten. Über den Fluss zu gelangen, war schwierig, aber damals noch möglich. Nach wenigen Tagen waren die Straßen deutlich leerer, gleichzeitig erfuhr das Bild des herbstlichen Lwów eine gewisse Bereicherung: Eine große Anzahl von Menschen in Bauernröcken mit Schnurbesatz und Pelzmützen – Gutsbesitzer, die es geschafft hatten, sich in der Stadt in Sicherheit zu bringen – gaben ihm eine neue Note. Sie brachten als erste die Kunde von Morden – sporadischen im Übrigen – sowie von zahlreichen Verhaftungen unter den Landeigentümern in den umliegenden Dörfern. Damals traf auch ein Angestellter aus Jagielnica, dem Gut meines Bruders unweit von Czortków, ein und setzte mich davon in Kenntnis, dass Bruder und Schwester zehn Minuten vor Einzug der Bolschewiken Richtung rumänische Grenze abgefahren seien. Beide waren sie im letzten Augenblick über Zaleszczyki, wo sie eine Reihe Verwandter und Bekannter trafen, entkommen. Später sollten sie sich bis nach Genf durchschlagen. Der Kommandeur der ersten Rotte erkundigte sich beim Einreiten in den Gutshof nach dem Bruder, nannte seinen Namen und verkündete, er wolle ihn erschießen.

Die ersten Nachrichten aus Komarno[1], von mir zu Hause, brachte mein treues Dienstmädchen Andzia, ein einfaches Mädchen vom Lande. Sie schleppte einen schweren Koffer. Hinter ihr drein schritt ihr monumentaler Beschützer, der fünfundsiebzigjährige Mateusz[2], Diener im Ruhestand und Haustyrann mit schneeweißem Backenbart à la Franz Joseph. Nachdem sie guten Tag gesagt hatte, zeigte Andzia auf den Koffer und verkündete: „Ich habe die Papiere und wissenschaftlichen Hefte gebracht. Bitte nachzuschauen, ob alles da ist." Das war es, u. a. eines meiner druckfertigen Manuskripte, die Frucht achtjähriger Arbeit. „Ich hab' noch andere Sachen, aber ich hab' erst die wissenschaftlichen gebracht, weil ich wusste, die sind am wichtigsten." In Komarno fanden mit dem Augenblick des Abtretens der polnischen Behörden Besuche von Bauern im Herrenhaus statt, spielten sich Szenen ab, wie sie üblich sind bei jedem großen Brand. Als nächstes fielen die Deutschen ein, die sich nach ein paar Tagen Aufenthalt und sehr gründlicher Plünderung nach Przemyśl zurückziehen mussten. Von da an führten örtliche ukrainische Komitees das Regiment, der Zustrom sowjetischer Elemente war vorläufig noch spärlich.

Die strohblonde Andzia aber bezog erneut Quartier bei mir. Häufig fuhr sie nach Komarno, um für mich und meine Freunde Proviant zu besorgen, und sie schaffte – unter ziemlich großer Gefahr – die sehr kostbare Nahrung und eine Menge meiner persönlichen Sachen herbei. Auch die örtlichen Bauern und Gutspersonal tauchten ziemlich oft bei mir auf und erzählten, was vor sich ging. Auch sie brachten zuweilen Verpflegung. Ich erinnere mich, dass ich einmal Käse geschenkt bekam, eingewickelt in zwei Blätter einer der bebilderten Publikationen über Florentinische Malerei des 15. Jahrhunderts aus meiner Bibliothek.

Bolschewiken trafen unterdessen immer mehr ein, Männer und überaus hässliche Frauen. Sie kauften alles, was ihnen unter die Finger kam. Sie drängten sich in jedem Laden. Die oben geschilderte Szene mit der Klapper wiederholte sich täglich viele Male. Weil ihnen aber die Bestimmung mancher Gegenstände nicht vertraut war, erlebten sie auch gewisse Fehlschläge, wenn sich zum Beispiel die Genossinnen beim Theaterbesuch in schleppenden Seidennachthemden präsentierten oder man Klistierspritzen zum Blumengießen erwarb u. Ä. m. Ihre Gier beim Erbeuten von Waren stand so gar nicht im Einklang mit der angeblichen Wohlhabenheit Russlands, mit der Versicherung, dass es im Sowjetreich alles gab, was das Herz begehrte. Auf die Frage der Lemberger: Und wie steht's mit Kopenhagen? folgte die Beteuerung, dass es das gab, und zwar millionenfach. Und Apfelsinen, gibt es die? Noch und noch! Es gab immer schon viel, aber jetzt, wo wir so viele neue Fabriken gebaut haben, gibt es noch mehr!

Bald schon sollten wir zum ersten Mal mit den neuen Machthabern in Berührung kommen, auf eigenem Terrain, an der Universität. Man lud Professoren, Dozenten, Assistenten, Studenten und Pedelle zu einem Meeting am 29. September ins Collegium Maximum ein. Es war eine große Zusammenkunft. Hoch oben über dem Katheder hing ein Porträt Stalins, im Profil, farbig, von riesigen Ausmaßen. Solche Dimensionen waren uns allein aus Byzanz bekannt; das Porträt aber, das über uns hing, zeugte von einer Mentalität, die bereits ganz und gar abgeschnitten war von den klassischen Wurzeln, aus denen einst die byzantinische Kultur gewachsen war. Entsetzt starrte ich auf die Stirn und die Gesichtszüge, die wir von nun an immer und überall vor Augen haben sollten, ob in Schaufenstern, ob in Restaurants, an Straßenecken oder in Straßenbahnen. Jenes Gesicht kam mir grundsätzlich anders vor als unsere Gesichter, die unsere Gedanken und Empfindungen widerspiegeln, was wohl wesentlich für die Gesichter der Menschen aus dem Westen ist. Jene Züge aber, die ich damals vor mir hatte, schienen dieser Gedanken und Empfindungen undurchlässige Verhüllung. Aus diesem Gesicht, zu jener Zeit für uns noch ungewohnt, heute so vertraut, wenn auch fremd wie eh und je, erfuhren wir auf unwiderlegbare und ergreifende Weise, dass da eine absolut fremde Mentalität Macht über uns gewonnen hatte. Indessen betraten die Sowjets den Saal, der russische Kommandant von Lwów mit seiner Suite sowie ein hochgewachsener Mann mit derben, dennoch ungemein intelligenten Zügen, in Bolschewistenbluse, dem der Kommandant sichtlich Ehre erwies. Sie stiegen aufs Podium und baten Rektor Longchamps* mit den Dekanen zu sich. Als Erster sprach der Kommandant, ein schönes Russisch, wie mir schien. Er begrüßte die Versammelten und erklärte, dass es sein ausdrücklicher Wunsch gewesen sei, selbst das erste Meeting in diesem Gebäude zu eröffnen, das von nun an der Heranbildung nicht der Herren, sondern des Volkes dienen werde. Danach erteilte er dem Genossen Kornijczuk*, einem Mitglied der Kiewer Akademie, das Wort.

Kornijczuk erhob sich, schritt gemächlich zum Katheder und begann von dort aus zu uns zu sprechen, bedächtig, mit einer dunklen kräftigen Stimme. Er sprach Ukrainisch, den Kiewer Dialekt, der von dem aus unserer Gegend leicht abwich. Er sprach über Größe und Macht von Wahrheit und Wissen, darüber, wie viel die polnische Kultur zur Weltkultur beigetragen habe, huldigte dem großen Mickiewicz in ausnehmend schönen Worten, sprach weiter mit hinreißender Eloquenz über Stärke und Wert der Lehre, die die Menschheit vereint, über die Mission der Universitäten, insbesondere der Lemberger Hochschule, deren Aufgabe es sei, beide Kulturen, die polnische und die ukrainische, zu einem Ganzen zusammenzufügen. Obschon ich nicht jedes Wort verstand und mir so manche Wendung entging, werde ich diese Rede stets erinnern als eine der mitreißendsten, die ich in meinem Leben gehört habe.

Nachdem Kornijczuk geendet hatte, meldeten sich die künftigen kommunistischen Asse der Universität zu Wort – Ukrainer, Juden und Polen. Es hagelte demagogische Phrasen. Als der Satz vom Ausschluss der ehemals „privilegierten" Klassen von der Universität fiel, verlangte der alte Professor Krzemieniewski*, einstiger Rektor – Teilnehmer an den Kämpfen des Jahres 1905 und ehemaliger politischer Häftling –, das Wort. Als seine imponierende Gestalt auf dem Podium erschien, empfingen wir sie mit lebhaftem Beifall. Ostentativ wandte er sich dem Rektor zu, verneigte sich und begann laut und gefasst: „Magnifizenz!", er blickte zu Kornijczuk; „Herr Akademiker!", und schließlich ans Publikum gewandt: „Damen und Herren!" Der nicht eben hochgewachsene Stadtkommandant, Herr über Leben und Tod, den der Redner überhaupt nicht zu erwähnen geruhte, rutschte unruhig auf dem Stuhl hin und her. „Mein geschätzter Vorredner" (der im Publikum sitzende Adressat krümmte sich sichtlich) „möchte einem Teil der Gesellschaft den Zugang zur Universität verwehren, worauf ich ihm zur Antwort gebe: ,Wenn die Lehre eine ist, so wie die Wahrheit eine ist, wenn wir keine Klassenunterschiede anerkennen, dann sind für mich alle gleich, Bauer, Arbeiter, Intellektueller und Adliger. Ich werde den Bauern, Arbeiter, Intellektuellen und Adligen ausbilden. Mich kümmert die Herkunft eines Menschen nicht, der der Lehre und der Wahrheit dienen will.'" Auf die schrillen Reaktionen der Gegner erwiderte Krzemieniewski nichts; er stieg vom Podium unter Ovationen beinah des gesamten Saals. Jetzt stand der Kommandant auf, seine Miene war unsicher, als ob etwas schief ginge, was er selbst nicht so richtig verstand, und las uns eine Depesche der Versammelten an Stalin vor. Sie war behutsam abgefasst, nicht allzu unterwürfig, offenbar um es sich mit uns nicht zu sehr zu verderben. „Wer für die Absendung ist, möge die Hand heben." Von den ein paar Hundert Anwesenden hob etwa ein Dutzend die Hand. Mit einem leisen Lächeln fragte der Kommandant nunmehr: „Und wer ist dagegen?" Natürlich hob sich keine einzige Hand. Sein Lächeln war strahlend, als er erklärte: „Der Antrag auf Absendung der Depesche wurde einstimmig angenommen."

Wir verließen das Gebäude mit einem Gefühl des Missbehagens. Die Dämmerung war schon hereingebrochen. Trotz allem standen wir jedoch unter dem Eindruck der Rede von Kornijczuk, voller Hoffnung, dass sich die Jan-Kazimierz-Universität retten ließ, dass wir sie unbeeinträchtigt bis zum Frühjahr würden bewahren können als *naufragio Patriae ereptum monumentum*.[3] Ein paar Wochen später sollten wir erfahren, dass noch an demselben Tag, um neun Uhr abends, derselbe Kornijczuk eine weitere Rede, mit Sicherheit eine nicht minder flammende, gehalten hatte, diesmal auf einer ukrainischen Versammlung, auf der er die Ausschließung sämtlicher polnischer Elemente aus der Lemberger Universität versprach.

Wir aber warteten und warteten. Unser Eindruck war, dass uns die Vorsehung ins Blaue führte, und wir waren außerordentlich neugierig. Ich muss zugeben, dass zum Beispiel in meinem Falle die Neugier des Historikers, der unvermutet die Möglichkeit hat, mit einer der Hauptbewegungen der Gegenwart in Berührung zu kommen, alles andere überwog. Wenn es schon so sein musste, dass das ganze Land für etliche Monate – bis zum Frühling – die Unabhängigkeit verlor, war ich zufrieden, mich auf der sowjetischen Seite zu befinden. Diese Erfahrung war mit Sicherheit die interessantere, außerdem hatte schließlich der Begriff der Menschenwürde, der die Grundlage bildete für unsere seelische Befindlichkeit, in der Theorie des Kommunismus einen Stellenwert, während er von Hitler ausgestrichen und durch einen zoologischen Rassekult ersetzt worden war.

Die Nachrichten, die uns von „jener Seite" erreichten, schienen solches zu bestätigen. Wir hörten aus dem Rundfunk von Massenerschießungen in unseren westlichen Provinzen, erfuhren schließlich von der Verhaftung der Professoren der Jagiellonen-Universität[4] und ihrem Abtransport ins Konzentrationslager. Diese letzte Information traf uns natürlich wie ein Blitz. Ihr folgten nunmehr pausenlos Rundfunksendungen über die Zerschlagung sämtlicher kultureller Zentren, über die planmäßige Vernichtung von Bibliotheken und Archiven, sämtlicher Spuren unserer historischen Vergangenheit. Auch wenn uns die Hoffnung trug, dass das alles nicht wahr sein konnte, dass zumindest ein Teil der Nachrichten der Antihitlerpropaganda geschuldet war, kamen wir nicht umhin, zuzugestehen, dass die Sowjets vor Wissenschaft und Kultur Respekt zeigten, was sicher vieles zu retten erlaubte. Dieser Eindruck wurde noch dadurch bestärkt, dass die Universität tatsächlich geöffnet wurde. „Alle haben normal Vorlesung zu halten", lautete die Anweisung. Also machten wir uns an die Arbeit, als wäre alles in bester Ordnung. Auch ich hielt Vorlesungen. Die Hörergemeinde war ziemlich seltsam. Von polnischer männlicher Jugend keine Spur, die hielt sich versteckt, die Jungen kamen einzeln in unsere Wohnungen wegen Büchern und Direktiven für die weitere Arbeit. Zu den Vorlesungen gingen Hörerinnen von früher, die behaupteten, dass die mit mir verbrachten Stunden ihnen irgendwie das Durchhalten erleichterten, sowie neue Hörer, nichtpolnischer Nationalität, geschickt von den neuen Behörden. Weil ich, gemäß dem alten Plan, in aller

Seelenruhe die Sieneser Malerei des 14. Jahrhunderts las, saßen diese armen Ankömmlinge ratlos die Stunden ab, den Blick nicht auf die Dias an der Leinwand, sondern irgendwo vor sich ins Leere gerichtet. Doch kommen mussten sie, man kontrollierte uns alle streng. So manches Mal entschlummerten sie und begleiteten meinen Vortrag mit rhythmischem Schnarchen, während ich mich zu erläutern bemühte, wer Simone Martini war, Petrarcas Freund …

Die Universitätsleitung lag in den Händen von Rektor Longchamps, noch im voraufgegangenen akademischen Jahr legal gewählt, bis er eines Tages von einem Nachfolger abgelöst wurde; Professor Marczenko* von der Kiewer Universität erzählte allen, dass er der Sohn und der Enkel eines Tagelöhners sei, ansonsten erfuhr man nicht viel von ihm, denn er war nicht klug; was man von seinem unzertrennlichen Genossen Lewtschenko nicht sagen konnte. Der war der „Politkommissar" der Universität. Wir wussten nicht recht, was das ist, doch der Name gefiel uns gar nicht. Auch der Genosse Lewtschenko interessierte sich aufs Lebhafteste für uns, wenn er auch nie aufdringlich wurde. Wir erhielten Formulare zum Ausfüllen, etwas in der Art eines *curriculum vitae*. Zwei Rubriken davon waren wirklich wichtig, und zwar die soziale Herkunft und die Anzahl der gemachten Erfindungen. Letzteres verwunderte uns ein wenig. Ich versuchte Lewtschenkos Sekretärin zu erklären, dass ein Humanist, und ein Historiker insbesondere, nicht meint, eine Erfindung sei das eigentliche Ziel seiner wissenschaftlichen Forschungen. Sie sah mich verblüfft an und sagte in gütigem Ton: „Tja, nun, Genossin, wenn Ihr keine einzige Erfindung gemacht habt, dann müsst Ihr das hinschreiben."

Der nämliche Lewtschenko befahl uns auch eine Kooperative zu gründen für die festen Mitarbeiter der Universität, vom Professor bis zum Pedell. Als nach ein paar Wochen in diesem Konsum die Lebensmittel knapp wurden, verlangte der Kommissar den Ausschluss der Pedelle. Auf die Erklärung hin, dass ein solches Vorgehen nicht unserem Sozialempfinden entspräche, entgegnete Lewtschenko ungehalten: „Weil bei euch auch so eine Gleichheit ist, bei uns gibt's die nicht."

Indessen entstanden fortwährend, und irgendwie unmerklich, immer neue Lehrstühle für neue Fachbereiche, Darwinismus zum Beispiel, Leninismus, Stalinismus und andere. Diese Lehrstühle wurden stets mit Neuankömmlingen aus Kiew besetzt. Eines Tages wurde Medizin ausgegliedert und als „Medinstytut" selbstständig etabliert, was natürlich wiederum die Zahl polnischer Professoren an der Universität verringerte. In derselben Zeit wurde auch eine Reihe von Lehrstühlen abgeschafft, einer nach dem anderen in gewissen Abständen – und zwar juristische und humanistische. Von der Rechtsfakultät war in Kürze nichts mehr übrig, und unsere Schar schwand mit jedem Tag.

Zu Beginn des Winters kam eine Gruppe Professoren aus Moskau zu Besuch. Sie benahmen sich ernsthaft und sachlich, einige verrieten sogar die vage Kenntnis zivilisierter Umgangsformen. Für die Historische Fakultät zeigte sich Professor Galkin zuständig. Er beschied auch mich zum Gespräch ins Dekanat. Einem regen Gedankenaustausch standen jedoch ernste technische Hindernisse im Wege, da mein Interlokutor, Professor für deutsche Geschichte, ausschließlich Russisch sprach. Weil er mir dauernd Fragen bezüglich meiner Studien und Spezialisierung stellte, aber in keiner Sprache die Antwort verstand, begann ich aus Verzweiflung Latein zu reden. Nunmehr nickte der Moskowiter heftig, und obwohl er selber kein Wort auf Lateinisch sagte, sah er von weiteren Fragen ab. Während dieses „Gesprächs" trat Professor Kuryłowicz* ein. Als er meine an den Moskowiter gerichteten lateinischen Satzfetzen auffing, zog er sich blitzschnell zurück, weil er seine Heiterkeit nicht bezähmen konnte. Letztendlich erklärte Galkin auf Russisch, dass die ganze Fakultät, besonders die archäologische und kunsthistorische Sparte, ausgebaut werden müsse, weil es an Museologen fehle, und dass ich so schnell wie möglich die Eremitage besichtigen solle. Damit war die Sache erledigt. Ein paar Tage später reisten die russischen Professoren ab; beim Abschied baten sie uns mit Nachdruck, sich unbedingt an sie zu wenden, falls Schwierigkeiten auftauchen sollten. Woher, zeigte sich bereits kurz nach ihrer Abreise. Schon während ihres Aufenthaltes waren starke Animositäten zwischen ihnen und den noch immer eintreffenden Kiewer Professoren spürbar. Letztere verstanden, solange die Moskauer in Lwów waren, ausgezeichnet Polnisch. Die Moskauer Delegation betonte nämlich in einem fort, dass weder die Nationalität eines Professors noch die Sprache des Vortrages von Interesse für sie seien. Kaum waren die Kollegen Richtung Moskau entschwunden, als die Kiewer auch schon ihr ganzes Polnisch vergessen hatten, nicht ein einziges Wort konnten sie mehr verstehen. Gleichzeitig wurde ein solcher Druck ausgeübt, dass Ukrainisch als Vorlesungssprache nachgerade Zwang wurde. Es war eine minimale Zahl von Professoren und Dozenten, unter denen auch ich war, an die niemand mit der Forderung, auf Ukrainisch zu lesen, herantrat. Es wurden Kurse zum Erlernen der Sprache abgehalten. Schwächere fügten sich, viele aber lasen – trotz allem und gegen alles – weiterhin auf Polnisch.

Irgendwann im Februar 1940 erschien der neue Dekan unserer Historischen Fakultät, Prof. Brachyneć*. In Pelzmütze und Stiefeln, die intensiv nach Hammelfett rochen, empfing er mich im Dekanat und beauftragte mich mit einem Allgemeinkurs unter dem Titel „Barock, Renaissance, Barock". Dieser seltsame Titel rührte aller Wahrscheinlichkeit nach daher, dass mein neuer Chef sich nicht sicher war, welches der beiden Worte zuerst erwähnt werden musste. Später erfuhr ich nämlich, dass eine meiner ukrainischen Studentinnen mein Fachgebiet angegeben hatte, im Bemühen, mir durch Auftragsvorlesungen Sicherheit zu gewährleisten. Denn jemanden zu entfernen, den die Sowjets selber mit einem Kurs beauftragt hatten, war zu dieser Zeit noch nicht üblich. Genosse Brachyneć kannte auch, wie man hörte, das lateinische Alphabet nicht, jedenfalls las er während seines ganzen Dekanats nichts, was in diesen Buchstaben geschrieben war. Im Übrigen waren sie für ihn auch völlig überflüssig, da er Professor für Leninismus und Stalinismus war.

Zusammen mit einem entlassenen Professor verschwand irgendwie auch sein Institut. Bücher aus dem Bereich nichtmaterialistischer Philosophie und sehr viele andere Bücher, die unseren östlichen Nachbarn nicht mit Enthusiasmus begegneten (und solche Arbeiten waren recht zahlreich), wanderten zu *Prohibitur,* an ihrer statt standen dor nun pornographische Bücher und wurden dem Publikum zur Verfügung gestellt.

Die Arbeit an der Universität schützte in doppelter Hinsicht – sowohl die Person als auch die Wohnung. Beim Zusammentreffen mit dem Genossen Pawlischenko, einem Hauptmann der Roten Armee, bekam ich Gelegenheit, mich davon zu überzeugen. Am 19. November 1939 tauchte nämlich ein sowjetischer Offizier bei mir auf und belegte ein Zimmer mit Beschlag. Ich erklärte ihm, dass ich bereits eine Familie aufgenommen habe, die im September ausgebombt worden sei, auf drei Zimmer aber hätte ich als Universitätsmitarbeiterin Anspruch, zumal meine Ziehtochter (Andzia) bei mir lebe und ich eine Bibliothek besäße. Nichts half. Er kroch unter und machte es sich bequem. War ich in der Wohnung⁵, saß er mehr oder weniger still, verließ ich das Haus, drehte er durch. In der ersten Nacht rannte er umher wie ein Besessener, Andzia und ich hockten dicht beieinander und warteten, ausgerüstet mit größtmöglichen Bratpfannen. Endlich, so gegen zwei, begann er bei sich alle Möbel zu verrücken – er errichtete eine Barriere vor meiner Zimmertür. Offenbar beunruhigte ihn das Los etlicher sowjetischer Untermieter, die man in Lemberger Arbeiterwohnungen ins Jenseits befördert hatte. Dieses sein Manöver wirkte beruhigend auf uns, und auch seine Nervenanspannung schien nachgelassen zu haben, da wir gleich darauf ein mächtiges Schnarchen hörten. Auch wir schliefen bald wie ein Stein. In der Früh begann die Vorstellung aufs Neue. Nachdem er beim Hauswart Informationen über mich eingeholt hatte, stürmte er die Wohnung mit Riesengebrüll und verlangte von Andzia meine goldenen Möbel, die ich vor ihm versteckt hätte. Er wisse genau, erklärte er ihr, dass eine solche „Magnatin" vor dem Krieg echt goldene Möbel gehabt habe. So naiv sei er schließlich nicht, um zu glauben, dass ich in diesem abscheulichen Plunder gewohnt hätte (ich hatte alte italienische, unpolierte Möbel), den ich jetzt herzeigte. Er stürzte in mein Zimmer, besah sich die Bibliothek, die besonders viele italienische Bücher aufwies, und brüllte los, auf die unwahrscheinliche Menge weißer Hauer deutend: „Eine faschistische Bibliothek!" In diesem Augenblick kam ich nach Hause. Pawlischenko verkündete: „Ich werde Euch verhaften." „Jetzt habe ich keine Zeit", erwiderte ich mit Würde und Autorität. „Ich muss zur Universität." Darauf erkundigte er sich, schon bedeutend leiser, wann ich frei sei; wir verabredeten uns auf drei Uhr nachmittags. Natürlich fand ich mich nicht zu dieser Zusammenkunft ein; anders dagegen die drei Brüder von Andzia, Bauern aus unserer Gegend, gegenwärtig Lemberger Arbeiter.

Beim Anblick dieser drei Joppenträger soll Pawlischenko blass geworden sein, die aber erklärten kurz und bündig, dass er es mit ihnen zu tun bekäme, wenn ihrer Schwester ein Haar gekrümmt würde. Der Jüngste erzählte mir abends, dass mein Untermieter wie ein „Papiertiger" ausgesehen habe. Eine sehr präzise Definition. Wir trugen in diesen Tagen aus der Wohnung, was nur ging, und brachten es bei Bekannten unter. Damals musste ich feststellen, wie unbequem es war, irgendetwas zu besitzen, bald darauf sollte ich erfahren, dass nichts zu besitzen, gleichfalls unbequem ist.

Das Zusammenleben erwies sich jedoch als ganz und gar unerträglich. Pawlischenko gab sich Mühe, alles zu beschädigen, was er nicht zu handhaben wusste; aus der Küche warf er alle komplizierteren Gerätschaften hinaus. Eine besonders bedrohliche Haltung nahm er gegenüber der Wasserleitungsanlage ein. Andzia hatte mich bereits gewarnt, dass „etwas im Argen ist, weil er im Klosett verschwindet". Anderntags rannte er schon mit dem Revolver hinter ihr her und beschuldigte sie der Sabotage. Sie sei schuld, wenn das Wasser aufhöre zu fließen, kaum dass er an der Kette gezogen habe, nie werde er mit dem Kopfwaschen fertig. Im Hause gab es keinen ruhigen Augenblick mehr. Wenn ich fortging, durfte auch Andzia nicht in der Wohnung bleiben, denn die Gefahr für ein junges hübsches Mädchen wuchs mit jedem Augenblick. Wenn wir heimkamen, fanden wir stets eine neue Katastrophe vor. Also beschloss ich, zur Militärstaatsanwaltschaft zu gehen und den Kampf mit meinem Mieter aufzunehmen. Meine Freunde waren entsetzt. „Wenn Sie die Schwelle überschreiten, kommen Sie von da nie wieder raus!" Ich aber hatte keine Lust zu warten, bis Pawlischenko mich fertigmachte, und begab mich in Begleitung von Andzia und meinen „Untermieterinnen" in die Batory-Straße.

Der Staatsanwalt empfing uns und hörte aufmerksam zu. Am klügsten und couragiertesten sprach Andzia, die gut Ukrainisch konnte. Der Staatsanwalt hieß uns daheim ein Protokoll aufzusetzen und am nächsten Tag wiederzukommen. Ich nahm also alles auf, und die Untermieterinnen übersetzten es ins Ukrainische. Tags darauf plauderte der Staatsanwalt erneut mit uns und befahl uns abermals „zawtra" wiederzukommen. Als wir zum fünften Mal aufbrachen, nahmen die Freunde Abschied von mir, als ginge ich für immer fort. Nachdem man aufs Gründlichste meine Personalien aufgenommen hatte, zusammen mit dem Vorkriegsbesitzstand, schickte man uns zurück in die Wohnung, wo wir die Antwort abwarten sollten. Abends nach der Vorlesung fand ich bei mir eine neue Situation vor, an der Tür hing ein Schreiben, dass hier ein Professor der Universität wohne und dass die Wohnung nicht beschlagnahmt werden dürfe. Andzia und die „Untermieterinnen" standen in der Diele und erzählten drauflos, als sie mich sahen, alle gleichzeitig, dass vor einer Weile der Vizeprokurator mit Pawlischenko hier gewesen sei; der sei ohne Waffe gewesen, die Offiziersabzeichen heruntergerissen, und auf dem Kopf habe er statt der Feldmütze eine Art Barchenthelm getragen wie jeder einfache Soldat. Der Vizeprokurator befahl ihm seine Sachen zu packen, und den verblüfften Frauensleuten erklärte er, dass der Genosse bestraft worden sei wegen Entehrung der Roten Armee und dass die „chadziajka" von nun an ungestört wissenschaftlich arbeiten solle.

Dieser Wunsch sollte leider nicht in Erfüllung gehen. Schon die Ruhe der nächsten Tage war ernsthaft gestört durch die unzähligen Visiten von Bekannten und Unbekannten, die Sowjets in den Wohnungen hatten und unbedingt wissen wollten, wie man es anstellen sollte, dass die ihrer Wege gingen.

Die Visiten, die bald darauf folgten, waren weniger unschuldig. Die Zeit der militärischen Besetzung von Lwów war zu Ende, der NKWD hatte die Macht übernommen. Die Atmosphäre der Stadt änderte sich von einem Tag zum anderen. Bei Personen, die man „antirevolutionärer Ansichten" verdächtigte, drangen zu jeder Tages- und Nachtzeit Kommissare in Zivil, in nagelneuen braunen Lederjacken, oder Militärpersonen in Mützen mit dunkelblauem Boden in die Wohnungen ein. Mit mir hatten sie besonderen Ärger; ich war die notorische „Gutsherrin", aber gleichzeitig – dank der Universität – unantastbar wie ein Diplomat. Das brachte sie fürchterlich auf: „Was habt Ihr schon gemacht vor dem Krieg?" fragten sie ironisch. „Dasselbe wie jetzt, an der Universität unterrichtet, nur dass ich meine Ruhe hatte und auch noch Bücher schreiben konnte, während ich jetzt nicht einmal die Vorlesungen vorbereiten kann, weil ihr jeden Morgen mit Gewehrkolben gegen meine Tür schlagt, dann hereinkommt, dasitzt, jeden Tag dasselbe fragt, jegliche Arbeit unmöglich macht, und dabei wird behauptet, dass man sich im Sowjetstaat um die wissenschaftliche Arbeit kümmert." – „Und eine Gräfin seid Ihr." – „Bei euch weiß ich nicht, aber in Polen nicht." – „Wie, in Polen nicht?" – „Die Verfassung hat die Titel nicht anerkannt." Als das heilige Wort Verfassung fiel, waren sie verdutzt. Ich zeigte dann meine Dokumente und Ausweise vor, selbstredend ohne erblichen Titel. „Stimmt, nicht da. Aber Euer Vater, der war wer?" – „Mein Vater war Kunstmäzen." Auf ein solches *dictum* hin erfasste Verzweiflung meine Befrager. „Ihr sollt zum NKWD!" Ich ging hin. Dort wiederholte sich die Szene. Der Kunstmäzen erwies sich als äußerst brauchbar, keiner wusste, was das für ein Wundertier war. Nur einmal fand sich ein Kommissar, der beinah mit ihm fertig wurde. Es war ein Riesenkerl in Pelzmütze. Er bleckte die Zähne von Ohr zu Ohr und sagte: „Aber wir wissen, dass Ihr eine Gräfin seid von Väter- und Vorväterzeiten an." – „Von Väter- und Vorväterzeiten an stimmt, aber in Polen nicht, weil die Verfassung keine Titel anerkannt hat." Und so in einem fort, wie in einer Tretmühle.

Die politischen Angelegenheiten nahmen ebenfalls schnell ihren Lauf. Sofern – laut Verfassung – das Land nur selber entscheiden kann, ob es der Union der Sozialistischen Sowjetrepubliken angehören oder eher um Aufnahme bitten möchte, sollte die Westukraine daher ziemlich rasch nach der Befreiung den Willen ihrer Bevölkerung offenbaren. Eine Volksabstimmung[6] wurde angekündigt und eine Kampagne entfesselt. Der Polnische Rundfunk aus Frankreich rief im Namen der Regierung zur Stimmabgabe auf: Da jedwedes Plebiszit, veranstaltet vor Abschluss eines Friedensvertrages, *ipso facto* rechtsungültig sei, wünsche die Regierung der Republik nicht, dass sich irgendeiner ihrer Bürger dadurch in Gefahr bringe, dass er die Stimmabgabe verweigere. Das war sehr unangenehm, doch wir wählten fast alle. Mir gelang es dank fehlerhafter Schreibung meines Nachnamens, mich nicht auf der Liste zu finden und nicht zu wählen, doch das war ein Zufall. Am selben Abend, um elf Uhr (die Stimme abgeben konnte man bis Mitternacht), stürmte eine Milizpatrouille mit großem Geschrei, bewaffnet bis an die Zähne und mit Groll gegen mich, weil mein Mann nicht gewählt habe, bei mir herein. Ich erklärte, für ihn nicht zu haften, da ich nie Einfluss auf ihn gehabt hätte. Die Irritation der Gäste in Bezug auf meinen Mann wuchs. Erst als sie begriffen, dass ich eine nichtexistierende Person wohl kaum zur Stimmabgabe bringen konnte, brüllten sie vor Lachen und verschwanden.

Später kam es zu einer zweiten Abstimmung. Nach vielmillionenfacher ungestümer Kundgebung von Volkes Willen geruhte die Union der Sozialistischen Republiken diesen Benjamin, die Westliche Ukraine, in den Kreis der Familie aufzunehmen. Als nächstes hieß es die Repräsentanten wählen. Fotografien der Kandidaten prangten nebst gedrucktem Lebenslauf an den Häuserwänden. Einer der Hauptvertreter Lwóws war Professor Studyńskyj*, der als bedeutender Erforscher ukrainischer Literatur für außergewöhnliche Verdienste noch von Österreich zum außerordentlichen Professor ernannt worden war; als jedoch im Jahr 1918 das ihm feindlich gesinnte Polen die Macht ergriff, degradierte es ihn zum ordentlichen (sic!) Professor, usw. usf. Auch diesmal wieder nahm die Polnische Regierung den bekannten Standpunkt ein, und wir alle gaben unsere Stimme ab. Ich weiß, dass Widerstand hier keinen Sinn gehabt hätte, nichtsdestoweniger gestehe ich, dass ein solcher Akt ein tiefes Ekelgefühl hinterlässt. Die Wahl war geheim, ein Milizionär begleitete Andzia und mich hinter den Vorhang zur Urne und passte auf, dass wir auch ja die uns zuvor ausgehändigten Kärtchen einwarfen. Der Volkeswille tat sich also kund und der Verfassung war Genüge getan.

Mittlerweise war es immer drückender und enger um uns herum geworden. Die Tage wurden kürzer und dunkler, die starken Fröste jenes ausnehmend strengen Winters setzten ein, und auf uns lastete mit jedem Tag schwerer die grauenvollste Bürde der Welt, die Unfreiheit. Tiefer und tiefer gerieten wir in sie hinein, während sich vor uns die Haufen schmutzigen Schnees in den Straßen des sowjetischen Lwów immer höher türmten. Die Verhaftungen nahmen zu. Vor allem die männliche Jugend war davon betroffen. In Brygidki gab es sie en masse, außerdem verschwanden junge Männer spurlos. Zuerst traf es die Blutjungen wegen Singens patriotischer Lieder in der Schule. Sie verschwanden – und da breitete sich unter uns zum ersten Mal das unheimliche Gerücht aus: „Die haben sie nach Russland verschleppt." Es wiederholten sich Szenen aus Sobolewskis Erzählung aus dem III. Teil der *Ahnenfeier* – Wort für Wort –, nur mit dem Unterschied, dass diesmal sehr viele von diesen Kindern fuhren. Später begannen auch Erwachsene zu verschwinden, auch nicht eben wenige. Sie verschwanden spurlos, nur dass man entlang der Eisenbahngleise Zettel fand: „Sie bringen uns nach Russland. Wir beschwören Euch, verlangt uns zurück nach dem Krieg", und eine Reihe von Unterschriften. Professoren nahmen sie nicht mit. In den ersten Tagen verschwanden nur Leon Kozłowski*, Stanisław Grabski* und Ludwik Dworzak, Staatsanwalt bei den Kommunistenprozessen, von da an war Ruhe. Dafür gab es unter der Intelligenz zahlreiche Verhaftungen, von den Offizieren ganz zu schweigen, die sie gleich nach der Kapitulation abholten und die sich zum großen Teil aus Kozielsk und Starobielsk meldeten. Wir freuten uns, dass sie in Gruppen zusammen waren, so würden sie leichter durchhalten …

Vom Abtransport betroffen waren auch Menschen, die uns besonders teuer waren. Einmal, an einem Sonntag, nahm mich einer unserer Assistenten mit; wir packten Proviant ein und gingen zum einstigen Krankenhaus der Versicherungsanstalt, zu den verwundeten Militärpersonen, die dort lagen. Die Moskowiter erlaubten den Besuch, notierten jedoch die Besucher und trieben sich zwischen den Betten herum, um bei unseren Gesprächen mitzuhören. Ausgemergelte, von Hunger gezeichnete Lemberger waren dort und brachten den Verwundeten, was sie selber entbehren mussten. Es war bekannt, dass diese Menschen, sobald sie genesen waren, ins Unbekannte verschleppt würden, mochten sie in der verbleibenden Zeit spüren, dass sie noch in Lwów waren. Aus einem der Säle führte eine Tür zu einem kleinen Zimmer. Patienten und Besucher blickten mit sichtlicher Aufmerksamkeit zur Tür, sobald sie aufging. „Dort ist nichts vonnöten, er hat alles, sein Zustand war ernst, jetzt hat er sich gebessert. Bestimmt bringen sie ihn bald weg, da ist nichts zu machen", flüsterte mir mein Begleiter zu. Dann muss er bemerkt haben, dass ich nicht Bescheid wusste, denn er fügte hinzu: „Dort liegt General Anders*."

Auch mit dem Antlitz der Stadt war unterdessen eine Wandlung vorgegangen. Die polnischen Straßennamen hatte man durch ukrainische ersetzt, polnische Schilder an Läden und Betrieben waren verschwunden. Die einstigen Besitzer hockten enteignet in einem einzigen Zimmer ihrer ehemaligen Wohnungen und warteten, genauso wie die Exeigentümer der Mietshäuser. Als man ihnen außer den Immobilien auch noch die Mobilien nahm, das heißt die Wohnungseinrichtungen, mahnten auch sie das von der Verfassung garantierte Recht auf diese Dinge an, worauf sie die erschöpfende Antwort erhielten: „Die Verfassung findet dort Anwendung, wo bereits Ordnung herrscht, hier müssen wir erst Ordnung schaffen, danach erst kommt die Verfassung zur Anwendung." Nach einer solchen Erklärung warteten die Menschen weiter, bis sich ihr Schicksal erfüllen sollte.

Was die freien Berufe anbelangte, so ging es anfangs den Ärzten am besten. Ihre Wohnungen waren unantastbar. Bei ihnen ließen sich die Sowjets behandeln, sowjetische Kinder zumal, die oftmals in fatalem Zustand waren. Es gab unter ihnen ausnehmend viele Fälle von Knochentuberkulose. Die gesunden Kinder waren ebenfalls merkwürdig unkindlich. Ernst und blass gingen sie durch die Straßen – nie lachten oder rannten sie, abgrundtiefe Traurigkeit sprach aus ihren großen Augen, Resignation und Erschöpfung ohne Trost. Zu Anfang bauten sie sich vor den Auslagen auf und schauten – selbst da strahlten ihre Augen nicht.

Doch die Auslagen leerten sich, es gab keine Ware, ihre Stelle nahm Stalins Porträt ein. Nur die Antiquitätengeschäfte litten bald an Platzmangel, immer schönere Dinge tauchten dort auf – Lwów verkaufte seine Tradition und seine Kultur, um zu überleben. Und genau das war das Allerschwierigste. Nicht nur Lebensmittel, sondern Waren jeglicher Art musste man außerhalb der Läden suchen. Zum ersten Handelsplatz dieser Sorte wurde die Mikolasch-Passage direkt im Herzen der Stadt. Ich ging regelmäßig hin und verbrachte dort eine Menge Zeit. Ich kaufte nämlich Arzneimittel, Spritzen, Watte, Zellstoff und aller Arten Verbandsmaterial. Meiner Ansicht nach war dies das Erste, was zu tun anstand, um sich vorzubereiten auf diesen Frühling, „reich an Begebnissen"...[7] Von den unglaublichsten Händlern erstand ich diese Waren, offensichtlich geraubt aus Apotheken vor deren Verstaatlichung. Ich hortete diese Schätze bei mir und bei Bekannten; all das würde noch zu etwas nütze sein. Natürlich war mir daran gelegen, dass die Sache absolut geheim blieb. Und so war ich ärgerlich, als eines Tages, während ich bei mir über den Teppich verteilte Bandagen wegräumte, wobei mir eine gute Bekannte, die Bildhauerin Jadwiga Horodyska. half, deren Freundin Renia Komorowska*, die Frau des Oberst, hereinplatzte. Mich irritierte, dass diese mir fast unbekannte Person das alles sah und vermutlich nicht für sich behalten würde. Nach ein paar Monaten begann sich die Miliz übermäßig für die Passage zu interessieren, zweimal sperrte sie alle ein, die sie dort antraf, wir zogen also um, hinter das Skarbkowski-Gebäude, in die jüdische Vorstadt von Lwów. Dort, auf einem großen Platz inmitten von ungeheuren Schneemassen und tiefem Morast, inmitten einer vielköpfigen Menge aus Abschaum jeglicher Couleur und zivilisierten Menschen, kaufte und verkaufte man absolut alles, was gebraucht und was nicht gebraucht wurde. Möbel fanden sich und Autoteile, Teile überhaupt von allen möglichen Maschinen; eine Schwarzmarktbörse für Dollars sowie Bilder und Gardinen, Bett- und Wolldecken, Laken, neue und alte Kopfkissen, phänomenal schmutzig, Männerhosen neu und getragen, heil und zerrissen, gestopft und nicht gestopft, alles, was zur Herren- und Damengarderobe gehörte, war vorhanden, von der Abendtoilette bis zum geblümten Barchentmorgenrock; es gab Schlüssel und Nägel, ganzes und angeschlagenes Porzellan, Knöpfe und Nadeln, echtes und unechtes Silber, Ärzte- und Musikinstrumente sowie Übersetzungen der Kriminalromane von Wells.

Das alles verkaufte und kaufte man unter wildem Geschrei und Gedränge. Kaum zeigte ich mich, da tauchten auch schon meine Lieferanten von Verbandmaterial bei mir auf. Sie nannten mich Doktor und rieten mir, den Kranken die Ware möglichst teuer zu verkaufen, weil sie schon bald nicht mehr erhältlich sein würde. Unterdessen verkaufte ein anderer Händler in meiner Nähe nagelneue Handschellen, die ihm als breite Kette von der Schulter hingen, und daneben bekam man an einer der Buden einen gelben Gummiring für einen Kranken zu sehen mit einer Mandoline durch seine Mitte. Dieses Stillleben blieb mir über lange Jahre hinweg unvergesslich. Ich sah das alles und war bestürzt angesichts dieses Asiens, das da über Lwów hereingebrochen war. Hier war so tragisch offensichtlich, dass der Osten zu uns vorgedrungen war und uns jetzt überschwemmte.

Im Übrigen wurde sämtlichen Expeditionen zu Handels- und Investitionszwecken durch die sowjetische Verfügung vom 21. Dezember 1939 ein Ende gesetzt, die die polnische Währung für ungültig erklärte. Von einer Stunde auf die andere standen alle vor dem Nichts. Der Schock war heftig, die Aufregung riesig. Leute, die keine Ahnung hatten, gingen in die Geschäfte und verlangten Waren. Auf die Frage des Kaufmanns, ob sie Rubel hätten, weil es den Złoty nicht mehr gebe, verschlug es ihnen die Sprache, man musste sie aus dem Laden komplimentieren. Andere stiegen in die Straßenbahn; wenn es ans Bezahlen ging und sie hatten kein sowjetisches Geld, hielt der Schaffner die Straßenbahn an und befahl ihnen auszusteigen. Niemand verstand irgendetwas. „Wo und zu welchem Kurs tauschen sie Złoty in Rubel?" – „Nirgends und zu gar keinem, der Złoty ist ungültig." Nur eine verschwindend geringe Anzahl von Polen in Lwów hatte damals Rubel, dazu musste man bei den Sowjets arbeiten. Über Weihnachten war die Lage verzweifelt, danach entspannte sie sich bis zu einem gewissen Grad dank des illegalen Geldhandels. Juden kauften Złoty, die noch „auf der anderen Seite", beim Deutschen, im Umlauf waren, und gaben jeweils sehr wenig Rubel dafür.

Die Festtage waren folglich deprimierend, nicht nur wegen des fehlenden Geldes, sondern mehr noch wegen des völligen Mangels an politischen Meldungen. Diese auf der ganzen Welt herrschende Stille bedrückte uns trotz allem, auch wenn wir keinerlei Zweifel hegten, dass dies schließlich „nicht lange dauern kann". Die Anwesenheit General Weygands* im Osten erfüllte uns mit Hoffnung, wir glaubten, dass mit dem Frühling die Alliierten und die aus dem Nahen Osten auf die Deutschen einstürmen würden, na und dass dann die Bolschewiken natürlich „automatisch von hier rausgehen werden". Es gab auch solche, die behaupteten, dass es ein bisschen länger dauern könnte, doch wir zweifelten keinen Augenblick …

Weil es keine Nachrichten gab, hagelte es die herrlichsten Prophezeiungen, die von Mund zu Mund kolportiert, schlimmer, vielmals umgeschrieben und in den Wohnungen verwahrt wurden, um später bei Hausdurchsuchungen zu äußerst belastendem Material zu werden. An erster Stelle stand eine gereimte Weissagung, die zwar von einem vierjährigen Krieg sprach, was hin und wieder die Verkünder beunruhigte, doch immerhin bedeutete es ja nicht, dass der Krieg in Europa, in Polen zumal, wo er seinen Anfang genommen hatte, so lange dauern müsste, und diese Prophezeiung versprach, dass „das Kreuz besudelt zusammen mit dem Hammer fällt" und Polen wird von Meer zu Meer. Während der Winterzeit erfreute sich die angebliche Prophezeiung des hl. Andrzej Bobola einer besonderen Beliebtheit, der verheißen hatte, dass die Russen am 7. oder 9. Januar Polen verlassen würden, worüber sich die Kinder in der Schule lauthals unterhielten, und danach verhaftete man sie dafür. Wernyhora beunruhigte uns ebenfalls mit immer neuen Offenbarungen. Gegen die Prophezeiungen anzukämpfen war schwer, weil die Leute sie wie Drogen konsumierten, von denen man, wie bekannt, nur schwer loskommt.

Finnlands Krieg gegen die Sowjets[8] erfüllte gleichfalls alle mit Hoffnung und mit Glauben an eine imaginäre Schwäche Russlands, wohingegen die Kapitulation und das Ende dieser Episode die schlimmste Niedergeschlagenheit hervorriefen. Und die Botschaften von jenseits des San waren Hiobsbotschaften. Der Rundfunk meldete immer neue Aussiedlungen der polnischen Bevölkerung aus Pommern und dem Posener Gebiet ins Generalgouvernement, wie die Deutschen den Teil Polens nannten, wo sie noch Polen zu leben erlaubten. Aus dem Radio erfuhr man, dass die Familien, Greise, Frauen und Kinder in die Eiseskälte fuhren, ohne irgendwelche Habe, Vertriebene, aus polnischen Städten und Dörfern Exmittierte. Eine Woche und länger waren sie unterwegs, unterwegs wurden oftmals die Leichen nicht ausgeladen. Wir hörten es mit Entsetzen, aber wir verstanden nicht; denn man versteht nie, was man nicht selber durchlebt.

Fortwährend kam es uns so vor, als hätte die westliche Welt keine Ahnung von dem, was bei uns geschah. Das bedrückte uns schrecklich, deshalb war auch eine Zufallsbegegnung in dieser Hinsicht ein so großer Trost. Ich erinnere nicht das genaue Datum, weiß nur, dass ich mich an einem Abend dieses grausamen Winters auf dem Rückweg von einem unserer häufigen Treffen im Professorenhaus in der Supiński-Straße befand und die Długosz-Straße entlang hastete, deren Gehweg von der Fahrbahn natürlich durch einen Schneewall getrennt war. Das Licht einer Straßenlaterne muss auf mich gefallen sein, da ein Schlitten auf der Fahrbahn anhielt. Darin ein Mann im Pelz, der mit weit ausholenden Gesten meine Aufmerksamkeit auf sich zu lenken versuchte, neben dem Kutscher ein Reisekoffer. Mächtig neugierig geworden, durchwatete ich die schmutzigen Schneemassen und trat auf die Fahrbahn. Im Schlitten stand Professor Wacław Lednicki*, der mich in elegantem Französisch um Entschuldigung bat, dass er in Anbetracht der möglichen Gefahr für den Koffer nicht aussteigen und mir entgegengehen könne, um sich von mir zu verabschieden. Er wolle diese Nacht noch nach Krakau und von dort, fügte er flüsternd hinzu, so Gott will, weiter nach Brüssel. Ich konnte ihm noch sagen, wie sehr ich mich freute, dass er fuhr, denn gerade er wäre am besten dazu in der Lage, den Westen von dem, was hier vor sich ging, in Kenntnis zu setzen. Er fragte nach meinen Plänen. Ich erwiderte, dass ich an meiner Universität bleiben wolle.

Der Schlitten setzte sich in Bewegung. *„Buon viaggio"*[9], rief ich ihm nach. *„Buona permanenza"*[10], ertönte schon aus der Ferne die Antwort.

Von all den Tagen, die so niederschmetternd monoton waren, brachte der letzte Abend des tragischen Jahres mir persönlich ein wenig Abwechslung. Als ich nachmittags nach Hause kam, fand ich eine schier hoffnungslose Situation vor. Vor dem Haus reihten sich Plattformwagen, neunzehn Stück an der Zahl. Einer von ihnen wurde gerade mit Kohle beladen. Es war die Miliz, die da vorgefahren war, um auf höheren Befehl die Kohle des gesamten Mietshauses, noch vor dem Krieg von allen Mietern gemeinsam gekauft, zu „verstaatlichen". Mir fiel sofort auf, dass Andzia nicht da war. Doch kurz darauf kam sie, ganz außer Atem, angelaufen. „Ich bin beim Prokurator gewesen, der hat gesagt, dass sie die Kohle nicht wegholen dürfen!" rief sie bei meinem Anblick schon von weitem. Ich ging zum ehemaligen Hausbesitzer, der saß im letzten Zimmer seiner Wohnung, terrorisiert vom Hausmeister, der ihn nicht hinausließ. Da wir nichts zu verlieren hatten (und die Fröste waren grimmig), begann ich mit den Fäusten gegen alle Wohnungstüren im Haus zu hämmern und die Frauen herauszurufen. Während der *terreur* waren die Pariser Frauen das gefährlichste Element, ich beschloss ihrem Beispiel zu folgen. „Wenn Revolution ist, dann ist Revolution, die Weiber auf die Straße!" Innerhalb von ein paar Minuten fand sich ein gutes Dutzend von ihnen im Treppenhaus ein. Ich sagte ihnen, dass Andzia vom Prokurator die Nachricht gebracht habe, dass sie von Rechts wegen die Kohle nicht wegholen dürften; wir müssten einen Rettungsversuch unternehmen, indem wir auf der Straße so laut wie möglich schrien. Die Frauen erklärten sich bereit. Wir rannten hinaus, uns nach auch drei oder vier Herren, die von uns noch entsetzter schienen als die Miliz. Mit unglaublichem Getöse fielen wir über die Keller her, von wo die Milizionäre die Kohle auf die Straße warfen. Als sie uns erblickten, oder besser, als sie uns hörten, konnten sie vor Schreck bestens Polnisch, um uns zu bitten, dass wir uns doch beruhigen sollten. Zwei Lemberger Gassenjungen, die gerade die Straße heraufkamen, kommentierten: „Man sollte ein Regiment aus Weibern schaffen, da hätten wir gleich unser Polen." Dieser ehrenvolle Kommentar stärkte noch unsere Lust am Krawall, so dass die Milizionäre aus dem Keller herausmussten. Inzwischen hatte sich eine Menschenmenge angesammelt, durch die sich ein Bolschewik in Uniform quetschte. Wir warfen uns auf ihn, erklärten ihm, dass die Milizionäre offenbar dächten, sie befänden sich nicht in einem Rechtsstaat, und dass die Kohle „kommunistisch" sei, da sie dem „Verbund" aller Mieter gehöre. Von seiner Rolle ergriffen, eilte der Bolschewik auf die Miliz. Als er nach ein paar Minuten wiederkam, waren keine Milizionäre mehr da, und auch keine Wagen. Zwei waren mit Kohle beladen davongefahren, bevor wir Krawall gemacht hatten – das sollte uns erst Ende März wehtun, als uns das Heizungsmaterial ausging – jetzt aber, an Silvester, kehrten wir erschöpft vom eigenen Geschrei in die warmen Wohnungen zurück und ruhten uns auf unseren Lorbeeren aus.

Das Jahr 1940 begann für mich unter einem neuen Vorzeichen. Am zweiten Januar legte ich als Mitglied des ZWZ (Związek Walki Zbrojnej – Verband Bewaffneter Kämpfer, d. Übers.) den militärischen Eid ab. Seit langem hatte ich den Wunsch gehegt, einer Militärorganisation anzugehören, doch der Entschluss verzögerte sich, weil Geheimbünde zwar wie Pilze nach dem Regen aus dem Boden schossen, doch viele von ihnen deutlich den Stempel der Parteilichkeit trugen. Erst als mir festzustellen gelang, dass es da eine Militärorganisation gab, die dem Oberkommando in Frankreich unterstand, unternahm ich Anstrengungen, um dort aufgenommen zu werden. Am 2. Januar schwor ich auf das Kreuz, Oberst Władysław Żebrowski in die Hand, den Eid.

Von diesem Tag an konzentrierten sich zweieinhalb Jahre lang alle meine Gedanken und Empfindungen auf das, was dieser Eid beinhaltete. Wer in der Illegalität gearbeitet hat, wird, so meine ich, wenn er nicht große Taten hat vollbringen dürfen, zugeben, dass sie manch einem von uns mehr gegeben hat als wir ihr. Sie war uns ständiger Kraftquell fürs Durchhalten. Ständige Gefährdung schafft eine Atmosphäre, in der sich die Mehrheit der Polen wohl fühlt; dafür sind wir nicht verantwortlich, Mut ist kein Verdienst. Außerdem verdankt ihr jeder von uns große, erhabene Augenblicke, schenkte sie uns Freundschaften, gehärtet im Feuer. Doch hat die Konspiration auch eine andere Seite. Von der Voraussetzung her ist sie, oder sollte es zumindest sein, ein Unterfangen von kurzer Dauer. Nach der vorbereitenden Anstrengung, die Gewitztheit und Vorsicht erfordert, sollte die Tat kommen, Erfolg, der Mut macht. Indessen dauerte das Untergrundwirken der Armia Krajowa (AK = Heimatarmee, d. Übers.) so viele Jahre! Durch diesen Umstand bildete sie in den Menschen auch viele negative Seiten aus. Die Eitelkeit, eine der größten Gefahren für die Menschheit, trifft immer dort auf einen geeigneten Boden, wo man sich mit etwas rühmen kann, wovon kein anderer etwas weiß. Diese, im Übrigen prahlerische, Eitelkeit beschwor viel Unglück auf uns herab. Hinzu kam eine andere Gefahr – vorschnelle Urteile, positive genauso wie negative –, die unter den gegebenen Umständen sehr groß war, insbesondere bei unserer zum Extremen neigenden Wesensart, die an Helden- oder Verräternominierungen Gefallen findet. Vor allem aber verdarben schwächere Charaktere, sie gewöhnten sich an die dauernde Lüge, die dauernde Unaufrichtigkeit, das gegenseitige Misstrauen. Sie gewöhnten sich auch – und das stellt bei jungen Menschen eine Riesengefahr dar – an völlig unregelmäßige Beschäftigungen, das Vergeuden von oft vielen Wochen, die mit Warten zugebracht werden mussten. Die Pflicht zu ständiger, disziplinierter Bemühung und zur Kontinuität der Arbeit, diese Grundlage für jeden Charakter in jeder beliebigen Lebensperiode, der nicht deformiert werden will, entfiel.

Solche Verschwörer werden in Zukunft wahrscheinlich mehr von sich reden machen als jene, die durch all diese Jahre umherirrten, ohne Eigen- und Familiennamen, obdachlos, vom einen wie vom anderen Feind gehetzt, Tage und Nächte, oft

ohne Nahrung, beinah ohne Kleidung, in Wäldern oder schmutzigen Keller-
löchern, und Taten vollbrachten, würdig der homerischen Epopöe.

Aber damals, an jenem 2. Januar 1940, hatte ich von all dem keine Ahnung. Mir
war nur eines bewusst, dass ich aufgenommen war und arbeiten würde. Vorläufig
gab es allerdings so gut wie keine Arbeit, ich stellte Rundfunkberichte zusammen,
alle paar Tage fanden bei mir Zusammenkünfte von Offizieren statt, Verabschie-
dungen, bald Beratungen und Verhandlungen mit anderen Gruppen. Von den
menschlichen Begegnungen jener Tage blieb mir ein Mann im Herzen und in der
Erinnerung. Er war kein Berufsmilitär. Von allen, mit denen ich damals zu tun
hatte, besaß er den stärksten und unbeugsamsten Willen, den kühlsten Mut sowie
Besonnenheit zugleich; dieser Mann war ein Priester, Pfarrherr von St. Maria Mag-
dalena, Włodzimierz Cieński*. Ihm habe ich auch eine Reaktion anvertraut, die mir
selber völlig unverständlich war. Zur Verabschiedung in meiner Wohnung kam ein
hochgewachsener Major, „Kornel"*, dessen Anblick jedes Mal heftigen Abscheu bei
mir hervorrief, vermischt mit ganz gewöhnlicher Furcht. Ich musste mich über-
winden, ihm die Hand zu geben. Wenn ich übrigens heute nach Jahren an die An-
fänge unserer Konspiration denke, bekomme ich im Nachhinein graue Haare. Jene
Versammlungen fanden ein ums andere Mal am selben Ort statt, bei einer Person,
die durch ihre Abkunft notorisch gefährdet war, in einer Behausung, die keinen
Küchenausgang besaß und in einem fort von den Machthabern heimgesucht
wurde, wovon ich natürlich meinen Vorgesetzten regelmäßig Meldung machte.
Nicht genug damit. In Bälde nahm Oberst Żebrowski bei mir Quartier, die Versammlungen aber fanden weiterhin statt! Wenn ich mir das alles in Erinnerung
rufe, komme ich zu der Überzeugung, dass unser Glück, das wir wohl hatten, nicht
eben rühmlich von unserem Verstand zeugt!

In dieser Zeit begannen wir allmählich gewisse politische Aspekte unserer Situation zu erkennen. Die Verfassung gewährt den Republiken der Union ziemlich
große Autonomie. Moskau behält sich (zumindest nominell) nur die Außenpolitik,
militärische Angelegenheiten sowie selbstverständlich alles, was die „Sicherheit der
Revolution" betrifft, vor. Den Rest überlässt sie den „verbündeten Regierungen",
in unserem Fall – Kiew. Infolgedessen spürten wir ständig und auf Schritt und Tritt,
dass uns im alltäglichen Leben nicht Moskau, sondern Kiew regiert, dass wir es
nicht mit Russland zu tun haben, sondern mit den Problemen unseres tragischen
17. Jahrhunderts, mit dem Geiste Chmielnickis. Von Osten her überschwemmte
wie zu Zeiten Władysławs IV. ein gesellschaftlich ungebildetes wildes Volk unsere
Erde und kämpfte gegen uns im Namen gesellschaftlicher Parolen, die in sehr
großem Maße einem Minderwertigkeitskomplex, dem Hass auf die Kultur ent-
sprangen, die der Eindringling selbst nicht besaß. Weil diese Kultur polnisch war,
galt es, alles Polnische zu vernichten.

Wir hatten es in Lwów, soweit es die allgemeinen Dinge betraf, viel häufiger mit dem schlichten, bisweilen äußerst primitiven ukrainischen Nationalismus zu tun als mit dem russischen Kommunismus und Imperialismus, der sich in „geringfügige Probleme nicht einmischte".

Andererseits verhieß uns dieser Imperialismus Moskauer Herkunft (hauptsächlich über den Rundfunk), in völlig klaren Worten mitunter, dass die Zeit nicht fern sei, dass Russland den gesamten polnischen Boden einnehmen und damit die Grenze verschwinden würde, „die euch jetzt so schmerzt". Die Russen hatten vor dem Krieg eine große eigene Wissenschaft und Kultur, die gingen unter in einem Meer von Blut. Auf etlichen Gebieten gelang es, die Wissenschaft wiederaufzubauen, im Gegensatz zur Kultur, denn ohne Tradition gibt es keine Kultur. Die Moskowiter sind sich dessen absolut bewusst, deshalb umgeben sie Menschen der Wissenschaft mit Achtung, sofern sie absolut sicher sind, dass deren Forschungsergebnisse weder der Klassenkonzeption noch der materialistischen Philosophie, noch der imperialistischen Prämisse Russlands zuwiderlaufen.

Unterdessen wurden wir an der Universität Zeuge des Kampfes zwischen Moskau und Kiew um einen symbolischen und schon dadurch bedeutsamen Sachverhalt: Wie sollte die Universität heißen? Eigentlich ging es nur um ein einziges Wort. Kiew hatte sich um die Bestätigung des folgenden Namens bemüht: Ukrainische Lemberger Iwan-Franko-Universität. Moskau stimmte nur bei Streichung des Wortes „ukrainische" zu. Es hatte nichts dagegen, die Universität dem ukrainischen Dichter zu widmen, die Lehranstalt selber aber sollte kein nationales Adjektiv aufweisen. Folglich tauchte überall die Universität als „Lemberger Iwan-Franko-Universität" auf. Doch wir wussten, dass sich die Ukrainer nicht geschlagen gaben, dass diese „dekomplettierte" Beschriftung sie unablässig reizte. Die Angelegenheit wurde zum zweiten Mal in Moskau vorgebracht, mit kräftiger Unterstützung einflussreicher Genossen. Schließlich tauchten eines Tages am Eingang zur Universität zwei große Tafeln von purpurroter Farbe mit der vollen Inschrift auf, die erste in Russisch und die zweite (die natürlich die erste war) in Ukrainisch. Kiew hatte gesiegt an der Ukrainischen Lemberger Iwan-Franko-Universität.

Kiew hatte jedoch noch andere Schwierigkeiten. Anfänglich zählte es auf die rückhaltlose Unterstützung durch die ansässige ukrainische Bevölkerung und deren Intelligenzija. Nach kurzer Zeit stellte sich allerdings heraus, dass der Unterschied zwischen unseren Leuten, die sich noch vor nicht allzu langer Zeit – bis zum Ersten Weltkrieg – Ruthenen nannten, und der Bevölkerung des Kiewer Raums schlichtweg abgründig war. Von Saporosch zum Roten Ruthenien ist es ein langer Weg, und 700 Jahre Nachbarschaft mit westlicher Kultur lassen sich nicht so einfach auslöschen. Daher kamen Menschen, von alters her aufgewachsen in der polnischen kulturellen Atmosphäre, obschon politisch feindlich gegen uns eingestellt, nicht selten verzweifelt zu uns und bekannten ohne Umschweife, dass die Ukraine, die jetzt plötzlich die Macht über sie ausübte, etwas unsäglich Wildes, ihnen ganz und gar

Fremdes war. Solche Gespräche weckten damals in uns die kühnsten Hoffnungen auf künftiges Einvernehmen und Verständnis.

Auch was andere inner-sowjetische Schwierigkeiten anging, täuschten wir uns. Einige zivilisierte Offiziere der Roten Armee, vornehmlich die echten Russen, hielten häufig vor den Hausherren ihrer Wohnungen mit ihrer äußerst lebhaften Antipathie, ja sogar Verachtung für den NKWD und seine Methoden nicht hinter dem Berg. Besonders stark brachten sie ihren extremen Antisemitismus zum Ausdruck, da in der verhassten Institution die Juden zahlenmäßig überwogen. Uns kam es so vor, als seien dies schon die fundamentalen Risse im Gebäude Moskaus.

Was uns verblüffte, war die von Tag zu Tag gründlicher werdende Kontrolle der Bürger, ihrer sozialen Herkunft und ihrer Beschäftigungen. Eine Ausnahme stellten allein die Flüchtlinge „von der anderen Seite" dar, die zwar registriert, doch vorläufig in Ruhe gelassen wurden. Übrigens wurden es immer weniger – im November schlossen Deutsche und Moskowiter so etwas wie einen Pakt, der einer größeren Zahl von Flüchtlingen für ein paar Tage die legale Überquerung des San ermöglichte.

Sämtliche Vorkriegsbewohner unserer Gegend außer den Greisen und den Kindern waren zur Zwangsarbeit verpflichtet. Allein die Arbeitskarte gewährte Existenzrecht, das Recht auf Wohnung, Essen, man könnte fast sagen auf Luft und Wasser. Wer nicht arbeitete, war ein Feind der Revolution. Nach Art. 118 der Verfassung hat jeder Bürger das Recht auf Arbeit und Bezahlung gemäß der geleisteten Arbeit, deren Dauer und Qualität. Mit solchen Existenzprinzipien für die Gesellschaft kann man sich vorbehaltlos einverstanden erklären. Der einzige Arbeitgeber jedoch ist der Staat. Wenn der, der nicht arbeitet, zugrunde gehen soll, und wenn nur der Staat Arbeit geben kann, dann erhält allein der das Existenzrecht, dem der Staat, d. h. die Partei, diese Arbeit geben will. Mit anderen Worten – wer der Partei nicht gefällt, bekommt keine Arbeit und muss umkommen. Diese Entdeckung war ein Schock für uns.

Das Privatleben blieb also immer und überall unter der Kontrolle der Behörden, die in jedes Kämmerlein vordrangen. Jeder Kontakt mit dem Machthaber (und solche Kontakte ließen sich in keiner Weise vermeiden) hatte auch noch andere Konsequenzen. Der Bürger war unablässig provoziert und dazu genötigt, seine Meinung zum Regime, zu dem Wandel der Gesellschaftsstruktur, den neuen Verhältnissen u. Ä. m. zu äußern. In einem fort wurde er gefragt, ob er die sowjetische Lösung des gesellschaftlichen Problems für gerecht halte, ob ihm die durchgeführten Reformen gefielen, ob er sich wohl fühle im Sowjetreich – diese Frage wiederholte sich am häufigsten –, ob er sich freue ihm nun anzugehören. Ausweichende Antworten wurden sehr übel vermerkt, und jedes Wort wurde unter die Lupe genommen.

Zugespitzt hatten sich mittlerweile auch die Schulprobleme. Die Schulen waren nach dem Einmarsch rasch wieder geöffnet worden, ein neuer Stundenplan sah

Ukrainischunterricht vor; Russisch wurde, wie an der Universität, nicht gelehrt. Polnisch war auf Lesen und Schreiben reduziert, der Religionsunterricht gestrichen worden. Letzteren hatte man durch Vorträge und Plaudereien über das Sowjetparadies, die Güte von Väterchen Stalin, den besten aller Beschützer, über die Grausamkeiten der polnischen Herren und die Verfolgung des Arbeiters ersetzt. Diese Propaganda bereitete den Eltern die allergrößten Schwierigkeiten, denn die Kinder reagierten fatal darauf, oder besser gesagt, so vortrefflich, dass die Zahl der Verhafteten mit jedem Tag wuchs.

Was die polnische Geschichte und Literatur sowie den Religionsunterricht anging, wussten die in den Kriegsjahren herangebildeten Kinder darüber zweifellos bedeutend mehr als ihre Vorgänger. Man lehrte sie daheim die verbotenen Fächer mit einer früher unbekannten Leidenschaftlichkeit. Polen und die Religion verschmolzen in den jugendlichen Köpfen zu einem untrennbaren Ganzen, übereinstimmend mit der Tradition, und das für diese Ideale vergossene Blut der Schuljugend stand ebenfalls in Einklang mit der Tradition …

Zugestandenermaßen gab es, trotz gegenteiliger Erwartung, außer der Streichung des Religionsunterrichts in der Schule keine religiöse Verfolgung im eigentlichen Sinn des Wortes. Selbstredend standen die Priester unter strengster Beobachtung, doch Verhaftungen innerhalb des Klerus fanden nicht statt, wenn nicht konkrete politische Gründe vorlagen. Man griff auf ganz andere Weise das religiöse Leben an, indem man z. B. den Kirchen gewaltige Steuern auferlegte. Ich hatte über die Entwicklung dieser Dinge regelmäßig Kenntnis von zu Hause. In dem rein polnischen Dorf Chłopy bei Komarno hatten wir gerade eine neue große Kirche[11] errichtet, als der Krieg ausbrach. Die sowjetischen Behörden forderten dafür eine riesige Steuersumme vom Dorf, das während des Krieges viel verdiente und die Steuer unverzüglich entrichtete. Nicht genug damit. Die Bauern arbeiteten um die Wette an der Fertigstellung der Kirche und kauften die Inneneinrichtung.

Einmal, ich ging gerade die Sykstuska-Straße entlang, hörte ich hinter mir ostentativ laut: „Gelobt sei Jesus Christus!" Da ging einer der Landwirte mit einem enormen Sack auf dem Rücken. „Aber die Herrin weiß nicht, was ich da habe!" erklärte er und zwinkerte verheißungsvoll. „Das kann ich ja auch nicht, aber ich bin sehr neugierig." – „Na, den heiligen Antonius! Hab ihn eben gekauft", lautete die triumphale Antwort. „Ach, die sind ja so dumm, wenn sie am Bau vorbeikommen, rufen sie uns immer zu, dass wir verrückt sind, und wissen nicht, dass der verrückt und ein Schafskopf ist, der nicht an den Herrgott glaubt." Derselben Ansicht waren auch etliche Bolschewiken, die sich, wie man hörte, ganz früh am Morgen, wenn es noch dunkel war, still und leise in die Beichtstühle schoben und nach der Beichte zum Tisch des Herrn traten. Man erzählte sich, dass ein Priester beim Austeilen der Hl. Kommunion beim Anblick des vor ihm knienden sowjetischen Soldaten plötzlich stehen blieb und zögerte. Der Soldat begriff, hob den Kopf und soll dann geflüstert haben: „Dawajte mi Boha!" (Gebt mir Gott!), woraufhin der Pfarrer seinem Wunsch entsprochen habe.

Die Bauern kamen ziemlich häufig zu mir, erzählten, wie es zu Hause stand, und fanden, dass es sehr schlecht stand. Hauptziel dieser Visiten war das Einholen von Informationen über öffentliche Angelegenheiten. Ich sollte ihnen sagen, „wie lange man noch wird warten müssen, bis endlich wieder Polen ist". Den Boden des Vorwerks hatte man unter ihnen aufgeteilt, mit der Aufteilung waren sie nicht zufrieden, die zugeteilten Flächen waren klein, und der Umstand, dass sie sie umsonst erhielten, erfüllte sie mit Misstrauen gegenüber denen, die ihnen dieses Land gaben, ohne dessen Besitzer zu sein. Zumindest mir gegenüber betonten sie, dass sie den Stand der Dinge für provisorisch ansahen. Sie waren auch sichtlich beunruhigt, als sie feststellen mussten, dass ich persönlich es überhaupt nicht eilig hatte, eventuell zu den alten Verhältnissen zurückzukehren, zu der großen Verantwortung, der großen Abneigung, die seit jüngstem ein beachtlicher Teil der Gesellschaft dem Großgrundbesitzer entgegenbrachte. Nach Komarno heimgekehrt, erzählten sie, dass es „ihr ohne uns gar nicht schlecht geht, verdient ihrs an der Universität und hat endlich Ruhe. Sie hat es ganz und gar nicht eilig, zu uns zurückzukommen, und das ist nicht gut." Erst, als man anfing, über die Schaffung von Kolchosen zu reden, brach Panik unter diesen Menschen aus.

Die Situation dieser Bauern war besonders schwierig, weil es um urpolnische Dörfer ging, Chłopy, Buczały, Tuligłowy, die uralten Ansiedlungen unter Kazimierz. Schon vor dem Krieg waren die Unstimmigkeiten stets heftig zwischen diesen Dörfern, die äußerst nationalbewusst waren und ein wunderschönes, leicht archaisches Polnisch sprachen, in dem sie umschließenden ukrainischen Meer. Jetzt hielten sie sich prächtig, doch sie hatten es sehr schwer. Einmal kam ein Landwirt aus dem benachbarten Dörfchen Klicko-Kolonia zu mir. Es handelte sich um eine neue Siedlung, entstanden nach dem Ersten Weltkrieg, als mein Vater das einstige Vorwerk Klicko parzelliert hatte. Käufer dieses Bodens waren ausschließlich polnische Bauern aus den Nachbardörfern gewesen – das zugewanderte Element gab es dort überhaupt nicht. Mein Gast war sichtlich bekümmert und niedergeschlagen; nach einer schleppenden Unterhaltung über gleichgültige Dinge sagte er plötzlich:

„Ich bin heute hergekommen, weil da bei uns was Neues ist, aber ich weiß noch nicht was."

„Was ist denn los? Redet!"

„Ah, die schreiben uns auf."

„Wen?"

„Na uns, was Vorwerkboden gekauft hat nach dem vorigen Krieg, ganz Klicko-Kolonia."

„Wer schreibt euch auf?"

„Ah, die Sowjets, was angekommen sind. Was ist zu tun?"

„Verhindert, so weit wie möglich, genaue Listen."

„Aber wo uns doch die Ukrainer so schrecklich überwachen, dass sie jede Seele zählen, jedes Kind ausfindig machen. Wenn das bloß nicht für den Abtransport nach Russland ist, die Ukrainer faseln nämlich so was."

„Die wollen euch Angst machen, das wäre ja unvorstellbar."

Er ging. Das war im Januar, sehr früh am Morgen, und es war noch sehr dunkel. Am 11. Februar, einem ebenso dunklen Tag, zu einer ebenso frühen Morgenstunde, stürmte ein Bauer aus Buczały in meine Wohnung, der auf Andzia und mich den Eindruck eines Geistesgestörten machte. Er stammelte und schluchzte; schrie, dass sie gefahren seien. Es waren 30 Grad Kälte, also versuchte ich erst einmal, ihn mit einem heißen Getränk zur Besinnung zu bringen. Er trank alles aus und nahm Platz. Und dann erfuhr ich, dass in der Nacht Militär gekommen sei und in sehr kurzer Zeit ganz Klicko-Kolonia mitgenommen habe, das heißt sämtliche Familien, die ursprünglich aus polnischen Nachbardörfern stammten und sich nach dem Ersten Weltkrieg auf ehemaligem Vorwerkboden niedergelassen hatten. Eine halbe Stunde nach der Vertreibung unserer Leute, noch in der Nacht, hatten die Ukrainer aus den nahe liegenden Dörfern die Gehöfte mit Beschlag belegt. Den Deportierten erlaubte man nur das mitzunehmen, was sie „auf die Schnelle" an sich zu nehmen schafften, ein bisschen was zum Essen und Federbetten. Nach dem Bericht zu urteilen, hatten sie höchstens eine Stunde Zeit.

„Wohin hat man sie gebracht?"

„In den Zug."

„In den Zug?"

„Steht noch bei uns in der Station, aber die Soldaten lassen keinen ran."

Während der ganzen Begegnung verfolgte mich hartnäckig der Gedanke, dass Klicko-Kolonia vielleicht kein Einzelfall sei, dass es hier um etwas noch Schlimmeres gehe.

„Haben sie welche aus Buczały abgeholt?" fragte ich.

„Keinen einzigen, weder von uns noch aus Chłopy."

Nach einer Stunde ging er, vorher versprach er, zurückzukehren, sobald er etwas Neues erfuhr.

Gegen Mittag war bereits der zweite da. Ein mir persönlich unbekannter Mann, genauso außer sich wie mein voriger Gast, nur dass es sich bei ihm anders äußerte. Denn diesmal war es kein Bauer, sondern ein Ingenieur aus Lwów. Der Mann stammelte und schluchzte nicht, sondern sprudelte die Worte nur so hervor, die Sätze rissen immer wieder ab, so dass es sehr schwer war, ihn zu verstehen; hinzu kam, dass er seinen Bericht noch zusätzlich unterbrach, indem er wiederholt kategorisch Hilfe von mir forderte. Schließlich und endlich begriff ich, dass es sich bei dem Besucher um den Schwager eines Försters handelte, den man diese Nacht mit Frau und zwei Monate altem Kind aus den zu Komarno gehörigen Wäldern abgeholt hatte. Der Zug stand noch in Komarno, wie der Ingenieur sagte; dem Förster war es gelungen, das Kind der Schwiegermutter zu übergeben, die sich dem Waggon genähert hatte, doch ein sowjetischer Soldat bemerkte es und zwang die Großmutter, das Kind der Mutter zurückzugeben. Von jenem Ingenieur erfuhr ich auch, dass auf etlichen Bahnstationen zwischen Lwów und Komarno von Militär bewachte Züge standen, aus denen Singen zu hören war.

Nachmittags erschien der dritte Besucher. Diesmal war es ein älterer Landwirt aus dem Dorf Chłopy. Der wiederum sagte fast gar nichts, er saß in der Küche und ballte die Fäuste. Nachdem er ein wenig aufgetaut war, sagte er langsam und mit Nachdruck, dass er ganz genau wisse, welche Ukrainer für die Sowjets Listen der so genannten Kolonisten angefertigt hatten, und dass nicht einer von denen ihm durch die Finger schlüpfen werde, wenn erst wieder Polen sei. Nachdem er solches verkündet hatte, verließ er mit einem knappen Abschiedsgruß die Wohnung. Damals ging mir auf, welch eine ungeheure Kraft die Hoffnung auf Rache ist und was für naive Träumer wir waren, wenn wir glaubten, dass nach dieser Gewaltkur das Zusammenleben beider Völker endlich möglich sein würde, dass wir letztendlich eine gemeinsame Basis fänden.

Anderntags, am 12. Februar, brach Panik über Lwów herein. In allen Bahnhöfen tauchten immer neue Züge auf, lange Reihen von Viehwaggons standen auf den Gleisen. Gesänge ertönten. Am häufigsten wurde *Gorzkie żale* (Bittere Reue – d. Übers.) gesungen, denn es war schließlich Fastenzeit. Die Züge wurden von Militär bewacht. Die Stadt- wie die Vorstadtbevölkerung stürmten sporadisch auf die Bahnhöfe. Wenn ein Kirgise oder Kalmücke die Waggons bewachte, bestand keine Chance; wenn dort ein Moskowiter stand, gab der manchmal vor nichts zu sehen, manchmal reichte er selber Wasser oder Speise, Milch oder Medikamente durch das winzige obere Gitterfensterchen. Es war entsetzlich kalt. So ausweglos waren damals diese ununterbrochenen Fröste, wie im September das unablässig andauernde schöne Wetter zum Verzweifeln gewesen war. Und immer mehr Züge trafen auf den Bahnhöfen ein. Die Waggons waren geschlossen, erlaubt war nur – und auch das nicht immer – das Hinauswerfen der Leichen. Abends wurden sie von den Gleisen gesammelt. Darunter gab es viele erfrorene Kinder. Offenbar hatte man nicht überall Federbetten mitnehmen dürfen wie in Klicko; etliche Dörfer hatten die Menschen ohne alles verlassen müssen, wenn der örtliche ukrainische Sowjet das verlangte. Die Züge trafen aus den Gegenden im Westen und im Norden von Lwów ein, die Nachrichten aber kamen von überall her, aus allen Wojewodschaften und Kreisen des annektierten Landesteils. Von überall transportierte man aus Nachbardörfern stammende Polen ab, die nach 1918 Land erworben hatten, und zwar als „zugewandertes Element", von der Polnischen Regierung dort „künstlich" angesiedelt. Außerdem holte man damals nur professionelle Waldhüter ab. Auf den Gleisen hinter den Lemberger Bahnhöfen stand ein ganzer Viehwagenpark mit durchschnittlich 80 Personen pro Waggon; die einen starben, die anderen gebaren – der Frost aber hielt an. Schließlich setzten sich die ersten Züge Richtung Osten in Bewegung. Immer, ausnahmslos, erklang in diesem furchtbarsten Augenblick derselbe Gesang, oder besser gesagt stets die beiden Lieder: *Rota* und *Boże, coś Polskę* (Gott, der Du Polen ...)

Zu dieser Zeit, ich erinnere den Tag nicht, hatte ich einen der wichtigsten Besuche meines Lebens. Es war Pfarrer Tadeusz Fedorowicz*, der in verschiedenen Hilfsangelegenheiten manchmal zu mir kam. Als ich ihm die Tür öffnete, fiel mir sofort sein Gesichtsausdruck auf, ruhig, beinah freudig, ja strahlend, als erfülle ihn ein tiefes Glück. Das war ein seltsamer Kontrast zu all dem Leiden ringsum.

„Ich bin gekommen, um mich zu verabschieden."

„Wohin fahren Sie denn, Herr Pfarrer?"

„Das weiß ich nicht."

Er setzte sich und holte ein kleines Kristallglas aus der einen Tasche.

„Das ist von zu Hause", sagte er mit einem Lächeln. Der anderen Tasche entnahm er ein winziges Büchlein, in dem mit Minibuchstaben die unveränderlichen Teile der Messe niedergeschrieben waren. Ich verstand.

Dass sich Priester in die Waggons zu quetschen versuchten, wenn sich der Zug gen Osten in Bewegung setzte, dass die Wachen scharf aufpassten, um es zu verhindern, aber dass es manchmal doch gelang, wusste ich, und mein Gast berichtete mir jetzt, dass er mit der geistigen Obrigkeit seine Ausreise längst abgestimmt habe und dass er hoffe, auf einen fahrenden Zug aufspringen zu können, wahrscheinlich schon in den nächsten Tagen; er bat, ich möge beten, dass es ihm gelinge. Beim Abschied lächelte er, und seine Augen leuchteten. Nachdem sich die Tür hinter ihm geschlossen hatte, wollte mir scheinen, als sei ein Lichtstreif zurückgeblieben.

Er fuhr bald danach.[12]

Das geschah am 11., 12. und 13. Februar 1940 in ganz Ostpolen. Ungefähr zehn Tage später waren die örtlichen Spitzen des ZWZ bereits im Besitz von Informationen, nach denen damals rund eine Million polnischer Bauern verschleppt wurden. Die Schätzung erwies sich später als ziemlich genau.

Man musste durchhalten, was immer schwieriger wurde. Der ersehnte und erwartete Frühling näherte sich rasch, doch am politischen Horizont blieb alles unverändert. Wir trösteten uns gegenseitig, dass man im Rundfunk selbstredend nicht alles, was in Wirklichkeit vor sich ging, erörtern konnte, zumal in einem Augenblick, da man sich vermutlich zum Generalangriff rüstete. Noch immer war es fürchterlich kalt, und die Verhaftungen nahmen noch immer zu. Es war jetzt vermehrt von Folter die Rede, mit der Geständnisse erzwungen werden sollten. Außer Peitschen bis aufs Blut usw. fanden Foltermethoden östlichen Stils Anwendung, häufig das Eintreiben von Metallnägeln unter Fuß- und Fingernägel. Mitunter waren Juden die Henker. Dazu trug die große Zahl Juden beim NKWD sowie die Kommunistisierung des jüdischen Proletariats bei, das zum großen Teil seit Beginn der Okkupation auf Seiten der Bolschewiken stand. Aber ich tröstete mich damit, dass es auch andere Juden gab.[13] Eines Tages kam ein Unbekannter zu mir, bat um Entschuldigung, dass er seinen Namen nicht nenne, erklärte nur, dass er Jude sei und deshalb zu mir komme. Er drängte mich, alles Wertvolle aus der Wohnung zu schaffen, wenn ich nicht alles verlieren wollte. Sie machen sich jetzt an alle Polen, und Leute mit „antirevolutionärer" Herkunft sind natürlich ganz besonders gefährdet. Zum Schluss fügte er noch hinzu, dass er als Jude gekommen sei, aus Pflicht, obgleich er mich nicht persönlich kenne, doch kommen musste er zu der Person, die sich an der Universität dem Verprügeln von Juden widersetzt hatte – und er ging. Dieserart Visiten – einmal mit dem Angebot von Geld – wiederholten sich noch zweimal.

Die polnische Gemeinschaft wartete und wartete. Wir hatten viel Zeit und auch das lastet schwer auf uns. An der Universität gab es für uns keinerlei Arbeit, die Vorlesungen waren auf einem solchen Niveau[14], dass Vorbereitungen dazu kaum notwendig waren, und von wissenschaftlicher Arbeit durfte man nicht einmal träumen. Diese enorme Trägheit drückte ganz Lwów nieder, und nicht nur die Universität. Alle, nicht nur Polen, sondern auch Ukrainer und die importierten Bolschewiken, waren täglich viele Stunden beschäftigt, doch es arbeitete keiner. Dumpfe Schwerfälligkeit und unendliche Gleichgültigkeit gegenüber jeglicher Arbeit charakterisierten die Atmosphäre. In dieser Zeit erteilte ich einem unserer Professoren Englisch-Unterricht. Der Schüler erwies sich als begabt, so dass man nach ein paar Monaten zur Lektüre übergehen konnte. Ich hatte zufällig das Buch, das mir am geeignetsten erschien: Lord Acton, *History of Freedom*. Ich bezweifle, dass dieses wunderbare Buch je mit tieferer innerer Bewegung und größerem Verständnis gelesen worden ist als damals, da wir es nach dem Verlust jenes höchsten Gutes, das sein erhabenes Thema ist, lasen. Seine Lektüre war für uns so etwas wie ein Protest, der einzige uns zugängliche, doch sehr starke, weil geistige, gegen das, was um uns herum geschah.

Aus Komarno erreichten mich unterdessen die verschiedensten Nachrichten. Dort war der Direktor der Forsten, Karol Dudik, verhaftet worden, der treueste Freund unserer Familie seit über dreißig Jahren. Er bezahlte die Liebe zu seiner Arbeit mit dem Leben, denn er verließ Komarno nicht, trotz meiner flehenden Bitten. Die Moskowiter verschleppten ihn alsbald, schließlich starb er irgendwo in diesem endlosen Russland.[15] Seine Familie wurde nach seiner Verhaftung nach Kasachstan abtransportiert.

Damals ließ man mich auch wissen, dass vom NKWD in Lwów eine Anfrage an die örtlichen Behörden in Komarno ergangen sei, bezüglich meines Verhältnisses zur

Bevölkerung vor dem Krieg. Die Gemeindekomitees stellten mir ein anerkennendes Zeugnis aus und schickten eine Kopie an die Universität. Mir war unwohl zu Mute, als ich davon erfuhr, doch bald waren wir alle mit wichtigeren Angelegenheiten beschäftigt. Ostern ging vorbei und mit ihm ein Moment großen Jammers in der Kirche, während das Lied *Wesoły nam dzień dziś nastał* (Ein fröhlicher Tag ist uns heute angebrochen – d. Übers.) angestimmt wurde. Die Feiertage fielen auf Ende März, am 10. April erzitterte Europa in seinen Grundfesten. Hitler hatte Dänemark eingenommen und griff Norwegen an! Wir erwachten wie aus einem Albtraum. Endlich! Wir glaubten, dass um dieselbe Jahreszeit, da die Bergflüsse, aus den Winterfesseln befreit, in Bewegung gerieten, der Sturzbach der Ereignisse anfangen würde, unsere grauenvollen Bande zu zerreißen. Wir wichen nicht vom Radio. Nichts anderes kümmerte uns. Sämtliche Unannehmlichkeiten oder persönlichen Gefahren schienen ein Nichts, „und außerdem – das dauert ja nun nicht mehr lange".

Daher berührte mich Andzias Mitteilung, dass seit zwei Tagen ein hochgewachsener Major auftauchte und sich nach mir erkundigte, nur wenig. Andzia erwähnte auch, dass seine Mütze einen dunkelblauen Boden gehabt habe. Endlich traf er mich an. Es war ein Russe ohne alles Vulgäre, ein hochgewachsener blonder Mann von nachgerade erlesenen Manieren. Er stellte sich als Major Bedjajew vor. Nachdem er Platz genommen hatte, erklärte er sehr ruhig und sehr höflich, dass er bei mir wohnen werde. Ich entgegnete, dass ich schon Untermieter habe und dass es meine eigene Wohnung sei, die, einem Universitätsmitglied gehörend, nicht requiriert werden dürfe, und zeigte auf die Bumaga an der Tür, die seit dem Sieg über Pawlischenko dort hing. Der Major hörte sich alles an und sagte dann ruhig: „Ihr seid nicht mehr an der Universität", und reichte mir ein Schreiben, das er der Brieftasche entnahm. Es war ein sehr kurzes Schreiben von der Universität, an Bedjajew gerichtet, worin ihm mitgeteilt wurde, dass ich von der Arbeit dispensiert sei. Ich antwortete, dass ich mich nicht als dispensiert ansehen könne, solange ich keine offizielle Benachrichtigung erhielte, dass ich sogar jetzt gleich zur Universität müsse, weil ich eine Vorlesung habe. Der Major erwiderte in sehr artigem Ton, dass er das gut verstehe und dass ich die Benachrichtigung erhalten würde.

Ich ging zur Universität. Im Institut wusste keiner etwas. Ich ging zur Vorlesung. Vor der Saaltür vertrat mir eine unbekannte Dame den Weg und bat mich um ein kurzes Gespräch unter vier Augen. Wir traten in einen Seitenflur. Dort teilte sie mir mit, dass es im ZWZ Denunziation gebe, dass es aller Wahrscheinlichkeit nach um Verrat gehe, dass man ein paar Personen aus ihrer Gruppe geschnappt habe, dass ein Bekannter, ein Ingenieur, sie schicke, mit dem sie in einem Haus wohne. Mir fiel auf einmal ihr Name an einer Tür im Parterre dieses Mietshauses ein. Weiter sagte sie, ich müsse unverzüglich weg, dürfe auf keinen Fall in die Wohnung zurück. Ich glaubte ihr, doch war es mir nicht erlaubt, mich ohne Befehl in ein Gespräch mit ihr einzulassen, andererseits wusste ich auch, dass der Ingenieur ein sehr großherziger, aber auch nervöser Mensch war, also schien mir das, was sie sagte, nicht unbedingt schlüssig. Ich erwiderte ihr, dass ich nicht verstehe, von nichts wisse und dass ich zur Vorlesung müsse. Ich ging in den Saal und sprach über Donatellos frühe Skulpturen. Am selben Tag noch erhielt ich auf offiziellem Wege ein Zertifikat der Kategorie I, das bedeutet, man ernannte mich als Universitätsprofessor zur sowjetischen Bürgerin höchster Nützlichkeit für den Staat. Ich wusste, dass so ein Pass, der höchst selten ausgestellt wurde, „absolut" vor dem Abtransport schützte; die sowjetischen Behörden taten auf diese Weise kund, dass sie angesichts meiner wissenschaftlichen Qualifizierung über meine schmähliche Abkunft zur Tagesordnung übergegangen waren.

Anderntags, am Morgen des 11. April, kam ein Schreiben, genau so eines, wie es Bedjajew vorgewiesen hatte, adressiert ans Institut, das mich von der Universitätstätigkeit entband. Professor Podlacha*, der an der Spitze des Instituts stand, ging mit dieser Angelegenheit zu „Rektor" Marczenko, der ihm erklärte, dass es nicht seine Pflicht sei, sich mit solchen Professoren wie mir zu befassen, sondern Professoren unter den Arbeitersöhnen zu rekrutieren und zu schulen.

Am Abend desselben Tages rieten mir Freunde, ein paar Nächte nicht zu Hause zu schlafen, denn sofern ich die Arbeit verloren hatte, war ich nur noch eine gewöhnliche „Kulakin", noch dazu eine, um deren Wohnung sich ein Major vom NKWD bemühte. Ich reagierte auf diesen Rat ziemlich widerwillig, gab aber nach, weil ich es mir zum Prinzip gemacht hatte, jegliche Bravour als unzulässig zu vermeiden. Folglich verbrachte ich die Nacht bei Wisia Horodyska, die ein freies Sofa hatte. Wir redeten und redeten stundenlang, standen wir doch unter dem grauenvollen Eindruck der zahlreichen Verhaftungen der letzten Tage. Sie hatten in vielen Fällen die Familienoberhäupter abgeholt, vor allem Ärzte und Gutsbesitzer. Wir wussten, dass sie noch in Lwów waren, im Brygidki-Gefängnis. Der 12. April verlief normal; nachmittags fand normaler Englischunterricht in meiner Bibliothek statt, danach verließ ich die Wohnung. Nach dem Abendessen bei Freunden begleitete mich ein Bekannter zu meinem „Nachtquartier", gegen zehn kamen wir an meinem Haus vorbei. Ich legte mich aufs Gastsofa. Wir schliefen schlecht, die ganze Nacht fuhren Autos und Droschken, es gab merkwürdig viel Verkehr. Im Morgengrauen weckte uns die Hauswartsfrau mit der Nachricht, dass sie in der Nacht halb Lwów geholt hätten. Wir traten an die Fenster. Im fahlen Morgenlicht fuhren Lastwagen voller Menschen vorüber. Sie waren gut gekleidet, ich erinnere mich an Damen im Trauerschleier, die wie Statuen auf der Ladefläche saßen. Soldaten der Roten Armee und Milizionäre auf den Trittbrettern bewachten sie. Während wir so hinausstarrten, kam jener Bekannte, der mich abends begleitet hatte. Sein Gesichtsausdruck war merkwürdig, als er mir wortlos ein Päckchen aushändigte. Ich wickelte es auf – der Inhalt bestand aus meinen Toilettenartikeln und ein wenig Wäsche. „Das schickt Ihnen Andzia, Sie können nicht zurück. Die sind in Ihrer

Wohnung und warten." Da erfuhr ich dann, dass sie abends gekommen waren und schon bei mir saßen, als wir auf dem Rückweg vom Abendessen dort vorbeigekommen waren. In der Nacht kamen noch mehr, bis an die Zähne bewaffnet, schließlich waren sie zu acht. Mit dem Karabiner in der Hand verlangten sie von Andzia, sie solle verraten, wo ich nächtige. Das Mädchen beharrte hartnäckig darauf, von nichts zu wissen. Gegen Morgen gingen sie endlich, bewachten jedoch das Haus von der Straße aus. In dieser Zeit entschlüpfte ihnen Andzia, kam aber nicht zu mir, sondern ging in entgegengesetzte Richtung davon, um die Wachen irrezuführen. Sie eilte zu meinen Freunden und bat sie, mich zu warnen.

Inzwischen trafen Nachrichten aus verschiedenen Teilen der Stadt ein. Mittags wussten wir bereits, dass sich die Abgeholten wieder in den bewussten Zügen auf den Bahnhöfen von Lwów befanden. Diesmal waren das ausschließlich Städter, Offiziersfamilien, pensionierte Beamte, Ärzte sowie Landeigentümer. Diese Gruppen wurden damals aufs Schrecklichste ausgedünnt, zudem nahm sie unter anderen auch all die Familien, deren Väter ein paar Tage früher verhaftet worden waren. Von den Flüchtlingen aus dem Westen wurde damals keiner genommen. Unter den Landbesitzern gingen in erster Linie die, denen die Sowjets von ihren ehemaligen Gütern ein lobendes Zeugnis ausgestellt hatten. Der „Kulak" nämlich, der nicht nur kein Blutsauger ist, sondern auch noch soziales Gewissen verrät, straft die Propaganda Lügen und ist allein dadurch ein gefährlicher Feind der Revolution.

Wieder stürmte die städtische und vorstädtische Bevölkerung die Bahnhöfe, wieder reichte man in die Waggons alles, was sich reichen ließ, wieder schmuggelten sich Priester ein.

Die Habe der Verschickten unterlag dem sofortigen Verkauf, die erlangten Geldmittel sollten ihnen in bar geschickt werden. Ich weiß von Fällen, wo dies tatsächlich passiert ist. In meine Wohnung zog am ersten Tag Major Bedjajew ein. Einen Teil der Möbel verbrannte er, „weil sie keiner wollte", einen Teil stahl der Hauswart. Damals gingen meine Aufzeichnungen sowie vor allem die wissenschaftliche Bibliothek verloren, von anderen Dingen, zum Beispiel Andenken an Verstorbene, ganz zu schweigen. Tausende, ja Millionen in Europa haben im Laufe der letzten Jahre das Gleiche durchgemacht, doch das zu wissen ist nicht nur kein Trost, im Gegenteil, es verschlimmert die Sache. Je mehr Menschen unter uns sind, die man ihrer Vergangenheit beraubt hat, umso bedrohlicher das Schwinden der Tradition, der geistigen Kontinuität, der Kultur ganz einfach.

Ich für meinen Teil musste mich mittlerweile verstecken, konnte nicht bei Personen bleiben, die als meine Freunde bekannt waren, denn ich wusste wohl, dass man mich suchte. Bekannte ohne jegliche Freundschaftspflicht gegen mich boten mir Unterschlupf. Dieser dreiwöchige Zeitraum war für mich außerordentlich unangenehm; das Bewusstsein, meine Beschützer unablässig zu gefährden, belastete mich unsäglich. Ich erwartete den NKWD bei jedem Klingeln, zitterte um meine

Wirtsleute und wusste selber nicht, was ich anfangen sollte. Mir schien es keinen Sinn zu machen, wenn man sich unter die deutsche Besatzung begab, denn unter Hitler gab es keine Möglichkeit zur Arbeit, vielmehr war ich der Ansicht, ich sollte – da ich hier nicht ausharren, den hier schon nahen „Auferstehungstag" nicht abwarten durfte – über die Grenze, nach Italien, entkommen und von dort zur Regierung nach Frankreich und die angelsächsischen Länder. Ich dachte zu jenem Zeitpunkt, man wüsste dort nicht, was bei uns vor sich ging, dass ihnen Informationen fehlten, weil die Rundfunksendungen einzig und allein vom Terror und von der Grausamkeit der deutschen Okkupation berichteten! Wie zum Hohn war es zum gegebenen Zeitpunkt unmöglich, über die Karpaten nach Ungarn oder Rumänien zu gelangen. Die letzten Gruppen fielen eine wie die andere herein, kein Führer wollte auch nur den Versuch unternehmen, so streng war in jenen Tagen die Grenze bewacht. Heute, da ich diese Worte schreibe, ist mein Herz voller Dankbarkeit, dass ein Höherer Wille jene unausgewogenen Pläne durchkreuzt und mir so erlaubt hat, zu bleiben und noch zwei Jahre in meinem Land zu arbeiten. Aber damals hieß es warten, und das eben war das Allerschlimmste. Ich versuchte so weit wie möglich die Zeit zu nutzen und die Aktivitäten im Ausland vorzubereiten. Vorläufig ging es um die erste Etappe – um Rom.

Nachdem ich die Verbindung mit Pfarrer Włodzimierz Cieński wiederhergestellt hatte, ließ ich ihn fragen, ob er sich vor meiner Abreise mit mir treffen würde, da ich nach Rom fahren wollte und daher gern Informationen und Direktiven hätte bezüglich dessen, was ich im Vatikan sagen sollte. Eines Tages dann bekam ich die Nachricht, dass Pfarrer Cieński um fünf Uhr nachmittags auf der Hauptpost sein und Wisia Horodyska ihn von dort zu mir führen würde. Ich hielt also etliche Fragen in petto und wartete ungeduldig auf den Menschen, zu dem ich so viel Vertrauen hatte. Ich war mir sicher, dass dieses Abschiedsgespräch, an dem mir aus persönlichen Gründen so viel lag, mir entscheidenden Aufschluss hinsichtlich der künftigen Informationstätigkeit geben würde. Es war sechs vorbei, und keiner kam. Gegen sieben erschien endlich Wisia, doch sie war allein. Mit einem Blick auf sie sagte ich: „Cieński ist verhaftet." – „Ja." Er war nachmittags aus dem eigenen Pfarrbüro abgeholt worden, in der Soutane, wie er sich das gewünscht hatte. So manches Mal hatte er zu mir gesagt: „Irgendwann holen sie mich bestimmt, Hauptsache in der Soutane. Jetzt muss man ja öfters in Zivil herumlaufen, um die Menschen, die man besucht, nicht zu gefährden, doch ich habe keine Lust, in dieser Verkleidung eine Spritztour ins tiefe Russland zu machen." Die Verhaftung rief in Lwów tiefste Niedergeschlagenheit hervor, besonders weil zu diesem Zeitpunkt der Schock über die Massendeportation noch keineswegs abgeklungen war. Die Menschen schliefen von dieser Zeit an monatelang mit Proviant und Skianzügen neben dem Bett. Es gab solche, die den Abtransport ganz einfach herbeisehnten, weil sie das Warten nicht mehr aushalten konnten.

Trotz allem mussten Direktiven eine Audienz beim Papst betreffend eingeholt werden. Ich ließ also bei Erzbischof Twardowski anfragen, ob er mich sehen möchte, weil ich mich anschicke, nach Rom zu reisen. In Erwiderung bestimmte er mir einen Tag, an dem ich zur Morgenmesse um sieben im Kloster sein sollte, wo er seit seiner Exmittierung aus dem Palast lebte. Nach der Messe, wenn er aus der Kapelle zu seinen Räumen zurückkehrte, sollte ich ihm folgen. Ich kleidete mich also möglichst abweichend von meiner üblichen Aufmachung – Kopftuch umgebunden, Brille auf der Nase und ein Korb mit einer Flasche Wodka unterm Arm – und setzte mich zu jenem Kloster in Marsch. Dort wohnte ich der vom Erzbischof gehaltenen Messe bei, und als er hinausging, ging ich ihm nach. Er hieß mich einen Moment in dem kleinen Parlatorium warten, mir blieb folglich Zeit, mich von jenen kuriosen Zutaten zu befreien, bevor er zurückkehrte. Nachdem wir Platz genommen hatten, erzählte ich, dass ich einen Rombesuch plante, dort bestimmt bei einer Papstaudienz sein würde und darum um Order bitte, was ich bei der Gelegenheit sagen solle. Der Greis lauschte aufmerksam. Als ich geendet hatte, sagte er lächelnd: „Sagen Sie bitte dem Heiligen Vater, dass uns sehr wohl ist. Sagen Sie ihm, dass der gesamte Klerus, buchstäblich der gesamte, denn sehr wenige schwache Individuen fielen im ersten Augenblick ab – ihre Flucht war für uns eher eine Hilfe –, dass der gesamte Klerus sich vorzüglich hält. Dass es einer ziemlich großen Anzahl von Priestern gelungen ist, mit den Verschickten nach Russland zu fahren, dass andere – vielleicht wir alle – auf den Abtransport warten oder auf das, was sonst noch auf uns zukommen mag, dass aber die antireligiöse Propaganda nicht verfängt, die Bevölkerung, vor allem aber die Intelligenz, die früher Distanz gewahrt hat, uns zuströmt, dass die Menschen in großer Zahl zur Kommunion gehen, wir sehen das an dem außergewöhnlich gestiegenen Bedarf nach der Hostie. Sagen Sie dem Heiligen Vater, dass ich ihn, gemeinsam mit dem ganzen Klerus und den Gläubigen meiner Erzdiözese, unserer grenzenlosen Ergebenheit versichere, und für die Apostolische Hauptstadt Hingabe bis zum letzten Tropfen Blut. Nur vergessen Sie bitte nicht, ihm zu sagen, dass alles gut ist." Ich schaute und lauschte. Dieser Greis war ein bescheidener Mensch, ohne stärkere Persönlichkeit[16], so viel wusste ich. Doch ich verstand damals, wie die Macht der Idee ihren Repräsentanten hoch hinausheben kann über alle menschlichen Leiden, Unruhen und Ängste – selbst über die Spannung des Heroismus, in eine Sphäre heiterer Abgeklärtheit, in der allein noch das Wesentliche existiert. Nachdem er geendet hatte, segnete er mich auf den Weg. Man sah ihm die Rührung an, da er eine Person verabschiedete, die in diesem Augenblick die vielleicht letzte Verbindung zwischen ihm und Rom schuf. Dann sagte er mit veränderter, beinah fröhlicher Stimme: „Und lassen Sie sehen, wie Sie sich verkleiden." Schon das Kopftuch gefiel ihm ungemein, doch als er die Wodkaflasche aus dem Korb lugen sah, freute er sich wie ein Kind und lachte herzhaft. Als ich von dort wegging, fühlte ich mich sehr klein.

Es wurde Frühling, der so ersehnte, so erwartete Frühling, und mit ihm kam statt der Befreiung die furchtbare Nachricht, dass die Alliierten Norwegen im Stich gelassen hatten! Also noch immer kein Ende? Noch immer zog sich das hin?[17] Wie lange sollte das denn noch dauern?! In jenen Tagen musste ich das Quartier wechseln und zu anderen Bekannten umziehen, da ich nicht zu lange in ein und derselben Wohnung bleiben durfte, zumal hier das einzige Fenster meiner Behausung auf einen kleinen Hof hinausging und gegenüber ein Milizionär wohnte. Obschon ich nur durchs Ofentürchen lüftete, fing der Milizionär an, sich für mich zu interessieren. Die Fenster meines neuen, geräumigen Heiligtums gingen auf eine unbebaute Parzelle hinaus, wo eine große alte Birke stand. Ihre Zweige trieben gerade die ersten saftig grünen Blättchen. Ich hatte nicht den mindesten Zweifel und wiederholte das vor allen, dass ich ins freie Lwów zurückkehren würde, noch ehe diese Blätter fielen, dennoch war der Gedanke an die Abreise dringlich geboten, doch war es weiterhin unmöglich, über die Berge zu gelangen! Dafür gab es Nachricht, dass es um vieles leichter sei, über Zakopane nach Ungarn zu kommen. Ich musste mich also für etwas entscheiden, was ich bisher nicht in Betracht gezogen hatte, ich beschloss, mich „unter Hitler zu stellen" und mich erst von dort nach Ungarn durchzuschlagen. Gerade damals rüstete ein zweiter legaler Transport von nach Westen zurückkehrenden „Davongelaufenen" zum Aufbruch, Leuten, die während des Septemberfeldzugs nach Osten geflohen worden waren, wo es „sicher" war. Die deutsche Kommission amtierte in Lwów gemeinsam mit der sowjetischen. Freunde befassten sich mit mir, und ein Bekannter, der mir gegenüber nicht die mindesten Verpflichtungen hatte, schlug mir etwas vor, das ich schweren Herzens akzeptieren musste. Es gab ganz einfach keinen anderen Ausweg. Er hatte alle Papiere und fuhr nach Krakau. Und er erklärte sich bereit, mich mitzunehmen.[18] Anfangs sah es so aus, als könnte ich nur als Ehefrau dieses Mannes fahren, und dass ich mich mit ihm trauen lassen musste, eine sowjetische, die so genannte Fünfrubeltrauung, denn so viel betrug die amtliche Gebühr. Als sich herausstellte, dass es genügte, seine Schwester zu sein, atmeten wir beide auf, ich gebe es zu. Man fabrizierte mir also Papierchen auf seinen Namen. Ein Chemieprofessor unserer Universität entfernte nachts in seinem Institut meinen Namen aus meiner grünen Kennkarte, ohne an dieser Stelle die grüne Farbe der Karte anzugreifen, und setzte den Namen meines „Bruders" ein.

Der Tag der Trennung und der Abreise kam näher. Obgleich mir bewusst war, dass ich bloß noch eine Last für alle war, hatte ich dennoch das Gefühl zu desertieren. Außerdem bürdete ich einem mir fast fremden Menschen meine von den Sowjets gesuchte Person auf und brachte ihn ganz furchtbar in Gefahr. Ich schied von meinen engsten Freunden sowie von meiner allertreuesten Andzia. Niemand wusste, wann all diese Menschen ins tiefe Asien fahren, oder wohin immer diese Barbaren sie verschleppen würden. Ich fuhr zwar ebenfalls ins Unbekannte, aber immerhin in den Westen, und – wie dem auch sei – ich entfloh. Vielleicht wäre mir dieser Übergang nicht so schwer gefallen, wenn ich damals schon gewusst hätte, dass man mich nicht wegen meiner Herkunft suchte, sondern aufgrund von Denunziation im ZWZ; uns hatte „Kornel" verraten, jener hochgewachsene Major, den ich verabscheute; und dass heute, da ich dies niederschreibe, von unserer ganzen Gruppe aus Lwów nur noch Pfarrer Cieński, Herr Jan Jaworski und ich am Leben sind!

Der schmerzliche Augenblick der Abreise fiel auf den Abend des 3. Mai. Die Nacht war klar, frühlingshaft, warm. Eine Droschke beförderte uns durch die Stadt, die mir so unermesslich teuer war – ich erinnere, als sei es gestern gewesen, noch immer die schlanke Silhouette der Bernhardiner-Kirche im Mondlicht –, wir fuhren zu einer großen Garage, von wo aus sich noch vor dem Morgengrauen ein Lastwagen in Bewegung setzen sollte, um uns nach Przemyśl zu bringen. Wir fuhren mit Verspätung los; es tagte bereits, als wir Lwów verließen, mit einem Abschiedsblick auf die Kuppeln des hl. Jur und die Türme der Elisabeth-Kirche. Wir waren an die zwei Dutzend Personen, doch keiner sagte ein Wort. So ließen wir Gródek Jagielloński hinter uns und den Weg, der von da nach links abbiegt. Ein Wegweiser stand dort: NACH KOMARNO. Erst als wir auch daran vorbei waren, spürte ich plötzlich zum ersten Mal, dass mich nun nichts mehr mit irgendeinem Ort auf der Welt verbindet, dass ich, losgelöst von allem, was persönlich war, in die Welt hinausfahre.

In Przemyśl wimmelte es von Bekannten. Auf der Straße warf sich fortwährend irgendwer mit einem Freudenschrei auf mich, weil er gehört hatte, dass ich schon lange tot sei, dass ich mich bei der Flucht aus der Wohnung am Fallrohr herabgelassen hätte, dass ich an der Grünen Grenze getötet worden sei. Dieses missliche Gerede und die Ausrufe kamen natürlich von den verschiedenen „nichtgeduldeten" Personen, die damals in Przemyśl zusammentrafen, doch für jeden von uns waren sie sehr unbequem.

An diesem Tag fand ich, in seiner damaligen Wohnung, Weihbischof Tomaka* wieder, den ich gut kannte. Mir war nämlich der Gedanke gekommen, er könnte Nachrichten für den Ordinarius haben, der sich auf deutscher Seite aufhielt. Bischof Tomaka empfing mich mit väterlicher Besorgnis: „Was machen Sie hier noch?" – „Ich versuche, rauszukommen, Exzellenz", antwortete ich. Bischof Barda übermittelte er durch mich eine Menge Informationen.

Endlich, am dritten Tag, traten wir zur sowjetischen Revision an; sie war außergewöhnlich gründlich. Man ergatterte ziemlich viel Schmuck und besonders viel polnische Złoty, auf die mit nachgerade leidenschaftlicher Gier Jagd gemacht wurde, obgleich sie bei ihnen schon lange – seit Dezember – ungültig waren. Bei mir fanden sie trotz allem nicht die größere Summe, die unter dem Futter der Ledertasche versteckt war, auch nicht die Perlen, die in meinem Mantelkragen eingenäht waren. Nach der Durchsuchung kontrollierten sie die Dokumente. Mein Papierchen blieb von ihrer scharfen Aufmerksamkeit verschont, und zwar wegen der mustergültigen Ordnung in den Papieren meines „Bruders". Nachfolgend ließen sie uns in Viererreihen Aufstellung nehmen und befahlen uns über die Brücke zu gehen. Wir marschierten zwischen den russischen Wachposten hindurch, die uns *„Auf Wiedersehen in Krakau"* zuriefen.[19] Sie waren wie alle Soldaten der Roten Armee schmutzig, unrasiert, schäbig uniformiert. Als wir die Brückenmitte erreicht hatten, kam uns eine Gruppe deutscher Militärpersonen entgegen, Männer von prachtvollem Wuchs, die fabelhaft aussahen in ihren tadellosen Uniformen. Ihnen folgten in weißen Schürzen Schwestern des Roten Kreuzes. „Das ist dennoch Europa", hörte man Stimmen in unseren Reihen.

Anmerkungen

* Die Sternchen beziehen sich auf das kleine biografische Wörterbuch Seite 302.

1 Nach dem Tode des Vaters 1933 war K. Lanckorońska die letzte Besitzerin von Komarno.

2 Mateusz Machnicki. In dem Artikel *Ludzie w Rozdole* („Tygodnik Powszechny" 1995, Nr. 35) widmete ihm K. Lanckorońska eine Passage des Andenkens.

3 Ein bewahrtes Denkmal des zerschlagenen Vaterlandes.

4 Am 6. November 1939 verhafteten die Deutschen in Krakau 183 Professoren der Jagiellonen-Universität, der Akademie für Berg- und Hüttenwesen und der Handelsakademie.

5 K. Lanckorońska wohnte in Lwów Zimorowicz-Straße 19.

6 November 1939 wurde die Westliche Ukraine der Ukraine angegliedert.

7 Das Zitat stammt aus dem XI. Buch („Das Jahr 1812") des *Pan Tadeusz* von A. Mickiewicz („O Frühling! Wer sah dich dazumal in unsren Landen/…/ reich an Begebnissen, hoffnungsvoll …").

8 Der sowjetisch-finnische Krieg brach am 30.11.1939 aus.

9 Gute Reise!

10 Guten Aufenthalt!

11 K. Lanckorońska war die Stifterin und Patronin dieser Kirche.

12 Nach ein paar Stunden klingelte es an meiner Tür. Ich öffnete. Ein mir unbekannter Arbeiter stand vor mir. Er begrüßte mich nicht, trat nicht ein, sondern sagte bloß: „Pfarrer Fedorowicz ist gefahren. Er hat's geschafft." Er machte kehrt und ging. Ich konnte ihm nur noch „danke" hinterher rufen (K.L.).

13 Ich bin in einem Geist erzogen worden, der dem Antisemitismus grundsätzlich abhold war, und diesem Geist bin ich treu geblieben (K.L.).

14 Das intellektuelle Niveau des Auditoriums sank unaufhörlich (K.L.).

15 Seinen vollständigen Namen fand 1996 die Tochter in Warschau auf einer der neueren Katyń-Listen (K.L.).

16 Ich kannte ihn nicht persönlich, da Komarno zur Diözese Przemyśl gehörte, und nicht zur Erzdiözese Lwów (K.L.).

17 Die Deutschen durchbrachen die norwegische Verteidigung am 10.6.1940.

18 Anmerkung vom 30. 10. 1996: Ich lese diese Erinnerungen noch einmal zur Kontrolle. Leider schreibe ich in vielen Fällen sehr lobend und mit Dankbarkeit über Menschen, deren Namen ich

im Hinblick auf ihre Sicherheit nicht erwähnen durfte, und heute erinnere ich mich natürlich nicht mehr an diese Namen (K.L.).

19 Ich begriff damals nicht den prophetischen Gehalt dieser Worte (Bemerkung vom 30. 10. 1996 – K.L.).

Kapitel 2

Krakau
(Mai 1940 – Juni 1941)

Wir gingen von der Brücke. Standen auf dem Boden des Generalgouvernements.
Deutsche Soldaten umstellten uns. Nach dem kurzen Halt befahlen sie uns loszu-
marschieren. So gingen wir jeweils zu viert durch Zasanie „Deutsch-Przemyśl". Augen, der kyrillischen Schrift müde, lasen mit Wohlgefallen die polnischen Beschrif-
tungen der Schilder. Unweit standen kleine Grüppchen von Menschen, die uns
anschauten. Hin und wieder winkten Frauen mit Kopftüchern herüber. Sich zu
nähern, trauten sie sich offenbar nicht, sie wirkten eingeschüchtert. Man brachte
uns zu einer Kaserne. Der Schmutz dort war unbeschreiblich. Man konnte sich nirgends niederlassen, von sich waschen nicht einmal träumen. Zwei Tage verbrachten wir auf Koffern – endlich wurden Frauen und Kinder mitsamt allen Sachen herausgerufen. Wieder stellte man uns in Viererreihen auf und brachte uns zum
Badehaus. Dort befahlen uns Frauen in Schürzen, wir sollten uns ganz und gar entkleiden, die Sachen in mit Nummern versehene Säcke stecken, dieselbe Nummer,
in ein Holztäfelchen eingebrannt, mussten wir uns um den Hals hängen. Ich hatte
Nummer 57, das weiß ich noch genau, weil es mir gelang, das Täfelchen zu verstecken und hinauszubringen. Ich habe es lange aufgehoben. Ich wollte nach dem
Krieg einen Beweis dafür haben, dass man mir befohlen hatte, ohne jedes Klei-
dungsstück am Leib, eine Nummer um den Hals zu tragen. (So überempfindlich
bin ich damals noch gewesen!) Schließlich ließ man uns im Bad erneut Aufstellung
nehmen, diesmal paarweise, und trieb uns mit dem Schrei: „*Ratten hinaus!*" unter
die Dusche. Von dort aus defilierten wir, unter dem gleichen Akkompagnement,
mit erhobenen Armen einen schmalen Gang entlang zu einem anderen Saal. An der
Tür standen zwei Männer in weißen Mänteln. Gegenüber hatte man Jungen im Al-

ter von 11, 12 Jahren platziert, die man extra zu diesem Zweck aus unseren Reihen herausgerufen hatte. Dorthin gingen wir nicht mehr zu zweit, sondern einzeln. Die Männer in den weißen Mänteln sahen uns in die Münder, und wenn eine von uns die Arme nicht hoch genug hielt, rissen sie sie hoch und untersuchten die Achselhöhlen, offenbar auf der Suche nach Gold oder Schmuck. Sie fanden auch ziemlich viel. Nach dieser „Desinfektion", so gründlich wie reich an Beute (auch soweit es um die Säcke mit unseren Sachen ging), befahl man uns uns wieder anzuziehen und trieb und hinaus auf den Hof. Eine von uns wurde ohnmächtig. Eine Schwester des Deutschen Roten Kreuzes trat herzu, und ihr unglaubliches Gebrüll brachte die Ohnmächtige sofort wieder zu sich. Danach brachte man uns, erneut in Viererreihen, zu einer sauberen Kaserne. Dort konnten wir sogar auf Stroh liegen. Am Abend des vierten Tages erfolgte der Abmarsch auf die Bahn und die Abreise nach Krakau. Als sich der Zug endlich in Bewegung setzte, gab die Mehrzahl der Reisenden ihrer Freude Ausdruck: „Endlich!"; viele schliefen ein nach der Riesenstrapaze, etliche aber standen in der lauen Frühlingsnacht, schauten, wie allmählich die Lichter hinter dem San verschwanden und die sanfte Hügelkette dahinter – und die östliche Heimat.

8. Mai, morgens – Krakau. Die Stadt nicht zerstört, Sonne und Betrieb. Auf den Straßen viele Deutsche, an besseren Geschäften und Restaurants die Aufschrift: *Nur für Deutsche.* Dennoch wirkte die äußere Lebensweise hundertfach normaler als in Lwów, der äußere Aspekt viel weniger verändert. Die meisten Bekannten wohnten noch in eigenen Wohnungen, luden zum Frühstück ein, bescheiden zuweilen, doch stets auf üblichem Porzellan serviert, mit Silberlöffeln und -gabeln. Uns erstaunte das nach dem tragisch ausverkauften Lwów, und erst jetzt begriffen wir die Tragweite der sowjetischen Anordnung über die Ungültigerklärung des Złoty. Das deutsche Besatzungsgebiet hatte diese ökonomische Katastrophe nicht durchgemacht. Vor allem hatte es auch nicht die Asiatisierung des ganzen Lebens durchlebt und sich nicht gewisse äußere europäische Formen abgewöhnt. Ich erinnere mich noch der eigenen Verblüffung, die während meiner ersten Tage in Krakau die Visitenkarte von Prof. Stanisław Kutrzeba* hervorrief, die ich bei meiner Heimkehr vorfand. Was für komische Menschen, dachte ich – solche vorsintflutlichen Dinge sind ihnen noch vonnöten. Einen Monat später bestellte ich mir selber Visitenkarten. Aber in den ersten Tagen berührte uns der Fortbestand einstiger Lebensformen einfach unangenehm und schmerzte uns. Alle Gedanken waren auf Lwów konzentriert. Wer war in der letzten Zeit verschleppt worden? Diese schreckliche Frage wiederholten wir uns dauernd gegenseitig und stellten sie allmorgendlich Bekannten und Unbekannten, für die wir auf den Bahnhof gingen, wenn der Zug aus Przemyśl eintraf. Bei Freunden beklagte ich mich, es kaum aushalten zu können, selber relativ sicher zu sein, während die Freunde jeden Augenblick ins tiefste Asien verbracht werden könnten. Im ersten Moment verstand ich nicht, weshalb das von mir Gesagte bei

meinen Gastgebern Heiterkeit hervorrief. „Man sieht gleich, dass du gerade erst angekommen bist! Relativ sicher! Tröste dich, das vergeht bald!"

Über das, was mich persönlich seit meiner Ankunft am meisten quälte, konnte ich nicht sprechen. Da ich unter solchen Bedingungen aus Lwów abgereist war, dass ich es nicht schaffte, irgendwelche Kontakte zum Krakauer Kommando des ZWZ zustande zu bringen, durfte ich nicht hoffen, mich als Kurier nach Ungarn oder nach Italien und weiter durchzuschlagen, was mein innigster Wunsch war. Doch vier Tage nach meiner Ankunft in Krakau erschien Maria (Dzidzia) Krzeczunowicz* aus Lwów bei mir. Mich erstaunte der Besuch einer mir kaum bekannten Person. Sie setzte sich und sagte: „Sie gehören zum ZWZ." Ich war noch ein bisschen mehr erstaunt. „Jemand ist aus Lwów eingetroffen, der Ihnen den Eid in die Hand geschworen hat. Daher weiß der Kommandeur von Ihnen und erwartet Sie morgen um 14.30." Hier folgten die genaue Adresse und das Klopfzeichen an der Tür. Anderntags ging ich. Es öffneten Dzidzia und Renia Komorowska, die in Lwów einmal bei mir hereingeplatzt war, als ich Verbände zusammenlegte. Beide waren bei der Unterredung anwesend, die anschließend ein Mann mittleren Alters mit mir führte; er war von eher kleinem Wuchs, das Gesicht schmal, seine tiefdunklen Augen blickten mich aufmerksam an. Er erkundigte sich nach Lwów, den Einzelheiten der Denunziation, meiner Arbeit. Danach erklärte er mir, dass es hier für mich vorläufig keine Arbeit gebe. Ich erzählte ihm von meinen Absichten, ins Ausland zu gelangen, und bemühte mich sie zu motivieren. Ich bekam das sofortige Einverständnis und das Versprechen, man werde mich in etwa zwei Wochen als Kurier nach Ungarn schleusen.

Anderntags sagte mir Dzidzia, dass ich mit dem Kommandeur des Krakauer Kommandos und Ehemann von Renia, Tadeusz Komorowski*, gesprochen hatte.

Es hieß also sich reisefertig zu machen und wieder einmal warten. Ich solle mich auf einen längeren Marsch durchs Gebirge vorbereiten und dazu tüchtig trainieren, so der Kommandeur, darum flitzte ich tagtäglich stundenlang durch Krakau und die nähere Umgebung. Bekannte, die mir dabei begegneten, bekamen den Eindruck, dass meine Nerven unter der bolschewistischen Okkupation dermaßen überstrapaziert worden sein mussten, dass es mich nunmehr unablässig „zum Spazieren" triebe, und das sehr schnellen Schritts.

Damals machte ich auch einen Besuch bei Fürsterzbischof Sapieha*, der mich schon ein Leben lang kannte. Er begrüßte mich herzlich und fragte mit vergnügter Miene: „Um Sie kreist ein gewisses Wasserleitungsgerücht, die Geschichte von einem Bolschewiken in Ihrer Wohnung. Natürlich können Sie mir keine Details berichten, doch ich hätte zu gern gewusst, ob die Geschichte stimmt." Ich wusste sofort, dass er Pawlischenko meinte, der sich den Kopf in meinem Spülabort wusch, und versicherte dem Erzbischof, dass das, was er gehört hatte, der Wahrheit entspräche, sofern es sich um ein Haarwaschproblem handle. Er amüsierte sich königlich.

Wir wechselten das Thema. Ich berichtete ihm mit der Bitte um Geheimhaltung, dass ich mich anschickte, über die „grüne Grenze" nach Ungarn und später nach Rom zu gehen. Ich fragte, was ich dort sagen sollte. Das schöne Gesicht meines Gesprächspartners drückte unvermutet tiefste Niedergeschlagenheit aus, etwas, das ich an ihm nie gesehen hatte. „Sagen Sie, man möge den Papst dahingehend in Kenntnis setzen, dass sein totales Schweigen gegenüber den Polen gefährliche Auswirkungen hat, wenn es um antirömische Stimmungen im Land geht. Wir tun, was wir können, doch eine Möglichkeit dem entgegenzuwirken haben wir nicht, denn es ist schließlich wahr, dass sich der Papst in dieser unserer furchtbaren Katastrophe mit keinem Wort an die Polen wendet. Zweitens, sagen Sie bitte, der Nuntius von Berlin, Orsenigo, möge nicht nach Dachau und überhaupt zu unseren gefangenen Priestern fahren. Seine Visiten verbittern sie ungeheuer, da er keineswegs unvoreingenommen und zu allem Unglück fürchterlich taktlos ist." Beim Abschied hieß er mich unmittelbar vor der Reise noch einmal wiederzukommen.

Unabhängig von allem anderen versuchte ich so weit als möglich in Erfahrung zu bringen, was im Generalgouvernement sowie in den tragisch dem Reich einverleibten westlichen Provinzen vor sich ging. Die von dort ausgesiedelten Polen trafen in langen Eisenbahnzügen ein. Doch jetzt, da es allmählich wärmer wurde, waren es weniger. Man erklärte mir, dass die Deutschen Massenaussiedlungen nur bei großem Frost durchführten. (Die Richtigkeit dieser Aussage wurde schon im nächsten Winter nachdrücklich bestätigt. Krakau selber stand unter dem Schock der massenhaften Straßenfestnahmen vom 3. Mai, als man, anscheinend allein wegen des Datums, denn Manifestationen hatten nicht stattgefunden, auf den Straßen, in Lokalen, auf dem Bahnhof eine große Zahl junger Männer ergriff. Damals hörte ich zum ersten Mal das Wort, das dann einen so großen Platz im speziellen Wörterbuch eines jeden von uns einnehmen sollte, das Wort ŁAPANKA (= Razzia, Menschenjagd – d. Übers.).

Seit jenem Tag drang das Wort so tief in unser Leben und in unser Bewusstsein ein, dass wir uns den Alltag ohne es nicht vorstellen konnten. Wir fragten, wohin bringt man sie? Zur Arbeit nach Deutschland, vor allem in die Steinbrüche, oder in Konzentrationslager, lautete die Antwort. Die deutschen Konzentrationslager waren uns bis zu einem gewissen Grad schon damals bekannt, besonders von der *Sonderaktion Krakau* her, jenem berüchtigten Fall, über den ich damals endlich die Wahrheit erfuhr. Als ich im Mai in Krakau ankam, waren die älteren Professoren, soweit nicht im Lager gestorben, bereits freigelassen; die jüngeren, unter 40, wurden noch in Dachau festgehalten. Sie kehrten später zurück, einzeln. Jeden Donnerstag fand in St. Anna, vor dem Bild des hl. Jan Kant, ein Fürbittgottesdienst statt. Ehefrauen und Mütter beteten dort um Rettung für Männer und Söhne. In jener Zeit erfuhr ich an mir selber, dass Umstände eintreten können, wo tausendmal ausgesprochene Gebetsworte einem nicht mehr von den Lippen wollen: „Wie auch wir vergeben unseren Schuldigern …"

Zu dem Zeitpunkt erhielt ich die Nachricht, dass ich noch etwas länger warten musste, weil diesmal jemand, den die Deutschen suchten, als Kurier geschickt wurde; ich, der vorläufig nichts drohte, sollte die nächste Gelegenheit bekommen.

Währenddessen überschlugen sich in der Welt die Ereignisse. Belgien und Holland fielen, Italien trat in den Krieg ein.[1] Frankreich war ernsthaft bedroht. An Frankreich glaubten wir alle unerschütterlich, aus Anhänglichkeit und aus Bewunderung, dem Geiste, in dem man uns erzogen hatte, und aus der in uns Älteren noch lebendigen Erinnerung an sein Heldentum während des Ersten Weltkriegs.

Anlässlich der Kapitulation Frankreichs[2] wurden in Krakau alle Glocken geläutet, allen voran die Zygmunt-Glocke. Es war dies eine spezielle Ehrerbietung, geschah auf Anordnung deutscher Oberbehörden. Die Krakauer schlossen an dem heißen Junitag die Fenster und hielten sich die Ohren zu, um das Glockengetön nicht zu hören. Nachmittags ging ich Radio hören. Was im Übrigen das einzig „Illegale“ war, das ich damals tat, allerdings ziemlich regelmäßig. Am selben Tag sprach Churchill im BBC. Es waren nur wenige Sätze, die er mit veränderter Stimme sprach: „Die Nachrichten aus Frankreich sind sehr schlecht. Vergessen wir trotzdem nicht das ritterliche französische Volk. *As the only champion now in the arms, we will do our best to defend our island and we will fight, until the curse of Hitler is lifted from the brows of men.*“[3]

Krakau ertrank in einem Fahnenmeer. Rund um den Markt waren alle anderthalb Meter riesige weiße Pfähle eingeschlagen worden, an denen blutrote meterlange Tücher mit dem aufgenähten weißen Rund flatterten. In dem Rund jenes geheimnisvolle schwarze Zeichen – das Symbol des Bösen. Diese Hakenkreuzbataillone sollten Ausdruck der Freude der *urdeutschen Stadt Krakau* sein. In derselben Nacht wurden in eben diesem Krakau weit über sechzig Selbstmorde registriert.

Doch selbst unter denen, die trotzdem weiter leben und kämpfen wollten, glaubten viele nicht mehr an einen Sieg, und sogar die, denen es gegeben war, vielleicht als eine besondere Gnade des Schicksals und Kraftquell, nicht eine Stunde an der künftigen Niederlage Deutschlands zu zweifeln, sogar die wussten von jenem Tag an, dass jetzt noch lange kein Ende abzusehen war, dass das alles noch ein ganzes Jahr, ja möglicherweise zwei dauern konnte! …

Europas Geschick hing jetzt von dem Englands ab. Die Worte Churchills: „We will do our best to defend our island“ waren erschreckend, zeugten unverhohlen davon, in welcher Gefahr sich die Insel der Freiheit befand.

Damals wurde in uns allen das tiefe Gefühl geboren, das über viele Jahre hinweg eine so große Rolle in unserem Denken und Empfinden spielen sollte: die Liebe zu England. In diesem Gefühl lag alles, sowohl das Wissen um die Rolle Englands gegenüber der Kultur Europas, deren letzte Bastion es war, der Kultur, die für die Polen die Seele ihrer geistigen Existenz bildete, und da war die schreckliche Enttäuschung, die uns unlängst Frankreich bereitet, auf das wir vor noch nicht langer Zeit unseren Blick gerichtet hatten. Diese enttäuschte Liebe richtete sich nun mit umso größerer Intensität auf das mächtige, kluge und dem Gesetz verpflichtete England, das uns bisher so wenig vertraut war. Auf diesen Glauben stützten wir uns aus ganzer Kraft, mit all unserem grenzenlosen Vertrauen; und zu wissen, dass dieser unser großer Verbündeter sich in absehbarer Zeit selber in Gefahr befinden könnte, vertiefte noch unsere Ergebenheit und unser opferwilliges Verlangen, uns an England hinzugeben, um mit ihm gemeinsam das neue Europa und darin ein starkes Polen zu bauen.

Es gab Leute – nicht viele übrigens –, die zu behaupten wagten, dass die Engländer, ein sehr praktisches Volk, uns jetzt mögen, weil sie unser Blut brauchen, denn sie vergießen ungern das eigene, später aber die Haltung uns gegenüber ändern werden. Personen, die eine solche Meinung vertraten, wurden schlichtweg boykottiert.

Die neue politische Situation, die Besetzung ganz Belgiens, Hollands, Frankreichs durch die Deutschen, übte auch einen gewaltigen Einfluss auf die konspirative Arbeit bei uns aus. Der Kontakt mit der Regierung war um so viel schwieriger geworden, das Herausbringen von Kurieren geradezu absurd beschwerlich, seit Italien in den Krieg eingetreten war. Von jenem Zeitpunkt an waren wir schlichtweg eingekreist. Und so begriff damals auch ich, dass ich keine Chance hatte, über Ungarn oder Jugoslawien hinauszugelangen, und ließ den Kommandeur bitten, mich nicht ins Ausland zu schicken, weil mein Plan unausführbar geworden war. Da ich mir keine großen Hoffnungen machte, dass man mich in die konspirative Arbeit mit einbezog, versuchte ich mich in der legalen karitativen Arbeit nützlich zu machen. Ich wandte mich ans Polnische Rote Kreuz, wo ich nach längerer Zeit zur Arbeit, ohne feste Zuweisung, zugelassen wurde. Auf eigenen Vorschlag begann ich zunächst mit der Registrierung der aus dem sowjetischen Okkupationsgebiet nach Zentralrussland verschleppten Personen. Menschen über Menschen sammelten sich allmorgendlich vor meinem Büro. Dabei handelte es sich um Familien von Offizieren, die sich in Kozielsk und in Starobielsk befanden und zu jenem Zeitpunkt noch von sich hören ließen, sowie die Familien von Verschleppten, die Nachrichten aus Zentralasien erhalten hatten und diese Karten nun vorlegten in der Überzeugung, dass die hier registrierten Personen unverzüglich aus Russland nach Amerika, Indien oder Kanada verbracht würden, und mich ersuchten, der mir von Amerika übertragenen Aufgabe schnellstmöglich nachzukommen. Die meisten Nachrichten über Verschleppte stammten aus Kasachstan, von kirgisischen Landwirtschaftsbetrieben, wo polnische Offiziers- und Gutsbesitzersfamilien in Schafställen untergebracht waren. Sie berichteten, dass man früh nach Wasser ging, das im Eimer 3 km durch die Steppe herbeigeschafft werden musste. Danach hieß es mit einem Lasso die Stiere einzufangen, die über Nacht in der Steppe geweidet hatten, um sie vor den Pflug zu spannen und zu pflügen. All diese Tätigkeiten wurden von Frauen ausgeübt, die natürlich in vielen Fällen nicht an körperliche Arbeit gewöhnt waren. Eine von ihnen schrieb: „Ich lese jetzt ein ungemein fesselndes Buch mit dem Titel *Dante n'a rien vu*", und eine andere äußerte nur noch die eine einzige Befürchtung, sie könnte vor den Kindern sterben: „Betet um eine weise Reihenfolge beim Sterben …"

Der Förster aus Komarno vermeldete, dass er im Ural arbeite und das Kind gesund sei. Obwohl ich abgeschnitten war von meinen heimatlichen Gefilden, hatte ich auch ein paar Informationen von Bauern aus Klicko-Kolonia. Sie schrieben aus den unterschiedlichsten Teilen Asiens. Inhaltlich glichen sich all die Karten von dort.

An der Wand unseres Büros hing eine Landkarte Russlands, auf der wir mit Fähnchen die Ortschaften oder wenigstens die „oblaste" kennzeichneten, aus denen die Karten kamen. Kasachstan und das Gebiet das Altaj waren am dichtesten mit Fähnchen besetzt. Wir schämten uns, weil wir so viel sicherer waren, uns konnten die Deutschen bloß nach Deutschland transportieren, und sei es nur deshalb, weil sie kein Asien hatten. Bald sollte sich herausstellen, dass sie auch weniger weit als bis nach Deutschland Leute transportieren konnten, soweit es um die erste Etappe ging, doch der Weg von dort aus war für gewöhnlich weiter als der bis nach Kasachstan. In jenen heißen Sommertagen des Jahres 1940 kamen in Krakau Gerüchte auf, dass irgendwelche großen Vorbereitungen an der Grenze zu Schlesien getroffen würden, es schien sich um Barackenbauten zu handeln oder Blöcke – alles mit Drahtverhauen umgeben und streng geheim gehalten. Selbst wenn alles offen und zugänglich gewesen wäre, von uns wäre damals noch niemand zu begreifen imstande gewesen, um was es hier eigentlich ging: Die Deutschen bauten Auschwitz.

Mir ging der Sommer mit weiteren, nicht selten zufälligen Aktivitäten beim Roten Kreuz dahin, nur ab und an unterbrochen durch irgendwelche minimalen Aufträge, die für den ZWZ auszuführen waren.

Es irritierte mich außerordentlich, dass man mir keine wichtigeren Aufgaben übertrug. Mein unmittelbarer Vorgesetzter im PRK war zugleich auch mein Vorgesetzter in der Konspiration. Oberstleutnant Dr. Adam Szebesta*, Neurologe, war ein Mann von großer Energie und Intelligenz, mit einem Ruhmesblatt aus dem Septemberfeldzug, an dem er bei der Verteidigung von Zamość teilgenommen hatte. Mir gegenüber zeigte er sich äußerst reserviert, und diese Reserviertheit war ganz offensichtlich der Grund für meine Untätigkeit in der Konspiration. Ich war wütend.

Einmal gelang es mir, eine ziemlich wertvolle Information zu erbeuten, und ich machte Meldung, wie sich das gehörte. Er hörte mich sehr aufmerksam an und erwiderte dann mit einer gewissen Erregung, die mich überraschte: „Sie kommen mit einer wichtigen Nachricht, haben sich dafür reichlich in Gefahr gebracht – und ich war so voreingenommen gegen Sie." – „Damit haben Sie durchaus nicht hinter dem

Berg gehalten, Herr Oberst", ließ ich ihn abblitzen. Er erhob sich und begann im Zimmer auf und ab zu gehen. „Und womit erklären Sie sich diese meine Voreingenommenheit?" – „Sie haben mir nie etwas zu tun gegeben, folglich konnte ich mir auch nichts zuschulden kommen lassen. Vielleicht ist es ja nur das, wofür ich nichts kann, meine soziale Herkunft nämlich." – „Stimmt." – Jetzt habe ich dich, dachte ich. Das Land schwimmt in Blut, und diese Torheiten richten noch immer Hindernisse zwischen den um die Freiheit Polens Kämpfenden auf! „Herr Oberst, warum haben Sie, der Sie meine Klassenzugehörigkeit nicht mögen, sich nie gefragt, wie mein eigenes Verhältnis dazu ist? Und wenn ich meinen Namen, den ich mir ja nicht ausgesucht habe, als Erhöhung meiner Pflicht gegenüber dem Land ansähe? Schließlich ist jener Name nur darum bekannt, weil diese Menschen kämpften – und offenbar tapfer, da sie so häufig das Kommando führten! Sie schlugen sich in allen größeren Nöten der Rzeczpospolita von Grunwald bis Wien. Ich will ihnen heute keine Schande machen, ich habe ein Recht darauf, um Aufgaben zu bitten und mein Leben aufs Spiel zu setzen. Ist das jetzt der Augenblick für so dummes Zeug wie Klassenvorurteile?" Damit musste ich meinen Monolog beenden, denn Adam Szebesta stand bereits vor mir, packte (nicht eben sanft) meine Hände und küsste sie abwechselnd in beschleunigtem Tempo. Von diesem Tag an war er einer meiner engsten Freunde.

Die Weltnachrichten wurden immer alarmierender, die Schlacht über Großbritannien[4] war entbrannt, und die deutsche Propaganda versprach ein rasches Ende … Das ganze polnische Volk war im Geist verbunden mit seinen Fliegern, denen es gegeben war, unmittelbar teilzuhaben an diesem furchtbaren Streit. Unsere Liebe zu England nahm damals mit jeder Stunde zu. Auch Glaube und Hoffnung lagen darin, und unendliche Bangigkeit, Sorge um seine Zukunft und auch Neid, weil England offen um seine Existenz und die Existenz Europas kämpfen konnte.

Ich erinnere mich an die Pontifikalmesse, die am 15. August Fürsterzbischof Sapieha in der Marienkirche zelebrierte. Alle begriffen wir: am Jahrestag des Wunders an der Weichsel betet der Oberhirte um ein Wunder an der Themse. Krakau lag auf den Knien. Als Sapieha die Kirche verließ, empfing ihn die wartende Menge, die drinnen keinen Platz mehr gefunden hatte, mit rauschendem Beifall. Beunruhigt fragten die Deutschen, was das denn zu bedeuten hätte, und bekamen zur Antwort, dass es eine *Landessitte* sei: Die Leute schreien laut, wenn sie einen Bischof sehen.

Ein paar Tage später kam es zu einem Begebnis, das mir im Gedächtnis geblieben ist. Ich erhielt den Auftrag, den Erzbischof aufzusuchen und ihn im Namen und auf Befehl des Kommandeurs des Bereichskommandos[5] um Erlaubnis zu fragen, ob am 1. September (einem Sonntag), dem ersten Jahrestag des Kriegsausbruchs, die Gläubigen in allen Krakauer Kirchen nach dem Hochamt *Boże, coś Polskę* (Gott, der du Polen) singen dürften. Es gehe nicht um eine aktive Teilnahme des Klerus, sondern darum, dass der Kommandeur nicht wolle, dass irgendetwas in den Kirchen vor sich gehe ohne vorheriges Wissen und Einverständnis der Vorsteher dieser Kirchen. Ich machte mich auf. Weil ich schon früher des Öfteren in Rot-Kreuz-Angelegenheiten in die Franciszkańska-Straße gegangen war, erregte mein Eintreffen zur Empfangsstunde im Warteraum niemandes Aufmerksamkeit, und später erstaunte es auch nicht den Erzbischof. Er empfing mich mit der Güte und Herzlichkeit, die ihm ein Leben lang zu eigen waren, und erkundigte sich nach meinem Anliegen. „Diesmal bin ich nicht auf eigene Initiative hier, sondern auf Befehl", sagte ich gemessen und sehr ruhig. Die Reaktion – eine schweigende im Übrigen – war weder ruhig noch gemessen. Das ausdrucksstarke, edle Angesicht meines Interlokutors erstrahlte, die schwarzen Augen blitzten feurig, die schmalen Lippen umspielte ein Lächeln, fantasievoll, beinah jünglingshaft. Der Mann, der mir da gegenübersaß und sich über den Tisch mir zuneigte, gespannt wartend, was ich sagen würde, war in diesem Moment vor allem – Sapieha, dem der Harnisch besser zu Gesicht gestanden hätte als die Bischofsgewänder. Ich trug also mein Anliegen vor. Aufmerksam hörte der Erzbischof zu, dann wiederholte er wortwörtlich, was ich gesagt hatte, als wollte er es sich besser einprägen. Sein Gesicht wirkte dabei sorgenvoll. Endlich beschied er, dass ich in zwei Tagen wiederkommen sollte, dass er alles überdenken und mir dann Antwort geben werde. Ich wollte aufstehen, doch er hielt mich zurück. „Ihr Auftrag ist also vorläufig erfüllt. Ich frage Sie jetzt ganz privat, was Sie an meiner Stelle in dieser Situation täten. Das interessiert mich. Wären Sie einverstanden oder nicht?" – „Nie und nimmer", antwortete ich, ohne lange zu überlegen. „Den Mut zu stärken ist vorläufig, Gott sei Dank, noch überhaupt nicht nötig, und die Deutschen würden eine solche Manifestation nur zu neuen Verhaftungen, Deportationen, ja sogar Morden nutzen. Wir sollen unser Leben für den Kampf einsetzen, nicht fürs Singen." – „Ich danke Ihnen, ich erwarte Sie übermorgen." Ich ging hin und erhielt eine abschlägige Antwort. Bevor ich den Erzbischof verließ, wollte ich mit ihm den Gegenstand unseres Gesprächs abstimmen, für den Fall der Nachfrage, und gab zu diesem Zweck ein paar Details aus meiner Arbeit beim Roten Kreuz an. Der Erzbischof schien amüsiert. „Wer könnte uns fragen, worüber wir gesprochen haben?" – „Die Deutschen natürlich, falls man mich verhaftet." Mich wiederum amüsierte seine Frage.

Nach ein paar Tagen fragte ich Renia, wie die Reaktion ihres Mannes auf die abschlägige Antwort gewesen sei. „Er hat aufgeatmet und gesagt, er habe mit der Besonnenheit des Erzbischofs gerechnet." Erst da gestand er seiner Frau, dass er große Schwierigkeiten mit den Jungen gehabt habe, die diese Manifestation unbedingt wollten, während er selber sehr dagegen war. Und so hatte er sie von der Entscheidung des Erzbischofs abhängig gemacht.

Sapieha, unser moralischer Führer damals, war in keiner Weise in die Konspiration eingeführt, ganz im Gegenteil hielt diese sich fern von ihm, um ihn keiner Gefahr auszusetzen. Das hatte einen leicht komischen Nebeneffekt. Der Fürsterzbischof war verzweifelt wegen der „Tatenlosigkeit" der Menschen seiner Sphäre. „Wo sind sie bloß, zu einem solchen Zeitpunkt sitzen sie still in ihren Herrenhäusern und – nichts."

Er hatte keine Ahnung, dass beinah jedes Herrenhaus oder jeder Palast, sofern die Besitzer noch darin wohnten, eine größere oder kleinere Festung war. Das sollte er erst später erfahren.

Mit wachsender Gefahr erreichte die Spannung bei der Bevölkerung ihren Höhepunkt. Es geschah in den Planty, dass eine Frau mit ihrem Kind auf einem Spaziergang ohnmächtig wurde, nachdem ihr ein Bekannter, den sie unterwegs traf, mitgeteilt hatte, dass England kapituliert habe.

In jenem bedrückenden Herbst war ich zum ersten Mal nach Ausbruch des Krieges in Warschau. Mit Post ausgeschickt, kam ich mit der Warschauer Konspiration in Berührung. Obgleich die Kontakte nur flüchtig waren, brachte ich doch aus Warschau den Eindruck von noch größerem Mut und größerer Seelenstärke mit, als sie in Krakau an der Tagesordnung waren, eines größeren Optimismus, nicht nur der Hoffnung, sondern nachgerade der Gewissheit in Erwartung des überwältigenden Glücks, um das zu kämpfen wir die Ehre hatten. Angenehm war zudem, dass es auf den Straßen viel weniger Deutsche gab als in Krakau, viel weniger Lokale *Nur für Deutsche*. Die Hauptstadt selber aber und ihre Zerstörung wirkten niederschmetternd auf mich. Auch wenn der Schutt längst geräumt war, konnte ich mich nicht damit abfinden, dass ganze Straßenzüge fehlten, die Świętokrzyska-Straße zum Beispiel oder die Foch, dass es architektonische Zierden Warschaus nicht mehr gab – das Palais der Raczyński in der Krakowskie Przedmieście oder das der Zamoyski in der Senatorska, vor allem dass es das Schloss nicht mehr gab. Mich dünkte, dass wohl keine Stadt dermaßen gelitten habe! Damals fuhr ich auch zum ersten Mal während des Krieges mit dem Zug. Von 16 Waggons waren 13 für Deutsche bestimmt; häufig fuhren sie völlig leer oder mit bloß einer Person im Abteil. Dafür durfte man in den für Polen bestimmten die ganze Nacht auf einem Bein stehen, weil für zwei Beine ganz einfach kein Platz war. Man schlug mich zum ersten Mal, ein deutscher Schaffner schlug mich, weil ich mich wegen des Gedränges in den Gang zu einem deutschen Waggon gestellt hatte.

Weil ich auch weiterhin nur wenig zu tun hatte, vervollkommnete ich mein Englisch und versuchte mich mit der Literatur des Verbündeten vertraut zu machen. Die schönsten Stunden jener trüben Monate verbrachte ich in der Bibliothek von Roman Dyboski*, unserem großen Anglisten, der keine Mühe scheute, um mir die Schätze des englischen Geistes zugänglich zu machen. Ich weiß noch immer, welchen Eindruck ein Gedicht von Arthur H. Cloug auf mich gemacht hat, das Dyboski selber ins Polnische übertragen hatte. Dieses Gedicht gelangte zum ZWZ, wurde in der Untergrundpresse abgedruckt und fand große Resonanz. Damals kam ich auch zum ersten Mal mit der markigen Persönlichkeit der Emily Brontë, der elementaren Kraft des Inhalts und der spröden und unvollkommenen, doch mächtigen Form ihres Schaffens in Berührung. Ihr Gedicht *No coward soul is mine* („Denn feige nicht ist meine Seele") sollte mich später auf meinem weiteren, nicht leichten Lebensweg begleiten.

Die in Dyboskis Bibliothek verbrachten Stunden waren wohl die einzig glücklichen während der sechs Kriegsjahre, da die Lektüre von Gesprächen zum Thema englischer, französischer, deutscher, lateinischer, griechischer, italienischer und vor allem polnischer Kultur unterbrochen war, da zum ersten Mal seit Kriegsbeginn wieder ein Humanist zu mir sprach, und das in der Person eines seiner bedeutendsten Vertreter in Polen. Professor Dyboski bereitete sich damals innerlich auf die verantwortungsvollen Aufgaben vor, die nach dem Krieg auf ihn warten würden, auf eine Arbeit, deren Hauptanliegen es war, den angelsächsischen Völkern bewusst zu machen, wer die Deutschen waren und wie ihr Verhältnis zu uns und unserer Kultur aussah. „Das wird sehr schwierig werden, soweit ich sie kenne, muss ich bezweifeln, ob sie überhaupt zu verstehen in der Lage sind, was hier geschieht und geschah. Völker, die mit dem Begriff der Menschenwürde von Kind auf vertraut sind, betrachten den Krieg als ritterlichen Streit, sie glauben ganz einfach nicht an die Verwilderung eines ganzen Volkes." Auch uns fiel es immer schwerer, dieses Volk zu verstehen. Ich erzählte dem Professor, dass es bei meinen Verwandten auf dem Land einen *Treuhänder* gab, das heißt einen kommissarischen Gutsverwalter, der gemeinsam mit der Gattin (als sei das ganz normal) alte Uhren usw. aus dem Haus trug. Ihr kleiner Sohn Helmut spielte mit den Kindern meiner Vetternschaft. Letztere ließen dies zu, weil sie nicht wollten, dass ihre Kinder schon in so jungem Alter Hass empfanden gegenüber einem anderen Kind. Eines Tages jedoch war es aus mit dem gemeinsamen Spiel, das bislang so prächtig vonstatten gegangen war. Die Kinder, nach dem Grund gefragt, wollten ihn nicht nennen. Erst nach längerer Zeit sagte das ältere Mädchen zu seiner Mutter: „Mama, wir können mit Helmut nicht mehr spielen." – „Warum denn nicht?" – „Weil er gesagt hat, dass er schon groß sein möchte, weil er dann Flieger wäre und Bomben auf unser Haus werfen könnte."[6] Der Professor und ich grübelten über die Instinkte nach, die in diesem Volk stecken.

Wir unterhielten uns auch am Abend des Tages, an dem das Mickiewicz-Denkmal zertrümmert wurde.[7] Wir waren beide niedergeschmettert, nicht so sehr wegen des Verlustes eines im Übrigen nicht besonders schönen Denkmals („nach dem Krieg errichten wir ein schöneres"), sondern weil die Tat selber einen beredten Beweis dafür bot, wer die Deutschen waren. Dyboski zeigte in schierer Verzweiflung auf die Meisterwerke deutscher Literatur in seiner Bibliothek. „Aber sind Sie sicher, dass das wirklich passiert ist? Ich war heute den ganzen Tag über nicht außer Haus." Ich erwiderte, dass ich von früh an ein paar Mal auf dem Markt gewesen sei; ich war während der Vorbereitungen da, dann im entscheidenden Augenblick. Menschenmassen drängten sich um den Polizeikordon, Frauen weinten laut. Immer wieder wurden sie auseinandergetrieben, es wurde auf sie eingeprügelt und zahlreiche Fotografen wurden festgenommen. Letzteres verfehlte nebenbei gesagt, wie viele Maßnahmen des Besatzers, sein Ziel, denn zwei Tage später war Krakau im Besitz von einem guten Dutzend Aufnahmen des stürzenden Standbildes, und junge Burschen traten in den Tuchhallen an vertrauenswürdig scheinende Personen heran und verkauften für einen ziemlich gepfefferten Preis „Mickiewicz wie er umfällt". Natürlich erwarb auch ich eine solche Postkarte und freute mich schon darauf, sie nach dem Krieg Ausländern zu zeigen. Zwei Tage lag die Statue mit zerschmettertem Hinterkopf auf dem Markt. Es gab auch ein paar Verhaftungen von Frauen, die Blumen gestreut hatten. Das friedliche Krakau war erschüttert bis in die tiefsten Tiefen – es war das erste Mal, dass die einfachen Leute wütend wurden, denen die Deutschen anfänglich stark imponiert hatten. Das Dienstmädchen von Dzidzia Krzeczunowicz, eine Analphabetin, weinte drei Tage lang, obschon schwerlich anzunehmen war, dass die *Improvisation* oder *Pan Tadeusz* ihr geistiges Eigentum waren. Von Dzidzia nach dem Grund ihrer Verzweiflung gefragt, gab sie zur Antwort: „Die haben mich furchtbar gekränkt." Die Zertrümmerung des Grunwald-Denkmals, fast unmittelbar nach Inbesitznahme Krakaus[8], schien noch irgendwie verständlich, da hier eine deutlich antideutsche Tendenz vorlag; die Entfernung des Kościuszko-Denkmals auf dem Wawel ging beinahe unbemerkt vonstatten, schließlich war der Wawel ohnehin nicht zugänglich. *Die Burg*, von preußischen, schwarzweiß gestreiften Schlagbäumen umgeben, von riesenhaften Wachen mit Bajonetten bewacht, war wie etwas Fremdes. Ich gebe zu, dass diese seltsame „Abwesenheit" des Wawel mir stets das beredteste Symbol für die Abwesenheit des höchsten Gutes, der Unabhängigkeit, gewesen ist. Übrigens hatte das Kościuszko-Denkmal noch nicht allzu lange auf seinem Platz dort gestanden, war also nicht integraler Bestandteil Krakaus wie der Mickiewicz auf dem Markt.

Außerdem waren wir seit Generationen an gewisse Auffassungen davon, was ein Dichter ist, was Kunst, was Kultur überhaupt ist, gewöhnt, ohne Rücksicht auf Nationalität, Auffassungen, die wir uns nach nur einem Jahr Okkupation noch nicht aus dem Kopf zu schlagen geschafft hatten. An diesem Tag kehrte ich vom Markt, wo die zerschmetterte Mickiewicz-Statue lag, über die Sławkowska-Straße zurück. Meine Augen blieben an der lorbeerverzierten Bronzetafel mit der Inschrift „In diesem Haus wohnte Goethe …" hängen. Dabei ging mir durch den Sinn, dass es wohl keinem Polen beifiele, diese Tafel zu zerschlagen oder zumindest herunterzuholen, trotz all der unerhörten Verbrechen, die das Volk Goethes ringsum beging, schließlich befanden wir uns nicht im Krieg mit Goethe. Ich dachte an Mickiewicz' Visite in Weimar und die goldene Feder, die er dort zum Geschenk erhalten hatte. Würde die Menschheit, die sich heute im Dreck wälzte, sich noch einmal zu solchen Höhen emporheben?

Zu Dyboski hingegen sagte ich am Abend, dass ich mich, obwohl das alles schrecklich sei, des Eindruckes nicht erwehren könne, dass ein Okkupant, der sich zu solchen Heldentaten aufschwinge, für die Polen weniger gefährlich sei als jener, der in Lwów riesige Kränze zu Füßen dieses selben Mickiewicz niedergelegt hatte. Der Gedankenaustausch mit Dyboski sollte nicht mehr lange währen. Die „Lektionen" aufzugeben, auf die ich so sehr bedacht war, fiel mir schwer; trotz neuer Beschäftigungen hatte ich mich bemüht, sie nicht zu unterbrechen, bis dann schließlich im Dezember die Zeit dafür tatsächlich nicht mehr ausreichte.

Seit Oktober hatte ich nämlich neue Pflichten. Aus Deutschland kehrten unsere Kriegsgefangenen zurück, Gemeine und einige wenige Offiziere, sofern deren Gesundheitszustand jegliche kämpferische Aktivität ausschloss. Bisher waren Einzelpersonen und kleine Gruppen angekommen, schließlich traf Anfang Oktober ein Transport mit 500 Tuberkulosekranken ein. Untergebracht wurden sie im Jesuitenkolleg in der Kopernikus-Straße. Das Polnische Rote Kreuz bekam Kenntnis davon, dass die Männer sehr schlecht ernährt wurden. Renia Komorowska, etliche junge Mädchen und ich griffen uns vom PRK, was nur irgend ging, und eilten in die Kopernikus-Straße. Die deutsche Militärwache ließ die Rot-Kreuz-Delegation passieren. Unsere Körbe trugen wir einen langen Flur entlang. Man dirigierte uns zu einem großen Saal, wo uns ein unverhoffter Anblick erwartete. Außer den Bettlägrigen befand sich eine recht große Gruppe von Offizieren im Raum, die noch bewegungsfähig waren. Als sie uns gewahrten, erhoben sie sich und kamen zur Tür, um die ersten polnische Frauen zu begrüßen, die sie seit einem Jahr zu Gesicht bekommen hatten. Die Männer trugen Uniform – Rangabzeichen, Orden –, wir waren wie benommen und mussten uns anstrengen, nicht die Fassung zu verlieren. Die großen Proviantkörbe waren die Rettung, beim Auspacken konnte man sich tief herunterbeugen ...

Später gingen wir zu den kleineren Zellen, dort lagen die Schwerkranken. Zwei starben an jenem ersten Tag, ein paar lebende Skelette warteten ... Bei einigen von ihnen saßen Ehefrauen oder Verlobte, den Blick verstört auf diesen so geliebten Menschen gerichtet, der gerade erst zurückgekehrt war und nun schon wieder fortging, diesmal für immer. Dort lag unter anderen der Verteidiger von Hel, Leutnant der Reserve Ing. Lech Stelmachowski. Bei ihm saß seine junge Frau; der Kranke hatte schon keine Stimme mehr, selbst flüstern konnte er kaum noch, er schaute sie nur an mit saphirblauen Augen. Er sammelte sichtlich Kräfte, um etwas zu sagen. Schließlich presste er kaum hörbar hervor: „Pflicht gegen Polen erfüllt." Am Tag darauf war er tot. Mehr als ein Dutzend Kameraden erhielt die Erlaubnis, am Begräbnis teilzunehmen. Die deutschen Begleitposten verhielten sich – zugegebenermaßen – relativ diskret. Als wir in der Gruppe auf die Straße traten, zogen Passanten den Hut, Blumen wurden aus den Fenstern geworfen, in der Straßenbahn rief eine Frau: „Jesus, Maria!" Ich erinnere mich nicht, je in meinem Leben so stolz auf eine Gesellschaft, in der ich mich befand, gewesen zu sein wie an jenem Tag, als ich mit diesen armen, wehrlosen Schwindsüchtigen durch Krakau fuhr. In Rakowice am Friedhofseingang war unser Zug schon angewachsen, auf dem Friedhof selber schlossen sich weitere Personen an. In der Kapelle hielten Kameraden die Ehrenwache am Sarg. Es war sehr still, hin und wieder hörte man das typische trockene Husten eines Kranken. Beim Verlassen der Kapelle schoben diese kranken Männer sanft die Leichenträger beiseite und hoben sich den Sarg auf die Schultern. Während wir dahinschritten, dachte ich, wie gut, dass mehrere Krankenschwestern mit dabei sind, da ist Hilfe nicht fern, wenn einer von ihnen nicht durchhält. Es war ein ziemlich langer Weg zum neuen Friedhof, die Sonne schien, es war ein wundervoller polnischer Herbsttag. Es musste dann in der Tat Hilfe geleistet werden, nicht einem Militär allerdings, sondern einer Krankenschwester, die vor Ergriffenheit ohnmächtig geworden war. Blumen über Blumen, in den entsprechenden Farben natürlich. Als der Sarg hinabgesenkt wurde, lebten im Gedächtnis Worte auf, die anlässlich eines anderen Krankenhausbegräbnisses geschrieben worden waren:

> Doch Du, unser Gott! der Du aus den Höhen
> Die Pfeile schleuderst, unser Land zu schützen,
> Wir flehen Dich an, eine Handvoll Knochen!
> Entfache über unserm Tod – die Sonne!
> Möge es tagen aus heiterem Himmel!
> Mögen sie uns sehen – da wir verenden![9]

Solcher Tode sollte es später noch viele geben, Begräbnisse ebenfalls, doch keines mehr wie dieses, die Deutschen hatten von der einen Probe genug. Ein paar Tage später kam die Entlassung der Kriegsgefangenen. Die Kranken waren jetzt Zivilpersonen. Diejenigen, die zu fahren imstande waren, hatten Transporte in die verschiedenen Teile des Generalgouvernements. Wer fuhr, hatte kein Recht mehr auf die Uniform, beziehungsweise es durfte nur dann Uniform getragen werden, wenn keine Zivilkleidung vorhanden war, allerdings ohne Rangabzeichen. Letzteres war schwer vermittelbar, diese Männer konnten und konnten das nicht verstehen. Während der schmerzlichen Arbeit des Abtrennens traten diese Kranken – so manches Gesicht trug unübersehbar den Stempel des Todes – an uns heran und flüsterten uns die Bitte ins Ohr, die abgetrennten Sterne in die Tasche zu stecken, „denn das werde ich doch bald wieder brauchen". Endlich hatten sie ein wenig Vorsicht gelernt, nachdem sie in den ersten Tagen alles laut ausgesprochen hatten, was sie dachten. Es war nötig gewesen, ihnen auf jede nur mögliche Weise zu erklären, dass sie von Spitzeln umgeben, die Krankenschwestern *Volksdeutsche* waren oder (leider) Ukrainerinnen, dass Okkupation kein Kriegsgefangenenlager und die Gestapo nicht die Wehrmacht war. Sie waren entsetzt, einer der Unteroffiziere sagte: „Wenn das so ist, sind wir Kriegsgefangenen zu Sklaven geworden." Schließlich waren alle fort. In Krakau geblieben waren nur die Schwerkranken sowie die aus unserer Gegend, von jenseits der Ribbentrop-Molotow-Linie Stammenden, nicht selten die Väter von ins Innere Russlands verschleppten Familien. Sie wie auch die Bettlägerigen musste man in Obhut nehmen und regelmäßig mit zusätzlicher Nahrung versorgen, was damals nicht schwer war, weil die Bevölkerung für sie bereitwillig Opfer brachte. Nicht minder opferbereit waren die Jesuitenpatres, die sich damit einverstanden erklärten, dass eine Weiberinvasion über die private Küche der Priester herfiel. Unsere Damen, in der evangelischen Zwölferzahl, kochten abwechselnd für die Kranken. Bedeutend schwieriger war es, die Patienten vor den mannigfaltigen Schikanen und Denunziationen seitens der ukrainischen Ärzte und Schwestern zu schützen, von denen das Krankenhaus voll war.[10] Ihr leibhaftiger und moralischer Anführer war Schwester Józefa, Oberin der Basilianerinnen. Ihr knochiges, meist zu einem Lächeln verzogenes Gesicht mit den zusammengekniffenen Äuglein und den sehr langen, sehr dünnen Lippen sowie ihre schwarze Ordenstracht waren unser Schrecken. Stets fehlten nach ihren Visiten entweder persönliche Dinge oder Proviant, ja selbst Sachen, die zum Krankenhausinventar gehörten, Decken oder Laken. Ein Teil dieser Sachen tauchte nach einer gewissen Zeit wieder auf, nunmehr allerdings als Privateigentum der Soldaten ukrainischer Nationalität, während der Proviant bei der Ausrichtung von Empfängen für die ruthenischen Priester im Privatzimmer vom „Schwesterchen" Verwendung fand. Mit besonderer Antipathie bedachte diese reizende Samariterin meine Person, was so ehrenvoll wie ärgerlich war, weil ich infolgedessen fortwährend mit den deutschen Krankenhausbehörden zu tun bekam, bei denen zahlreiche Anzeigen, meine Wenigkeit betreffend, eingingen. Zum Glück verlief das alles irgendwie im Sande.[11] Indessen zeitigte der Kampf um ein klein wenig Sauberkeit keinerlei Resultate.

Im Dezember traf erneut ein großer Transport mit Lungenschwindsüchtigen ein. Die Deutschen hatten für die Kranken weder Unterkünfte noch Nahrungsmittel bereitgestellt. Die Bettlägerigen stopfte man noch zusätzlich ins Spital der Jesuiten. Deutsche Soldaten warfen sie einfach auf die Betten. Sie waren sehr schwach. Einem von ihnen rannen die Tränen in Strömen übers Gesicht, als ich ihm ein bisschen Milch reichte. „Polnische Milch!" wiederholte er in einem fort, während seine Finger zwischen die Falten meiner Schürze glitten, zum Halten der Tasse reichten die Kräfte nicht mehr. Auf der Nachbarpritsche hatte unterdessen das Sterben begonnen. Geschlossene Augen, stockende Worte. „We ... nig ... stens bin ich an ... ge ... langt und sterbe in Polen ..."

Der Priester, ein opfermütiger junger Jesuit, der beunruhigend empfänglich für die in den Sterbezimmern erhöhte Ansteckungsgefahr aussah, schritt unerschütterlich von einem Bett zum anderen, um das *commendationes animae* zu sprechen: „Errette, Herr, die Seele Deines Dieners, wie Du Noah aus der Sintflut errettet hast, wie Du errettet hast die Jünglinge aus dem Feuerofen, oder Daniel aus der Löwengrube." Trotz dringender, eiliger Arbeit tauchten bei diesen Worten jedes Mal vor meinen Augen Bilder aus den römischen Katakomben auf; desselben Inhalts, auf den Grabstätten der ersten Christen angebracht, denn seit 2000 Jahren geleitete die Kirche ihre Gläubigen auf die gleiche Weise zum Tor der Ewigkeit …

Die nicht so schwer Kranken warteten auf dem Korridor, bis die Deutschen sie am Abend endlich abholten. Eine Unterbringung für sie hatte man gefunden, indem einfach die letzte Krankenhauseinrichtung des PRK requiriert wurde, nämlich das frisch eingerichtete, noch nicht ganz fertige Spital in Prądnik Czerwony. Dorthin, in ein Haus ohne Heizung und Licht, schickten sie alle Tuberkulosekranken, die sich noch auf den Beinen halten konnten. Wir gelangten mit Kesseln heißer Suppe zu ihnen, mit deutschen Lastwagen, deren Fahrern wir im Befehlston erklärt hatten, dass sie uns unverzüglich dorthin zu bringen hätten. Wir wussten nämlich, dass sie eine Bitte auf der Stelle abgelehnt hätten. So war das Resultat prächtig, sie warteten sogar auf uns vor dem Spital und brachten uns mit den leeren Kesseln zurück. Ich bin zweisprachig aufgewachsen, und dieser Umstand leistete mir in jenem Augenblick gute Dienste.

In Prądnik gab es noch ein anderes Problem. Viele der einfachen, relativ gesunden Soldaten reagierten auf das alles, indem sie ganz einfach pausenlos patriotische Lieder sangen, was streng verboten war, allen voran *Gott, der Du Polen*. Man musste ihnen klarmachen, dass sie sich in Gefahr brachten, ohne der Sache zu nützen. Sie hörten sich das nur ungern an; schließlich erklärten sie, dass sie Sonntag beim Gottesdienst „brav sein" würden. Während der Heiligen Messe sangen sie tatsächlich ausschließlich religiöse Lieder. Dafür sprangen sie nach der Messe sämtlich auf wie ein Mann, nahmen Habtachtstellung ein – niemand hatte Zweifel daran, was jetzt folgen würde –, und da … *Serdeczna Matko* (Herzliebe Mutter) … Zumindest was die Melodie anging, setzten sie ihren Kopf durch.

Schließlich fuhren auch sie. Auf dem Bahnhof kam es noch zu einem Zwischenfall. Wir waren dicht von Deutschen umstellt, die uns nicht aus den Augen ließen. Als schon alle verladen waren, sprangen ein paar von den Gesünderen aus dem Waggon und bauten sich vor mir in geschlossener Formation auf, wobei der Älteste von ihnen laut und vernehmlich meldete: „Die Unteroffiziere und Soldaten der Polnischen Armee sprechen dem Polnischen Roten Kreuz sowie Ihnen, Schwester, ihren heißen Dank aus und möchten ihrer Hoffnung Ausdruck geben, dass wir uns bald bei noch besserer Arbeit wiedersehen."

Nach ihrer Abreise konnte ich wieder ständig bei den Jesuiten sein, wo ich bis zu dieser Zeit nur abends hinging, auf dem Rückweg von Prądnik. Die Arbeit dort leitete damals Renia. Ich hatte es aus einem ganz besonderen Grund eilig dorthin zu kommen. Mich erwartete ein Freund. Menschen, die fortgehen, besonders junge

Menschen, hängen sich vor dem Abschied vom Leben manchmal an jemanden aus der Umgebung, meist an jemand Älteren, an dem sie Halt finden, und zwar mit der ganzen Kraft, mit der sie das Leben festhalten wollen, das ihnen entflieht. Bisweilen entwickeln sich so auf dem Sterbelager unglaublich intensive und inhaltsreiche Freundschaften. Jener Soldat, der am Tag seiner Ankunft in Tränen ausbrach, als ich ihm Milch zu trinken gab, Bronisław Kozłowski, starb jetzt sehr schnell, mit jedem Tag wurden seine geringen Kräfte noch weniger, er konnte schon nicht mehr den Kopf allein heben, nur das Bewusstsein, wie nicht selten bei Tuberkulosekranken, schien noch schärfer als zuvor. Er wollte, dass ich allabendlich bei ihm saß … Er erzählte viel, quälte sich dabei mächtig, doch physische Erschöpfung war längst nicht mehr das Problem, also unterbrach ich ihn nicht. – Alles, die ganzen 23 Lebensjahre eines Mannes aus der Gegend um Trzemeszno zogen in diesen Erzählungen noch einmal an ihm, und somit auch an mir, vorbei. Das Elternhaus, die Nachbarn, sogar die Gerichte, die ihm die Mutter gekocht hatte, beschrieb er ausführlich. Auch seine Ansichten in wichtigen Dingen sprach er aus. Unglaublich groß musste sein Wissensdurst gewesen sein, sein Verlangen nach all den Dingen, über die er in der Grundschule nichts erfahren hatte können. Mit Eifer berichtete er von der öffentlichen Bibliothek in Trzemeszno, deren Bestand er von Anfang bis Ende durchgelesen hatte. Einmal spürte ich, dass er gern etwas von mir gewusst hätte, aber zu zartfühlend war, um zu fragen. Folglich sagte ich beiläufig, dass ich aus der Gegend um Lwów käme und vor dem Krieg an der Universität unterrichtet habe. Darauf reagierte er mit überraschender Ergriffenheit. Auf einmal nannte er mich nicht mehr „Schwester". „Da können Sie so etwas wie an der Universität unterrichten, und ein solcher Mensch gibt mir zu trinken!" Er behandelte mich seit diesem Moment beinah ehrfurchtsvoll, und ich dachte zum tausendsten Mal in meinem Leben, dass eines der höchsten Menschheitsideale darin besteht, allen, die danach verlangen, das Wissen ungeschmälert, auf vollem Niveau zugänglich zu machen.

Er benutzte stets die Vergangenheitsform – ich mochte, ich dachte –, man fühlte sich an Ludwig XIV. erinnert, der am Tag seines Todes gesagt hat: *Quand j'étais roi.*[12] Dass er dem Tode nahe war, wusste er sehr wohl, genauso wie ich auch, und ich bestritt daher nichts, wenn er davon sprach. Er hatte nur noch den einen einzigen Wunsch: Heiligabend zu erleben. Abend für Abend sagte er: „Sehen Sie, ich habe schon so gewartet, aber es war auch diesmal nicht vergebens, und bis zu Heiligabend sind es ja nur noch vier, drei … zwei … Tage, vielleicht teilen wir noch miteinander die Oblate. Ich bin schon sehr schwach, aber mir wird es wohl gelingen auszuharren." – Am 22. Dezember verschlimmerte sich sein Zustand, daher stürmte ich anderntags gleich in der Früh ins Spital, fand ihn aber nicht mehr vor. Er war nachts verschieden. Im letzten Augenblick hatte er sich unvermutet gegen den Tod aufgelehnt und war mit dem Ausruf: „Ich will leben!" gestorben. Dieses ganze Krankenhaus voller Menschen und diese Arbeit, die mir doch so sehr entsprach, kamen mir an jenem Morgen entsetzlich leer und sinnlos vor, allerdings blieb für Stimmungen keine Zeit.

Heiligabend brach an und mit ihm die homerische Schlacht um die Genehmigung der Deutschen, ihn gemeinsam zu begehen. Ich rannte von einer Kommandatur zur nächsten und erklärte, dass man doch Menschen, die dieses Fest bestimmt zum letzten Mal im Leben feierten, dies nur schwer verwehren könne. Man müsse ihnen immerhin erlauben zu beten. „Aber dann fangen sie an, um Polens Freiheit zu beten." Ich versprach, dass sie es nicht laut tun würden. Hierauf brach mein Gesprächspartner, ein ehemaliger österreichischer Hauptmann, in fröhliches Gelächter aus: „Von mir aus! Ich gebe die Genehmigung; was jeder von euch im Stillen beten wird, geht mich nichts an."

Der Heilige Abend wurde also gefeiert, ihm folgte, für die Gesünderen, die Christmette mit Weihnachtsliedern. Es war dies mein einziges wirklich schönes Kriegsweihnachtsfest. Nach den Feiertagen wurde Kozłowski beerdigt. Immer wenn uns ein Patient starb, folgte diejenige von uns, die bis zum Schluss bei ihm gewesen war, dem Sarg und legte ein paar weiße und rote Blumen am Grab nieder ... Diesmal war erneut ich an der Reihe. In einem dichten Schneetreiben stapfte ich dem Sarg hinterher, mutterseelenallein. Meine Gedanken waren bei den Ungezählten, in deren Namen ich das hier tat ...

Zu dieser Zeit kam zur Arbeit im Spital der Jesuiten auch die Pflege der Militärangehörigen in anderen Abteilungen des St. Lazarus-Krankenhauses hinzu. Dort machte man uns noch mehr Schwierigkeiten. Ich musste mich in dieser Angelegenheit an den Chefarzt Dr. Fischeder aus Berlin wenden. Man riet mir, ihn früh am Morgen aufzusuchen, weil er später stets betrunken war und man in diesem Zustand sich nur schwer mit ihm verständigen konnte, da er auf alles, was man ihm sagte, antwortete, er verlange, dass alle, wohin immer er auch komme, ihn hochleben ließen und sich danach alle, die Frauen eingeschlossen, als erste vor ihm verneigten. Ich ging also um 9.30 zu ihm. Beim Eintreten konnte ich keinerlei Zweifel hegen, dass ich viel zu spät gekommen war. Dieser Dignitar, vom Wuchs des ehemaligen italienischen Königs, des zwerghaften Viktor Emanuel, begrüßte mich mit einer fast komischen Höflichkeit und bat mich Platz zu nehmen, was bei den Deutschen zur Seltenheit gehörte. Ich bat ihn um eine schriftliche Erlaubnis, die kranken Soldaten besuchen und mit zusätzlicher Nahrung versorgen zu dürfen. Er unterbrach mich mit einem Wortschwall, erklärte, dass er schon seit langem auf mich warte, weil er mir etwas Wichtiges zu sagen habe; er sei bereit, mir alles zu unterschreiben, absolut alles, unter der einen einzigen Bedingung, dass von nun an ich und alle Sonderbeauftragten des PRK ihn zuerst grüßten, wenn wir uns begegneten. Ich hörte schweigend zu. Er wiederholte seine Forderung mehrfach, während er gleichzeitig mit zitternder Hand die Zutrittslegitimation für uns unterschrieb, die ich ihm untergeschoben hatte. Schließlich begann ihn mein Schweigen wütend zu machen, er fragte immer lauter, ob ich verstünde und warum ich ihn so enttäuschte, wo er sich so vertrauensvoll an mich wende. *„Ich habe doch geglaubt, eine Gräfin ist ein kultivierter Mensch"*, setzte er kläglich hinzu. Ich kämpfte heldenhaft darum, ernst zu bleiben, und saß wie ein Pflock. Endlich brachte ihn diese angejahrte Jungfrau von Orléans zur Säuferraserei. „Sagen Sie mir auf der Stelle, in welchem Monat Sie geboren sind!" schrie er. „Im August." – „Na, natürlich, und das mit Sicherheit vor dem 21." – „Ich bin am 11. August geboren", erwiderte ich grenzenlos erstaunt. „Daran zweifle ich nicht im mindesten", brüllte er vor Wut. „Mit denen von Ende August lässt's sich noch aushalten, die sind Jungfrau-Geborene, aber Sie sind Löwe. *Natürlich Löwe!"* brüllte er und schlug ein paar Mal mit der Faust auf den Tisch. – Wenn der wüsste, dachte ich, dass ich einen Löwen im Wappen habe, noch dazu einen feuerschnaubenden!

Ich ahnte nicht, welche Wendung diese Szene nehmen würde, meine Sorge galt den Ausweisen, die schon in meiner Tasche steckten. Doch aus unerfindlichen Gründen beruhigte er sich urplötzlich und verkündete, es sei ihm sehr angenehm, dass wir uns so prächtig verständigt und ausgesöhnt hätten *bis zum nächsten polnischen Freiheitskampf.* Damit endete das Ganze. Seit diesem Tag gab es keine Schwierigkeiten beim Betreten der verschiedenen Krankenhausabteilungen mehr.

Hingegen lebten, und zwar mit doppelter Stärke, die Schwierigkeiten mit Schwester Józefa wieder auf. Ihre Aversion gegen uns und unsere Arbeit war bis zu einem gewissen Grade begründet. Unter unseren Soldaten waren ziemlich viele Ukrainer, die wir selbstverständlich, da uns alle Soldaten der Polnischen Armee anvertraut waren, mit der gleichen Fürsorge umgaben wie die Polen. Das trieb Schwester Józefa in den Wahnsinn, besonders da jene Soldaten sich uns gegenüber sehr herzlich benahmen. Also ging sie zu den Deutschen, bei denen sie hohes Ansehen genoss – sie buk für sie sehr guten Kuchen –, und zeigte dort die Polinnen an, die sich nächtens im Spital aufhielten und sich durch die hintere Pforte hinausstahlen. Im ersten Augenblick, als man mich zur Direktion bestellte und mir der Stellvertreter von Dr. Fischeder, der an diesem Tag völlig weggetreten war, wie man hörte, ein streng preußischer Typ, gemeinsam mit der Oberschwester, einer ehemaligen Köchin, mitteilte, dass gegen die Sonderbeauftragten des Polnischen Roten Kreuzes Klage erhoben worden sei, war ich ärgerlich und beunruhigt, weil ich ständig fürchtete, dass man uns hinauswarf und die Kranken ohne Pflege blieben. Mit der Miene einer gekränkten Primadonna erkundigte ich mich, welcher Art denn die Vorwürfe seien. Zur Antwort bekam ich, die Vorwürfe seien moralischer Natur. Ich staunte nicht schlecht. Wenn ich loslachte, würden die Deutschen wütend werden, also zeigte ich mich noch beleidigter, weil mir nichts anderes einfiel. Mit Pathos, einer besseren Sache würdig, tat ich kund, dass nächtens nur ich mich im Spital aufhielte und ich Zeit meines Lebens nur Haupteingänge zu benutzen pflegte. Weil ich sehr laut sprach, begannen die Deutschen bedeutend leiser zu reden – wieder verlief die ganze Angelegenheit im Sande.

Arbeit gab es damals viel, und bisweilen war sie erstaunlich schwer. Immer nur Patienten ans Ende ihres Lebens zu geleiten, keiner, der gesund geworden wäre, das wirkte äußerst deprimierend.

Wir lebten zu jener Zeit sehr eng zusammen. Am vertrautesten wurde mir damals Renia, doch erinnere ich mich heute noch, nach so vielen Jahren, an sehr liebe andere Damen: Stasia, die den armen Kerlen so viel Annehmlichkeit bereitete durch ihre überragenden kulinarischen Talente; Manusia, die Zartfühlende und Pünktliche; da war Frau Wanda, stark, spröde und mütterlich, aus unserer Gegend stammend, direkt, wie alle von dort. Es gab die reizende, blutjunge, hellhaarige, von den Kranken angebetete, äußerst aufopferungsvolle Krystyna Ładomirska, die durch Arbeit im Lande ihres Ehemannes, eines Offiziers, würdig sein wollte, von dem sie mit größtem Stolz sprach – hatte er doch das Glück in England zu sein.[13]

Auch im weiteren Umfeld wurde es immer schwerer. Beinah in ganz Krakau warf man die Leute aus den Wohnungen, da jede ordentliche Behausung, wie übrigens jedes anständige Lokal, *nur für Deutsche* war. Immer mehr Deutsche mit ihren Familien trafen in Krakau ein. Die deutschen Kinder benahmen sich impertinent gegenüber der polnischen Bevölkerung. Trotz extra Straßenbahnwagen für Deutsche stiegen in den Wagen, den Polen benutzen durften, deutsche Frauen ein und fragten laut: „Wann wird wohl endlich Schluss gemacht mit dem Skandal, dass Polen noch Straßenbahn fahren dürfen?" Den Polen zur Verfügung stand eigentlich nur das ehemals jüdische, unerhört schmutzige Viertel vom Bahnhof bis Kazimierz. Die Juden schloss man zu der Zeit in allen polnischen Städten in von einer hohen Mauer umgebene Gettos ein. Trotz unseres Entsetzens, trotz unseres Unglaubens, dass eine solche Anordnung überhaupt ersonnen und ausgeführt werden konnte, hätte niemand von uns, selbst der größte Pessimist nicht, auch nur einen Augenblick die Deutschen dessen zu verdächtigen gewagt, wofür das Zusammenpferchen der Juden auf engstem Raum und ihre Abgrenzung von der Welt nur die Vorbereitung war.

Doch auch die Existenz der Polen war von Mal zu Mal bedrohter. Auf Schritt und Tritt wurde hervorgehoben, dass wir *Untermenschen* seien. Der moralische Widerstand wuchs unter dem Einfluss all dessen natürlich noch, in physischer Hinsicht fühlten wir uns jedoch wehrlos in der Hand des auf dem Wawel residierenden Generalgouverneurs, der in seinen Handlungen alle diejenigen zu übertreffen vermochte, die vor ihm diesen schrecklichen Titel auf polnischem Boden getragen hatten. Ich sah ihn ein einziges Mal. Ich ging gerade bei der Bracka-Straße über den Markt, als in wildem Tempo fünf Autos und etliche Motorräder aus der Franciszkańska-Straße schossen und vor dem *Parteihaus* zum Stehen kamen. SS-Soldaten mit Maschinenpistolen sprangen aus den Wagen und bildeten blitzschnell einen dichten Doppelkordon von der Fahrbahn bis zur Tür. In demselben Augenblick eilte hastigen Schritts ein Mann in Uniform mit tiefschwarzen Haaren und Augen zwischen ihnen hindurch. Dichtauf folgten ein paar Adjutanten, die beinah rannten. Hätte ich ihn nicht am Gesicht erkannt (seine Fotografie war allgegenwärtig), seine Riesenangst hätte ihn verraten, mit der er im Übrigen nicht hinter dem Berg hielt, vielmehr blickte er bei jedem Schritt nach rechts und links, bis er im Tor verschwand, das sich unverzüglich hinter ihm schloss. Alba weiland in Brüssel hat sich gewiss wohler gefühlt. Aber Alba war normal, was man von Frank nun wirklich nicht sagen konnte. Manche römischen Cäsaren hingegen waren durchaus übergeschnappt, dafür jedoch in großem Format, wie Claudius oder Caracalla, während dieser unser Tollkopf bloß Kunstwerke stahl (ein Leonardo der Czartoryski hing bei ihm) oder sich die Privatresidenz Kressendorf (das Krzeszowice der Potocki) umgestaltete, vor allem aber Reden hielt, Reden, die auf ewig an ihn erinnern werden. Zum ersten Jahrestag des Generalgouvernements sagte er öffentlich, dass „eher die Erde zu existieren aufhört, als die Hakenkreuzfahne aufhört zu wehen über dieser Stadt", oder er behauptete bei der Eröffnung des unmittelbar vor Kriegsausbruch fertig gestellten neuen Gebäudes der Jagiellonen-Bibliothek, dass diese Bibliothek deutsch ist, sofern nur Völker, die Geschichte machen, ein Recht auf Bibliotheken haben; dass die Engländer in den eroberten Ländern Rauchsalons für Opium eröffnen, *wir Deutsche aber bauen Bibliotheken*. Diese und zahlreiche andere Aussprüche hätten als durchaus komisch gelten können, wären nicht Ströme unseres Blutes Begleiterscheinung, ja mehr noch Bekräftigung eines jeden solchen Auftrittes gewesen.

Ich weiß, dass damals ein genau festgesetztes Kontingent bestand, d. h. eine vorgeschriebene Anzahl von Polen, die sich ständig in Gefängnissen oder Konzentrationslagern befinden mussten. Wenn diese Zahl aus irgendeinem Grund (erhöhter Sterblichkeit z. B.) zu einem gewissen Zeitpunkt geschrumpft war und es momentan keinen Anlass zu Massenverhaftungen gab, wurden Menschenjagden veranstaltet. Darum war es häufig nicht möglich, die Ursachen für die Festnahme bestimmter Personen ausfindig zu machen; man hatte sie einfach dem Kontingent zugeschlagen. Auch die Verhaftungen nahmen auf erschreckende Weise zu, das Gefängnis in Montelupi war mit misshandelten Menschen vollgestopft. Zunehmend blutigere Nachrichten trafen aus dem ganzen Land ein, besonders aus Warschau. Dort, wo sich die meisten Menschen konzentrierten, war der Widerstand am stärksten. Stets und überall war uns die Hauptstadt ein Beispiel. Je kraftvoller sie dastand, desto mehr Opfer gab es. Die Razzien, von den Deutschen selber *Menschenfang* genannt, waren dort zahlreicher und intensiver als irgendwo sonst. Während einer der großen Menschenjagden stieß die Tochter von Bekannten, ein blutjunges Mädchen, beim Betreten ihres Hauses auf einen jungen, ihr unbekannten Burschen, der gerade hinaus gehen wollte. „Rennen Sie nach oben, Menschenjagd!" Der Junge erbleichte. „Meine Aktentasche!" flüsterte er und machte auf dem Absatz kehrt. Doch schon war die Gestapo in den Flur gestürmt und hatte ihn geschnappt. Das Mädchen warf sich ihm um den Hals, schrie und schluchzte: „Mein Liebster, mein Einziger, sie trennen uns!" Dabei entriss sie ihm die Tasche und stürzte die Treppe hinauf. Den jungen Mann nahmen sie mit, das Mädchen stürzte in die Wohnung; die Aktentasche war voller illegaler Druckerzeugnisse. „Und du würdest den jungen Mann wiedererkennen, den du da vor dem sicheren Tod gerettet hast?" fragte die Mutter. „Nie im Leben, ich habe keine Ahnung, wie er ausgesehen hat."

Gegenüber dem Geist der Hauptstadt war der Feind machtlos, deshalb strebte er schlicht ihre Entvölkerung an. Das war für ihn der direkteste und leichteste Weg. Unter den anderen Provinzen hob sich die Radomer hervor, wo die Deutschen sich selber übertrafen. Der moralische Widerstand wuchs noch immer, doch zugleich stellten wir uns nun häufiger die Frage, wie das sein würde: Polen ersteht endlich wieder, aber die Polen reichen nicht aus … Es gab Zeiten, da in Auschwitz täglich hundert Menschen starben, von denen wir wussten; nur ein Teil erschossen oder mit Gewehrkolben totgeschlagen, die Mehrzahl an „Lungenentzündung" … Wir wussten nur so viel, dass die Häftlinge bei Frost stundenlang im Drillich stehen und später im Frühling von früh bis spät im Wasser stehend arbeiten mussten …

Die Krakauer Kirchenportale waren mit Todesanzeigen beklebt: Vorname, Nachname, starb im neunzehnten oder zwanzigsten oder dreißigsten Lebensjahr. Der Trauergottesdienst findet statt am … Wenn auf der Todesanzeige keine Begräbnisankündigung stand, die Passanten lasen aufmerksam, wusste man, was das hieß – und diese Todesanzeigen tauchten immer häufiger auf.

Es gab einen Trost in dieser ganzen unbegreiflichen Tragödie, im Vergleich zu den Verhaftungen und Verschleppungen durch den Eindringling im Osten. Dort verschwanden die Menschen wie Steine im Wasser, keiner konnte irgendwie irgendwann etwas in Erfahrung über sie bringen, geschweige denn mit ihnen in Kontakt treten – hier war das anders – dank der Deutschen.

Als Polen besetzt wurde, war man allseits von der Brutalität der Deutschen überzeugt, doch zugleich auch von ihrer vorbehaltlosen persönlichen Redlichkeit, und erst nach und nach entdeckten wir eine sehr wichtige Eigenschaft des Okkupanten: seine außerordentliche Empfindlichkeit für materielle Güter, bei völligem Mangel an Empfindlichkeit hinsichtlich des Erwerbs dieser Güter. Die erste Überraschung bot die unbeschreibliche und offen zur Schau gestellte Raubgier, z. B. da wo es um die Beschlagnahmung von Wohnungseinrichtungen ging. Schon im November 1939 „befreite" man das Professoren-Haus in der Ruska-Straße, indem man den Familien der nach Sachsenhausen abtransportierten Professoren 20 Minuten gab, um die Wohnung auszuräumen, dazu wählte man die Abendstunde und schaltete das Licht ab. So geschah es nicht nur im Professoren-Haus. Bei Bekannten in der Zygmunt-August-Straße stürmten sie die Wohnung, wobei sie noch ganz atemlos ausriefen: *„Wo sind die Teppiche? Schnell!"* Dasselbe veranstalteten die so genannten *Treuhänder*. Ich kenne keinen Fall, wo der Treuhänder nicht einen beträchtlichen Teil der Einrichtung eines Herrenhauses oder Palais forttrug, zumal wenn es um antikes Mobiliar oder wertvolles Porzellan ging, vor allem aber Uhren. Im Übrigen – sofern dies so unverhohlen und offiziell ein Frank oder Göring tat, warum sollten dasselbe nicht auch all die Kleineren tun, in entsprechend kleinerem Maße? Doch diese Seite deutscher Besitzgier war für uns nicht die wichtigste. Wesentlich war eine andere Sache – nämlich die Korruption. Ihr verdankten wir nicht selten die Möglichkeit, in Erfahrung zu bringen, wo sich eine verhaftete Person befand; ein Gestapo-Mann übermittelte manchmal für schweres Geld ein Päckchen, manchmal gelang es sogar für eine noch gepfefffertere Summe eine Person freizubekommen. Zu diesen Zwecken wurden während der langen Jahre der Okkupation Riesensummen polnischen Geldes aufgewendet. Natürlich wurde das Ziel außerordentlich selten erreicht. Der Vorgang war meist der folgende: Nach der Verhaftung tauchte in der Wohnung bei der Ehefrau oder bei Bekannten irgendwer mit einem „Hilfsangebot" auf. Für gewöhnlich wurde versprochen, dass wenn an einem bestimmten Tag – es war immer sehr kurzfristig – an einem bestimmten Ort eine genau festgesetzte, sehr hohe Summe hinterlegt würde, der Häftling freikomme. Anfangs verkauften verzweifelte Familien – meist Frauen, Mütter oder Ehefrauen – den letzten Schmuck oder Golddollar oder Kunstwerke und zahlten das Lösegeld. Normalerweise erschien der Gestapo-Mann nie wieder; einige Male kam es tatsächlich zur Freilassung, doch das geschah so selten, dass mit der Zeit diese Methode des Geldabschwindelns zum Misserfolg verurteilt war. Da kam man auf den Einfall, vorweg nur die Hälfte der Summe zu fordern, die zweite sollte bei der Freilassung bezahlt werden. Dann gab sich der Gestapo-Mann eben mit der Hälfte zufrieden, erhielt aber oft auch die zweite, da tatsächlich eine Freilassung erfolgte; nur dass diese in der Mehrzahl der Fälle nicht lange währte – das Opfer kehrte häufig noch am selben Abend ins Gefängnis zurück.

Am meisten fürchteten wir die Nachricht vom Abtransport ins Konzentrationslager. Die Mortalität dort, besonders in Auschwitz, war um vieles größer als im Gefängnis und jemand von dort herauszuholen unendlich viel schwerer. Außerdem lebten wir in der dauernden Sorge, dass die Deutschen bei einer Niederlage, vor der Kapitulation, sämtliche Lagerinsassen ermorden würden. Erst später – viel, viel später –, als ich selber längst auf jener Seite des Lebens war, erfuhr ich, dass der Abtransport ins Lager der Wunschtraum vieler Häftlinge war. Sicher – im Lager wartete der Tod, doch mit dem Abtransport dorthin endete für gewöhnlich (nicht immer) der quälendste Albdruck – die Angst, unter der Folter zu verraten.

Bei uns im Spital lagen auch Männer, die nicht nur durch ein Kriegsgefangenenlager gegangen waren. Da war der Unteroffizier Czesław Bielewicz, ein Lehrer aus Żywiec, der aus der Gefangenschaft geflohen war, von den Deutschen gefasst und ins Konzentrationslager gebracht wurde, wo man ihn fast ohne Kleidung im schrecklichen Frost des ersten Kriegswinters in einem Zelt hielt. Dieser riesenhafte Mann mit dem Körperbau eines Athleten hatte sich dort die Schwindsucht geholt. Erst nach Monaten gelangte er ins Kriegsgefangenenlager – aber es gab keine Rettung mehr. Er war zum Tode verurteilt, weil er schon keine Lunge mehr hatte, doch er konnte nicht sterben, er war noch immer zu stark. Er erstickte also, dieser Kraftmensch von Mitte zwanzig, stunden-, tage-, wochenlang. Er bat nur darum, dass dann einer bei ihm sein möge, dass da „dieser andere sei", wie er sagte, „der die halbe Marter auf sich nimmt". Endlich, am 5. Februar, hörte auch dieser Mann auf sich zu quälen.

Neue Kranke trafen zu dieser Zeit kaum noch ein. Man ließ sie im Reich sterben. Die Krankenhäuser im Generalgouvernement wurden offensichtlich leer geräumt. Uns freute das, wie jedes andere Anzeichen dafür, dass ins Haus stand, wovon wir alle träumten. „Um einen allgemeinen Krieg für die Freiheit der Völker" baten wir Gott. Wir glaubten, dass ein deutsch-russischer Krieg die einzige Lösung wäre für das polnische Problem, auf seinen Ausbruch warteten wir mit wachsender Ungeduld, im festen Glauben daran, dass erst die Deutschen die Moskowiter schlagen und dann die Alliierten die bereits geschwächten Deutschen besiegen würden. Unsere beiden Feinde fallen, und Polen zwischen ihnen wird sich moralisch stark erheben in dieser Vereinigung und diesem Zusammenschluss, die uns der furchtbare Kampf gebracht hatte. Uns war bewusst, dass das Lösegeld – der zu zahlende Preis – blutig sein würde, doch wir spürten, dass wir heute etwas besaßen, was viele Völker, darunter auch das polnische Volk, nie in der Geschichte besessen hatten, weil wir eine Einheit, ein Einvernehmen schaffen würden, angesichts derer Klassen- oder Parteiunterschiede Kinderkrankheiten vergleichbar schienen, die niemals wiederkehren.

Die rege konspirative Tätigkeit in jenen kritischen Monaten gab auch mir eine Beschäftigung, eine zwar bescheidene, aber interessante. Man beauftragte mich, für die Wehrmacht bestimmte defätistische Flugblätter ins Deutsche zu übersetzen und sie auf den richtigen „Ton" hin abzustimmen.

Einmal kam während der Bürostunden meine Meldegängerin Basia zum Roten Kreuz. Ich mochte es nicht, wenn sie da hinkam, es musste also etwas Wichtiges sein. – „Können Sie Englisch?" Ich war verblüfft. „Aber ja", sagte ich. – „Gottlob, Sie waren Jasios[14] ganze Hoffnung." – „Wozu braucht Jasio meine Englischkenntnisse?" – „Da ist ein Engländer." – „Wo?" – „In der Königin-Jadwiga-Straße. Sie sollen sich nachmittags dort einfinden, weil sich keiner mit ihm verständigen kann; ist wohl ein Fallschirmjäger. Er wohnt bei zweien von unseren Damen. Morgen sollen Sie in der Sache Meldung machen, wenn Sie bei Prawdzic (zu der Zeit Pseudonym von Gen. Komorowski) sind." Und nun folgten genaue Adresse und Parole. Ich glaubte schon vor Ungeduld den Nachmittag nicht zu überstehen. Zwar kam es mir überaus merkwürdig vor, dass der Abgeworfene angeblich kein Polnisch verstand, aber meiner Neugier tat das durchaus keinen Abbruch.

Endlich waren die Dienststunden und die Mittagszeit vorüber. Ich brach auf. Man musste bis zum Kościuszko-Hügel; das Haus stand ein wenig abgesetzt von den anderen. Ich fand die Wohnung. Eine ältere Dame öffnete; Parole und Gegenparole stimmten, ich betrat ein Zimmer. Mit dem Rücken zur Tür saß ein junger Bursche, ein Blondschopf. Er unterbrach beim Eintritt eines fremden Menschen seine Patience nicht, drehte nicht einmal den Kopf, hinsichtlich seiner Nationalität konnte daher kein Zweifel bestehen. Ich ging um den Tisch, an dem er saß, stellte mich vor ihn und streckte die Hand aus: *„How do you do?"* Jetzt geriet der blutjunge, rosige, blondhaarige Bursche in Bewegung, er lächelte zufrieden und streckte eine Riesenpranke aus. „Wie sind Sie denn hierher gekommen?" – „Ich bin getürmt." – „Von wo?" – „Aus dem Lager, einem Stalag." – „Warum?" – „Weil es dort nicht sehr ergötzlich ist. Ein Arbeiter, der ein bisschen Englisch konnte, hat mich überredet, er hat mir einen Overall und ein Rad gegeben. Dann hat er mich nach Piotrkowice gebracht, zu Leuten aus eurer Organisation." – „Und von wo aus sind Sie ins Lager gekommen?" – „Dünkirchen", antwortete er. „Dann sind Sie also kein Fallschirmjäger?" – *„Not at all*. Ich war alles in allem zwei Tage im Krieg, dann saß ich im Lager, und danach war ich blöd und haute ab." – „Wieso blöd?" hakte ich nach. „Weil ich euch jetzt alle in Gefahr bringe, das weiß ich wohl, und es gibt keine Möglichkeit rauszukommen. Dort im Lager wissen sie nicht, dass das so schwierig ist."

Ich nahm seinen Vor- und Familiennamen auf sowie seine Einheit bei der Armee (ich erinnere mich nur noch, dass sein Vorname William war). Von Beruf war er Mechaniker, seine Mutter lebte in der Nähe von London. Anderntags meldete ich alles an Prawdzic, der bestimmt lieber einen Fallschirmjäger gehabt hätte. Er gab mir eine neue Adresse, in Rakowice, hinter dem Friedhof, befahl mir ihn dorthin zu bringen, zuvor aber sollte ich William fragen, ob er damit einverstanden sei, wenn wir ihn über den San zu den Bolschewiken brachten. Eine andere Möglichkeit gab es für ihn nicht. Er sollte zu den Moskowitern einen Brief mitnehmen, auf Polnisch, Englisch und Russisch, in dem stand, dass der Überbringer der und der Engländer sei, der aus dem Lager geflohen war. Zu seiner Sicherheit würden über den Rundfunk genaue Informationen nach London gesendet werden, damit seine Führung und seine Mutter benachrichtigt seien. Den Moskowitern werde dies im Brief deutlich angemerkt. Genauso hatten wir es vor ein paar Tagen mit zwei Franzosen gemacht, die man, wie Unsere hörten, jenseits des San gut aufgenommen hatte.

Nachdem ich das alles William unterbreitet hatte, erklärte er sich sehr gern einverstanden, zu den Bolschewiken zu gehen; ich hatte den Eindruck, dass er mit irgendwelchen fantastischen Abenteuern rechnete, etwas wie ein Indianerspiel, dennoch bat er energisch darum, noch ein, zwei Wochen warten zu können. Ich verstand gar nichts mehr. Hier in Krakau einen Menschen zu verstecken, der außer Englisch keine Sprache sprach, hieß, wenn es aufflog, dass wir alle erschossen würden, wovon William selber geredet hatte; einem aus einem Lager geflohenen Kriegsgefangenen drohte ebenfalls eine ernste Strafe, nach Russland wollte er selber, wozu also die Verzögerung … Schließlich gestand er, dass er in Piotrkowice bei seinen dortigen Gastgebern die Geschenke zurückgelassen hatte, die er dort zu Weihnachten erhalten hatte, vornehmlich an den Manschettenknöpfen lag ihm sehr viel. Er wollte, dass man sie ihm brachte, bevor er sich erneut auf den Weg macht. Das war mir nun doch ein bisschen zu viel! Kurz und bündig teilte ich ihm mit, dass es in Ordnung ist, wenn ich erschossen werde, weil ich mich um ihn gekümmert habe, da er Engländer ist, aber dass diese meine Bereitschaft sich absolut nicht auf seine Manschettenknöpfe erstreckt. Er wurde traurig. – „Na, dann komm ich eben nach dem Krieg zurück, besuche die Freunde und nehme die Manschettenknöpfe mit", sagte er und ging mit mir.

Es war ein ziemlich weiter Fußmarsch, bis zur Dębnicki-Brücke. Ich hatte ihm einen Schal umgebunden, um auch einen Teil seines Gesichts zu verdecken, weil er so verflixt englisch aussah, zum Glück war er wenigstens nur mittelgroß. Als wir mit der Droschke fuhren, dachte ich, dass auch das wieder schlecht war. Immerhin musste sich der Kutscher doch über zwei solche Schweiger wundern, die da mit ihm die lange Fahrt bis nach Rakowice machten. Ich begann ihm also unterwegs, natürlich auf Polnisch, die Sehenswürdigkeiten zu erklären, Denkmale und Kirchen des alten Krakau, an denen wir vorbeifuhren. Er reagierte ziemlich geschickt mit allerlei Gemurmel, Lauten der Zustimmung oder der Bewunderung. Es dämmerte, als ich ihn in die Hände seiner neuen Beschützer gab. „Wenn Sie gehen, versteht mich wieder keiner." Nach ein paar Tagen erfuhr ich, dass auch er jenseits des San gut aufgenommen worden war.

Ich hatte damals Nachtdienst bei noch einem weiteren Patienten. Es war diesmal ein 33-jähriger Arzt der Kriegsmarine, Lazarettchef von Hel, Zbigniew Wierzbowski, der an Endocarditis starb. Voller Leben und Fröhlichkeit, war er sich seines Zustands nicht bewusst. In ernsten Augenblicken hingegen erzählte er vom Krieg, von Hel und seinen Verteidigern. Er war tief gläubig. Nachdem er zu Ostern die Sakramente empfangen hatte, nahm er mir das Ehrenwort ab, dass ich ihm, falls es schlimmer mit ihm werden sollte, wofür ja eigentlich kein Grund vorlag, sofort einen Priester holen würde.

Es gab für mich damals nur noch wenig zu tun im Krankenhaus, und so saß ich hauptsächlich bei ihm. Die Verschlechterung seines Zustands trat rasch ein. Der Kranke konnte schon nicht mehr sprechen, täuschte sich aber weiterhin, obgleich ich ihn nicht darin unterstützte, und das ihm gegebene Ehrenwort lastete immer schwerer auf mir. Schließlich suchte ich den Priester auf, der zu Ostern bei Wierzbowski gewesen war, und erzählte ihm alles. Der Pfarrer besuchte ihn und schlug ihm vor, anderntags die hl. Kommunion zu bringen, diesmal ohne vorherige Beichte. Der Kranke freute sich, war jedoch ein bisschen verwundert. Alsdann bat ich den Priester, ob er nicht, da der Patient bereits separat liege, auch für mich die hl. Kommunion bringen könne, damit Wierzbowski nicht an Viatikum dachte. Der Priester war einverstanden und hieß mich früh nach dem Dienst, um 7.30, warten. Die Nacht war schwer, mir war klar, dass es an der Zeit war.

Am Morgen verspätete sich der Priester, den man zu einem anderen Sterbenden gerufen hatte, erheblich. Ich wartete schweren Herzens, denn vor neun sollte ich bei Jasio sein, wegen der Radioersatzteile, die ich aus dem Zentralen Vormundschaftsrat herauslocken sollte, außerdem war meine neue Wohnung in der Wenecja-Straße zu melden, in die ich eben gezogen war, um Prawdzic eine neue Kontaktstelle zu verschaffen.

Der Priester kam um halb neun, so dass es bereits neun war, als ich das Krankenhaus verließ, und nach neun durfte man nicht mehr zu Jasio. Das Ganze war mir sehr peinlich, die erste berufliche Verfehlung tat weh; nichts zu machen, ich musste die Sache auf den nächsten Tag verschieben. Das war ein Sonntag, der 20. April. Ich ging von Wierzbowski um viertel nach acht weg. Um halb neun war ich bei Jasio in der Sławkowska-Straße. Ich klopfte wie immer, keine Antwort. Ich klopfte lange, wartete, klopfte erneut, diesmal laut, ohne jede Vorsicht. Ich war ärgerlich, dass er am Sonntag so süß und selig schlief.

Schließlich ging ich. Ich war wütend auf mich, auf die gestrige Verspätung des Priesters, auf das heutige erneute Scheitern. Eine wichtige Sache konnte nicht mit der gebotenen Eile erledigt werden, ich würde also doch noch einen Versuch unternehmen. Zwar war es verboten, nach neun zu Jasio zu gehen, doch erstreckte sich das Verbot wohl nicht auf den Sonntag … Ich ging folglich zur Messe in St. Marek, einer kleinen Kirche in der Nachbarschaft. Ich kam pünktlich. Eine halbe Stunde später ging ich wieder und kehrte zu Jasio zurück. Wieder klopfte, hämmerte ich – nichts. Endlich ging ich, ich war ratlos. Unterwegs ging ich frühstücken in einem Café und gelangte so gegen zehn in die Wenecja-Straße. Ich freute mich auf mein Bett. Als ich mich der Nr. 1 näherte, wo sich meine neue Wohnung befand, bemerkte ich, dass direkt vorm Haus, aber auf der anderen Straßenseite, Renia und Stasia standen. Ich wunderte mich, doch da gewahrte ich bereits die Huzulenvase von meinem Schrank unter Renias Arm. In dieser Vase war unter einer Wachsschicht auf dem Boden Gold versteckt, das Militäreigentum war. Sie müssen bei mir sein, dachte ich und ging am Haus vorbei, ohne mich den beiden Damen zu nähern.

Renia sah mich und kam zu mir. „Du bist also nicht bei Jasio gewesen?" fragte sie. „Doch, eben, und es ist mir ziemlich peinlich, dass ich nichts erledigt habe. Gestern konnte ich nicht, weil ich zu spät aus dem Krankenhaus gekommen bin, dafür war ich heute zweimal da, einmal vor, einmal nach der Messe, habe beide Male laut geklopft, ich weiß nicht, was dieser Jaś so treibt." Renia hörte mit sichtlich wachsender Verblüffung zu, jetzt erst fiel mir auf, dass sie sehr blass war. „Jaś ist seit Freitag, seit vorgestern abend, verhaftet; die Gestapo sitzt in seiner Wohnung und schnappt jeden, der dort auftaucht."[15] Jetzt war es an mir zu staunen; uns beiden wollte es nicht in den Kopf, weshalb die Gestapo taub gewesen war für mein Lärmen an ihrer Tür. Stasia erzählte, sie habe gestern spätabends einen Zettel erhalten mit dem Befehl von Prawdzic: „Renia und Karla benachrichtigen, dass Jaś verhaftet ist." Als sie früh bei Renia hereinstürmte, sagte diese ihr, dass sie mich bestimmt schon haben … Stasia fuhr zum Lazarus-Krankenhaus, dort sagte man ihr, dass ich seit einer Viertelstunde weg sei; Renia holte unterdessen das Gold der Armee aus meiner Wohnung.

Angesichts der gegebenen Situation blieb nichts anderes, als das Gold zurückzubringen und schlafen zu gehen. Später erfuhren wir, dass die Gestapo von Freitagabend bis Sonntagabend bei Jaś in der Wohnung gesessen und 17 Personen verhaftet hatte. Nur Sonntag hatten sie die Wohnung für anderthalb Stunden gesperrt, weil die Angehörigen der Gestapo an der Parade zu Ehren des *Führergeburtstags* hatten teilnehmen müssen. Als einer der Unsrigen nachmittags meldete, dass die Gestapo alle verhaftet habe, die früh bei Jasio aufgetaucht waren, entgegnete der Kommandeur: „Aber bei mir hat sich ein Mensch gemeldet, der zweimal dort gewesen ist." Antwort: „Dieser Mensch steht unter einem besonderen Stern." Und da kam die Sache mit „Führers Geburtstag" heraus.

Am anderen Tag, dem 21. April, war ich wie gewöhnlich in den Vormittagsstunden in der Piekarska, im Büro des Roten Kreuzes. Für einen Augenblick ging ich hinaus. Als ich zurückkam, sagte mir einer der Mitarbeiter, dass Renia da gewesen sei, mich gesucht und gebeten habe, in meine Wohnung zu kommen. In wichtigen Momenten haben Menschen für gewöhnlich einen geschärften Instinkt, wie Tiere; mich packte Angst, die ich nur mit Mühe verbergen konnte. Wenn Renia während der Dienststunden in meinem Zimmer auf mich wartete, musste etwas Bedeutsames geschehen sein, und ich hatte den unbegründeten Verdacht, dass dem Kommandeur Gefahr drohte. Ich musste mich noch ein Weilchen im Büro aufhalten, ein paar nichtige Angelegenheiten erledigen, bis ich endlich gehen konnte. In nicht allzu schneller Gangart gelangte ich zu meinem Haus. Im Treppenhaus war niemand, und so nahm ich drei Stufen auf einmal … Bevor ich noch den Schlüssel herausholen konnte, öffnete Renia. „Leon geschnappt", war alles, was sie sagte, nachdem sie die Tür hinter mir geschlossen hatte. Leon Giedgowd[16] war Kassenwart des Kommandos und Inhaber eines Papierwarengeschäfts in der Zwierzyniecka-Straße, in dem Prawdzic als Herr Wolański in der Rolle eines Gehilfen tätig war.

Renias Gesicht wirkte ruhig, nur weniger lebhaft als sonst, mit den aufeinander gepressten Lippen sah es aus wie erstarrt. Ich wagte es: „Na und …?" – „Ich war dort, er sitzt im Laden, befahl mir, auf der Stelle von dort zu verschwinden. Die Gestapo ist früh da gewesen, mit Leon, als Tadzio schon gesessen hat, dann sind sie wieder gegangen. Ich wollte ihn um jeden Preis von da weghaben, aber er will noch auf irgendwelchen Kontakt warten. Ich habe ihm deine Adresse gegeben. Das ist der einzige Ort, wo er noch hinkann, weil keiner von denen, die hereingefallen sind, schon deine neue Adresse kennt. Warte hier, geh nicht weg, ich gehe dorthin – danach komme ich bestimmt wieder." – „Komm schnell zurück!" war alles, was ich noch sagen konnte, ehe sie im Treppenhaus verschwand. In der Wohnung ließ ich mich auf einem Stuhl an der Tür nieder. Das Warten begann. Was ist heute für ein Tag? Der 21. April (schließlich war gestern Hitlers Geburtstag). Ich kramte in meinem Gedächtnis: der 21. April, da war doch noch etwas – ah ja, die PALILIA, der symbolische Jahrestag der Geburt Roms. Eine Erinnerung an vergangene Jahre, strahlende Jahre „aus einer früheren Inkarnation", Jahre der wissenschaftlichen Arbeit in Rom – sie erstanden mit unglaublicher Lebendigkeit vor meinen Augen. Der Tag war frühlingshaft, kühl. Ich trat ans Fenster dieses neuen Zimmers und sah als sichtbare Symbole unserer Tradition, unerreichbar fern in diesem Augenblick und doch so nah, die Türme der Wawel-Kathedrale. Ihr Anblick gab mir Zuversicht … Akropolis. – Schon eine halbe Stunde, klar dass Renia noch nicht zurück sein kann. Das dauert noch lange, möglicherweise sehr lange, und vielleicht kommt sie ja überhaupt nicht. Da, die Türklingel. Ich stürzte zur Tür. Herein stürmte Stasia. „Warten Sie nicht länger, weder für Renia noch für ihn gibt es noch Hoffnung!" – „Was heißt das?" – „Beide sind sie im Laden, dort sind auch andere Leute. Bestimmt Gestapo. Alles verloren." Sie war in großer Anspannung. „Sie haben ja keine Ahnung, was in der Stadt los ist. Auf den Straßen wird geschossen. Einer von uns war mit einer Aktentasche unterwegs, wichtige Sachen. Er bekam eine Kugel ab, fiel, doch während er schon dalag, gelang es ihm, der Tasche einen so kräftigen Tritt zu versetzen, dass sie in den Kanal fiel. Sie haben sie nicht gekriegt."

In demselben Augenblick begriff ich, wie sehr sich in einer allgemeinen schrecklichen Nervenanspannung Fakten mit Literatur vermischen, dass hier in Stasias Erzählung die Schilderung von Hubert Olbromskis Tod aus *Der getreue Strom* Eingang findet. Jesus Maria, habe ich, die Żeromski so viel verdankt, je gedacht, dass ich ihm einmal auf solchen Wegen begegne?! Aber Stasia musste beruhigt werden. „Wo haben Sie zu sein?" – „In der Apotheke, dem Laden gegenüber." – „Dann gehen Sie bitte dorthin." – „Ich gehe gleich wieder hin, ja. Ich wollte Sie nur benachrichtigen und Ihnen das geben, es gehört Renia." Sie drückte mir ein goldenes Armband in die Hand, das ich eine Woche später in meiner Handtasche fand. Ich muss es in jenem schwierigen Augenblick automatisch hineingeworfen haben. Stasia ging.

Ich kehrte auf meinen Stuhl an der Tür zurück. Eine Stunde bereits und – nichts. Es ist ganz natürlich, dass ein Mensch, der tatenlos Hochspannung ertragen muss, all seine Kräfte auf das konzentriert, was um ihn herum vor sich geht, wenn aber, wie in diesem Fall, äußerlich absolut nichts geschieht, richtet sich diese ganze Aufmerksamkeit nach innen. Ich erinnere mich bis heute, dass ich damals ganz sachlich feststellte, dass in mir zu diesem Zeitpunkt eine neue, mir bislang unbekannte Empfindung entstand, eine Empfindung von ungeheurer Kraft – grenzenlose Hingabe an den Kommandeur. Der Zwang, tatenlos abzuwarten, während der Kommandeur in Gefahr war, wurde zu einer unbeschreiblichen Qual. Plötzlich ging mir auf, mit der Klarheit einfacher Dinge, warum dieses Gefühl im Laufe der Geschichte so viele Menschen zu Heldentaten getrieben hat. Ich aber musste hier sitzen, an den Stuhl gefesselt, und spüren, wie mir die Haare grau wurden. Davon hatte niemand etwas. Das dauert nun schon einunddreiviertel Stunden. Auf einmal die Klingel. Renia. „Er kommt. Ich musste in einem gewissen Abstand vor ihm gehen. Er wird gleich hier sein." Ein paar Minuten später war er tatsächlich da. Ganz ruhig, beinah unverändert. „Heiß ist es geworden um uns herum", war alles, was er sagte.

Nachmittags gingen Renia, Wisia Horodyska und ich abwechselnd aus, um Auskünfte einzuholen, Kontakte anzuknüpfen und den zeitweiligen Aufenthalt des Kommandeurs auf dem Land vorzubereiten. Es waren Hiobsbotschaften, die wir zu hören bekamen: Man hatte alle Zellen angegriffen, die Verhaftungen mehrten sich. Immerzu, immer wieder war Prawdzic mit seinen Gedanken in Montelupi.[17] Dort wurden sie gefoltert … Zum Abend befahl er mir, einer Freundin von Frau Giedgowda die Ladenschlüssel zu bringen. Später erfuhren wir, dass sich diese Dame den Kopf zerbrach, wie das mit Herrn Wolański war: Wer war denn nun eigentlich seine Gattin? Die kleine Zierliche oder die sehr Große … Für den gleichen Tag hatte ich noch einen anderen Auftrag. Aus der Wohnung von Herrn Wolański mussten die Papiere geholt werden, die dieser in einem Spalt in der Badezimmerwand versteckt hatte. Die Wohnungsinhaberin war eine Bekannte von Bekannten. Ich ging folglich wegen Nachrichten aus Kasachstan zu ihr. Als ich wieder loswollte und bereits in der Diele stand, wurde mir plötzlich übel, und ich eilte ins Bad (Prawdzic hatte mir die Aufteilung der Wohnung genau beschrieben). Im Badezimmer stand eine Leiter, auf die ich stieg, und mit der Pinzette, die er mir vorsorglich mitgegeben hatte, zog ich die Papiere aus dem Spalt. Ich wartete noch einen Moment, bis ich mich wieder wohl fühlte, dann ging ich, nachdem ich Abschied von der immer wieder ins Französische fallenden Hausherrin genommen hatte, die ich wegen meines Gesundheitszustands äußerst *inquiète* zurückließ.

Abends war ich bei Doktor Szebesta, dem ich über das Vorgefallene berichten sollte. Er wusste noch von nichts. Am Schluss meines Berichts fügte ich hinzu, dass ich mittags einunddreiviertel Stunden gewartet hatte. Er sah mich an und sagte: „Das ist nichts. Sie haben in dieser Zeit erfahren, was das ist – der Kommandeur, und was einer für ihn tun würde." – „Woher wissen Sie …" – „Man sieht es Ihnen an, das ist alles."

Wieder zurück in der Wohnung, erklärten Renia und ich meiner Wirtin, dass mein kranker Cousin eingetroffen ist, der ins Krankenhaus soll und jetzt vorerst nicht weiß, wo logieren.

Was sie dachte, weiß ich nicht, doch sie erlaubte ihm, dass er in dem Durchgangszimmerchen neben meinem Zimmer übernachtete. Nach zwei Tagen reiste er ab.[18]

Ich kehrte zu der in letzter Zeit vernachlässigten Krankenhausarbeit zurück, die jedoch ständig weniger wurde. Auf der Inneren starb am 4. Mai schließlich Wierzbowski. Während der letzten Tage war er häufig bewusstlos gewesen und hatte in diesem Zustand noch immer Hel verteidigt. Als ich ihn in den Sarg bettete, dachte ich, dass ich ihm das Leben nicht zu retten vermochte, ihm aber das meine verdankte, denn wäre da nicht die gemeinsame hl. Kommunion gewesen, gäbe es mich längst nicht mehr …

Gegen Ende Mai ließ ich bei dem abwesenden Kommandeur anfragen, welche Anordnungen er bezüglich einer neuen Beschäftigung für mich träfe, denn die Krankenhausarbeit ginge zu Ende. Zur Antwort erhielt ich die Weisung, ins so genannte Patronat einzutreten, ein Komitee von Damen, die das Gefängnis in Montelupi betreuten, weil dem Kommandeur daran gelegen war, jemanden von „seinen Leuten" dort zu haben. Ich unternahm also die entsprechenden Bemühungen, denen allerdings kein Erfolg beschieden war. An der Spitze des Patronats stand damals ein sehr edler Mensch, dieser Arbeit sehr ergeben, ein Sozialist, ein bisschen doktrinär, der sich aus „prinzipiellen" Gründen meiner Aufnahme ins Patronat widersetzte. Er lebt längst nicht mehr, doch solange ich lebe, werde ich ihm für diese Ablehnung tiefe Dankbarkeit bewahren, denn anders hätte ich vielleicht bis zum Ende in diesem Patronat gesteckt.

Es war Juni. Wir lebten damals von einem Tag auf den anderen, von Stunde zu Stunde, in ständiger Erwartung des ersehnten Ereignisses. Die Deutschen trafen einfach kolossale Vorbereitungen. Tage und Nächte kam die Wehrmacht durch Krakau, ausgerüstet mit nagelneuen Waffen, die Uniformen ebenso nagelneu, die Pferde prachtvoll, die unförmigen Tanks überwältigend groß. All das Riesige, Maßlose in Zahl und Dimension zog und zog dahin, als nähme es nie ein Ende. Dieser Zug flutete am Tag, bei Nacht und wieder am Tag, und wieder bei Nacht. Man hatte den Eindruck, als würde er niemals abreißen. Sie strömten beim Bahnhof heraus – die Planty entlang –, verschwanden dann durch die Karmelicka und weiter – gen Osten. Eines nur kontrastierte seltsam mit dieser Machtdemonstration des *Herrenvolkes*: Die Gesichter der Soldaten hatten nicht den Ausdruck von freudigen Enthusiasmus, der mit der physischen Kraft harmoniert hätte, die hier so sinnfällig vorgeführt wurde. Die Männer sahen zwar entschlossen aus, doch zugleich traurig, verblüffend resigniert – die Lippen hatten sie fest aufeinander gepresst.

Zu jener Zeit war es auch, dass ein bei Bekannten wohnender Deutscher aus dem Urlaub zurückkam. Die Hausfrau, eine Ungarin, fragte ihn, wie denn die Situation in Deutschland sei. Er schwieg eine Weile, dann sagte er: *„Glänzend, aber hoffnungslos."* Das gesamte Generalgouvernement verwandelte sich mit jedem Tag offensichtlicher in eine Kriegszone. Die Spitäler warteten. Strengste Befehle ergingen in Sachen Verdunkelung. Eine fühlbare Spannung lag in der Luft, als sei sie elektrisch aufgeladen. Die polnische Bevölkerung fand sich dabei wieder einmal in neuen Schwierigkeiten, da Gespräche über einen möglichen Krieg mit Verhaftung geahndet wurden. Uns wurde nie richtig klar, ob die Deutschen wirklich glaubten, dass die Moskowiter von diesen ihren fantastischen Vorbereitungen nichts wussten, oder ob sie da nur etwas Neues gefunden hatten, womit sie die Polen quälen konnten.

Endlich, am Sonntag, dem 22. Juni, um sieben Uhr morgens tauchte unvermutet Wisia Horodyska, die aus unseren heimatlichen Gefilden stammte, bei mir auf. Ich schlummerte noch selig, doch sie rüttelte mich energisch. „Karla, hoch mit dir! Es ist Krieg!" ich starrte sie an, traute mich nicht ihr zu glauben. „Aber ja doch, ja! Der Kaplan, der im Kloster neben meiner Mutter wohnt, hat durch die Wand den deutschen Rundfunk gehört und ist im Negligé bei der alten Dame hereingeplatzt. Die Deutschen verkünden der ganzen Welt, dass sie in den Krieg mit Russland und dem Kommunismus eingetreten sind!" Ich stand auf, zog mich an und ging in die Kirche. Dort knieten alle bereits und dankten … Von dort aus zu Bekannten, von denen ich wusste, dass sie ein Radio hatten, um ihnen eine Sonntagsvisite abzustatten. Moskau tat in allen Sprachen den Proletariern aller Länder kund, dass heute, am Jahrestag der Kriegserklärung Napoleons an Alexander I., Hitlers Truppen die Grenze zur Sowjetunion überschritten hatten. Die Polen tobten. – Diese Grenze, unsere blutige Ribbentrop-Molotow-Linie, die Polen halbierte, hörte mit dem heutigen Tag zu existieren auf! Der Gedanke, dass die verheerende „Grenze" in diesem Augenblick verschwindet, und das ein für allemal, versetzte uns in einen Freudentaumel. Sollen doch die Deutschen bis nach Zentralrussland vordringen um ihres Pyrrhussieges willen, der sie dort erwartete. Von dort führt für sie kein Weg mehr zurück, weil unterdessen die Alliierten ihnen im Westen ein Ende bereiten. Wir aber werden jetzt in den Osten zurückkehren – nach Lwów, wohin wir gehören.

Tags darauf hörte ich die Ansprache von Gen. Sikorski. Er sprach von der furchtbaren Erschöpfung der Deutschen, von ihrer wahnwitzigen Politik, aber er sprach auch davon, dass ihm bekannt sei, dass das Land fest daran glaubte, die Deutschen würden Russland besiegen, doch er halte die Angelegenheit für noch nicht entschieden, es könne ebenso gut anders kommen. Diese Worte gaben uns zu denken. Sollte so etwas möglich sein? Konnte in einem solchen Fall Ostpolen noch einmal Gefahr drohen? Aber nein, das wäre einfach nicht vorstellbar! Allein schon der Gedanke ist eine Beleidigung für all diejenigen, die im Bündnis mit uns die Kultur des Westens verteidigt haben. Man würde doch die Hälfte polnischen Bodens nicht opfern können, und mit ihm seine ganze Ehre, vom Eigeninteresse ganz zu schweigen, angesichts dessen es Irrsinn sein würde, wenn man die Russen bis an den Bug ließe. Nein, im Übrigen sind die Deutschen zu stark, als dass Russland sie schlagen könnte; sich ihrer erwehren schon, aber nicht besiegen, nur sie erschöpfen bis zum Letzten, und später dann haben die Alliierten mit ihnen ein leichtes Spiel.

Nach ein paar Tagen schon traf die Nachricht ein, dass die Deutschen Lwów besetzt hätten und dass die Stadt nicht übermäßig in Mitleidenschaft gezogen worden sei. Auf den unmittelbaren Kontakt hieß es noch warten, vorerst wurden wir nur von einem allerdings sehr schmerzlichen Gerücht gequält. Es hieß, die Deutschen hätten einen Teil der Professoren der Universität Lwów verhaftet. Die genannten Namen wechselten. Etwas Konkretes war nicht in Erfahrung zu bringen.

Endlich traf der erste Kassiber ein, an mich adressiert: die Auflistung von 22 Professoren und Dozenten, die, teilweise mit Ehefrauen oder erwachsenen Söhnen, zwei Tage nach Einmarsch der Deutschen verhaftet worden waren, offenbar als Geiseln. Ihr jetziger Aufenthaltsort war unbekannt.[19] Aus der Liste ging hervor, dass es sich hauptsächlich um die Medizinische Fakultät handelte, aber man hatte auch Professoren des Polytechnikums und der Höheren Handelsschule abgeholt. Von diesem Augenblick an bewegte uns diese mysteriöse Sache unablässig.

Ich für meinen Teil machte unterdessen persönliche Pläne. Da es mir nicht gelungen war, dem Befehl nachzukommen und dem Patronat beizutreten, hatte ich freie Hand. Ich musste mir bloß etwas suchen. In dieser Zeit trafen aus der Provinz äußerst traurige Nachrichten über den Zustand der Gefängnisse ein; besonders tragisch waren die Angaben, die aus Tarnów eingingen. Das Gefängnis dort war sehr groß; anfänglich erhielt es Lebensmittelzuschüsse vom örtlichen Roten Kreuz, später verboten dies die Deutschen wieder. Die von ihnen selbst gewährte Verpflegung war solcherart, dass dort täglich 18 bis 23 Menschen Hungers starben. Wir hatten das genaue Verzeichnis, weil die Sozialfürsorge der Gemeinde für die Särge zahlte, die Leichen öffentlich herausgebracht wurden und ihr Anblick nicht den geringsten Zweifel hinsichtlich der Todesursache ließ. Ich ging also zum Vorsitzenden des RGO (Zentraler Vormundschaftsrat Rada Góówna Opiekuńcza – d. Übers.), Ronikier, ob er seine Fürsorge nicht auch auf die Gefängnisinsassen ausdehnen und mich als Referentin nehmen wolle. Meine Kandidatur begründete ich in drei Punkten: 1. Dieses Referat muss eine Frau übernehmen, weil ein Mann gefährdeter ist, 2. die Frau darf weder Ehemann noch Sohn haben, den sie in Gefahr bringt, 3. sie muss fließend Deutsch sprechen. Der Vorsitzende erklärte sich auf der Stelle einverstanden, wofür ich ihm bis ans Ende meines Lebens dankbar sein werde. Der Rat folgte der Empfehlung des Vorsitzenden. Weil es nicht erlaubt war, sowohl dem Roten Kreuz als auch dem Zentralrat anzugehören, verzichtete ich auf die Tätigkeit beim Roten Kreuz und wurde Angestellte des RGO.

Anmerkungen

1 Die deutsche Wehrmacht marschierte am 10. 5. 1940 in Belgien und Holland ein, einen Monat später, am 10.6., erklärte Italien Frankreich den Krieg.

2 Die bedingungslose Kapitulation unterzeichnete Frankreich am 22. 6. 1940 in Compiègne.

3 „Als einziges kampffähiges Volk diesseits der Barrikaden werden wir unsere Insel zu verteidigen versuchen, und wir werden so lange kämpfen, bis wir die Menschen vom Fluch Hitlers befreit haben."

4 Die „Schlacht um England" begann am 8. 8. 1940.

5 Zu der Zeit war das Tadeusz Komorowski.

6 Die Sache ereignete sich in Zawada, im Hause der Borowski (Włodzimierz Skarbek-Borowski, Verwalter von Zawada, und seine Ehefrau Elżbieta geb. Jaroszyńska [K.L.]).

7 Das war am 17. 8. 1940.

8 Im November 1940.

9 Juliusz Słowacki *Pogrzeb kapitana Meyznera* (Das Begräbnis Hauptmann Meyzners), Z. 49–54. Am 27. Mai 1991 lernte ich in Rom den Senatsmarschall Andrzej Stelmachowski kennen. Ich erhielt an diesem Tag aus seinen Händen den Orden Polonia Restituta. Unterwegs zur Botschaft fragte ich ihn, ob er nicht ein Verwandter jenes jungen Verteidigers von Hel sei, der Oktober 1940 in Krakau in meinem Beisein gestorben war. Es zeigte sich, dass der heutige hohe Würdenträger des Wiedergeborenen Polen der jüngere Bruder meines Patienten war. Diese ungewöhnliche Begegnung berührte den Marschall zutiefst; er erwähnte sie in seiner Ansprache, was der Feierlichkeit ein besonderes, menschliches Gepräge verlieh. In Gedanken kehrte ich, mit grenzenloser Dankbarkeit, zu Słowackis Flehen zurück, das sich heute erfüllt hat: Es hat nun getagt „aus heiterem Himmel" (K.L.).

10 Darüber zu schreiben, ist mir schrecklich peinlich, doch meine ich, man sollte es auch nicht verschweigen (K.L.).

11 Diese kleineren und größeren, aber beständigen Unannehmlichkeiten von ukrainischer Seite quälten mich abends vor dem Einschlafen, nicht so sehr um ihrer selbst, als um des breiteren Standpunktes willen. Denn seit eh und je war ich davon überzeugt, dass wir, wenn die Deutschen endlich fort waren, auf unserem gemeinsamen Boden zusammenleben würden. Irgendwie mussten wir uns verständigen und zu einem Kompromiss gelangen, weil man anders nicht leben konnte. Doch vorerst verschlimmerten die Deutschen die Situation noch (K.L.).

12 Als ich König war.

13 Sie kam als Krankenschwester im Warschauer Aufstand um.

14 Major Jan Cichocki, Pseudonym Jaś, Stabschef der Krakauer Kommandatur.

15 Oberstleutnant Jan Cichocki, Stabschef des Kommandos von Gebiet IV Krakau, wurde vom 17. auf den 18.4.1941 im Haus Sławkowska-Straße 6 verhaftet.

16 Major Leon Giedgowd, Pseud. Leon, wurde vom 20. auf den 21. April 1941 verhaftet.

17 Krakauer Gefängnis (K.L.).

18 Der von Verhaftung bedrohte Gen. T. Komorowski versteckte sich in der Wohnung von K. Lanckorońska in der Wenecja-Straße 7 (K. Lanckorońska, *Komorowscy*/Die Komorowskis, „Tygodnik Powszechny" 1994, Nr. 29).

19 In der Nacht vom 3. auf den 4. Juli 1941 wurden 23 Professoren höherer Lehranstalten zusammen mit Hausgesinde und Mietern auf dem Wulecki-Hügel in Lwów erschossen. Um die Spuren zu verwischen, gruben die Deutschen im Oktober 1943 die Toten aus und verbrannten sie im Krzywicki-Wald an der Peripherie von Lwów.

Kapitel 3

Unterwegs im Generalgouvernement
(Juli 1941 – März 1942)

Lange Promenaden durch deutsche Ämter begannen, zum Zweck einer zentralen Lösung des Problems der Gefängnisfürsorge. Der RGO wandte sich, in meiner Person, an sie, um die Erlaubnis für eine zusätzliche Ernährung sämtlicher Gefängnisinsassen, ohne Rücksicht auf den Verhaftungsgrund, zu erwirken. Unser Anliegen war die allgemeine anonyme Zusatzernährung für alle Häftlinge, politische wie kriminelle. Es war klar, dass es keine andere Methode gab, um auf legalem Weg zu den politischen Häftlingen vorzudringen. Die deutschen Justizbehörden machten nicht allzu große Schwierigkeiten, genauso wenig wie ein anderes Amt, so etwas wie das Innenministerium. Schließlich landete ich bei der Sozialfürsorge der „Regierung des Generalgouvernements"; dort hatte ich mit einem Doktor Heinrich zu tun, einem friseurhaften Superdeutschen, von dem alle wussten, dass er der Gestapo angehörte. Wir beide führten unglaublich lange, quälende Wortgefechte miteinander durch, bis ich von ihm endlich zur Gestapo geschickt wurde. Persönlich kam mir das sehr entgegen. Zu jener Zeit gab es nämlich „ein bisschen Wärme" um mich herum. Die Überwachung meiner Person dauerte schon seit der Aprildenunziation, ich hatte auch ein paar Warnungen und den guten Rat erhalten, „ich solle besser aus Krakau verschwinden". Ich wusste, dass ich mir vollends das Grab grabe, wenn ich das täte, oder dass ich mich zumindest bis zum Kriegsende würde verstecken müssen. Ich hielt das Aufsuchen der Gestapozentrale für eine viel bessere Verteidigung, weil ich damit rechnete, dass die Deutschen eine Person, die sich direkt in den Rachen des Löwen begab, für „in Ordnung" hielten. Ich ging. Empfangen wurde ich von einem schwarzhaarigen, sehr großen *Sturmbannführer* (Major) mit einem einsilbigen Familiennamen, an den ich mich nicht erinnere. Er musterte mich eindringlich, unterhielt sich über die verschiedensten Dinge mit mir, ich spürte, dass er mich ausforschte. Zum Glück hatte ich es geschafft, mich mit dem Rücken zum Fenster niederzulassen, noch ehe er mir einen anderen Platz zuweisen konnte. Also fühlte ich mich frei und ungezwungen, mein Gesicht lag im Schatten, während ihn das Licht blendete. – Unvermutet fragte er mich, weshalb ich mich unbedingt um Gefängnisinsassen kümmern wolle. Ich erwiderte, dass ich mich, da ich nicht mehr die Möglichkeit hatte, Kranken beizustehen, einer ähnlichen Kategorie von Menschen, Häftlingen usw. annehmen möchte. Er erkundigte sich nach der veranschlagten Essensmenge und versicherte aufs Entschiedenste, dass mir nie und nimmer erlaubt würde, nach der Häftlingszahl zu fragen. Ich erklärte, dass ich verstünde, die Zahl der Inhaftierten ginge mich nichts an. Mein Interlokutor zeigte sich über diese idiotische Antwort sehr zufrieden. Schließlich hieß er mich in zwei Tagen wiederkommen und versprach, inzwischen mit seinen Vorgesetzten zu reden. Beim zweiten Mal musste ich sehr lange warten. Während dieser Wartezeit brachte man einen Häftling herein und führte ihn wieder hinaus, der mich sehr aufmerksam beäugte. Ich hatte sofort den Eindruck einer Konfrontation, die allerdings nicht gelang. (Später kam ich zu dem Schluss, dass jener Häftling mit sehr großer Wahrscheinlichkeit kein anderer als Leon gewesen war, der damals schon „sang" was das Zeug hielt. Die Konfrontation brachte deshalb kein Ergebnis, weil Leon mich nie gesehen hatte. Das verdankte ich Prawdzic, der mir, trotz meiner Bitten, verboten hatte, in den Laden zu gehen.)

Endlich ließ man mich eintreten. Ein zweites Gespräch fand statt, bei dem er mich erneut fragte, warum es mir besonders um Gefängnisinsassen gehe. Diesmal gab ich eine schon weniger schlaue Antwort, denn vor Wut platzte ich damit heraus, dass ich dies für meine nationale Pflicht erachtete, die ich nicht auf illegalem Wege, sondern in aller Offenheit zu erfüllen wünschte. Das Ergebnis war ein unerwartetes: Von diesem Moment an begegnete er meinen Vorschlägen wohlwollend. Offenbar dachte er, dass man eine Person, die solche Sachen sagt, arbeiten lassen dürfe, weil sie so naiv ist. Gegen Ende der Unterredung brüllte er mich nur noch theatralisch an, die übliche Methode, um Angst einzujagen. Er mache mich darauf aufmerksam, dass ich ein überaus gefährliches Referat übernehme, dass ich verhaftet würde, sobald der erste Kassiber in den Lebensmitteln auftauchte, die von uns an die Häftlinge geschickt würden. Ich erkundigte mich, wie man denn einen Kassiber ins Essen schmuggeln könne, das anonym, in Kesseln, für alle Häftlinge, ob politisch oder kriminell, geliefert werde. Seine Antwort lautete, dass man alles machen könne, aber er beruhigte sich. Endlich ging ich. Voller Hoffnung verließ ich dieses Haus, die Stätte unserer Plage.

Als ich am Abend dieses Tages heimkehrte, stellte ich zum ersten Mal fest, dass meine Wohnung nicht mehr observiert wurde. Die Schläue des westlichen Okkupanten entsprach ganz entschieden nicht seiner Grausamkeit.

Kurze Zeit darauf ward ich erneut vor Heinrichs Antlitz beordert, der mir, nach langen Telefonaten und Diskussionen, ein Kärtchen mit Hakenkreuz und deutschem Adler sowie dem ganzen anderen Zierrat aushändigte. Auf dem Kärtchen aber stand schwarz auf weiß, dass ich durch die Erlaubnis von Gestapo und SD *(Sicherheitsdienst)* legitimiert bin, im Rahmen des RGO eine anonyme Zusatzverpflegung der Häftlinge des Generalgouvernements durchzuführen. Heinrich behauptete, dass ich mit diesem Dokument nach Tarnów fahren könne. Ich schnappte mir das Kärtchen und eilte heim. In meiner Wohnung las und ergründete ich das Dokument wieder und wieder und stellte dabei fest, dass es ja das Datum meines Geburtstages, des 11. August, trug. Der preußische Friseur hatte nicht geahnt, welch ein königliches Geburtstagsgeschenk er mir gemacht hatte. Abends schrieb, oder besser punktierte ich in einer Broschüre beliebigen Inhalts einen ziemlich langen Brief an den Kommandeur. Die von mir benutzte Chiffre ist eine von der einfachen Art: Man setzt winzige Pünktchen unter die Buchstaben (bisweilen in umgekehrter Richtung); so schickte ich chiffriert Radiomeldungen u. a. an ihn. Diesmal meldete ich, dass ich die Fürsorge über die Häftlinge im gesamten Generalgouvernement übernähme. Ich erinnere mich, damals zum ersten Mal eine Bemerkung persönlicher Natur hinzugefügt zu haben: „Die Verantwortung ist so riesig, erbitte gedanklichen Beistand." Nach ein paar Tagen traf die kurze Antwort ein, der Befehl, sämtliche Kontakte abzubrechen, alles andere einzustellen, sich ausschließlich auf die neue Aufgabe zu konzentrieren …

Einen Tag nach der Erbeutung jenes Kärtchens brach ich nach Tarnów auf. Das dortige Gefängnis wurde nicht von der SS verwaltet, sondern unterstand den Justizbehörden. Als ehemals polnisches Gefängnis hatte es noch polnisches Personal. Die Gestapo hielt dort ihre Häftlinge und „betreute sie". Der Gefängnisdirektor, ein älterer Mann namens Günther, empfing mich. Er las Heinrichs Kärtchen, befand, dass ich in Ordnung sei, er aber nichts tun könne, da er keine Anweisung von der Rechtsabteilung in Krakau habe. Das hieß unverzüglich nach Krakau zurückkehren. Der Vorsitzende des RGO Ronikier, der an diesem Tag ebenfalls in Tarnów war, nahm mich in seinem Auto mit. Unterwegs besuchten wir Bekannte. Dort lernte ich u. a. Frau Bnińska kennen, die aus Samostrzel bei Poznań ausgesiedelt worden war. Ich erkundigte mich nach den dortigen Verhältnissen. Sie erzählte, dass sie noch ein Jahr lang im Hinterhof hatte wohnen dürfen, erst dann warf man sie auf die Straße. Während dieses Jahres, im Frühling und Herbst, heizten sie täglich unter den Fenstern ihrer Hinterhofbehausung ein Dampflokomobil, und täglich taten sie das mit den ledergebundenen Folianten der berühmten Bniński-Bibliothek in Samostrzel.

Abends war ich erneut in Krakau. Dort gelang es mir mittels des berüchtigten Kärtchens, die letzten Schwierigkeiten für Tarnów aus dem Weg zu räumen. Ein paar Tage später, am 25. August, konnte ich das Komitee in Tarnów anrufen, mit der

Bitte, für den nächsten Tag 1200 Portionen Suppe vorzubereiten (diese Zahl hatte mir zuvor der Gefängnisdirektor genannt). Als ich morgens eintraf, hatte Günther sich bereits mit der Suppenlieferung an diesem Tag einverstanden erklärt. Die Stimmung im Komitee war fieberhaft. Mittags setzte ich mich in das klapprige Gemeindeauto und fuhr im Verein mit sechs Kesseln zum Gefängnis. Dort stand eine kleine Gruppe von Menschen, die etwas oder irgendwen erwartete und in einem fort auf das Gejammer, die Hilferufe, das Flehen um Nahrung horchte, die aus den vielen vergitterten Fensterchen drangen. Man sagte mir später, dass es sich um Verwandte der Inhaftierten handelte, die versuchten, Pakete mit Kleidung u. Ä. Männern und Söhnen zukommen zu lassen. Ich werde nie den Ausdruck dieser Gesichter vergessen, die Gemütsbewegung und Anspannung beim Anblick des Autos mit den Kesseln und vor allem angesichts des sich vor ihm knarrend auftuenden großen eisernen Gefängnistores. Ich saß vorn neben dem Fahrer, hätte aber noch immer nicht zu sagen gewusst, ob ich wachte oder träumte, ob es Wahrheit war oder Fiktion: So viele Kämpfer saßen derzeit in Tarnów ein, Kämpfer für Polens Freiheit!

Wir fuhren hincin, mit Getöse schloss sich hinter uns das Tor. In dem riesigen Hof hielten wir an. Ein Wärter, ein sichtlich gerührter Pole, kam zu uns heraus. Ihm folgten zwei oder drei Häftlinge, die wie wandelnde Leichen aussahen – den Gesichtern nach zu urteilen, waren es „Kriminelle". Der Wärter befahl ihnen die Kessel zu nehmen und ins Gebäude zu tragen. Einer von den Jüngeren geriet ins Taumeln und konnte sich kaum auf den Beinen halten. Im Übrigen konnte man sehen, dass alle vom Duft der mit Fleisch gekochten Suppe wie benommen waren. Bevor sie die restliche Suppe holen kamen, gesellte sich ein älterer Mann mit rotem Haar hinzu, der wie die Karikatur eines Kriminellen aussah. „Und was ist das?" rief er beim Anblick der Kessel, um im Vorbeigehen, an uns gewandt, laut zu verkünden: „Aha, wie man sieht, wollt ihr, dass die Sozialfürsorge an den Särgen spart."

Unser Auto fuhr wieder ab und kehrte in Bälde mit weiteren Kesseln zurück, die Maria Dmochowska, Seele und Hirn des Komitees, beförderte. Als alle Kessel abgegeben waren, fühlte ich mich am Ende meiner Kräfte, meine Fassade schien zu bröckeln. Ich sagte den Damen, dass ich etwas später ins Büro käme und suchte in der Kathedrale Zuflucht. Dort dankte ich, wobei ich heulte wie ein Schlosshund. Eine Frau, die nicht weit weg von mir kniete, sah mich voll tiefem Mitleid an. Sie nahm natürlich an, dass ich mit einem schweren Unglück gekommen war – denn dass einer vor Glück so weinte, konnte in jenen Tagen wohl schwerlich jemand vermuten. Nachmittags im Komitee traf man dann schon fremde Leute an, die vom Gefängnis kamen und berichteten, dass man aus den Fensterchen dort rufen hörte: „Wir haben Suppe bekommen … geht, sagt Bescheid, dass man sie uns gegeben hat … dankt und bittet …"

Von diesem wunderbar glücklichen 26. August 1941 an ernährte Tarnów vorbildlich und regelmäßig, reichlich und mit Geschick seine Häftlinge.

Es war dies der einzige Fall im Generalgouvernement, wo sich umliegende Dörfer freiwillig besteuerten und wöchentlich Vorräte brachten, die für die Zusatzverpflegung der Häftlinge bestimmt waren – und weil Maryla über diese Vorräte verfügte, war das Essen so schmackhaft wie sparsam zubereitet.

Nach Tarnów wagten wir uns an Jasło und Sanok. In Jasło war der Gefängnisdirektor ein Ukrainer, der zu unserem Vergnügen sichtlich Angst vor mir hatte. Sicher nahm er an, dass ich in deutschem Auftrag handelte, in einem fort dienerte er und – noch wichtiger – war sehr folgsam. In Sanok war es schwieriger, dort war der Peiniger der berüchtigte Gestapo-Mann Stawitzky (dieser Name ist vermutlich ein Pseudonym gewesen). Sanok schwamm buchstäblich im Blut; nichtsdestoweniger arbeitete das Komitee inmitten der permanenten Verhaftungen und Erschießungen mit großer Courage. Für das Gefängnis kochten Ordensfrauen, die Stawitzky wunderlicherweise noch am wenigsten verabscheute.

Unser nächster Angriff galt dem Gefängnis von Nowy Sącz, das unter Gestapo-Verwaltung stand. Dort war Hamann Herr über Leben und Tod – oder eher des Todes allein –, der die Angewohnheit hatte, die Polen eigenhändig zu erschießen. Gleich nach Eintreffen begab ich mich wie gewöhnlich vom Bahnhof direkt zum Fürsorgekomitee. Eine intelligente, energisch aussehende Angestellte empfing mich. Mich frappierte der merkwürdig angespannte Ausdruck ihres Gesichts, umso mehr als es mir bereits unterwegs so vorgekommen war, als stünden die Menschen unter einem Damoklesschwert, bedrohe sie etwas Grauenvolles, Unbekanntes – auch etliche weinende Personen waren mir begegnet. Als ich meinen Namen nannte, sagte die Angestellte mit seltsam unnatürlicher Stimme: „Heute sind Sie gekommen, ausgerechnet heute?" Ich wusste nicht, was das bedeuten sollte, und fragte nach dem Vorsitzenden. Ein junger Mann mit verkniffenem Mund kam zu mir heraus und bat mich in sein Arbeitszimmer. „Sie kommen wegen der Häftlinge", bemerkte er lakonisch. „Ja, und ich habe mich angemeldet", erwiderte ich mit wachsender Verwunderung. „Heute früh haben uns die Deutschen von sich aus benachrichtigt, dass alle unsere Geiseln erschossen worden sind", sagte er langsam und mit Nachdruck. „Was für Geiseln?!" – „Beinah die gesamte städtische Intelligenz mit dem Pfarrer an der Spitze. Wir wussten schon gestern davon, weil es ihnen gelungen war, uns einen Abschiedsbrief mit allen Unterschriften zu schicken. Darin schreiben sie, dass Frauen und Mütter bitte nicht weinen mögen, nur stolz auf sie sein, dass sie für würdig befunden worden sind … Unter allen Namen hatten sie quer in einer Ecke hinzugefügt: *Dulce et decorum est …* Die Wertvollsten aus Nowy Sącz sind fort, darunter meine engsten Freunde." – „Wegen was?" fragte ich. „Wegen nichts", lautete die Antwort. – Aha, das Kontingent, dachte ich und fragte nichts mehr.

Angesichts eines solchen Tatbestandes entschied ich mich, an diesem Tag nicht zu Hamann zu gehen, denn es war klar, dass ich mir bei einem von frischem Blut berauschten Mann eine Absage holen würde. Außerdem war zum gegebenen Zeitpunkt kaum jemand da, der Zusatzverpflegung gebraucht hätte … Ich blieb allerdings noch ein paar Stunden in Sącz, weil ich mir dachte, die Leute würden gern mit einer Person sprechen, die zwar in allgemeiner Hinsicht zu ihnen gehörte, der man heute jedoch keinen nahen Angehörigen umgebracht hatte. Der Vorsitzende[1] erzählte, in seinem kleinen Salon auf und ab wandernd, bis spät in die Nacht von jedem einzelnen, dann von den Ehefrauen oder Kindern … Als ich am Morgen des nächsten Tages nach Krakau zurückkehrte, hatte ich das Gefühl, sie alle persönlich gekannt zu haben, diese Lehrer und Ingenieure oder auch Beamte von Nowy Sącz, die gegangen waren und die Wiederkehr dessen, wofür zu sterben ihnen so süß und ehrenvoll gewesen war, nicht mehr erlebt hatten. Mit so unermesslichen Opfern erkämpft, musste das künftige Polen ein sehr glückliches und gesellschaftlich moralisches werden, dachte ich.

Die nächsten Gefängnisse, in Częstochowa und Piotrków Trybunalski, waren nicht allzu schwer zu „erobern". Man hatte mir schon zuvor prophezeit, dass es in Częstochowa keine größeren Schwierigkeiten geben würde. Es war bekannt, dass die deutsche Herrschaft dort, trotz mannigfacher Verdrießlichkeiten, nicht so grausam war wie an anderen Orten. Es hatte bislang keine Massenerschießungen gegeben, ja nicht einmal Menschenjagden größeren Umfangs. Die Bevölkerung erklärte sich das mit einer gewissen Ehrfurcht der Deutschen vor dieser heiligen Stätte. „Die Fritzen haben Angst vor der Muttergottes." Ihre Chefs, unter anderen sowohl Frank als auch Goebbels, hatten bei ihrem Aufenthalt Jasna Góra besucht (beide ließen sich das Bild enthüllen, und Goebbels hob in diesem Augenblick sogar die Hand zum Deutschen Gruß). In der Gefängnisangelegenheit hatte ich daher keine übermäßigen Schwierigkeiten. Die von der Gestapo nahmen mich zwar sehr ungnädig auf, mit allerlei Drohungen und Geschrei, aber mit der Zusatzverpflegung erklärten sie sich einverstanden.

Anderntags war ich früh in Jasna Góra, von Blattwerk umkränzt in jenen Tagen, das bereits welkte. Am Kirchenportal hing ein großes Schild mit Hakenkreuz und *Parteivogel*, das den Militärpersonen streng verbot, sich in der Kirche unanständig zu betragen oder Hunde mit hereinzubringen (eine eher maßvolle Forderung für die Armee der *Kulturträger*).

Im Beichtstuhl saß ein alter Paulinermönch mit schneeweißem Bart. Als ich ihm bekannte, dass meine Seele hasserfüllt sei und vom Wunsch nach Rache beherrscht, wenn auch keiner persönlichen, tröstete er mich, dass Gott der Herr zwar langsam sei, aber sehr gerecht. – Liebe gegenüber den Feinden hat er – Gott sei Dank – nicht von mir erwartet.

Am späten Abend desselben Tages gelangte ich nach Piotrków. Dort bereitete man mir ein Nachtlager beim Ortsfotografen, seiner Frau, einer Lehrerin, und ihrem Sohn, einem Polonistikstudenten – überaus liebenswerte, wahrhaft kultivierte

Menschen, die mich mit großer Herzlichkeit und Schlichtheit aufnahmen. Noch heute erinnere ich mich an die zahlreichen kolorierten und nicht kolorierten Porträts der Dame des Hauses, die die Wände schmückten und an denen man die Entwicklung der Porträtfotografie in der Provinz im Laufe der letzten 25 Jahre verfolgen konnte. Jedes Mal während der nächsten Monate, wenn mir ein Besuch in Piotrków bevorstand, freute ich mich im Voraus auf die Stunden, die ich bei meinen Gastgebern verbringen würde. Der Vorsitzende des Komitees informierte mich über den Stand im Komitee, das in argen Schwierigkeiten steckte, und über das Gefängnis, und er erzählte mir, dass er, da er gegenüber wohne, ganz deutlich, vornehmlich nachts, Klagelaute und Rufen nach Essen höre. Als ich dann an Ort und Stelle erschien, empfing mich der Kommandant, ein Österreicher, und ließ sich in ein längeres Gespräch mit mir über die Bedürfnisse der Inhaftierten ein. Er ließ den Gefängnisarzt, einen Polen, kommen. Das Gespräch wurde auf Deutsch geführt, es steht also zu vermuten, dass der Arzt nicht wusste, dass er mit einer Polin[2] sprach. Vermutlich dachte er, dass er gegenüber irgendwelchen deutschen karitativen Institutionen Bericht zu erstatten habe über den faktischen Gesundheitszustand der Häftlinge. Er erkundigte sich nämlich, wer denn die Zusatzernährung erhalten sollte: alle Häftlinge oder nur diejenigen, die man noch retten konnte. Er als Arzt zweifle nämlich am Nutzen einer Zusatzernährung für solche, die schon *unmittelbar vor dem Hungertod* sind, denn diese Menschen müssten über Wochen hinweg eine unerhört sorgfältige Diät erhalten, was er für beinah undurchführbar halte. Ich versuchte möglichst ungerührt zu erklären, dass die Zusatzernährung für alle sei. Als ich hinausging, sagte der Kommandant an den Arzt gewandt: „Aus Ihrem Mund fiel das Wort *Hungertod*; ich warne Sie vor den Konsequenzen, sollten Sie das Wort noch einmal benutzen." Zugleich machte er auch mich darauf aufmerksam, dass es meiner Arbeit nicht zugute käme, wenn ich Gebrauch von dem unangemessenen Ausdruck machte, den der Gefängnisarzt da benutzt habe. Ich hatte Glück, dass der Kommandant Österreicher war.

Ich verließ das Gebäude. Mein Zug fuhr erst in ein paar Stunden, und die verbrachte ich, indem ich die zahlreichen Baudenkmäler von Piotrków besichtigte, die aus der Zeit des 14. bis 16. Jahrhunderts stammten. Ich hatte diese Stadt nie kennen gelernt, so dass die Reminiszenz an Piasten- und Jagiellonenepochen mir in dem Moment Stärke verlieh, ihr bis in die Gegenwart strahlender Glanz, den jene Baudenkmäler widerspiegelten, meinen Glauben an Polen stärkte.

Von diesem Augenblick an begann die Arbeit in Piotrków, besonders kompliziert wegen der in der Stadt fast völlig fehlenden Lebensmittel und der außerordentlichen Schwierigkeiten, die die deutschen Stellen machten, um den Nachschub zu vereiteln. Nichtsdestoweniger bekamen die Häftlinge von Piotrków von nun an reguläre Hilfe. Der Arzt aber behauptete bei meinem nächsten Besuch nunmehr, dass sich alle ausgezeichnet fühlten …

Bei diesem ständigen Umherreisen, mit dem ich mein Leben zubrachte, kam ich auch einmal monatlich nach Warschau, zum Kommandeur, der sich als Stellvertreter des Oberkommandeurs Grot-Rowecki* jetzt ständig in der Hauptstadt aufhielt. Dort erstattete ich regelmäßig Bericht über die Arbeit eines ganzen Monats, die Anzahl der Häftlinge in den betreffenden Gefängnissen sowie sämtliche Informationen, die ich unterwegs sammeln konnte.

Ich gebe zu, dass ich dieses mein neues Leben sehr interessant fand. Jedes Gefängnis bemühte ich mich monatlich einmal aufzusuchen, doch die Zahl der Städte nahm ständig zu. Auch meine Reisetechnik vervollkommnete ich mit jedem Monat. Zum Schluss konnte ich inmitten von 16 Fahrgästen in einem Abteil oder mit einem Knie auf einem Bündel an der Waggontür kniend wunderbar schlafen. Schlimmer war es, wenn man unterwegs umsteigen musste, denn bei den Kriegsverspätungen bekam man nie den anderen Zug. Eine besonders fatale Station war Koluszki, zwischen Piotrków und Warschau gelegen und allmonatlich von mir zu bewältigen. In Koluszki schaffte ich nie den Anschluss, was jedes Mal neun Stunden Warten bedeutete. Auf dem Bahnhof durften sich Polen nicht aufhalten, auch zu den zwei anständigen Restaurants war ihnen der Zutritt verboten, blieb also nur die winzige Schankstube, wo man sitzen und lesen konnte. Einmal bat ich einen Unglücksgefährten, der mit zwei Damen ebenfalls wartete, auf meinen Koffer aufzupassen, da ich „etwas kaufen" gehen wolle. „Wären Sie so freundlich, mir für diese Zeit das Buch auszuborgen, das Sie lesen? … Ich beneide Sie so um Ihre Lektüre." Also gab ich ihm das Buch und ging zur Tür. Dort schaute ich mich jedoch um, weil ich sehen wollte, wie er es begierig aufschlug und dann – stutzte. Das Buch war klein und hatte einen grünlichen Einband, vermutlich hatte der Reisende angenommen, es handle sich um den *Schlafwagenvampir* oder ähnlichen Lesestoff, und da nun: *Romam urbem in principio reges habuere* als Einleitung. Sicher, es war ein Roman, ein vielleicht genauso „kriminaler" wie der *Vampir*, nur von etwas anderer Art: Die *Annalen* des Tacitus. Als ich zurückkam, war er wütend. „Das Buch mit Dank zurück", sagte er gedehnt, „ich kann kein Latein, habe längst alles vergessen." Ich erinnerte ihn sanft daran, dass er mich doch selber um das Buch gebeten hätte – es half nicht. Ich habe den Eindruck, dass sich dieser Herr nie wieder an eine Frauensperson wenden wird, ihm auf Reisen ein Buch zu leihen. Als wir endlich losfuhren, musterte mich im Zug ein älteres Weiblein längere Zeit, um danach halblaut zu bemerken: „Ich fahre nun schon das dritte Mal mit Ihnen nach Piotrków. Macht sich das denn für Sie bezahlt bei dem kleinen Unterschied zu den Preisen in Warschau?"

In den letzten Tagen des September trat ein, was für mich von großem Gewicht war: Ich fuhr nach Lwów.

Seit die Russen fort waren, hatte ich von nichts anderem geträumt, doch bislang waren es Träume geblieben. Die „Grenze" in Przemyśl war für Polen hermetisch geschlossen, beinah wie zu bolschewistischer Zeit. Nur dass die Deutschen mit langen Zügen von Militärlastwagen von dort durchs Generalgouvernement ins Reich absolut alles wegtransportierten, was die Moskowiter zurückgelassen hatten. Und weil die im letzten Augenblick nur noch wenig herauszubringen geschafft hatten, weil keine Zeit mehr war, wurden nunmehr vor allem Gegenstände von kulturellem Wert und Kunstwerke, oft aus ehemals privatem Besitz, in gewaltiger Menge geraubt. Häufig stahlen wiederum die ukrainischen Vermittler den Deutschen unterwegs etliche Sachen, die sie dann in Krakau weiterverkauften. Auf diese Weise tauchten zahlreiche „Stückchen" aus dem Östlichen Kleinpolen auf, u. a. einige Sachen meines Bruders von unserem Familiensitz Rozdół[3]. Und uns Polen trennte weiterhin eine chinesische Mauer von unserer Heimaterde. Es wurde allgemein davon gesprochen, dass auf jener Seite eine weitgehend autonome Großukraine, bis nach Kiew reichend, entstehen würde. Doch dann, an einem Tag im Spätsommer, brach das Gerücht über uns herein, dass Małopolska Wschodnia als Distrikt Galizien dem Generalgouvernement angeschlossen würde. Wir konnten es nicht glauben. Aber schon bald begab sich Frank auf die Reise dorthin, mit Triumphbögen von den Ukrainern empfangen, und hielt in Lwów eine ergreifende Rede, während die Gazetten *die Rückkehr von Galizien in das Deutsche Reich* verkündeten. Hätte damals der deutsche Leser erfahren, Indien oder Paraguay seien in den Mutterschoß des Reichs zurückgekehrt, es hätte ihn nicht erstaunt, und so nahm er die „Rückkehr" des Östlichen Kleinpolens als eine zwar freudige, aber natürliche Sache auf. Wir erwarteten zu jenem Zeitpunkt, dass endlich jene berüchtigte Grenze in Przemyśl verschwände, aber dem war nicht so; gegen Bezahlung allerdings ließen die Deutschen Menschen die San-Brücke überqueren. Und so tat auch ich es.

In Przemyśl gab es mit dem Übernachten Schwierigkeiten, weil die Stadt überfüllt war; eine Menge Menschen wartete dort auf eine Möglichkeit, sich nach Osten durchzuschlagen. Ich jedoch schlief mich wunderbar auf einem Zahnarztstuhl aus. Am Morgen führte uns ein nicht uneigennütziger SS-Mann über die Brücke; drüben fand sich leicht eine Gelegenheit. Gegen Abend gelangten wir nach Lwów. Ich stieg beim Stryjski-Park aus, an einem klaren Herbstabend. Ich konnte es gar nicht fassen, dass ich wirklich und wahrhaftig endlich in Lwów war. Ich war so berauscht, dass ich wie angewurzelt auf der Straße stand. Da richtete eine kleine ältere Frau ihre klugen Augen auf mich. „Wo kommen Sie denn her?" Wir fielen uns in die Arme. Die Frau war Helena Połaczkówna*, Geschichtsdozentin. Eine halbe Stunde später war ich schon bei Freunden[4], fast anderthalb Jahre nach jener nächtlichen 3.-Mai-Flucht. Sie erzählten viel, in einem fort, ausschließlich über die Bolschewiken. Sie waren sich bewusst, dass sie nur durch ein Wunder der Verschleppung ins Innere Russlands entgangen waren. Nach meinem Verschwinden waren im Sommer 1940 noch einmal lange Reihen von Zügen in den Osten gefahren. Diesmal

waren es die „Davongelaufenen", das heißt diejenigen, die 1939 aus Westpolen eingetroffen und später nicht zurückgekehrt waren ins deutsch besetzte Gebiet. Nach
diesem großen Abtransport trat Ruhe ein. Im Mai 1941, kurz vor Kriegsausbruch,
standen wiederum lange Reihen der bekannten Waggons auf den Gleisen, wieder
stand ein Massenabtransport bevor. Allerdings fuhren diesmal keine Polen, sondern
Bolschewiken, die mit diesen für Polen bereitgestellten Zügen rasch und effektiv
evakuiert werden konnten. Später erfuhren wir, dass diesmal beinah die gesamte Intelligenz zum Abtransport bestimmt gewesen war. Als dann die Bomben auf Lwów
fielen, kam es zutage, dass die Türklingeln vieler Wohnungen ein winziges myste-
riöses Zeichen aufwiesen … In einer einzigen Nacht sollten all diejenigen verschleppt werden, deren Klingeln gekennzeichnet waren. Sie fuhren nicht, erlebten
endlich den Rückzug Asiens aus Lwów und den Anschluss an das übrige Polen. Immer noch hatten sie trotz allem das tröstliche Gefühl, zurück in Europa zu sein. Auf
meine Vorbehalte reagierten sie, ohne das Wesentliche an der Sache zu begreifen.
„Sicher doch, die Deutschen sind schlimme Feinde, aber mit denen willst du sie
doch wohl nicht vergleichen. Du bist nicht in Brygidki gewesen, du weißt nicht,
was Bolschewiken sind." Brygidki, das berüchtigte Lemberger Gefängnis, war die
andere Sache, über die niemand ruhig sprechen konnte. Denn die Bolschewiken
hatten vor dem Einmarsch der Deutschen sämtliche Häftlinge ermordet, und ein
paar Tage lang erlaubten die Deutschen der Bevölkerung, das völlig zerstörte Gefängnis zu besichtigen, das noch in dem Zustand war, wie sie es angetroffen hatten.
Halb Lwów erschien dort, auf der Suche nach den engsten Angehörigen zwischen
all den Leichen, die dermaßen verstümmelt waren, dass ihre Identifikation zumeist
eine hoffnungslose Sache war. Priester waren an einer Wand gekreuzigt worden,
einem hatten sie den Rosenkranz durch beide Augenhöhlen gezogen, einem anderen hatten sie mit Nägeln ein Kreuz in die Brust geschlagen, und sehr viel anderes
mehr. Trotz allem wurden etliche Ermordete von ihren Angehörigen wiedererkannt,
manchmal an Kleiderfetzen oder an den Zähnen. Von diesen Szenen sprachen alle,
denn nach drei Monaten waren sie ganz einfach noch nicht imstande, an etwas anderes zu denken.

Von den Deutschen wussten sie wenig, sie fragten immer wieder nach den Verhältnissen im Westen, die ihnen ebenfalls so gut wie unbekannt waren. In den Gesprächen kehrten sie eins ums andere Mal zu jenen 22 Professoren und Dozenten
zurück, die gleich zu Anfang der deutschen Besatzung abgeholt worden waren, baten, man solle doch dort im Westen nach ihnen suchen. Es bekümmerte sie, dass
man diese ihre Geiseln vielleicht nicht gut behandeln könnte, sie zerbrachen sich
den Kopf darüber, wo sie wohl sein mochten, da sich bisher keiner von ihnen gemeldet hatte. Unter ihnen befand sich Prof. Ostrowski*, als Mensch wie als Chirurg gleichermaßen hoch geachtet, der zusammen mit seiner Frau und zwei Unter-
mietern, Boy-Żeleński und Pfr. Komornicki*, verschwunden war. Da war ferner

Rektor Prof. Longchamps mit drei erwachsenen Söhnen[5], da war ein über 80-jähriger Greis, der emeritierte Prof. Sołowij, der zusammen mit seinem Enkel Adam Mięsowicz verschwand, da war Prof. Rencki*, der 18 Monate in Brygidki verbracht hatte und dem es gelungen war, zwei Tage vor dem Einmarsch der Deutschen durch ein Loch zu entkommen, das eine Bombe hinterlassen hatte, und der so dem Bolschewiken-Mord entgangen war; kaum vier Tage erfreute er sich der Freiheit.

„Da kann man nichts machen, mit Krakau ist es genau dasselbe gewesen, sie haben sich an die Professoren gehalten. Bestimmt lassen sie auch unsere nach ein paar Monaten frei …" Hartnäckig hielten sie an der Überzeugung fest, dass man im Unterschied zu Krakau deshalb keine Nachricht von den hiesigen Professoren hatte, weil Lwów noch immer vom Westen abgeschnitten war.

Die materielle Lage der Stadt war in jenen Tagen grauenhaft. Es herrschte schlichtweg Hunger. Läden gab es nicht, die Vernichtung des gesamten Wirtschaftslebens durch die Bolschewiken zeitigte jetzt die schlimmsten Folgen, da die Deutschen nichts in die Stadt hineinließen und selber auch nichts mitbrachten. Läden gab es nicht, außer ein paar von den Bolschewiken „verstaatlichte" Depots, die jetzt natürlich *nur für Deutsche* waren. Wir liefen also hungrig umher. Und da tauchte Andzia auf – mit einer großen Menge Proviant aus Komarno. Es fällt mir schwer zu schildern, was die Wiederbegegnung mit diesem allertreuesten Freund nach anderthalbjähriger Trennung für mich gewesen ist. Andzia hegte, im Gegensatz zu weniger schlichten Naturen, hinsichtlich der Deutschen keinerlei Illusionen. Auf der Stelle erklärte sie mir, dass ein Volk, welches über das eigen Land „Deutschland, Deutschland über alles" singt, „nichts wert sein kann, weil so ein Hochmut doch lächerlich ist". So wie sie sich auf dem Dorf benahmen, waren sie nicht besser als die Moskowiter, nur dümmer, was ihr die Beförderung von Lebensmitteln nach Lwów für mich und meine Freunde erleichterte, wie sie meinte. Sie hatte Recht, sie waren dümmer und sie besaßen noch andere Eigenschaften, die erst beim Vergleich mit dem östlichen Invasor in Erscheinung traten. Während dieses ersten Aufenthalts im nachbolschewistischen Lwów stellte ich mit Erschrecken fest, dass das sprichwörtliche Temperament dieser Stadt seltsam matt geworden war, dass die östliche Herrschaft eine tiefe Spur hinterlassen hatte – eine furchtbare Niedergeschlagenheit. Warschau konnte man ganz beiseite lassen, aber selbst das phlegmatische Krakau kannte damals keine Depression.

Allmählich begriffen wir, dass die deutsche Okkupation eine grundsätzlich andere Reaktion in uns hervorrief als die sowjetische. Die Vorgehensweise der Deutschen wirkte auf uns in höchstem Maße irritierend und erregend. Außerdem hatte die Verfolgung *aller* Polen etwas zur Folge, was niemand, der die Okkupation miterlebt hat, je vergessen wird, und das war das Bewusstsein der *vollkommenen Einheit* des polnischen Volkes. In diesem allgemeinen, unermesslich großen Unglück war eine Zeit angebrochen, wie sie glücklicher nicht sein konnte, eine Zeit, da niemand jemandes Klassen- oder Parteizugehörigkeit kümmerte. Es blieb nur die moralische kollektive Stärke, das Polentum. Bei all unserem Individualismus empfand sich jeder von uns als Teil eines Monolithen. So entstand etwas, das an Massenekstase gemahnte, die sich natürlich in dem Maße intensivierte, wie bei jedem von uns das Wissen um die Todesnähe zunahm, und zwar allein aus dem Grund, dass man eben Pole war. Diese unglaubliche Spannkraft hatte noch anderswo ihre Quellen. Das Gefühl, das jeden von uns und alle gemeinsam ganz und gar ausfüllte, war durchaus nicht nur Nationalismus. Gewiss, die Liebe zum eigenen, in seiner Existenz bedrohten Volk wuchs in uns mit jedem Tag. Dennoch war es nicht der Kampf um das Leben des Volkes allein, sondern um einfach alles, für das sich zu leben lohnte, um sämtliche Ideale eines jeden von uns. Es ging um das Christentum, um die Rechte des Individuums, um die Menschenwürde. Vielfach dankten wir Gott für das eine, was uns geblieben war: das Bewusstsein, dass wir zugrunde gehen würden in Verteidigung der höchsten Werte der Menschheit. Eine Atmosphäre entstand, die nicht selten an das erinnerte, was wir über die Geistesverfassung der Kreuzritter wussten. Allein schon das spirituelle und universale Element, das in diesem unserem Kampf gegenwärtig war, knüpfte entschieden ans Mittelalter an.

Unsere Ideale zu verteidigen war uns im Kampf mit einem Volk bestimmt, das jene einst besessen hatte, nun aber freiwillig ihrer entsagte; um der physischen Macht willen und der Gewalt über andere, hatte es sich selbst aus dem großen Buch der zivilisierten Völker getilgt. So manches Mal grübelten wir darüber nach, wie furchtbar schwer die moralische Haltung für ehrbare Deutsche sein musste. Die gab es schließlich, und in einem so zahlreichen Volk sollten ihrer eine Menge sein. Wir stellten uns vor, dass bei ihnen, im Gegensatz zu unserer völligen Harmonie, der Konflikt zwischen den Grundprinzipien jedweder Ethik einerseits und der Pflicht sein Leben fürs Vaterland hinzugeben andererseits unerträglich sein musste. Dieser Konflikt musste doch zu einer gemeinschaftlichen Tat dieser Menschen führen, indem sie sich opferten, zumindest einen Teil der Schande vom deutschen Namen waschen würden. Darauf warteten wir und warteten und – gingen weiterhin zugrunde.

Für die Homogenität unserer Einstellung und Verhaltensweise war die *Volksdeutschen*-Institution von großem Nutzen. Ein wertloses Element separierte sich, auf der Jagd nach sehr bedeutenden Vorteilen materieller Natur – von der persönlichen Sicherheit ganz zu schweigen –, von uns, entfernte sich auf immer. Indem Hitler auf diese Weise Menschen kaufte, befreite er uns von der Spreu, dem Abschaum. Es waren nicht besonders viele, die schon bald das sinkende Schiff mit uns an Bord verlassen hatten.

Unter der sowjetischen Besatzung war das anders gewesen. Vor dem Krieg konnte man durchaus ein wertvoller Mensch und guter Pole und ein theoretischer

Anhänger des Kommunismus zugleich sein, denn einen realen Kommunismus – außer wo es um Besoldete ging – kannte man in Polen nicht. Darum war die ethische Grenze zwischen denen, die sich den Sowjets nicht von Anfang an, schon beim Einmarsch entgegenstellten, und uns so viel weniger klar. Wer in Polen Hitler folgte, musste ein Schuft sein, wer in der ersten Phase Illusionen hinsichtlich der Sowjets hegte, musste das nicht sein, da die Kommunismustheorie immerhin viel Idealismus birgt.

Man konnte sich schwerlich über Menschen wundern, denen es immerhin schlecht gegangen war und denen man jetzt soziale Gerechtigkeit versprach. Dass es die nicht gibt und nicht geben kann, wissen nicht nur die, die auf eine Verbesserung ihrer Existenz warten, sondern auch die anderen. Ich meine diejenigen, die selber nicht aus den Massen hervorgegangen sind, die aber das Problem als ihr ureigenes empfinden, denen die alte Ordnung der Dinge, selbstredend ungerecht, nicht zu ertragen schien und die nicht ahnten, dass in ein paar Jahren diese Vergangenheit ein verlorenes Paradies für alle redlichen Menschen sein würde, unabhängig davon, wie es ihnen zuvor ergangen war, ohne Rücksicht auf ihre sozialen Überzeugungen und ihre Klassenzugehörigkeit. Erst bei näherem Kennenlernen öffneten sich den Menschen die Augen für das Unmaß an Verlogenheit, Terror und Grausamkeit, für die wirklichen Absichten Moskaus, und dann war es nicht selten zu spät, um zu uns zurückzukehren, zugleich aber äußerst gefährlich, ja beinah unmöglich, dieser ausweglosen Situation zu entkommen. Doch auch die, die von Anfang an unversöhnlich waren, erschöpften asiatische Falschheit, jene ewigen Überraschungen und vor allem jene pausenlos wiederholten ideologischen Phrasen unsäglich.

Nach meinem Eindruck erbrachte nach der Verhaftung, dem Abtransport und der Ermordung so vieler polnischer Universitätsprofessoren durch die Deutschen der geheime Universitätsunterricht im Generalgouvernement bessere Resultate als die legale, scheinbar mit Ehren umgebene und unsagbar ermüdende „Arbeit" der Lemberger Professoren. Von dieser fruchtlosen Existenz zu sowjetischen Zeiten war ihnen nur eine einzige sehr interessante Erinnerung geblieben – an einen Ausflug nach Moskau. Die auf Befehl dorthin Expedierten begrüßte man bei einem festlichen Bankett mit einer schönen Ansprache über die Größe und Einheit der Wissenschaft. Zur Erwiderung erhob sich Rektor Krzemieniewski, dankte auf Polnisch für die schönen Worte, danach fügte er im reinsten Russisch, damit man ihn gut verstand, hinzu, dass trotz dieser so großen Worte und dieses so schönen Empfangs ein dunkler Schatten für sie, die polnischen Professoren, die hier anwesend seien, auf alles falle. Der Grund dafür sei ein sehr einfacher, unter ihnen gebe es nämlich nicht einen einzigen, dem nicht ein naher Angehöriger von Lwów aus nach Zentralasien verschleppt worden sei. Er setzte sich auf seinen Platz zurück und keiner ergriff nach ihm das Wort.

Anderntags kamen sie zum alten Krzemieniewski und nahmen ihn mit. Die Kollegen waren entsetzt. Doch bald schon war er wieder da. Er war in der NKWD-Zentrale gewesen. Dort hatten sie ihn gefragt, ob jemand aus seiner Familie abtransportiert worden sei. Seine einzige Tochter war zusammen mit ihrem Mann schon im Juni 1940 auf die Reise gegangen. Sie ließen sich die Adresse geben, versprachen, die beiden unverzüglich nach Lwów zurückzuschicken[6], und damit war der Fall ausgestanden.

Als ich mich jetzt in Lwów aufhielt, erschien dieser kraftvolle Greis bei den Freunden, wo ich wohnte, und bat mich (was aus seinem Munde einem Befehl gleichkam), jene 22 Kollegen zu suchen, „bis ich sie finde". In der gleichen Angelegenheit war ein anderer Professor unserer Universität bei mir, aber der riet mir, doch endlich mit der Suche aufzuhören. „Schließlich gibt es diese Menschen schon lange, lange nicht mehr. Ich bin überzeugt, dass von allen Versionen, die über jene 22 in Umlauf sind, nur eine wahr ist. Danach hat man genau diese Anzahl von Personen im Morgengrauen nach der Verhaftung in der Nacht, wie man sie nach Wólka brachte, gesehen. Dass Wólka eine Hinrichtungsstätte noch aus bolschewistischen Zeiten war, wusste man. Ein Verwundeter oder Toter war unter ihnen, den zwei andere trugen, sowie eine Frau war dabei, die stark hinkte, und Frau Ostrowska hatte ja seit langem ein krankes Bein."

Nach ein paar Tagen war der Aufenthalt in Lwów zu Ende, und es hieß zurück in den Westen. Ich nahm mein Manuskript über religiöse Probleme im Schaffen Michelangelos an mich, das Andzia einst aus Komarno gerettet hatte; später war es dann wie durch ein Wunder bei der Flucht aus Lwów erhalten geblieben, weil ich es zwei Tage zuvor einem Kollegen geliehen hatte. Nunmehr hatte ich es unter der Obhut von Freunden[7] vorgefunden. Ich nahm auch ihre zwei Kinder mit, die in Krakau Verwandte und bessere Lebensbedingungen hatten, lud alles in einen viermal abschließbaren Anhänger, den ein deutscher Lastwagen zog, und so fuhren wir nach Krakau – als Militärgepäck.

Dort unternahmen wir alles, offen und insgeheim, um die Lemberger Professoren zu finden, suchten in Gefängnissen, Lagern, Steinbrüchen des Landes und des Reichs. Nirgends eine Spur, sie waren verschwunden wie ein Stein, der ins Wasser fällt. Der Vorsitzende Ronikier intervenierte mündlich wie schriftlich bei allen möglichen deutschen Behörden und blieb ohne Antwort. Der Kommandeur schickte die Liste mit Kurierpost nach London mit dem Ersuchen, der Rundfunk möge sich für sie einsetzen, ich schickte die Namen in die Schweiz mit der Bitte um Intervention von dort – nichts und wieder nichts –, bis endlich nach Monaten eine Information aus der Schweiz eintraf: Die Deutschen haben erklärt, dass die Lemberger Professoren an einem sicheren Ort seien.

Im Oktober war ich wiederholt in Sącz, aber Hamann traf ich nicht an. Endlich kehrte ich am 4. November, dem Tag meines Namenspatrons, dorthin zurück. Auf dem Weg von der Bahnstation trat ich in eine Kirche ein. Es war gerade Messe. Ich kniete unweit des Eingangs nieder. – „Carole Borromaee, heute ist dein Tag, und mir hat man bei der Taufe Deinen Namen gegeben. Das, was hier geschieht, ist tausendmal schrecklicher als Deine Mailänder Pest! Durch Gottes seltsame Fügung ist mir der Auftrag zugefallen, Hilfe zu suchen für die, die hier so grauenvoll leiden. Carole Borromaee, steh mir heute zur Seite!" schrie ich mit aufeinander gepressten Lippen. – Ich ging hinaus.

Bald darauf stand ich vor dem Antlitz des Henkers. Der Mensch sah eher wie ein Fleischer als wie ein Sadist aus, ruhig, dicklich, vulgär, mit großen, festen, gedrungenen Händen, zu denen ich während der 45-minütigen Unterredung immer wieder hinsah – so viel von unserem Blut klebte daran! Zum Glück gab er einer Polin nicht die Hand, ich musste sie also nicht berühren. Zwischen uns stand die ganze Zeit ein riesenhafter Hund, vor dem ich mich viel mehr als vor Hamann fürchtete. Ich glaubte niemals im Leben einen Hund mit so böser Grimasse gesehen zu haben. Etliche Male hätte er mich am liebsten an Ort und Stelle zerfleischt, doch sein Herr hielt ihn zurück. (Man sagte mir später, dass der Hund Hamanns einziger unzertrennlicher Freund und sein bester Helfer bei der Arbeit sei.) Zu Anfang des Gesprächs deutete nichts darauf hin, dass mein Interlokutor geneigt sein könnte, die Erlaubnis für die Zusatzernährung der Häftlinge zu geben, aber schließlich erteilte er die Genehmigung, wobei er alle Beteiligten zu verhaften drohte, für den Fall, dass ein „Missbrauch" bekannt würde, d. h. man Kassiber fand.

Vor der Abreise aus Sącz ging ich noch einmal in die Kirche und kniete mich wieder an dieselbe Stelle. „Carole Borromaee …" Niemals zuvor in meinem Leben hatte ich so stark die Verbindung zwischen der Kämpfenden und der Triumphierenden Kirche gespürt.

Eine der nächsten Etappen war Pińczów. Auf privatem Wege hatte ich detaillierte und besondere Nachrichten erhalten. Eine mir persönlich unbekannte Frau hatte man freigekauft, und die setzte mich von den Misshandlungen in Kenntnis, denen dort in der Frauenabteilung die Politischen aus dem gesamten Radomer Distrikt ausgesetzt waren. Ich machte mich folglich nach Pińczów auf. Das erwies sich als ein nicht eben leichtes Unterfangen. Nach vielen Stunden Fahrt stieg ich in Kielce aus dem Zug. Das Häftlingsproblem erledigte ich mit Hilfe eines aufopfernden Priesters ohne Schwierigkeiten. Nach einer Nacht bei einer Aussiedlerfamilie, die in einem kuriosen, verwelkten kleinen Salon residierte, schaffte ich es trotz meiner fehlenden gymnastischen und boxerischen Talente zu dem Autobus genannten Vehikel und gelangte nach Busko. Die dortige RGO-Stelle beschaffte mir eine weitere Fortbewegungsmöglichkeit in Form eines Platzes auf einem Fuhrwerk. Die beiden Pferde waren total erschöpft, ein ukrainischer Ingenieur kutschierte, und Gesellschaft leistete ihm ein Jude, der sich damals noch, sofern er die Armbinde trug, frei bewegen durfte. Nach ungefähr fünf Stunden Fahrt, in der Dämmerung, rumpelte das Fuhrwerk in die Ruinen eines im September 1939 völlig zerstörten jüdischen Pińczów ein. Die Straßenschilder mit den Hitlernamen, die an Mauerresten hingen, verliehen dieser Ortschaft ein besonders obskures Aussehen. Das Fuhrwerk hielt, ich stieg ab und fand bald den Mann, von dem ich wusste, dass er bei seinen hiesigen Aktivitäten für die Häftlinge sein Leben riskierte. Er war Richter von Beruf. Von ihm und zwei anderen Persönlichkeiten Pińczóws holte ich im Laufe des Abends die für die Gespräche mit den Deutschen notwendigen Einzelheiten ein. Mir war bekannt, dass in dem nicht eben großen Gefängnis ein paar Hundert Personen untergebracht waren, dass es eine spezielle Frauenabteilung gab, die vollkommen isoliert war und in die die schwersten Fälle politischer Vergehen aus dem gesamten Radomer Distrikt verbracht wurden. Diese Frauen lebten unter den schlimmsten Bedingungen, wurden gequält und gefoltert. Eine von ihnen hatte vor kurzem einen gesunden Jungen geboren und wusste bislang nicht, dass ihr Mann in Auschwitz umgekommen war. Man müsste ihr unbedingt Windeln schicken, die sie dringend brauchte. Ich erfuhr ebenfalls, dass es dort zwei Wärter gab, die Polen waren und die sich für jene Frauen heldenhaft einsetzten.

Früh ging ich zum Gefängnis. Einer der beiden Freunde der weiblichen Insassen geleitete mich beinah bis ans Ziel und wartete dort auf mich, was ich nicht wusste. Als ich das Gebäude betrat (mit Hilfe des Heinrich'schen Kärtchens), befahl man mich in die Gefängniskanzlei. An der Wand hing eine große Schultafel mit detaillierten Angaben über die Anzahl der männlichen und weiblichen Häftlinge in den jeweiligen Abteilungen. Aus dieser Auflistung ging schwarz auf weiß hervor, dass es in der speziellen Frauenabteilung 54 Personen gab. Es bedurfte der Deutschen, dass man mich in trautem Verein mit diesen Angaben warten ließ! Selbstredend schaffte ich es, in Abkürzungen in mein Notizbuch zu kritzeln, was an der Tafel stand.

Endlich durfte ich vor den Häuptling treten. Diesmal empfing mich der wenig einnehmende Partner, ein rangniedriger, gewöhnlicher Deutscher. Mit der Zusatzverpflegung war er ziemlich schnell einverstanden. Ich wiederholte ein paar Mal mit Nachdruck, dass unterschiedslos sämtliche Häftlinge zusätzlich verpflegt werden sollten, so lautete die Anordnung der deutschen Behörden. Letzteres beunruhigte ihn. „Beinah alle, damit bin ich einverstanden." – „Nein, absolut alle, ohne Ausnahme", betonte ich. „Ich habe aber so eine Abteilung, wenn Sie wüssten, wie die heißt, würden Sie keine Zusatzverpflegung verlangen. Das sind Frauen …", hier brach er ab, als habe er bereits zu viel gesagt. *„Unmöglich, unmöglich"*, wiederholte er in einem fort, „unmöglich, sofern Sie mir nicht die Zustimmung der Gestapo aus Radom bringen." Ich stellte fest, dass mich Radom nichts anginge, sofern Krakau so verfügt habe usw. Als ich dann so nebenbei erwähnte, dass ich Speck und Zucker habe, verfing das, er ließ sich erweichen. Ich hatte schon vorher – falls ich Erfolg haben sollte – eine Privatversorgung für ihn organisiert. Daher hatte ich keinerlei Zweifel, dass er sein Versprechen halten würde, denn aus anonymen Briefen wusste er, dass ihn die Polen im Gefängnis auf Schritt und Tritt kontrollierten und ständig mit Rache drohten. Einen Moment später sagte er, dass jene Frauen Wäsche und warme Sachen brauchten. „Stellen Sie sich vor, wie Sie in einem Jahr aussähen, wenn ich Sie heute von der Stelle weg verhaften würde, ohne ein Hemd zum Wechseln. Und dann noch etwas: wahrscheinlich werde ich nach einer gewissen Zeit ein Kind in die Obhut des Komitees geben, einen Jungen, der dort geboren ist. Nimmt ihn das Komitee auf? Er kann nur namenlos herausgegeben werden." „*Mit oder ohne Namen*, wir nehmen ihn jederzeit", sagte ich. Er wächst ohnehin zum Rächer heran, dachte ich bei mir (den Nachnamen hatte ich übrigens bereits). Daraufhin schlug ich eine Sendung von Windeln vor, womit er einverstanden war. Schließlich hatten wir uns in allen Punkten geeinigt.

Auf dem Rückweg kam ich an der nahen Bahnstation vorbei, dort begrüßte mich der alte Freund der inhaftierten Frauen mit zu Herzen gehender Freude – das Gespräch hatte diesmal nämlich ziemlich lange gedauert, und dieser brave Mann hatte schon geglaubt, dass er zu einem weiteren „Schützling" gekommen war. Ich suchte die Renaissance-Kirche auf und unternahm dann alles, um nach Krakau zurückzukehren. „Was, Sie wollen heute noch fahren?" Die Leute aus Pińczów waren verblüfft. „Aber das ist ganz und gar unmöglich, von uns gibt es nur zweimal die Woche eine Verbindung nach Krakau." Weil sich herausstellte, dass ich diese erst in drei Tagen haben würde, erklärte ich, darauf verzichten zu wollen – ich werde fahren, so oder so. Meine Gesprächspartner wechselten beunruhigte Blicke, so als hätte ich angekündigt, auf den Mond fahren zu wollen. Weil ich so heftig insistierte, besorgte man mir einen Platz auf einem Fuhrwerk, das Holz in die Ortschaft Kije beförderte. Der Freund hatte mir einen Brief für den Stationsvorsteher mitgegeben, von dort führe „zufällig" eine Kleinbahn. Ich erinnere mich nicht, wie lange ich fuhr, weiß nur, dass ich nass wurde bis auf die Haut und Stein und Bein fror. Der Regen fiel schräg und peitschte mir ins Gesicht. Schwarz dehnten sich ringsum die Felder, klebrig nass von der Novemberfeuchte. Żeromskis heimatliche Gefilde, dachte ich, während mein Blick auf der Wellenlinie des Horizontes ruhte, und genauso ein Tag wie damals in *Es zerhacken uns Raben und Krähen (Rozdziobią nas kruki, wrony)*. Dieser Gedanke erwärmte mich. „Sie werden uns nicht zerhacken", ich ballte die durchfrorenen Fäuste, teils aus Wut, teils weil ich fürchtete, sie mir abzufrieren. Ich sann über mein gegenwärtiges Leben nach, und mir war, als besähe ich, von einem Gefängnis zum anderen fahrend, in einem fort, eine nach der anderen, die schwersten Wunden am Leib der Rzeczpospolita.

Endlich, es wurde schon dunkel, deutete der Kutscher mit der Peitsche auf ein kleines sehr niedriges Gebäude: der „Bahnhof". Wir fuhren vor, ich stieg ab, das Wasser klatschte aus den Falten meiner Pelerine, das Fuhrwerk setzte sich in Bewegung. So weit das Auge reichte, keine Menschenseele. Schließlich, mit einem ziemlichen Energieaufwand, machte ich einen alten, schwerhörigen Eisenbahner ausfindig. „Wann geht der nächste Zug nach Krakau?" Er stand da, wie vom Donner gerührt. „Nach Krakau?" wiederholte er gedehnt, als hätte er noch nie von einer solchen Stadt gehört. Mich packte die Verzweiflung. „Wo ist der Stationsvorsteher?" – „Schläft." Es mochte so gegen fünf Uhr Nachmittag sein. „Wo kann ich hier warten?" – „Im Wartesaal", und er machte die Tür auf zu einem Zimmerchen, das einem Ort täuschend ähnlich sah, mit dem ich damals noch nicht näher Bekanntschaft geschlossen hatte – einer Gefängniszelle. Es war übrigens der einzige „Wartesaal" im GG, der nicht ein Schild *Nur für Deutsche* trug. Selbst Deutsche waren keine da! Nach einer gewissen Zeit erwachte der Stationsvorsteher (ich denke mal, ich bin ihm dabei durchaus behilflich gewesen), kam und fragte reichlich grob, was ich denn wolle. „Einen Zug", stammelte ich und mied sorgfältig das Wort Krakau. „In ein paar Stunden fährt vermutlich einer. Ist eben erst weg. Schwer zu sagen, wann er zurückkommt." – „Und wohin fährt der?" erkundigte ich mich schüchtern. Mein Gegenüber war ganz verdattert: „Nach Jędrzejów natürlich, was haben Sie denn gedacht?" – „Großartig, einfach großartig, dass er nach Jędrzejów fährt", erwiderte ich, um ihn nicht länger zu beunruhigen. Auf einmal fiel mir der Zettel in meiner Tasche wieder ein. „Ich habe einen Brief für Sie." Er nahm ihn entgegen, öffnete ihn, las die paar Worte auf dem Papierwisch und sagte dann in einem radikal veränderten Ton: „Bitte, kommen Sie zu uns, hier ist es kalt, und Sie sind ganz nass." Er führte mich in einen warmen Raum, sagte beim Eintreten leise etwas zu seiner Frau, worauf sie mich dermaßen herzlich aufnahm, dass sie nach einem Blick auf den Zustand meiner Garderobe den Ehemann ohne viel Federlesens aus dem Zimmer warf und mir energisch befahl, mich auszuziehen und trocken zu werden, wobei ich etwas Heißes zu trinken bekam.

Nach ein paar Stunden entstand tatsächlich so etwas wie Bewegung. Fünf oder gar sechs Personen kamen wegen Fahrkarten, dann fuhr endlich, unter schrillem Gepfeife, die Kleinbahn ein. Auf dem Perron war es stockfinster. Im letzten Augenblick brachte der Bahnvorsteher einen sehr hoch gewachsenen, stark hinkenden jungen Mann zu mir, dem er auch etwas ins Ohr sagte, um dann an mich gewandt hinzuzufügen: „Dieser Herr wird sich unterwegs Ihrer annehmen." Wir stiegen ins unbeleuchtete Abteil. Der unbekannte Gefährte fand für mich einen Platz, setzte sich neben mich und erkundigte sich nach der Häftlingsfürsorge. Er sprach das Polnisch eines gebildeten Menschen. Ich antwortete ausweichend. „Sie können ruhig sprechen, uns hilft das, wenn wir sehen, dass da eine wichtige Arbeit läuft, und ich weiß auch, dass ich ebenfalls reden kann." Ich nannte ein paar allgemein bekannte Fakten. „Und Sie arbeiten hier?" fragte ich. „In den Steinbrüchen, mit den Arbeitern, die brauchen dort jemanden." So unterhielten wir uns längere Zeit, ohne unsere Gesichter zu sehen, ohne irgendetwas voneinander zu wissen, außer dem, das das Allerwichtigste war. Als wir uns Jędrzejów näherten, stand er auf, verabschiedete sich und sprang vor der Station hinaus. Ich blieb allein.

Während dieser Fahrt hatte ich zum ersten Mal darüber nachgedacht, dass ein künftiger Historiker, um die Geschehnisse dieses Krieges zu erfassen und ihnen gerecht zu werden, anders als bislang üblich würde vorgehen müssen. Selbstverständlich würde er die Gründe und Folgen wichtiger Entscheidungen der Führung sowie ruhmvolle Taten beschreiben müssen. Sollte er jedoch nicht das Wesen der Sache erfassen, nicht imstande sein darzustellen, wer der Hauptheld dieses Krieges war, würde seine Arbeit ihr Ziel verfehlen und die kommenden Generationen von Polen nicht die Wahrheit erfahren. Dieser Held ist der durchschnittliche Bürger der Rzeczpospolita, ob Bauer oder Intelligenzler, Gutsbesitzer oder Priester, Mädchen vom Lande oder eine Frau von der Universität. *Dramatis personae* sind die Märtyrerinnen von Pińczów, ihre Beschützer, die Wärter, die sie unter Einsatz des eigenen Lebens vor dem Hungertod bewahren, und der Stationsvorsteher von Kije, und der Unbekannte aus dem Steinbruch, der bis eben hier gesessen hatte.

Plötzlich hielt die Kleinbahn auf freiem Feld. Jemand rief: „Die Lokomotive ist defekt. Bis zur Station sind es dreieinhalb Kilometer. Von dort geht in einer halben Stunde ein Zug nach Krakau." Auf dieses letzte, magische Wort hin sprang ich mit ein paar anderen aus dem Zug, und das Grüppchen rannte, so gut es ging, durch den Morast, über die Felder. In Jędrzejów angekommen, erfuhren wir, dass der Zug drei Stunden Verspätung hatte. Im Morgengrauen war ich in Krakau.

Zu dieser Zeit trat in meiner Arbeit eine gewisse Veränderung ein. Über die Mittel, die der RGO zur Verfügung stellte, musste natürlich aufs Gewissenhafteste Rechenschaft abgelegt werden, die Arbeit für die Gefangenen aber eröffnete nach und nach immer weitere Möglichkeiten, diesen Menschen zu Hilfe zu kommen; diese äußerst wirkungsvolle Hilfe war jedoch illegal. In beinah jeder Stadt, jedem Städtchen, sofern ich dort häufiger auftauchte und die Leute Vertrauen zu mir fassten, meldeten sich solche bei mir, die mittels Bestechung oder auf andere Weise eine individuelle Zusatzernährung oder Zustellung von Kleidung möglich machen konnten, doch ihre Opferbereitschaft und ihr Mut überstiegen bei weitem ihre materiellen Möglichkeiten. Sie brauchten Geld. Damals brachte mich der Kommandeur mit der Delegatur der Regierung in Kontakt, und von da an nahm ich bei jeder Reise nach Warschau „anderes" Geld von dort entgegen. In Kürze hatte beinah jedes Gefängnis zwei Hilfsaktionen, eine offene und eine geheime, die sich ergänzten, wobei die Komitees von der geheimen Aktion nichts wussten, die Herkunft dieser Gelder, die ich den Mitarbeitern aushändigte, nicht kannten. Fortwährend rühmte ich mich meiner „weitreichenden Beziehungen" und meiner „opferwilligen Freunde". Die Schwierigkeit bestand unter anderem darin, dass ich ständig befürchtete, dass am Ende die Geldmenge, über die ich verfügte, die Aufmerksamkeit der gutwilligen, jedoch nicht eingeweihten Mitarbeiter erregen würde und diese zweigleisige Aktivität irgendwann in irgendeinem Gefängnis einmal platzen musste. Indessen ging es irgendwie weiter.

In den letzten Tagen des November war ich ein zweites Mal in Lwów, diesmal in Gesellschaft des Vorsitzenden Ronikier, Direktor Seyfrieds* und des Vorsitzenden des Komitees für die Judenhilfe, Doktor Melchert, eines Mannes von ungewöhnlicher Geisteskultur, vor allem aber eines großen Herzens und unglaublichen Mutes, der auf jenem furchtbaren Posten Wunder vollbrachte. Ich hatte die Ehre, schon Monate zuvor mit ihm in Kontakt zu treten, um ihm eine Zusammenarbeit auf dem Gefängnissektor vorzuschlagen. Die Jüdischen Komitees hatten seitdem pünktlich und regelmäßig Proviant an uns geliefert, und wir hatten die Juden in den Gefängnissen zusätzlich ernährt. Ich bin dem Kommandeur dankbar, dass er, als ich ihn danach fragte, die Sache von Anfang an klarstellte und alles nur Menschenmögliche zu unternehmen befahl, um auch den Juden Beistand zu leisten.

In Lwów hatte ich mich diesmal mit dem Gefängnis in der Łącki-Straße zu befassen. Die Nachrichten von dort waren schrecklich: Infektionskrankheiten, vor allem Typhus, Hunger, eine riesige Sterblichkeitsrate. Ich hatte einen einzigen Plan und einen einzigen Gedanken: Möge sich hier in diesem einen Gefängnis mein zu diesem Zeitpunkt einziger Traum erfüllen, die gemeinsame Zusatzverpflegung für Polen, Juden und Ukrainer zu organisieren. Letztere waren nicht sofort einverstanden, wir nahmen also zunächst die polnisch-jüdische Arbeit in Angriff, später schlossen sich dann jedoch auch die Ukrainer an. Wir arbeiteten monatelang zusammen, woran ich mich für immer mit tiefer Dankbarkeit gegenüber allen, die dazu beigetragen haben, erinnern werde. An erster Stelle steht da Pfr. Rękas* seligen Andenkens.

Auch sonst gab es in Lwów viel zu tun. Ziel des Aufenthalts von Vorsitzendem und Direktor des RGO war es, den RGO auf das ganze Östliche Kleinpolen auszudehnen und in Lwów eine erfolgreiche Wirkungsstätte zu schaffen. Die noch immer andauernde Niedergeschlagenheit und Apathie der Lemberger (sowie die bedauerlichen Intrigen der Ukrainer) erschwerten die Arbeit auf Schritt und Tritt. Die Deutschen erlaubten die Organisation, um dann durch die Ukrainer zu stören, soweit es nur ging. An die erste Stelle trat natürlich wieder der Fall der vermissten Professoren. Ronikier empfing ihre Frauen und Mütter und sammelte detaillierte Mitteilungen, die natürlich nichts ergaben. Frau Longchamps kam, die ich im ersten Augenblick nicht erkannte, weil ich sie als temperamentvolle, fröhliche Blondine erinnerte, während ich nunmehr eine stille, grauhaarige, ältere Dame vor mir hatte. „Ein solches Defilee hat außer mir wohl niemand sonst auf der Welt abgenommen. Als man sie wegführte, stand ich in der Tür; zuerst ging mein Mann, dann folgte der älteste Sohn, danach der zweite, schließlich der dritte. Alle vier hielten dabei den Blick auf mich gerichtet." Die Ruhe, mit der sie das sagte, war beinah nicht auszuhalten. Auch andere kamen. Alle waren sie auf der Gestapo gewesen, alle hatten sie die nämliche Antwort erhalten, dass diese Verhaftungen eine Spezialabteilung der Feldgestapo vorgenommen habe, die mit dem Heer weiter nach Osten gezogen war und keinerlei Dokumente hinterlassen hatte. Angesichts dessen könne gegenwärtig niemand eine wie auch immer geartete Auskunft erteilen. Frau Professor Nowicka*, der man ebenfalls Mann und Sohn genommen hatte und die deutscher Abkunft war, sagte man, dass, wenn sie schon einen Polen geheiratet habe, sie sich hätte scheiden lassen sollen, statt ihn zurückzuverlangen. Nur die Professorengattinnen Ostrowska und Grekowa* kamen nicht, sie waren zusammen mit ihren Männern verschwunden. Aus den luxuriös eingerichteten Wohnungen dieser beiden waren alle weggeholt worden, nicht nur die Untermieter, sondern sogar die Dienstmädchen. Letztere ließ man in der Früh frei; die Wohnungen wurden sofort gründlich ausgeraubt.

Die Nachrichten, die aus der Provinz kamen, waren gleichfalls düster, besonders wo es um die Lehrerschaft ging. Direkt in Stanisławów hatte man, gleich nach Abzug der Ungarn, die die Gegend ein paar Monate lang besetzt hielten und dort große Popularität unter den Polen erlangt hatten, 250 Personen verhaftet, eigentlich die ganze Intelligenz von Stanisławów, oder besser gesagt, die wertvollsten Elemente aus der Lehrerschaft und den freien Berufen. Sie verschwanden allesamt spurlos. In Stanisławów ließe sich, wie der Delegierte dem Vorsitzenden Ronikier berichtete, überhaupt nichts ausrichten, weil dort der Chef der Gestapo Krüger regiere. Damals fiel der Name zum ersten Mal in meinem Beisein.

Nicht nur die Provinz, sondern Lwów selber machte nach und nach eingehender Bekanntschaft mit den Deutschen und kannte sich allmählich aus mit „unseren Gästen". Die zwei Monate, die seit meinem letzten Aufenthalt vergangen waren, hatten in dieser Hinsicht viele Änderungen gebracht. Niemand sprach mehr über den europäischen Charakter der Okkupation, die persönliche Redlichkeit der Okkupanten. Unzählige Anekdoten kursierten in Lwów, u. a. eine über einen Offizier, der mit „seinen" Möbeln in die Wohnung einer Lembergerin zog. Als er ein paar Wochen später wieder auszog (nachdem er ein besseres *locum* gefunden hatte), trugen Soldaten auch die Clubsessel der Wohnungseigentümerin hinaus. Die sagte höflich überzeugt, dass da ein Irrtum vorliege: „Das sind doch meine Sessel!" – *„Ja, aber sie passen gut zu meiner Garnitur"*, erklärte der einstige Mitbewohner. – *„Weniger gut zu Ihrer Offiziersehre"*, schoss die Lembergerin zurück. Die Clubsessel blieben zurück.

Der Fall der verschollenen Professoren, die Hiobsbotschaften aus dem Gefängnis an der Łącki-Straße und aus der Provinz, all das bewirkte, dass Lwów nun wusste, wie weit ein Okkupant des anderen wert war, oder eher, welcher der schlimmere von beiden war. Damals kam Norwids *Pieśń od ziemi naszej* (Gesang von unserer Erde) in Umlauf, alle schrieben sich die Terzinen ab, in denen einer der nachdenklichsten polnischen Dichter in ein paar Worten – endgültig – den Charakter unserer Nachbarn erfasste und ausdrückte:

Von Osten – Lügen – Weisheit und Beschränktheit,
Karbatschendisziplin oder aus Gold eine Falle,
Schmutz, Aussatz und Gift.

Im Westen – Wissens-Lüge und Geflitter,
Wahrheitsformalismus – Wesenlosigkeit im Innern,
Und Hoffart aus Stolz!

In jene Zeit fiel ein interessanter Ausflug über die Grenze des Generalgouvernements.
Hartnäckig kursierten in Lwów Gerüchte, die von den Bolschewiken vor der Rück-
gabe Lwóws verhafteten und nach Osten verschleppten Bürger der Stadt befänden
sich in einem deutschen Lager für Zivilbevölkerung, in der Gegend von Równe, und
würden dort zu Tode gehungert. Folglich wandte ich mich an den Vorsitzenden mit
der Bitte, mir bei den Militärbehörden dahingehend behilflich zu sein, eine Reisege-
nehmigung nach Równe zu erhalten. Bekannte gaben mir lange Suchlisten mit sowie
die Adresse eines dem Gemeinwohl ergebenen Arztes von vor dem Krieg, von dem
jedoch niemand wusste, ob er noch in Równe lebte oder überhaupt am Leben war.
Es schien nachgerade ein wahnwitziger Einfall, von den Deutschen zu erwarten, sie
würden einer Polin gestatten, nach Wolynien zu fahren. Aber dennoch gestatteten sie
es. Ich machte mich also auf den Weg. Der deutsche Militärzug in Brody fuhr aus
dem GG heraus, gegen Abend erreichte ich Równe. Diesen Teil Polens kannte ich
nicht – ich unternahm meine Reise also mit großer Neugier, obschon die Jahreszeit
einen heimatkundlichen Ausflug nicht gerade begünstigte. Vom Bahnhof aus ging
ich zum Haus des Arztes. Leider erinnere ich mich nicht mehr an den Familiennamen dieser Menschen, doch sie selbst werde ich niemals vergessen. Sie nahmen mich
auf wie einen Angehörigen. Die Dame des Hauses war freundlich, lebhaft und für-
sorglich, der Arzt ernst und wortkarg, und seine weit über achtzigjährige Mutter
sprach fast überhaupt nicht. Ich vermutete, dass sie taub war und deshalb nicht am
Gespräch teilnahm. Allerdings frappierte mich die Schärfe ihres Blicks.

Sie fingen an zu fragen, woher, und was mein Anliegen sei. „Aus Lwów? Bis aus
Krakau! Jesus, Maria, erzählen Sie, was passiert dort!" Ich erzählte ein bisschen, sie
lauschten sichtlich ergriffen, stellten zwischendurch immer wieder Fragen, auf die
schwer zu antworten war, so unangemessen waren sie der Realität, von der diese
Menschen keine Ahnung hatten. „Wissen Sie, was das für uns bedeutet, dass da zum
ersten Mal jemand direkt aus dem Herzen Polens zu uns kommt?" fragte unvermutet der Arzt. „Können Sie sich überhaupt vorstellen, was das für uns bedeutet?
Wir hier im Grenzland sind seit 1939 abgeschnitten vom Rest der Rzeczpospolita,
unsere Nächsten hat man abtransportiert, dann haben die Bolschewiken im letzten
Augenblick eine Massenerschießung veranstaltet, wir sind irgendwie verschont geblieben. Einige sind durch ein Wunder davongekommen, wie der Herr Prälat, auf

den die Moskowiter geschossen, ihn aber verfehlt haben; nach ein paar Stunden hat er sich unter einem Berg Leichen hervorgewunden." – „Wir müssen ihn benachrichtigen und andere auch!" rief die Dame des Hauses aus und verschwand in der Küche. Bald darauf war sie wieder da, um mitzuteilen, dass sie Boten ausgeschickt habe. In Kürze hatten sich etliche Personen zusammengefunden; ich erinnere mich noch an eine gescheite Gymnasiallehrerin voller Glauben und Schwung, ein älteres, etwas miesepetriges Ehepaar aus dem Landadel und schließlich an den jungen Prälaten, der nach jenem makabren Erlebnis vor Gesundheit und Energie strotzte. Er kam in violetter Schärpe, und die astronomische Zahl an Knöpfen derselben Farbe an seiner Soutane ließ mich sofort an Rom denken und an ferne Tage. Seine feierliche Gewandung rief Erstaunen hervor. „Kann es für Równe eine größere Feierlichkeit geben als die Ankunft eines Gastes aus Krakau?" Mit dieser rhetorischen Frage begrüßte er mich. Nun hieß es mit dem Erzählen von neuem zu beginnen. Endlich war die Reihe an mir mit dem Fragen. Mir ging es hauptsächlich um das Lager mit den Zivilgefangenen, um deretwillen ich hier war. Leider erfuhr ich nicht viel. Eines nur stand fest, nämlich, dass es vor ein paar Monaten ein solches Lager gegeben hatte, dass es dann verlegt wurde, wohin, wusste niemand. Die allgemeine Lage der Polen in Wolynien war grundlegend anders als die im Generalgouvernement. Verfolgung im eigentlichen Sinne des Wortes gab es nicht, da die Polen hier nach den gigantischen Deportationen der Bolschewiken schon keine ernste Gefahr mehr darstellten. Vorläufig behandelte man sie also nur schlecht – marterte sie nicht. Die Juden hingegen wurden auf eine bisher nicht da gewesene Weise verfolgt, man ermordete sie ganz einfach schon damals in Massen. Einer von ihnen, ein junger Intellektueller, versteckte sich im Haus meiner Gastgeber. Zum ersten Mal kam ich damals mit der Massenausrottung der Juden in Berührung, Verwundete, Ohnmächtige und Leichen wurden zusammen in die Grube geworfen. Meine Gastgeber berichteten entsetzt von den neuesten Fällen, da sie ziemlich genaue Angaben aus anderen Ortschaften Wolyniens hatten. Gleichzeitig behaupteten sie, dass es in der Ukraine, in Kiew selbst und in anderen Städten, noch schlimmer sein solle.

Anderntags in der Früh wanderte ich zur Kommandantur. Nach größeren Anstrengungen schaffte ich es bis zu einem General – einem jovialen, sehr österreichischen älteren Herrn, der mich mit erlesener Höflichkeit empfing. Aufmerksam hörte er mich an, überlegte, wurde traurig, ließ schließlich eine Reihe von Adjutanten und Referenten kommen. Ergebnis der Konferenz war die Feststellung, dass sich die politischen Häftlinge, von den Russen in die Nähe von Równe verbracht, in einem Lager befanden und dort von deutschen Truppen vorgefunden wurden. Nach einer gewissen Zeit, als die Front schon weit nach Osten vorgerückt war, wurden diese Gefangenen durch das Militär den Gestapobehörden überstellt. Ich fragte, was diese Menschen, die von den Moskowitern verhaftet worden waren, den Deutschen getan hätten, warum sich die Gestapo mit ihnen befasst habe. Eine Antwort bekam ich nicht, der General sah mich nur sehr lange an in der allgemeinen Stille, die über den Raum hereingebrochen war. „Angesichts dieses Tatbestandes muss ich also bis zu den Gestapobehörden vordringen, um Auskunft über diese Menschen zu erhalten", ließ ich mich von neuem vernehmen. „Ja, und ich helfe Ihnen dabei", entgegnete der General. Er befahl seinen Offizieren, eine Karte der Ukraine herbeizuschaffen, und zeigte mir drei Ortschaften, wo sich Zivillager befanden.

Eine Notiz wurde verfasst und mir ausgehändigt. Schließlich fragte er, ob ich bereit wäre, morgen nach Kiew zu fahren. Natürlich war ich begeistert. Ein verlockenderer Vorschlag ließ sich kaum denken. Er bat mich in zwei Stunden noch einmal zu sich. Ich verließ das Gebäude. Es war Sonntag. Ich ging in eine Kirche, es war Hochamt. Die gedrängt volle, von Gesang erfüllte Kirche zeugte davon, dass es damals noch eine größere Anzahl Polen in Równe gab. Nach der Messe kehrte ich zum General zurück. Er sagte mir, dass gleich ein SS-Offizier erscheinen werde, mit dem meine Reise festgesetzt werden solle, da ich dort in Kiew bei SS-General Doktor Thomas, dem höchsten Machthaber dieser Art im Land, vorstellig werden müsse. Gleich darauf trat ein sehr hoch gewachsener und sehr preußischer SS-Offizier ein, der mit dem General eine kühle Begrüßung tauschte. Letzterer legte meinen Fall dar und verkündete, ich würde morgen früh mit seinem Wagen nach Kiew fahren. Der Gestapo-Mensch wuchs noch auf seinem Stuhl und entgegnete in sehr kehligem Deutsch, es sei ausgeschlossen, dass eine „Zivilperson" nach Kiew fahre. „Sie fährt, weil ich will, dass sie ihre Angelegenheit vor General Thomas bringt. Ich stelle ihr die entsprechenden Papiere aus, bitte benachrichtigen Sie nur ihre Vorgesetzten in Kiew von ihrer Ankunft morgen Nachmittag. Um die Übernachtungsmöglichkeit wird sich die Wehrmacht kümmern."

Den Nachmittag verbrachte ich wiederum inmitten der Meinen, abends traf dann eine Nachricht vom General ein, der mir mitteilte, dass meine Fahrt nach Kiew entfalle, weil SS-General Thomas morgen zufällig in Równe sein werde. Ich war wütend und ratlos. Thomas empfing mich gegen Mittag. Ich legte ihm die Angelegenheit in Gegenwart von zwei oder drei anderen Gestapoleuten dar. Sagte (wie mir der General geraten hatte), ich wüsste von den Militärbehörden, dass sich in den in der Notiz erwähnten Ortschaften Zivillager befänden, usw. Thomas hörte mich schweigend an. Plötzlich fragte er: „Wie sind Sie hierher gekommen?" – „Mit einer Genehmigung General Rotkirchs aus Lwów." – „Zeigen Sie bitte." Als ich das Papier hervorholte, befahl Thomas einem aus dem Gefolge, eine Abschrift zu machen. Als nächstes erklärte er, dass er mir nicht sofort eine Antwort geben könne, er müsse genaue Informationen einholen und würde dann den Vorsitzenden des RGO benachrichtigen. Da wusste ich, dass die Sache, in die ich ohnehin nicht viel Hoffnung gesetzt hatte, verloren war. Ich ging auf den Abend zu meinen Freunden, wo ich ein paar Briefe nach Lwów und Krakau vorfand. Mit ehrlichem Bedauern nahmen wir voneinander Abschied. Der Doktor behauptete, dass keiner von ihnen diesen meinen Besuch je vergessen werde. Die greise Mutter saß wie immer da und schaute. Schließlich wandte sich im letzten Augenblick die Schwiegertochter an sie: „Nun, sagen Sie doch, Mama, was Sie von alldem halten." Die Greisin winkte nur ab und äußerte sich zum ersten Mal: „Das ist nichts Neues, immer hat es diese Schwierigkeiten gegeben. Ich erinnere mich gut, dass es dreiundsechzig auch nicht besser gewesen ist, da war ich neun."

Am frühen Morgen ging ich auf den Bahnhof. Während ich auf den Zug wartete, stellte ich fest, dass ich einen „Beschützer" hatte; der Gestapo-Mann in Uniform, dem ich schon am Vortag begegnet war, wartete ebenfalls auf den Zug. Wir fuhren los. Der Beschützer spazierte bei jedem Halt unter meinem Abteilfenster entlang. Ich zeigte mich ihm jedes Mal, damit er sich nicht um mich sorgen musste. Nachdem wir bei Brody die „Grenze" überquert hatten, kam er angekrochen und forderte die Notiz des Generals, die ich natürlich längst auswendig konnte. Kategorisch verlangte ich dafür eine Empfangsquittung, aus dienstlichen Gründen. Er hielt sie in der einen Hand, mit der anderen fasste er sich an den Kopf, murmelte dabei: *„Wie konnte der Herr General nur …"*, doch die Quittung händigte er aus. Anderntags brachte ich sie zu General Rotkirch, weil ich es schade gefunden hätte, die Gelegenheit zu verpassen und einen Deutschen gegen einen anderen aufzubringen. Rotkirch war drollig verstört und dankte mir überschwänglich dafür, dass ich ihn gewarnt hatte.

Die ganze Sache hatte in Krakau noch ein Nachspiel, wo die Gestapo Ronikier verhörte und mit meiner Verhaftung drohte dafür, dass er von der Wehrmacht die Erlaubnis für meine Fahrt nach Równe eingeholt hatte.

In den ersten Tagen des Dezember kehrte ich nach Krakau zurück. Dort musste man sich, außer mit dem Gefängnis in Montelupi, mit dem hl. Michael-Gefängnis für Kriminelle befassen, weil mir daran lag, den Deutschen zu beweisen, dass wir wirklich jeglicherart Häftlinge mit Zusatzverpflegung versorgten. Damit gab es übrigens eine Menge Schwierigkeiten in der Gesellschaft selber. Nicht selten wurde mir vorgeworfen, dass wir Diebe fütterten, während Kinder hungrig blieben. In Radom zum Beispiel waren diese Schwierigkeiten dermaßen groß, dass ich die Häftlinge nur insgeheim mit Nahrung versorgen konnte. Nicht alle verstanden, dass es für politische Häftlinge keinen anderen Ausweg gab, als sie mit den Dieben gleich zu behandeln.

Ich hatte auch noch andere Schwierigkeiten. Meine häufigen Visiten auf der Gestapo wurden lebhaft kommentiert, letztendlich waren die Behörden mehrfach vor mir gewarnt worden, so dass ich mich mit der Bitte an den Kommandeur wenden musste, im Fall meines Todes meinen Namen nach dem Krieg reinzuwaschen. So leicht verliert man seinen guten Namen – damals erfuhr ich das zum ersten Mal.

Vor Weihnachten fiel mir erneut ein „Ausflug nach Pińczów" zu. Durch die Erfahrung schlauer geworden und diesmal auch noch mit Wäsche und warmer Kleidung für die weiblichen Häftlinge bepackt, trieb ich einen Lastwagen des PRK auf, der sich kaum auf den Rädern hielt, aber immerhin noch fuhr, und machte mich am Mittag vor Heiligabend auf die Reise. Ein paar Mal gab das Auto seinen Geist auf, endlich, es wurde schon dunkel, blieb es in irgendeinem Städtchen stehen. Der Fahrer teilte mir mit, dass diesmal die Reparatur wenigstens anderthalb Stunden dauern würde, und riet mir, mich in das kleine Restaurant zu setzen, um mich aufzuwärmen. Ich stieg auf einem typisch quadratischen Marktplatz aus und fragte, wo wir seien. „In Wodzisław", antwortete ein Passant. Jesus, Maria – in Wodzisław! Hier sitzt meine Familie ja seit Ewigkeiten[8], und die Vorfahren liegen unweit der Kirche! Ich musste dort hin. Es war ziemlich finster, der heftige Wind trieb mir nassen Schnee in die Augen. Nur mühsam brachte ich die kurze Strecke hinter mich. Dann stand ich vor dem Portal, darüber grüßte mich unser energisches Wappen Zadora, ein Feuer speiender Löwe. Die Kirche war offen, man schmückte sie mit Weihnachtsbäumen. Nach einer Weile waren alle verschwunden, und ich blieb allein. Vor einem Grabdenkmal aus schwarzem Marmor verhielt ich den Schritt: Maciej Wojewode von Bracław, der Urgroßvater meines Vaters.[9] Ich las wie zum ersten Mal die lange lateinische Inschrift, die die Verdienste des Verstorbenen pries, der gestorben war, gebrochen vom Untergang des Vaterlandes. Beim Lesen wuchs meine Spannung. Diese mir bekannte Inschrift gewann, ähnlich wie viele andere aus der nämlichen Zeit, heute für mich, den fernen Enkel, eine zwingende Aktualität. In der Periode erneuten Niedergangs des Vaterlands war ich Soldat und befand mich hier auf dem Dienstweg. Einen Moment lang kam ich nicht zurecht mit dem Wissen um die beispiellose Kontinuität unserer Tragödie, das hier so unvermutet aufgefrischt schien. Doch rasch schüttelte ich diese Gedanken ab und ging zum Auto zurück. Eine oder zwei Stunden später wären fast meine Gebeine unweit der meiner Vorfahren zu ewiger Ruhe gebettet worden, denn uns brach die Wagenachse. Doch wir kamen heil davon, banden die Achse mit Draht zusammen und fuhren weiter. Vor Mitternacht weckte ich den Freund in Pińczów, übergab ihm alles, was ich mitgebracht hatte, nahm den Bericht über den letzten Zeitraum seiner ausgezeichneten Arbeit entgegen, er zeigte mir Kassiber, die den Empfang von Windeln und Proviant bestätigten, und früh war ich zurück in Krakau. Schon jetzt kam mir der Aufenthalt in Wodzisław irgendwie irreal vor, wie eine Filmsequenz, eine kitschige noch dazu – und dennoch war es schlicht und einfach die Wahrheit. Den Heiligen Abend verbrachte ich damit, die verschiedenen Häuser aufzusuchen, wo jemand fehlte, und Silvester verlebte ich mit Freunden in Lwów.

Dieses Mal schaffte ich es bis nach Stanisławów. Es herrschte scharfer Frost an jenem Tag, 27° Minus. Wir saßen im Waggon in Lwów auf dem Bahnhof vier oder fünf Stunden lang, dann fuhren wir sechs oder sieben. Als ich um elf in der Nacht in Sta-

nisławów ausstieg, fühlte ich mich wie ein gefrorener Hase. Nach längerem Umherirren durch die natürlich unbeleuchtete Stadt gelangte ich zu einem fantastischen
„Hotel", wo ich den Morgen abwartete. Die Stimmung im Komitee war seltsam.
Alle dort sprachen leise und blickten immer wieder zur Tür. Als ich fragte, was los
sei, sagte man mir, dass man nur noch gedämpft reden dürfte, weil Krügers Leute
überall seien. Damals erfuhr ich ausführlicher darüber, was das Verschwinden der
250 Personen aus der Intelligenz Stanisławóws betraf, die Krüger gleich nach dem
„Machtantritt" hatte abholen lassen. Buchstäblich die gesamte Elite dieser Stadt,
Grund- und Oberschullehrer vornehmlich, aber auch Personen aus allen möglichen
freien Berufen. Eine Menge Ingenieure und Anwälte waren dabei. Auch der sehr bekannte Direktor des Krankenhauses, Dr. Jan Kochaj. Ich unterhielt mich mit seiner
Frau, die mir Dankesbriefe deutscher Flieger brachte, denen ihr Mann das Leben gerettet hatte, unter Einsatz des eigenen Lebens, weil er sie in dem noch sowjetischen
Stanisławów operierte, wo sie abgeschossen worden waren. Es ging sogar infolge einer Meldung ebendieser Flieger ein Dankschreiben vom *Reichsluftfahrtministerium*,
von Göring unterschrieben, für Dr. Kochaj ein, nur dass Dr. Kochaj zu dem Zeitpunkt längst verhaftet war. Ich wollte wissen, ob sich jenes Dokument in ihren Händen befinde. Zur Antwort erhielt ich, dass es in deutschen Büros abhanden gekommen sei, wohin man es gebracht hatte, um das Freilassungsgesuch zu untermauern.
Seit jener Massenverhaftung verschwanden weiterhin Polen, einzeln oder in größeren Gruppen. Ich erkundigte mich nach der Größe des Gefängnisses und ob von
dort Transporte ins Reich gingen und erfuhr, dass von Transporten nichts bekannt
und das Gefängnis geräumig sei, aus zwei benachbarten Gebäuden bestehend: dem
Gefängnis unter Verwaltung der Justizbehörden und dem Gestapo-Gefängnis. Letzteres unterstehe Krüger persönlich, Ersteres Staatsanwalt Rotter, mit dem ich zu beginnen beschloss, weil man mir sagte, dass er den Polen nicht feindlich gesonnen sei.

Ein etwa vierzigjähriger, eher kleiner Mann empfing mich. Er kam mir entgegen, redete schrecklich viel und geleitete mich mit übertriebener Höflichkeit in sein
Büro. Sein Gang war unsicher, er war betrunken. Ich legte ihm den Fall dar, der
mich zu ihm geführt hatte. Er hörte zu, ich sah, dass er trotz seines Zustands alles
mitbekam. Als ich geendet hatte, antwortete er, dass ihm die mir anvertraute Aktion wohlbekannt sei, dass er nichts dagegen hätte, sie in dem Gefängnis, das ihm
unterstand, durchzuführen, doch dass es in diesem Gefängnis keine Polen gebe. An
dieser Stelle fiel er sich selber ins Wort: „Ich bitte Sie vielmals um Entschuldigung
wegen des Zustands, in dem Sie mich antreffen. Bestimmt hat man Ihnen bereits
vom betrunkenen Staatsanwalt erzählt. Tatsächlich habe ich wieder zu viel Wodka
getrunken, doch ich weiß, was ich sage. Ich sperre keine Polen ein. Ich bin als euer
Feind aus dem Reich hierhergekommen, hier habe ich euch zu achten gelernt, mein
Gefängnis reserviere ich für Ukrainer. Es gibt übrigens ein paar wenige Polen dort
– Verbrecher." – „Also sind alle politischen Häftlinge in dem anderen Gefängnis?"

fragte ich. – „Alle, was heißt alle?" fragte er mit wachsender Erregung. „Alle diejenigen, die man hier von Anfang an festgenommen hat, seit dem Einmarsch der Deutschen, vor allem jene 250 Personen, Lehrer, Ingenieure, Ärzte, die man unverzüglich wegholte, und dann die lange Reihe derer, die danach kamen." – „Eine Menge Häftlinge hat Krüger dort ganz sicher, bloß zweifle ich, dass er mit der Zusatzverpflegung einverstanden sein wird." Ich spürte, dass der Staatsanwalt zwar nicht alles sagte, was er dachte, dass man jedoch wegen seines Rausches mehr aus ihm herausholen konnte. „Das Gefängnis muss ja riesig sein, immerhin sind ein paar hundert Polen inhaftiert worden", fuhr ich fort. Schweigen. „Dort sind nur wenige", entgegnete er schließlich ehrlich. „Ich frage Sie also, Herr Staatsanwalt, wo ist der Rest, wo ist Stanisławóws gesamte Intelligenz?" Ich war laut geworden. Der Staatsanwalt erhob sich, stützte sich auf den Sessel, beugte sich über die Lehne zu mir. Ein Moment Stille. Dann brüllte er unvermutet los: „Die sind alle längst tot!" „Tot, ja tot!" wiederholte er, als ich schwieg. „Krüger hat sie erschossen, bevor ich kam, ohne Recht, ohne Gericht. Wissen Sie, was das für einen Staatsanwalt heißt? Sie können zu ihm gehen, ihm alles erzählen, mir ist längst gleichgültig, was sie mir antun werden." Er fiel in seinen Sessel zurück, die Stille war ohrenbetäubend nach dem Geschrei. Schließlich sagte ich, dass ich zu Krüger gehen und versuchen müsse, die Zusatzernährung für alle diejenigen durchzuführen, die zum gegenwärtigen Zeitpunkt dort waren. „Ich gehe mit Ihnen, anders kommen Sie nicht zu ihm."

Er telefonierte in meiner Gegenwart und fragte Krüger, ob er mit mir kommen dürfe. Bestellte Schnaps bei ihm, um zu dritt einen zu trinken, wie er sagte. Er legte den Hörer auf. „Er ist einverstanden. Gehen wir." Draußen reichte mir sein Stellvertreter, der einen polnischen Namen trug, den Pelz und flüsterte mir dabei rasch ins Ohr: „Er ist zwar betrunken, aber was er gesagt hat, ist die Wahrheit. Ich hab's vom anderen Zimmer aus gehört." Wir gingen in den Frost hinaus. Rotter wurde nüchtern. Er sah mich an, während wir gingen, und sagte, ganz ruhig, dass es ihn nicht wundere, wenn ich von dem erschüttert sei, was er mir berichtet hatte. Ich reagierte nicht. Wir waren inzwischen zu dem anderen Gebäude in der Biliński-Straße, damals Straße der Polizei oder Straße der SS (ich erinnere mich nicht), gelangt. Man ließ uns ohne Schwierigkeiten passieren. Wir gingen hinauf. Im Vorzimmer war ein Tippfräulein beschäftigt. Wir setzten uns auf die mit himbeerrotem Damast bezogenen Stühle. Nach einer Weile ging die Tür auf. Ich trat als erste ein, der Staatsanwalt mir auf den Fersen. Hinter dem Schreibtisch am anderen Ende des großen länglichen Raumes erhob sich ein sehr großer, zu Korpulenz neigender, noch junger, etwa zwei- oder dreiunddreißigjähriger Mann mit sehr hellem Haar. Sein Mund war sehr ausgeprägt und stark vorgeschoben, die Lippen waren dick, der Kiefer massiv. Dieser untere Teil des Gesichts war stärker akzentuiert als der obere mit den auffallend blassen, vorstehenden Augen von hellgrauer Farbe, die durch eine randlose Brille blickten. Er hieß uns auf den Sesseln Platz nehmen. Der Staatsanwalt erklärte ihm mein Anliegen. Krüger sah meine Papiere aufmerksam durch, dann musterte er mich noch aufmerksamer, wobei er die ungewöhnlich blassen Augen leicht zusammenkniff. Ich blickte möglichst ruhig zurück. Doch diesmal fiel es mir seltsam schwer, meine Gleichgültigkeit zu bewahren und den nachgerade elementaren Abscheu zu verbergen, der mich schon beim Betreten des Raumes erfasst hatte. Immerhin hatte ich erst kurz zuvor erfahren, wer dieser Mensch war, und jetzt sollte ich ein normales Gespräch mit ihm führen. Das war schwer. Endlich tat er den Mund auf. Kurz und knapp sagte er, dass man polnische, ukrainische oder jüdische Häftlinge nicht trennen könnte und daher von einer Sonderernährung für die Polen keine Rede sein könne. Ich erwiderte, dass eine gemeinsame Zusatzverpflegung, wie in Lwów, gewährleistet würde. Er erklärte, dass dies ohne Angabe von Gründen nicht möglich sei. Die Erlaubnis gab er allein für Decken, Kämme, Zahnbürsten und dergleichen. Es war das erste und einzige Gefängnis, in das die Zusatzverpflegung des RGO, trotz all unserer Bemühungen, nie gelangte.

Wir gingen hinaus, ich verabschiedete mich vom Staatsanwalt und blieb allein zurück. Es war bereits dunkel, ich ging durch die Stadt, kühlte ab im Frost und kehrte zum Komitee zurück. Die Nacht verbrachte ich nicht mehr im Hotel, sondern bei einer sehr gastfreundlichen ehrenamtlichen Sozialfürsorgerin, die ihre sieben Orden in die Bettdecke eingenäht hatte, mit der sie mich nun zudeckte, um sie vor dem Okkupanten zu verbergen. Vor dem Einschlafen ließ sie mich sie befühlen, wobei sie bis ins Kleinste erzählte, bei welchen Gelegenheiten sie die Auszeichnungen erhalten hatte. Auf mich wirkte diese Erzählung besänftigend. Wie tröstlich, dass sich die menschlichen Schwächen gleich bleiben trotz des Übermaßes an Ereignissen, dem wir unterworfen sind.

Tags darauf fuhr ich nach Kolomea. Dort ging die Sache mit dem Gefängnis glatt vonstatten; abends war ich zurück in Stanisławów, von dort brach ich anderntags nach Stryj auf, wo ich nach vielstündiger Fahrt am Spätnachmittag landete. Das dortige Komitee brachte mich im Kloster unter, wo man mir warmes Essen, ein warmes Zimmerchen und warmes Wasser zum Waschen gab. Nachdem ich mich hingelegt hatte, konnte ich nicht schlafen. Die Eindrücke der letzten Tage und noch etwas anderes, von dem ich nicht wusste, dass es in mir lebt, ließen mich immer wieder wach werden. In Stryj bin ich oft gewesen, in einem früheren Leben allerdings, einer anderen Welt. Also lag ich jetzt im Dunkeln und wiederholte vor mich hin: ich bin in Stryj, 40 km von Rozdół, meinem Elternhaus, entfernt, von dem Ort, wo ich die schönsten Augenblicke der Kindheit verbracht habe.

Am anderen Tag, gleich am frühen Morgen, erledigte ich die Sache mit dem Gefängnis, und es gab kaum Schwierigkeiten. Die nächste Sitzung des Komitees brachte, genauso wie in Kolomea und Stanisławów, riesige Versorgungsschwierigkeiten zutage, zum großen Teil leider von den Ukrainern verursacht. Man klagte über besonders schwierige Verhältnisse in kleineren Zentren in der Gegend, dass die

Einrichtung der Delegaturen sehr langsam vonstatten gehe. Ich erkundigte mich nach einer möglichen Delegatur in Rozdół und erfuhr, dass in den nächsten Tagen der Sekretär des Komitees dort sein würde. Er könne doch, ein paar Tage früher, mit mir zusammen nach Rozdół fahren, was vielleicht die Sache erleichtere, schlug ich vor. Der Vorschlag wurde angenommen. Anderntags in aller Herrgottsfrühe verließen wir Stryj. In Mikołajowo, auf der Strecke Stryj–Lwów, wo ich in meinem Leben unzählige Male ausgestiegen bin, stieg ich auch jetzt aus. Die weiteren 12 km legten wir teils auf einem Schlitten mit einer Fuhre Holz, teils auf Schusters Rappen zurück. Unterwegs rutschte mein Gefährte vom Schlitten in den Schnee, was ich erst nach einer Weile bemerkte. Es war gar nicht so leicht, den Bauern zu überreden, dass er auf ihn wartete. Ich fuhr dahin wie im Traum. Nichts hatte sich hier geändert. Bauernhütten, die Kuppeln der griechisch-orthodoxen Kirche, die weiche Linie bewaldeter Hügel auf der linken und die weite schneebedeckte Ebene des Dnjestr auf der rechten Seite, und dahinter in der Ferne, kaum noch wahrnehmbar, die Kette der Karpaten. So glitten wir dahin, sitzend auf einem gerodeten Stamm. Endlich Rozdół. Wir stiegen ab, gingen zu den Karmelitern. Ein unbekannter Priester empfing uns. Wir fragten nach Pater Bolesław[10]. Die Antwort war ausweichend. „Er ist verreist.“ Als ich meinen Namen nannte, lächelte der Priester. „Pater Bolesław hat es hier einfach nicht ausgehalten, Sie kennen ihn ja. Allein das Bewusstsein, dass eine Polnische Armee existiert und er sitzt hier, lässt ihm keine Ruhe, hat er gesagt; schließlich ist er gegangen … dort entlang …“, und er zeigte zu den fernen Karpaten.

Wir vereinbarten, dass die Sitzung zwecks Gründung einer Delegatur des RGO um drei Uhr stattfinden solle, ich hatte also ein bisschen Zeit und machte mich auf den Weg zu meinem Vaterhaus. Unterwegs begegnete ich einer Jüdin, die bei meinem Anblick wie angewurzelt stehen blieb. „Ich mecht wissen, isses oder isses nich?“ – „Wer?“ – „Nu, die Lanckorońska!“ – „Sie ist es.“ – „Nu, dann alles is git“, sagte sie und ging weiter, erfüllt von unbegründetem Optimismus.

Ich blieb vor dem Tor stehen. Es war nur angelehnt, ich ging in den Park hinein. Die Auffahrt war mit einer dicken Schneeschicht bedeckt, nur in der Mitte ein schmaler Streifen mit frischen Fußspuren. Offenbar wohnt jemand hier, ging mir durch den Kopf. Ich ging zum Palais hinauf, das groß und tot auf dem schneebedeckten Hügel stand. Da kam mir auf einmal von dort jemand entgegen. Mein Herz schlug wie wild. Jan, der alte Kutscher! Ich verhielt den Schritt und wartete. Missgelaunt wie eh und je, schritt Jan, den Blick gesenkt, vor sich hin. Auf einmal, er war schon ganz nah, richtete aber weiterhin die Augen nach unten, sah er eben dort Beine vor sich. Ärgerlich hob er das alte Gesicht, runzlig wie ein Bratapfel, offensichtlich empört, dass da jemand einzudringen wagte in seine Domäne. Doch da erschallte auch schon sein Ruf: „Jesusmaria!“ Er stürzte sich auf mich. Ich versuchte seine Gemütsbewegung zu bremsen, um nicht loszuheulen wie ein Schlosshund. Was dann gar nicht so schwer war, weil Jan mir unvermutet den Rücken zudrehte und zu meiner Verblüffung lostrabte, weg von mir, zurück die Anhöhe hinauf. Dabei schrie er aus vollem Halse: „Kommt her! Hallo! Schnell, schneller!" Auf dieses Geschrei hin, das so unerwartet in diesem großen, stillen Park der Vergangenheit erschallte, tauchten der alte Diener, seine Frau und die Söhne auf, alle liefen sie aufgeschreckt herbei, überzeugt, dass der Kutscher überfallen worden war. Kurz darauf erschien auch noch der Gärtner, der mich seit Kindertagen kannte.

Der Diener und seine Frau luden mich zum Mittagessen ein. Während der Essensvorbereitungen marschierten wir durch das riesige leere Haus, dessen Räume noch größer und noch zahlreicher schienen in ihrer Leblosigkeit. Beinah die gesamte antike Einrichtung hatten die Bolschewiken weggeschleppt.[11] Was geblieben war, fiel an die Deutschen. Nur irgendwo stand verlassen ein Barockschrank auf drei Beinen herum, und ein Ahn, gestutzt und von einem Bajonett durchbohrt, schaute dahinter hervor. Weiter weg hing schief der Stich *Wjazd Ossolońskiego do Rzymu* (*Ossolińskis Einzug in Rom*) an der Wand, nun der einzige aus einer Serie, darunter ein Kanapee ohne Bezug. Die Badezimmer hatten die Bolschewiken, als sie hier ein Erholungsheim einrichteten, als bourgeoise Relikte kassiert, und den Speisesaal hatten sie in der Kapelle eingerichtet. Ich hörte mir alle Erzählungen an und ließ mit einer inneren Distanz die Blicke schweifen, die mich selber erstaunte. Nur diese alten Leute gingen mich noch etwas an, alles andere war so seltsam fern. Die große Verantwortung, die in diesem Augenblick auf mir ruhte, machte mich beinah gleichgültig gegen alles Persönliche. Während ich durch die Räume meines Vaterhauses wanderte, war ich mit meinen Gedanken weit weg, in jenen Gefängnissen, die mein Leben damals bis zum Rand ausfüllten. Erst als ich in den Park hinaustrat und auf die Figuren und Renaissance-Vasen schaute, von meinem Vater aus Italien mitgebracht, die unter den hohen spitzen Schneehaufen hervor Zeugnis ablegten von der künstlerischen Kultur, die einst hier geherrscht hatte, und vor allem sah, dass die uralten Bäume standen wie eh und je, war mir, als begrüßten auch sie mich in diesem Moment, erinnerten sich meiner, wie ich auf ihnen umhergeklettert war, wie ich ihnen die *Ode* vordeklamiert und in ihrem Schatten die Jugendeide geschworen hatte, und große Dankbarkeit gegen den Schöpfer und das Leben erfasste mich, dass es mir geschenkt worden war, jenen Eiden treu zu bleiben ... Man bat mich zum Mittagessen. Als ich das Zimmer dieser herzensguten Menschen betrat, verschlug es mir die Sprache. In der Mitte des Tischs, mit einem schneeweißen Damasttischtuch gedeckt, das viel zu groß war für den kleinen Tisch, stand der Teller aus hellblauem Porzellan, von dem ich mein ganzes Leben lang gegessen hatte, auch das Silberbesteck war mir wohlbekannt. Der Diener bat allen Ernstes um Entschuldigung, weil das Buttermesser fehlte, seine Frau habe es so gründlich versteckt, dass sie es jetzt vor lauter Aufregung nicht finden konnte, beim nächsten Mal aber sei es ganz bestimmt aufgedeckt. Ich hörte das und rieb mir die Augen. Am liebsten hätte ich laut ausgerufen: „Aber das ist doch alles längst vom Winde verweht!", doch dann schien mir, ich müsse die Gefühle der Menschen achten, die von der fiktiven Fortsetzung der Vergangenheit seelisch aufrecht gehalten wurden.

Die Sitzung, die unmittelbar danach beim Pfarrer stattfand, war in persönlicher Hinsicht nicht minder bewegend, denn ein paar alte Freunde und Mitarbeiter, besonders aus der Lehrerschaft, hatten sich eingefunden. Was den Gegenstand unserer Sitzung betraf, so stellten sich die Approvisationsschwierigkeiten als erschreckend heraus; die polnische Bevölkerung dieser Gegend litt schlichtweg Hunger. Die Hindernisse, mit denen jede Hilfsaktion hier zu ringen hatte, waren zehnmal größer als im Westen. Die allgemeine Versorgungslage mit Lebensmitteln, die eigentlich jede Aktion im so genannten Galizien lähmte, verbunden mit Schwierigkeiten, wie sie aus den für unseren Landstrich spezifischen Beziehungen zwischen den Nationalitäten resultierten, bewirkten, dass die Arbeit des RGO schwieriger war als irgendwo sonst. Ich machte in Krakau Meldung darüber.

Einen Monat später, gegen Ende Februar, nach erneuter Rundfahrt von Gefängnis zu Gefängnis, brach ich noch einmal nach Osten auf, diesmal in Begleitung von Direktor Seyfried. Unter anderem gelangten wir auch nach Stanisławów, wohin ich Decken, Kämme sowie Wäsche brachte, das einzige, was Krüger zugelassen hatte. Der Direktor war vom Stand der Hilfsaktion und den Schwierigkeiten entsetzt und kam zu dem Schluss, dass mit den örtlichen Kräften das Problem wohl kaum zu lösen war, zumal Krüger etliche Personen hatte verhaften lassen, als die Gestapo um ihr Einverständnis zur Bildung eines Komitees ersucht wurde. In dieser Situation schlug mir Direktor Seyfried vor, für ein paar Wochen nach Stanisławów zu ziehen als Interimskommissar für den ganzen Distrikt. Eine unglaublich schwierige Aufgabe, dennoch war der Vorschlag mehr als verlockend. Ich hatte nur einen einzigen, den wichtigsten Vorbehalt: Was wird mit der Häftlingsfürsorge? Der Direktor erklärte daraufhin, dass die Sache schon nicht mehr meine dauernde Anwesenheit im Westen erfordere, da die Organisation längst ohne mich funktioniere und ich mich für ein paar Wochen mit etwas anderem beschäftigen könne. Mich bekümmerte dies alles, vor allem der Umstand, dass es dem Kommandeur nicht gefallen würde, wenn ich ein paar Wochen lang meine Hauptaufgabe vernachlässigte. Einfluss hatte ich darauf keinen, weil Direktor Seyfried von meiner Zugehörigkeit zum Militär nichts wissen durfte. Andererseits, die ungemein schwierige Aufgabe – der Kampf um die Rettung der polnischen Bevölkerung von 17 Kreisen der östlichen Heimat – war etwas äußerst Bestechendes. Folglich gingen wir zusammen zu Krüger, der sich mit meiner Ernennung einverstanden erklärte ebenso wie mit den Decken, Kämmen usw. für das Gefängnis. Nachdem wir noch andere Städte des Distrikts Galizien besucht hatten – Stryj, Sambór, Drohobycz –, wo das Gefängnisproblem überall ohne Komplikationen gelöst wurde, kehrten wir nach Krakau zurück.

Anmerkungen

1 Der Vorsitzende des Polnischen Hilfskomitees
2 Wegen meines akzentfreien Deutsch (K.L.)
3 Nach dem Tode Karol Lanckorońskis (1933), dem Herrn von Rozdół, übernahm sein Sohn Antoni* das Erbe.
4 Es war dies die Familie von Prof. Stanisław Kulczyński, dem Rektor der Jan-Kazimierz-Universität in Lwów (1936/1937).
5 Roman Longchamps de Berier wurde zusammen mit den drei ältesten Söhnen Bronisław, Zygmunt und Kazimierz erschossen.
6 Was natürlich niemals eintrat (K.L.).
7 Prof. Stanisław und Maria Kulczyński
8 Wodzisław war das Landgut in Polen, das am längsten in der Hand eines einzigen Geschlechts war, 1370–1945 (K.L.).
9 Schöpfer dieses Grabmals war Antonio Canova, der seinerzeit in Wien arbeitete. Offenbar hatte der Sohn des Verstorbenen, Antoni Lanckoroński, bei ihm dieses schöne Denkmal bestellt und nach Wodzisław bringen lassen (K.L.).
10 Pfarrer Augustyn Huczyński (Ordensname Pater Bolesław), Militärkaplan des 2. Korps, ruht heute auf dem Gefallenenfriedhof in Monte Cassino.
11 Ein Teil der Bilder und antiken Gegenstände befand sich in den Museen von Drohobycz und Stryj sowie in der Gemäldegalerie von Lwów.

Kapitel 4

Stanisławów
(März 1942 – 7. Juli 1942)

Im März begann ich in Stanisławów mit der Arbeit. Sie ging nur holprig vonstatten. Die Zahl der Bedürftigen war riesig, die Arbeitsmöglichkeiten begrenzt, die Zufuhr aus dem Westen außerordentlich erschwert, und der ukrainischen Schikanen waren unzählige. Die Angst vor Krüger dauerte an. Die Einwohner von Stanisławów hatten die ersten Massenverhaftungen nicht vergessen, aber auch nicht die Hoffnung verloren, dass jene Menschen, die sie am meisten achteten und liebten, die wertvollsten, doch noch am Leben waren. In einem fort kam dieses Thema im Gespräch auf, dabei durfte ich nicht verraten, was mir seinerzeit der betrunkene Staatsanwalt verraten hatte. Diese Angst vor dem Henker wurde durch immer neue Verhaftungen aufrechterhalten; in unregelmäßigen Abständen erfuhren wir, dass sie diesen oder jenen geholt hatten. Ein normaler Zustand im gesamten Generalgouvernement, in Stanisławów war es in dieser Hinsicht allerdings anders, denn niemand erhielt von den Inhaftierten je ein Lebenszeichen.

Eines Morgens betrat ein junger SS-Mann, ein Ukrainer, das Lokal des Komitees und verlangte ein Gespräch unter vier Augen. Als sich die Tür geschlossen hatte, wies er sich aus und erklärte, dass er gekommen sei, um Danuta Ziarkiewicz-Nowak zu verhaften, die hier tätig war. Ich musste mit ihm zum Nebenzimmer gehen, aus dem er die 21-jährige entzückende Danuta herausrief, Ehefrau eines Fliegeroffiziers, der in England war. Sehr bleich erhob sie sich, barg das Gesicht in den Händen und sagte nur: „Meine Mutter!" Dann verharrte sie in der Zimmermitte, schaute sich unter den Anwesenden um, und ihr Blick ruhte auf mir. „Ihnen vertraue ich meine Mutter an!" Sie warf sich mir an den Hals. Ich versprach für ihre Mutter zu tun, was möglich war. Man führte sie hinaus. Die zurückgebliebenen

Mitarbeiter ergriff Verzweiflung. Es kostete einige Mühen, die Adresse ihrer Mutter ausfindig zu machen. Ich machte mich auf den Weg. Zu meiner größten Überraschung traf ich dort Danuta nebst Ukrainer an. Wie sich herausstellte, hatte sie durch Bitten erreicht, dass er sie von der Mutter Abschied nehmen ließ. Vielleicht hatte ihn ihre seltene Schönheit gerührt. Als ich hineinging, führte er sie gerade hinaus. Danuta hatte sich umgezogen und trug jetzt wärmere Kleidung, ich weiß, dass es ein grüner, schwarz durchwirkter Pullover und ein Kopftuch war. Sowohl die Mutter als auch die Tochter waren vollkommen ruhig. Danuta freute sich über mein Kommen, versicherte ihrer Mutter, dass es sich bestimmt nur um ein Verhör handelte und sie bald wieder da sein würde. Mit einem Lächeln zu ihrer Mutter ging sie hinaus. Erst als wir allein waren, brach Frau Ziarkiewicz zusammen. Doch das dauerte nur einen Moment. Dann gewann sie ihre Fassung wieder, durchsuchte die Sachen ihrer Tochter und verbrannte ihr Tagebuch.

Nach Danutas Verhaftung hatte unsere Mitarbeiter tiefe Niedergeschlagenheit erfasst. Nichtsdestoweniger kam die Arbeit langsam in Gang. Zu Ostern fuhr ich nach Krakau und Warschau. In Krakau wollte mir Professor Dyboski mein auf wunderbare Weise mehrfach gerettetes Manuskript zurückgeben. Ich lehnte ab und bat ihn, es weiterhin aufzubewahren. „Wer weiß, was noch mit mir geschieht, und ich möchte so gern, dass das Buch nach dem Krieg erscheint."

In Warschau legte ich Gen. Komorowski den Fall Stanisławów dar und bat darum, dass unsere Propaganda in London die Sache vorläufig nicht publik mache, weil dadurch sämtliche Aktivitäten für die Zukunft gelähmt würden. Wir sprachen damals zweimal so lange miteinander. Der General ersuchte mich, das nächste Mal für länger zu kommen, damit Zeit genug sei, mit dem Oberkommandeur (General Grot) Kontakt aufzunehmen, der mich sehen und meine vollständige Meinung über die Gefängnisaktion hören wollte. Ich freute mich sehr, da ich mir schon seit langem wünschte, den Mann kennen zu lernen, der so viel für uns bedeutete. Er musste der „geborene Führer" sein, da man ihn überall spürte! Über mein Tun war er seit langem informiert, da er mir die Tapferkeitsmedaille übersandt hatte. Jetzt war ich über so Chance einer persönlichen Begegnung hoch erfreut. Komorowski war von meiner neuen Arbeit nicht entzückt. Als ich mich von ihm verabschiedete, sagte er mit ungewöhnlicher Schärfe: „Ich erlaube Ihnen keinen wie auch immer gearteten militärischen Kontakt im Osten. Im Augenblick ist das dort ein heißes Gebiet; es gibt Denunziation. Klar, dass die Leute Vertrauen zu Ihnen haben und versuchen werden, konspirative Kontakte mit Ihnen zu knüpfen, weil sie Hilfe bei der organisatorischen Arbeit brauchen, doch dürfen Sie das nicht riskieren. Erledigen Sie also schnell, was zu erledigen ist, und kehren Sie zur Gefängnisfürsorge zurück."

Das war am Dienstag, dem 8. April. Ein paar Tage später war ich wieder in Stanisławów, diesmal in Begleitung von Maryla Dmochowska aus Tarnów, die gekommen war, um mir zu helfen. Dank ihrer gewaltigen Anstrengungen machte die Arbeit bedeutende Fortschritte, sowohl in Stanisławów selbst als auch in Kałusz und in Kolomea. Komitees entstanden, die Zusatzverpflegung der Kinder hatte eingesetzt. Maryla und ich rechneten uns aus, dass wir Mitte Mai würden abfahren und zur normalen Arbeit zurückkehren können. Der Frühling kam spät, es war kalt und es war hart. Zudem kostete mich der Gehorsam gegenüber dem Kommandeur eine Menge. Ich durfte nicht mit einer militärischen Organisation in Kontakt treten, auch wenn sich seine Ahnungen bewahrheiteten, Versuche in diese Richtung wurden mehrfach unternommen, musste ich vorgeben, nur an legaler Tätigkeit interessiert zu sein, und das war besonders fatal, weil ich wusste, ich könnte ihnen helfen. Die Atmosphäre in Stanisławów war wie immer bedrückend. Einziger Trost waren die Arbeit und Maryla; damals entstand zwischen uns beiden eine tiefe Freundschaft. Ich versuchte, ein-, zweimal bis zu Krüger vorzudringen, um ihn „über meine Errungenschaften zu informieren", wie er das gefordert hatte, als er mir die Bewilligung für meinen Aufenthalt in Stanisławów erteilte, aber er empfing mich nicht. Schließlich unterließ ich alle weiteren Anstrengungen und widmete mich ganz meiner Arbeit.

Da rief mich Krüger auf den Sonnabend, 25. April, um zehn Uhr zu sich. Ich ging. Er ließ mich warten, wie gewöhnlich auf einem himbeerroten Stuhl im Vorzimmer. Dann durfte ich eintreten. Diesmal war Krüger nicht allein, an einem Tischchen nahe dem Schreibtisch saß die Sekretärin. Krüger stand nicht auf, sah mich nicht an, zeigte vom Schreibtisch aus auf einen Stuhl ihm gegenüber und sagte: „Ich muss Sie sicherheitspolizeilich verhören." Ich setzte mich und erkundigte mich nach der Ursache. „Sie entfalten in Stanisławów unerlaubte Aktivitäten", sagte er sehr laut. Ich zeigte ihm meine Vollmachten und machte darauf aufmerksam, dass sie viel umfassender waren als meine bisherige Tätigkeit und dass die deutschen Behörden in Lwów, die sich mit der Verproviantierung befassten, mich bereits darauf hingewiesen hätten, als ich mich wegen des uns zustehenden Proviants an sie wandte, dass die von mir durchgeführte Aktion zu langsam vonstatten gehe. Er wechselte die Front und erklärte nun, dass es „genau darum geht, dass Sie eine Methode haben, nicht so sehr illegale Dinge zu tun, als vielmehr eine karitative Aktion zu anderen Zwecken zu missbrauchen". „Ich weiß nicht, was Sie meinen." Zur Antwort bekam ich: *Ihr Geist gefällt mir nicht – Sie passen mir nicht in mein Reich.* Dieser Satz gefiel ihm offenbar so gut, dass er ihn während des weiteren Gesprächs ein paar Mal wiederholte und bei jedem Mal mit der Faust auf den Tisch schlug. „Ich muss Ihnen ein paar Fragen stellen: Erkennen Sie die Zerschlagung des Polnischen Staates an?" Schmunzelnd sagte ich, dass er offensichtlich beschlossen habe, mich zu verhaften, denn hinsichtlich meiner Antwort könne er ja wohl kaum Zweifel haben. „Warum sind Sie so ruhig?" fragte er mit wachsender Irritation. „*Sie schweben in höchster Gefahr.* Ich frage erneut, und geben Sie auf Ihre Antwort Acht! Sind Sie ein Feind Deutschlands?" – „Sie wissen, dass ich Polin bin, und Sie wissen ebenfalls, dass sich Polen im Krieg mit Deutschland befindet." – „Sie haben auf meine Frage zu antworten. Sind Sie ein Feind des Deutschen Reiches? Ja oder nein?" – „Ja, natürlich." *„Also endlich!"*, und er warf seiner Sekretärin einen triumphierenden Blick zu. „Notieren!" beschied er mit Nachdruck. Das Mädchen nickte zustimmend, während es schrieb. Er wandte sich erneut an mich. *„Seit wann?"* – „Seit ich das unermessliche Leiden meiner Brüder vor Augen habe." Und da fing er an von seinem Hass auf die Polen zu reden und von der Verfolgung der Deutschen durch die Polen. Ich glaube, dass er diese Rede mit der Absicht, mich zu schrecken, begann, doch je länger er sprach, desto mehr putschte er sich selber auf, so war jedenfalls mein Eindruck; schließlich schrie er, stampfte mit den Füßen und hämmerte mit den Fäusten auf den Tisch, wobei die ohnehin schon weit vorgeschobenen Lippen sich beinah in einen Rüssel verwandelten und ihn tierisch aussehen ließen. Ich hörte mir das alles ruhig an, weil mir nichts anderes übrig blieb. Immer wieder unterbrach er selber seinen Sturzbach von Schmähungen der Polen, um mir Vorhaltungen wegen meiner Ruhe zu machen und mir zu verheißen, dass er mich schon noch aus dem Gleichgewicht bringen werde. Das beruhigte mich freilich noch mehr, und ich sagte ihm, dass ich nicht verstehen könne, warum die Deutschen, die die eigene Nation so hoch schätzen, nicht das nationale Ehrgefühl bei anderen zu achten imstande seien. Er senkte die Augen und sagte mit einer anderen Stimme: „Das ist doch wohl etwas anderes." – „Aber gewiss, das ist was anderes", entgegnete ich. Er blieb stumm. Doch dann, irgendwann später, warf er mir vor, dass meine Haltung besonders empörend sei, da ich eine deutsche Mutter habe, wie er sehr wohl wisse.

Heute, nach Jahren, erinnere ich mich nicht mehr an alle Einzelheiten dieses Dialogs, der dreidreiviertel Stunden[1] dauerte. Ich weiß noch, dass er ein paar Mal in Wut geriet und die Polen als die einzigen und wirklichen Feinde des Reichs beschimpfte. Nicht die Franzosen, nicht die Engländer, bloß ihr, ihr, ihr …

Mitten in dieser Szene war ihm augenscheinlich klar geworden, dass er mir noch nichts Konkretes nachgewiesen hatte, und so bemerkte er unvermutet, dass er nie und nimmer glaube, dass so eine Person wie ich nicht zu einer Geheimorganisation gehöre. Darauf ich, dass er sich davon überzeugen könne, wenn er der Angelegenheit auf den Grund gehe. Da fragte er, wie ich mich zur polnischen Untergrundtätigkeit stellte. Mir war bewusst, dass er mir nicht glauben würde, wenn ich negativ auf diese stereotype Frage antwortete. Also lautete meine Antwort: „Enthusiastisch!" Er sprang vom Stuhl auf, beugte sich über den Schreibtisch und fragte: „Wo haben Sie gearbeitet, welche Funktionen hatten Sie?" – „Ich habe nirgends gearbeitet, hatte keinerlei Funktion." Er machte eine unwillige Geste. „Was soll das heißen! Einmal sagen Sie, dass Sie sich zu dieser Arbeit enthusiastisch stellen, dann wieder verleugnen Sie sie!" – „Ich bin Polin, wie Ihnen bekannt ist. Nationalpolin – da lässt sich schwerlich annehmen, dass ich mich zu einer Arbeit, die auf die Befreiung meines Volkes abzielt, nicht enthusiastisch stellen sollte." – „Also frage ich Sie zum zweiten Mal: Wo haben Sie gearbeitet?" – „Nirgendwo, wiederhole ich, denn zu konspirativer Tätigkeit braucht es mehr als nur Enthusiasmus." – „Was?" – „Man braucht vor allem einen Menschen, der einem diese Arbeit vorschlägt, und mir hat nie irgendwer irgendwas vorgeschlagen." Ich sah, dass er mir nicht glaubte und dass sich mein Schicksal in diesem Augenblick entschied. Also redete ich weiter: „Ich denke, dafür gibt es zwei Gründe. Die Leute, die diese Arbeit durchführen, wissen mit Sicherheit, dass ich bei einer legalen karitativen Organisation tätig bin. Offenbar sind sie genau wie ich der Ansicht, dass ich auf diese Weise meine nationale Pflicht erfülle, und verlangen nichts anderes von mir. Möglicherweise ist man auch wegen meines allzu offenherzigen Wesens und darum, weil ich sehr groß bin, viel und laut rede und heftig gestikuliere, zu der Ansicht gelangt, dass ich mich nicht zur Verschwörerin eigne, was nur recht und billig ist, denn ich selber sehe mich nicht, wie ich z. B. eine Bombe unter einen Zug werfe." Krüger hörte mit wachsender Verblüffung zu. Einmal wandte er sich an die Sekretärin, während ich sprach, und sagte: *„Noch nie gehört. Notieren!"* Endlich schaute er mir ins Gesicht, was er während dieses ganzen Auftritts nur selten getan hatte, dann kniff er die Augen zusammen und fragte: *„Oder sind Sie am Ende ganz gescheit?"* Ich grinste töricht. Er zuckte die Achseln – ich spürte, dass er es glaubte. Die Deutschen in ihrer maßlosen Dünkelhaftigkeit würden niemals Ausflüchte gebrauchen, die sie selber lächerlich machen. Darum glaubte mir Krüger, als ich behauptete, dass mich in der Konspiration keiner wollte, weil ich zu schwatzhaft bin, denn kein Deutscher hätte das je von sich gesagt. Er war überrascht, deshalb obsiegte ich.

Er wechselte das Thema. Kehrte zu meiner Arbeit in Stanisławów zurück und warf mir vor, dass meine Mitarbeiter Verschwörer seien. Erkundigte sich nach den Namen der im Komitee Tätigen. Ich erwiderte, dass ich nicht alle Namen im Kopf hätte und schlug vor, Maryla Dmochowska mit den Listen derjenigen Personen, die unmittelbar oder mittelbar mit mir zusammenarbeiteten, herkommen zu lassen. Mir lag natürlich viel daran, Maryla zu sehen. Er befahl mir, in seiner Abwesenheit zu telefonieren. Nach einer Weile traf Maryla ein. Man sah ihr deutlich an, dass sie keine Ahnung hatte, in welcher Situation ich mich befand, erst als sie Krüger die Liste reichte, versuchte ich sie mit einem Blick zu informieren, weil ich keine andere Möglichkeit hatte. Sie wurde weiß wie Papier. Krüger las die Namen, zählte sie an den eigenen Fingern ab, wobei mir auffiel, dass sein Daumen beinah die gleiche Länge wie der Zeigefinger hatte. Endlich tat er kund, dass sich unter den Aufgeführten eine Reihe verdächtiger Personen befänden. Er befahl Maryla den Raum zu verlassen. Ehe sie ging, fragte sie mich, ob sie auf mich warten solle. Ich bat sie, an die Arbeit zurückzugehen. Kaum war sie draußen, fing Krüger wieder an sich wie toll zu gebärden und die Polen zu verfluchen. Auf einmal unterbrach er sich selbst und erklärte mir, dass er mich nicht verhafte, dass ich das, was vorgefallen sei, als Warnung nehmen solle und dass ich nach Lwów fahren dürfe. Danach führte er mich persönlich die Treppen hinunter, ein Schritt hinter mir, auf der linken Seite.

Ich stand auf der Straße und – war allein. Die Sonne schien – Frühling. Ich hastete zum Komitee, wohl wissend, dass Maryla dort wartete. Und wie sie wartete! Als ich hereinkam, sah ich, dass sie stark und ruhig war. Wir umarmten uns, gleich darauf fragte sie, ob ich bemerkt hätte, dass Krügers Daumen fast genauso lang war wie sein Zeigefinger.

In der Stunde darauf fuhr ich nach Lwów, was bereits auf meinem Programm gestanden hatte. Schon auf dem Bahnhof hielt ich mich vor Erschöpfung kaum auf den Beinen, im Zug schlief ich wie eine Tote, obwohl er überfüllt war.

In Lwów erledigte ich dienstliche Angelegenheiten und traf mich dann mit meinem unmittelbaren Vorgesetzten aus Krakau. Ich hatte also die Möglichkeit, dem Kommandeur einen Bericht über den Vorfall in Stanisławów zu übermitteln. Ich verbrachte zwei Tage in Lwów und kehrte dann zu meiner Arbeit zurück. Dort überzeugte ich mich in Bälde, dass ich unter Beobachtung stand. Weil ich nichts „Illegales" getan hatte, fand ich diesen Umstand sogar erfreulich. Ich dachte so bei mir, Krüger beruhigt sich vielleicht, wenn er zu der Ansicht gelangt, dass ich hier in Stanisławów ausschließlich öffentliche Arbeit leiste. Ich arbeitete also in aller Ruhe. Nur einmal hatte ich einen eigenartigen Moment. Maryla und ich kamen in der Abenddämmerung von der Arbeit, und wir unterhielten uns über die laufenden Angelegenheiten. Auf einmal war mir, als ginge, um einen Schritt zurück, ein dritter zwischen uns und flüstere mir wieder und wieder ins Ohr: „Krüger sperrt dich ein, Krüger sperrt dich ein …" Doch mir war klar, dass es dabei um weiter nichts als um ordinäre Angst ging, und ich war wütend auf mich selbst. Im Übrigen gab es viel Arbeit und nicht wenige Verdrießlichkeiten, für anderes war keine Zeit, ging doch unser Aufenthalt zu Ende. Zu Pfingsten, Ende Mai, sollte Direktor Seyfried zur Inspektion kommen, wir wollten ihm etwas vorzuweisen haben, und dann – Abreise nach Westen.

Nicht nur in Stanisławów, sondern auch in Kałusz und Kolomea schritt die Arbeit voran. In Kolomea hatte ich endlich ein Komitee zustande gebracht. Am Morgen des 12. Mai fuhr ich mit einem aus Lwów eingetroffenen Lastwagen in diese Stadt. Es war bewölkt, aber angenehm. Der in diesem Jahr späte Frühling hatte sich endlich voll entfaltet. Überall Grün. Ich werde ein Wegstück nicht vergessen, das durch einen frühlingshaften Wald führte. Zur Mittagsstunde erreichte ich Kolomea. In der Starostei erhielt ich endlich die Lebensmittelbezugsscheine, um die ich so hartnäckig gekämpft hatte. In zwei Tagen würde die Zusatzverpflegung der Schulkinder auch in Kolomea beginnen! Ich war glücklich. Während des Nachmittags kam die Sonne heraus. Es gab eine Menge Dinge zu erledigen. Gegen Abend schneite ich dem Herrn Dekan ins Haus, einem alten erfahrenen Aktivisten, dessen Familiennamen[2] ich nicht erinnere, um die guten Neuigkeiten mit ihm zu teilen. Vor Freude offerierte er mir ein Abendbrot, ein großes Geschenk damals in Kolomea. Ich verspeiste es, obschon ich bereits (wenn auch nicht gerade üppig) zu Abend gegessen hatte, danach saß ich mit dem Greis auf seiner Veranda, es war ein milder Frühlingsabend, betrachtete den Sonnenuntergang und dachte voller Dankbarkeit daran, was für einen guten Tag ich heute gehabt hatte. Am Morgen jene bezaubernde Fahrt, dann der definitive Arbeitsbeginn in Kolomea, und jetzt dieser stille Abend, da im goldenen Licht der untergehenden Sonne die ganze Schönheit dieser Erde sich vor uns ausbreitete, auf dem einzigen Fleck unseres Grenzlandes (Kresy), das uns zugänglich war. Schließlich verabschiedete ich mich und ging zu Frau Pawłowska, einer Gymnasiallehrerin, bei der ich wohnte und wo um acht Uhr abends eine organisatorische Zusammenkunft des Komitees stattfinden sollte. Ich erstattete Bericht über die Vorbereitungsmaßnahmen, übertrug dem neuen Komitee die Verantwortung und händigte ihm die Lebensmittelkarten aus. In dem Moment klingelte es an der Tür. Frau Pawłowska ging hinaus und kam mit drei Männern wieder, von denen einer Zivil trug, die beiden anderen SS-Uniformen. Sie fragten nach mir und verlangten meine Papiere. Brüllten, dass dies hier eine konspirative, illegale Versammlung sei. Ich widersprach. Sie mögen sich in der Starostei erkundigen. Sie lösten die Versammlung auf, nur ich wurde verhaftet. Beim Hinausgehen bat ich eines der Komiteemitglieder auf Deutsch, morgen früh den RGO in Krakau anzurufen, dass ich verhaftet worden sei und sie jemand anderen an meine Stelle schicken sollten, damit die Arbeit nicht unterbrochen würde. Obwohl es ziemlich dunkel war, versuchte ich, jenem Herrn sehr intensiv in die Augen zu sehen, damit er das Gewicht der Mission verstand. Ich wusste genau, dass das Kommando rasch informiert wäre, wenn man den RGO benachrichtigte, wo es so viele „Doppelkollegen" von mir gab.

Wir gingen. Man führte mich zu einem bequemen Personenwagen, ließ mich hinten sitzen, neben dem Herrn in Zivil. Die anderen verschwanden. Der Nachbar musterte mich. Heute nach Jahren, da ich dies hier schreibe, bin ich mir bewusst, wie privilegiert ich verglichen mit Millionen Landsleuten damals gewesen bin. Vorher wie nachher hatte ich unzählige Schilderungen von Verhaftungen gehört, jede Schilderung betonte den physischen und psychischen Schock. Dieser Schock wurde mir dank meiner Naivität erspart. Ich war nämlich beinah überzeugt, dass die Gestapo in Kolomea tatsächlich eine illegale Versammlung vermutet hatte und dass sich in Bälde alles aufklären würde. Angenehm war das alles trotzdem nicht, doch ich war sehr müde und schlief ein. Nach längerer Zeit kamen die Gestapo-Männer zurück, d. h. sie kamen in reichlich fröhlichem Zustand aus dem Restaurant, vor dem „unser" Auto hielt. Sie stiegen ein, wir fuhren los. Aus ihrer Unterhaltung schloss ich, dass wir nach Stanisławów fuhren. Ich freute mich nicht besonders. Es war dieselbe Strecke durch den Frühlingswald, die ich am Morgen so genossen hatte, aber das kam mir jetzt vor, als sei es Ewigkeiten her. Unterwegs hatte das Auto eine Panne. Die dauerte so lange, dass ich wieder einschlief. Als ich aufwachte, war ich allein mit meinem schweigsamen Nachbarn, seine fröhlichen Kameraden halfen bei der Autoreparatur. Der Nachbar aß belegte Brote. Da fiel mir ein, dass ich ja noch die Vorräte hatte, die mir Maryla morgens mitgegeben hatte, und so aß auch ich. Der Nachbar beguckte mich mit unverhohlenem Erstaunen, das mich amüsierte. Endlich hatten die Kameraden das Auto repariert, sie stiegen ein, und wir setzten uns in Bewegung. In Stanisławów fuhren wir durch die Stadt direkt zum Gefängnis. Das Tor in der Seitenstraße ging auf, wir fuhren auf den Hof, das Tor schloss sich hinter uns. Sie befahlen mir auszusteigen und brachten mich zum Hauptgebäude, wo im ersten Stock Krüger residierte. Ich wurde in die Kanzlei geführt, dort fragte man mich nach meinen Personalien und prüfte meine Papiere. Als ich mich erkundigte, was das alles zu bedeuten habe, lautete die Antwort: *„Sie sind doch verhaftet.“*

Nach einer Weile führte man mich erneut über den Hof, zu einem niedrigen, länglichen Gebäude, öffnete auf dem langen Korridor die erste Tür und schaltete das Licht ein. Zwei eiserne Pritschen standen im Raum. Auf einer lag eine kleine, schwarzhaarige Frau, die andere war frei – für mich. Die Tür wurde hinter mir geschlossen. Ich verspeiste Ei und Brotscheibe, die ich noch bei mir hatte, legte mich nieder und deckte mich mit einer Decke zu, die ich als eine von denen identifizierte, die ich im Februar hierher geschickt hatte. Mir fiel auf, dass mich meine Zellengenossin mit wachsendem Entsetzen beobachtete, bis sie schließlich die Decke übers Gesicht zog. Nach allem schlief ich wie eine Tote.

Früh am Morgen befahl man mir aufzustehen und mich zu waschen, dann führte man mich in demselben Gebäude ins Büro. Dort empfing mich der Gefängnischef, der Maes oder Maas hieß. Zu ihm sagte ich, dass ich so schnell wie möglich verhört werden wolle, weil ich der Überzeugung sei, man habe mich irrtümlicherweise verhaftet. Man nahm mir alles ab, was ich bei mir hatte, mit Ausnahme der Waschutensilien und des Bronzekreuzchens aus Assisi, das ich hatte verstecken können, und dann schickte man mich in die Zelle zurück. Die Zellengenossin stellte sich als ukrainische Schauspielerin aus Czerniowiec heraus. Sie machte den Eindruck einer pfiffigen Person, die mich aufs Genaueste observierte. In Kürze war der Wärter wieder zurück und befahl mir, ihm zu folgen. Wieder überquerten wir den Hof zum Hauptgebäude an der Biliński-Straße, stiegen die Treppe zu Krüger hinauf. Im wohl bekannten Vorzimmer hieß man mich warten. Ich setzte mich auf einen der himbeerfarbenen Stühle. Die Sekretärin ging zu Krüger hinein, nach einer Weile kam sie wieder heraus und tat mir kund, der *Haupt-*

sturmführer verbiete mir zu sitzen, ich hätte aufzustehen. Ich stand also auf, und erst jetzt – so viel Zeit und Beweise hatte ich gebraucht –, erst jetzt begriff ich, dass Krüger mich eingesperrt hatte! Ein Mensch, der nie auf jener Seite des Lebens gewesen ist, kann das wahrscheinlich nicht verstehen, und es ihm zu erklären, fiele schwer, anders ein Mensch, der eine sehr schwere körperliche Erkrankung überstanden hat, er wird mit Sicherheit wissen, dass in Augenblicken der Lebensgefahr die Hoffnung tausendmal stärker ist als die Logik. Heute weiß ich, warum manchmal sogar kranke Ärzte beinah bis zur Todesstunde daran glauben, dass sie wieder gesund werden, obgleich sämtliche ihnen wohl bekannten Anzeichen für den nahenden Tod ihnen längst die Augen geöffnet hätten, wenn es nicht um sie selber ginge. Ein Häftling ist in einer ähnlichen Lage – ER WILL LEBEN –, auch hier ist der animalische Instinkt stärker als Logik oder Verstand.

Andererseits gab mir die Gewissheit, dass ich verhaftet bin – und das von Krüger –, zum gegenwärtigen Zeitpunkt viel Kraft und Ruhe. Ich wurde hineingerufen. Diesmal waren wir allein, ohne Sekretärin. Als ich eintrat, schaute Krüger wieder nicht auf, sondern sagte bloß: „So sehen wir uns also wieder, und ich habe gesiegt. Sie kommen ins Konzentrationslager Ravensbrück, bei Fürstenberg, Mecklenburg." – „Wann?" fragte ich. Er schlug mit der Faust auf den Tisch und fing auf der Stelle wieder an zu schreien: „Was? Immer noch! Sie haben immer noch die Unverfrorenheit!" Ich musste lachen. „Was bleibt mir denn anderes übrig? Ich möchte wissen, wann ich fahre." – „Weiß ich nicht. Das hängt vom Termin des Sammeltransports ab; von hier nach Krakau und von Krakau ins Reich." – (Schlimmer, wenn sie mich unterwegs nach Montelupi stecken, dachte ich. Dort gibt es eine Menge von den Unseren, darunter auch etliche, die verzinken.) „Sie sollen wissen, dass die Entscheidung aufgrund der Antwort gefallen ist, die Sie mir voriges Mal gegeben haben. Hätten Sie mir eine andere Antwort gegeben, würde jetzt Ihr Land nicht der Arbeit beraubt, die Sie ihm gaben." Diesmal war es ihm gelungen. Zum ersten Mal war mir sehr schwer ums Herz. Ich musste an die Gefängnisse denken und prüfte mich noch einmal selber, ob ich eine bravouröse oder eine nicht unbedingt notwendige Antwort gegeben hatte. Ich glaubte nicht. „Ich konnte nicht anders antworten, wenn ich nicht die Achtung vor mir selber verlieren wollte, ohne die ich sowieso nicht hätte arbeiten können", erwiderte ich. „Auch wenn ich nur *ein polnischer Untermensch* bin, erlauben Sie diesem, Schiller zu zitieren, der da sagt:

> *Das Leben ist der Güter höchstes nicht,*
> *Der Übel größtes aber ist die Schuld."*

Hier zog er eine komisch verzweifelte Miene, folglich setzte ich hinzu: „Das ist der Schluss von der *Braut von Messina*." – „Ja, ja", er nickte bereitwillig. „Das Leben ist nicht das höchste Gut, das größte Übel ist bloß die Schuld, und als Schuld würde ich jedwede andere Haltung Ihnen gegenüber empfinden." Schweigen. Dann wechselte er das Thema und sagte, dass mich außerdem diese Strafe träfe, weil ich mit meiner Einstellung die Abstammung von einer deutschen Mutter verleugne. „Sie gehen als Renegatin ins Lager." – „Das ist eine Nominierung", entgegnete ich. Wieder trat eine Pause ein, dann sagte er, dass er eine solche Antwort noch nie gehört habe und er nicht so genau wisse, was sie zu bedeuten habe. Dann fing er plötzlich wieder an zu schreien und auf die Polen zu schimpfen, die er verachte, weil sie keinen Schneid und keine Haltung haben. Auch jetzt musste ich lachen. „Das können selbst Sie nicht ernst meinen." Unerwartet versicherte er mir, dass er über alle nur erdenklichen Möglichkeiten verfüge, um mir einen Selbstmord unmöglich zu machen. Worauf ich ihm versicherte, dass ihm dies leicht werden würde, weil ich nicht die mindeste Absicht hätte, Hand an mich zu legen – zum einen, weil das mein katholischer Glaube nicht zulasse (hier bleckte er die Zähne), zum anderen, weil ich nicht wolle. Da ich eine eiserne Gesundheit hätte, sei ich bereit, selbst das Konzentrationslager auszuhalten. Worauf erneut das Versprechen folgte, mich schon kleinkriegen zu wollen. Natürlich könne ich für mich nur so lange bürgen, als ich bei Verstand sei, im Falle einer Geisteskrankheit wäre das etwas anderes, sagte ich zu ihm. Er war sichtlich verärgert, dass ich mit ihm sämtliche Möglichkeiten erörterte, daher fügte ich noch hinzu, dass ich die Vermutung hegte, all das sei ja wohl kaum aktuell, denn mein Fall werde bestimmt auf einfachere und schnellere Weise erledigt. „Was wollen Sie damit sagen?" – „Dass ich nicht annehme, von hier lebendig herauszukommen." – „Und Sie rechnen seit dem Moment, da ich Ihnen gesagt habe, dass Sie verhaftet sind, mit dem Tod?" – „Na, natürlich." – „Warum?" – „Darum, weil ich hier bin." Er machte eine unwillige Gebärde. Schließlich erkundigte er sich nach den Einzelheiten der Verhaftung. Ich teilte ihm mit, dass man mich in Kolomea arretiert habe, auf einer Versammlung des RGO, von der man irrtümlicherweise behauptet habe, sie sei illegal. „Das war nur ein Vorwand. Ich hatte hier, in Stanisławów, nach Ihnen geschickt, im Büro hat man gesagt, Sie seien nach Kolomea gefahren. Ich konnte nicht riskieren, dass man Sie benachrichtigte, also habe ich dort nach Ihnen geschickt." Mir fiel ein Stein vom Herzen, denn erst jetzt konnte ich mir sicher sein, dass den Mitgliedern des Tags zuvor aus der Taufe gehobenen Komitees in Kolomea nichts passieren würde.

Ich war bereits erschöpft, da fragte Krüger, was man über ihn in Stanisławów denke. Ich redete drumherum. Und schon fing er wieder an zu schnauben und die Frage zu wiederholen. „Man hat Angst vor Ihnen. Ihr Name ist mit der Verhaftung von 250 Personen verknüpft – Lehrer, Ingenieure, Ärzte …" – „Schlichtweg der polnischen Intelligenz", unterbrach er mich lachend und nickte bestätigend. „Besondere Beachtung schenkt man der Verhaftung von Doktor Jan Kochaj, dem Chirurgen, der unter Einsatz des eigenen vier deutschen Fliegern das Leben gerettet hat, weil er dies für seine ärztliche Pflicht hielt. Und dieser Mensch verschwand spurlos. Es kam sogar ein Dankschreiben vom Reichsluftfahrtministerium, doch hat es ihn bereits nicht mehr erreicht." – „Ein Dankschreiben hat Kochaj erhalten. Es ging durch meine Hände", wandte Krüger ein. „Und man hat diesen Mann dennoch nicht freigelassen?" hakte ich nach. „Was hat das eine mit dem anderen zu tun?" fragte er erstaunt. „Wir haben doch beim Einmarsch immer schon die fertigen Listen der zu verhaftenden Personen. Das ist immer so. Wissen Sie, wo das ganz genauso gewesen ist?" Hier brach er in wildes Gelächter aus. Ich war desorientiert, wusste nicht, worauf er abzielte, doch da sprach er schon weiter: „In Lemberg! Wissen Sie, wovon ich rede? In Lemberg!" Und wieder wildes Gelächter. – „Ja, ja, die Universitätsprofessoren! Ha, ha, das ist mein Werk, meins! Heute, da Sie von hier nicht mehr hinauskommen, kann ich's Ihnen ja sagen!¹³ Ja, ja, am ... (hier erwähnte er einen Wochentag, ich meine, dass es der Donnerstag war) um viertel vier in der Früh ..." Jetzt sah er mir in die Augen. Er schien zu wissen, dass es ihm diesmal gelungen war, dass der Pfeil getroffen hatte, denn er war sichtlich erfreut. Mir dagegen war, als hämmere mir jemand „Sie sind alle tot, und der Mörder ist der da!" Wort für Wort einzeln ins Hirn. Und wie im Traum huschten die Silhouetten von Rencki, Dobrzaniecki, Ostrowski und vielen anderen an mir vorüber. Ich sah das erloschene Gesicht von Frau Longchamps vor mir ... dachte an Wólka, an die Menschenschar im Morgengrauen, eine hinkende Frau darunter ... Frau Ostrowska hatte ein krankes Bein ... Und Krüger redete und redete, ohne mich aus den Augen zu lassen. „Ja, damals war ich kurz in Lemberg, mit einer Abteilung der Gestapo, die der Wehrmacht zugeteilt war." (Mir fiel die Feldgestapo ein.) „Wir marschierten gleich weiter nach Osten, später kam ich dann hierher zurück."

An den weiteren Verlauf der Unterredung erinnere ich mich nicht mehr genau, weil mich der Gedanke an die Professoren voll und ganz in Anspruch nahm, ich weiß nur noch, dass er bald schon wieder zu schreien anfing, ich würde mich ihm widersetzen, aber er würde mich schon brechen. Nach zwei Stunden bemerkte er, ich müsse doch müde sein, doch er würde mir keinen Platz anbieten, weil er annähme, ich würde seine Höflichkeit nicht akzeptieren; er habe keine Lust, sich einen Korb zu holen. Nach der Vorschrift hat ein Häftling zu stehen. „Hätten Sie sich gesetzt?" – „Natürlich nicht." – „Das habe ich gewusst. Trotzdem und trotz der Behandlung, die die Polen verdienen, mit Ihnen werde ich anders umgehen", hier verneigte er sich. „Ich werde Sie ritterlich behandeln", betonte er. Bei diesem seinem „ritterlich" zuckte ich zusammen. Hier überfiel ihn eine rasende Wut. Ich dachte, er würde den massiven Schreibtisch, an dem er saß, zertrümmern. Er schlug mit Händen und Füßen drauflos und heulte wie ein Tier. „Was? Meine Ritterlichkeit weisen Sie zurück? Ich habe als Offizier zu Ihnen gesprochen, und Sie sehen in mir den Gestapobeamten! Ganz einfach einen von der Gestapo sehen Sie in mir. Ist es nicht so?" – „Natürlich", entgegnete ich. „Und Sie meinen, die Gestapo habe keine Ehre?" Diesen letzten Satz wiederholte er mehrmals, er schrie immer unbeherrschter. „Aber ich sage Ihnen, die Gestapo hat ihre Ehre, was auch immer Sie von uns denken. Und wissen Sie, was das für eine Ehre ist? *Deine Ehre heißt Treue.* Verstehen Sie das? Die Gestapo hat ihre Ehre, und die *Ehre heißt Treue*. Sie weisen also meine Ritterlichkeit zurück?!" – „Aber Sie begreifen doch, dass dies für mich eine Demütigung wäre." – „Was also wollen Sie?" – „Ich möchte behandelt werden wie alle anderen Polen auch." – „Gut!" Er stand auf, klingelte, ließ mich abführen.

Ich kehrte in die Zelle zurück. Das Verhör hatte diesmal zweiunddreiviertel Stunden gedauert. Aber ich war furchtbar erschöpft; ich warf mich auf die Pritsche und war sofort eingeschlafen. Als ich wach wurde, galt mein erster bewusster Gedanke den Professoren: Er hat sie ermordet. Der zweite war ein ich-bezogener. Nämlich: Wenn er dir das erzählt hat, heißt das, er hat die Absicht, mit dir dasselbe zu machen – das ist klar. Wenn er dich nach einer gewissen Zeit, nach einer „Einschüchterungskur", freilassen wollte, ja sogar wenn er dich nach Ravensbrück schicken wollte, hätte er dir das nicht sagen können. Man musste sich also für den Weg vorbereiten. Und das tat ich von diesem Moment an. Ich gab mir Mühe, mich so zu verhalten, dass mich der Augenblick, da ich abberufen würde, möglichst bereit fände. Allerdings hatte ich damit – über den sehr langen Zeitraum hinweg, der damals für mich begann – schier unüberwindliche Schwierigkeiten. Fast immer, wenn ich zu einem gewissen Grad an innerer Sammlung im Gebet und in der Abkehr vom Leben gelangt war, fing etwas in mir zu schreien an: „Langweile den Herrgott nicht. Er reflektiert noch gar nicht auf dich. Er will etwas ganz anderes von dir. Pass besser auf, dass dir nicht der Charakter aus den Fugen gerät in dieser Gefangenschaft, und mach dich nicht schon auf in jene andere Welt, denn du wirst leben." Diese Vorahnung, ich würde sogar sagen Überzeugung, war so stark, dass sie jeglichen Vernunftsschluss übertäubte und bei der inneren Abkehr von der Welt äußerst hinderlich war.

Mein Gefängnisdasein hatte begonnen. Anfänglich hatte ich ausgezeichnete Bedingungen. Wir waren zu zweit, jede hatte ihre Pritsche, das Waschbecken war sauber, das Fenster groß. Die Zellengenossin verhielt sich anständig. Weil ich vom ersten Augenblick an den Verdacht hatte (nie bestätigt), dass sie mich bespitzeln sollte, und wachsam war, drohte mir von dieser Seite nichts. Das Essen war ebenfalls erträglich, früh und abends Malzkaffee, eine Suppe mit Kartoffeln oder Kohl, ein paar Mal sogar mit Fleischbröckchen, und, was das Wichtigste war, ein halber Laib Brot täglich. Ich war daher nicht hungrig. Die einzige größere Unannehmlichkeit waren Läuse, etwas mir bis dato Unbekanntes und erstaunlich fühlbar, aber es waren nicht allzu viele, man konnte sie durchaus bekämpfen. Vor allem hatte man Z e i t, was für mich etwas völlig Neues war. Nicht nur während des Krieges, sondern auch während der langen Jahre davor hatte sich mein Leben so gefügt, dass ich mich stets sputen musste, um wenigstens zum Teil den Aufgaben und gesteckten Zielen gerecht zu werden. Die kurze Phase ohne intensive Arbeit unter der sowjetischen Okkupation war, inmitten der mannigfaltigen Betätigungen und der Anspannung der letzten beiden Jahre, längst in Vergessenheit geraten, und seit meinen Gefängnisaktivitäten war mein Leben nur noch eine atemlose Jagd gewesen. Und jetzt auf einmal war alles anders. Ich weiß, dass das albern klingt, doch diese Novität war mir in den ersten Tagen nach der Verhaftung, unter den ziemlich guten Bedingungen meiner Haft, gar nicht unangenehm. Ich war fürchterlich erschöpft und ruhte mich zum ersten Mal seit vielen Jahren aus. Ich hatte keine Pflichten, brauchte mich nicht zu beeilen. Zu jenem Zeitpunkt war es auch eher still im Gefängnis. Von dem, was um mich herum vor sich ging, wusste ich anfangs nichts. Ich versuchte auf indirektem Wege von meiner Zellengenossin etwas über die Verhältnisse im Gefängnis in Erfahrung zu bringen, doch diese wechselte, jedes Mal wenn sich die Unterhaltung auf solche Themen zubewegte, die Farbe und blieb stumm. Bei dem Namen „Krüger" erzitterte sie am ganzen Leibe. Sie sagte von ihm nur, dass er wundervoll Klavier spiele, vornehmlich Beethoven … Da ich also nichts Rechtes in Erfahrung bringen konnte, widmete ich mich einer in den letzten Jahren eher vernachlässigten Tätigkeit – dem Denken.

Aus dem normalen Leben, den mich voll und ganz absorbierenden Alltagspflichten gewaltsam herausgerissen, machte ich durch, was wahrscheinlich in gewissem Grade eine plötzliche schwere Krankheit gewährt. Ich war niemals krank gewesen und wusste, dass dies für meine innere Entwicklung einen großen Mangel darstellte. Folglich beschloss ich, die neue Situation dahingehend zu nutzen, Kräfte, Empfindungen, Gedanken und Willen zusammenzuraffen. Doch hin und wieder kehrte die Realität zurück, und allmählich gewann sie sogar an Intensität. Eines war mir besonders schmerzlich. Mich quälte, dass ich nicht wegen meines Häftlingsengagements denen in die Hände gefallen war, womit ich immer gerechnet hatte, wegen dieser so geliebten Arbeit, für die ich dem Herrgott grenzenlos dankbar gewesen war. Mir war wohl bewusst, dass ich, wäre bei einem der Gefängnisse die Zweigleisigkeit meiner Arbeit zutage getreten oder die Gestapo schließlich dahinter gekommen, was eigentlich auf dem Spiel stand, auch bloß verhaftet worden wäre, doch mit dem Wissen, mich so teuer wie möglich verkauft zu haben; ich hätte mich ganz anders gefühlt als jetzt, da der Grund für meinen wahrscheinlichen Tod eigentlich nur das Wortgefecht mit einem degenerierten Henker sein würde. Andererseits konnte ich, sooft ich mir den Inhalt beider Verhöre vergegenwärtigte, keine einzige Provokation in meinen Antworten feststellen. Im Gegenteil, ich hatte die ganze Zeit die Versuchung niedergekämpft, mir einmal alles von der Seele zu reden, und sollte es auch das Leben kosten. Es ist übrigens ein bekanntes Phänomen, dass es entsetzlich schwer fällt, sich während eines Verhörs zu beherrschen und nicht zu explodieren, ein einziges Mal den seit Jahren angestauten Gefühlen des Hasses, des Abscheus und vor allem einer grenzenlosen Verachtung freien Lauf zu lassen. Viele Polen haben auf diese Weise – gewollt oder ungewollt – ihren Tod beschleunigt. Weil ich das nicht getan hatte, fühlte ich mich nicht schuldig. Dagegen war der Gedanke daran, dass meine ganze Arbeit gefährdet, ja vielleicht sogar ihre Weiterentwicklung unmöglich gemacht worden war (die Häftlingsfürsorge umfasste zum damaligen Zeitpunkt 27.000 Personen), sehr schwer zu ertragen. Ich dankte Gott, dass ich es geschafft hatte, den Kommandeur vom ersten Verhör in Kenntnis zu setzen, so dass ihm der Verhaftungsanlass bekannt war. Der Gedanke an ihn und an die Arbeit war noch aus einem anderen Grund schmerzlich. Beim zweiten Verhör hatte Krüger erneut mit besonderer Zudringlichkeit nach konspirativer Tätigkeit gefragt und mehrmals wiederholt, er könne sich nicht vorstellen, dass ich nicht daran teilgehabt haben soll. Der Sache würde nachgegangen. Er wusste, dass ich in Krakau wohnte. Wenn ihm einfallen sollte, die Denunzianten in Montelupi nach mir ausfragen zu lassen, konnte das insofern übel ausgehen, als dann möglicherweise Narkose in Betracht gezogen wurde, die ich panisch zu fürchten begonnen hatte; mir war ja bekannt, dass die Deutschen häufig eine spezielle Art von Narkose anwandten, unter der man, wie man hörte, äußerst präzise auf jede Frage antwortete, weil der Wille ausgeschaltet war. Ich verwünschte in jenen Tagen zweierlei: das Mitteilen von für meine Arbeit verzichtbaren Nachrichten seitens so mancher Mitarbeiter sowie das eigene sehr gute Gedächtnis. Ich wusste viel zu viel, und das bedrückte mich schrecklich.

Ein paar Tage nach meiner Verhaftung wurde die Zellentür aufgerissen und Krüger trat, besser stürmte, herein. Er baute sich vor mir auf und fragte in wütendem Ton: „Na also, immer noch nichts Neues? Hat sich bei Ihnen noch immer nichts geändert?" Wir blickten einander in die Augen. „Nein, Herr *Hauptsturmführer*." – „Das habe ich vermutet" – und er ging. Meine Schauspielerin war bestürzt; sie hatte an der Tür gelauscht und festgestellt, dass er unverzüglich das Gebäude verlassen hatte. „Er ist bloß zu Ihnen gekommen und ist jetzt wütend."

Die Szene wiederholte sich ein paar Tage später. Da tauchte er plötzlich mit einem Adjutanten auf, und in der Hand, aber auf dem Rücken, hielt er eine Reitpeitsche. Er fragte wieder dasselbe, wobei er hinzufügte, dass die ganze Wahrheit über mich längst herausgekommen sei. „Umso besser", sagte ich, „dann gelange ich ja bald in die Freiheit." – „Ganz und gar nicht, Sie gehen nach unten, ins Souterrain" – und er verschwand.

Ein paar Tage nach meiner Verhaftung, es war Sonntagabend, wurde die Tür zu ungewöhnlicher Stunde geöffnet. Diesmal kam eine gut gekleidete, hellblauer Mantel und rotes Regencape, blutjunge, sehr attraktive Blondine herein. Sie weinte und zitterte. Nach ihrem Typ zu urteilen gab es keinen Zweifel, dass sie Polin war. Ich trat zu ihr, sprach sie an; vorerst heulte sie so sehr, dass man nichts aus ihr herausbringen konnte.

Als sie sich beruhigt hatte, erfuhren wir, dass Krüger sie eben erst, nach ihrer Verhaftung, geschlagen hatte. Ungefragt erzählte sie, dass sie in Krakau wohne, bei einer verheirateten Schwester, sie war nur ihre Mutter auf ein paar Tage besuchen gekommen, gegen den Willen der Eltern, die ihretwegen Stanisławów fürchteten, das im ganzen GG für seine permanenten Verhaftungen von Jugendlichen berüchtigt war. Der Vater, ein Justizbeamter, befand sich in einer anderen Stadt. Hier hatte sie sich mit einer Menge ehemaliger Schulkameradinnen und -kameraden getroffen, die zu ihr nach Hause gekommen waren. Schließlich tauchte die Gestapo auf und fand bei der Hausdurchsuchung eine große Anzahl von Adressen eben dieser Schulkameraden. Weder damals noch heute nach so vielen Jahren hatte ich den Eindruck, dass Łucja im Untergrund gewesen ist. Sie war ganz einfach ein sehr junges, lebenssprühendes Mädchen, aufgewachsen unter sehr komfortablen Bedingungen, ohne Sorgen und Verantwortung, das einfach so nach Stanisławów gefahren war, gegen den Willen der Eltern, weil es „Lust dazu hatte".

Zwei Tage darauf holte man mich aus der Zelle und führte mich in einen Raum, wo man mich von allen Seiten fotografierte. Danach führte man mich auf den Hof hinaus und fotografierte mich erneut. Nicht genug damit, man brachte mich über die Straße in ein anderes Gebäude, wo man eine dritte Serie Fotos machte, eine ungewöhnliche, weil man mir diesmal eine große Blechtafel mit der Aufschrift *Kriminal Polizei* und einer verschiebbaren Nummer (116 glaube ich) zu halten befahl. Ich konnte mir kaum das Lachen verbeißen, während ich die Tafel festhielt. Als ich in die Zelle zurückkam, waren meine beiden Genossinnen nicht minder fröhlich. Die Ukrainerin hatte nämlich meine Abwesenheit genutzt, um Łucja zu erzählen, dass sie mit meinem Eintritt in die Zelle gleich nach meiner Verhaftung schwere Augenblicke durchlitten hatte, weil sie nämlich glaubte, dass man sie mit einer Geisteskranken zusammensperrte; denn erstens war ich rasch und ohne zu weinen eingetreten und zweitens verspeiste ich unverzüglich ein hartgekochtes Ei und legte mich schlafen. Folglich hatte sie die Decke über den Kopf gezogen und bis zum Morgen gewartet, was weiter passieren würde – doch es passierte nichts.

Ich bemühte mich in dieser Zeit, Łucja dabei zu helfen, sich gegen den ersten Schlag ihres Lebens zu wappnen. Das Mädchen reagierte schön und richtete sich mit jedem Tag mehr auf. Sie machte sich um ihre Mutter schreckliche Sorgen und erzählte, dass die Gestapo sich mit größtem Interesse in der luxuriösen Wohnung umgeschaut hätte. Ich musste an die Wohnung der Professorenehepaare Grek und Ostrowski denken – aus solchen Wohnungen holten sie mit Vorliebe alle ...

Eines Tages vernahmen wir urplötzlich Stimmen unter unserem Fenster auf dem winzigen, stets leeren Hof. Die Schauspielerin flüsterte mit bleichen Lippen, dass man beten müsse. Gleich darauf stürzten die Wärter herein, schlossen das Fenster und verboten streng, auf das Bett zu steigen und in den Hof zu schauen. Mittlerweile waren bereits Schritte auf dem Hof zu hören. Ich begriff. Ich zog mein kleines Kreuz aus Assisi hervor, und dann begann auch ich zu beten für diejenigen, die in Kürze vor Gottes Thron stehen würden. Es war still, aber das dauerte nicht lange. Gleich darauf: *Dreh dich um!* Der trockene Knall eines Schusses und fast gleichzeitig der dumpfe Widerhall von etwas Schwerem, das zu Boden fiel, und wieder: *Dreh dich um!* und wieder der Knall und der gleiche dumpfe Widerhall, als fiele ein Sack Kartoffeln von einem Bauernwagen. Als endlich der fünfte Körper gefallen war, entfernten sich die Schritte dreier Männer und – Stille. Anderntags im Morgengrauen knirschten Spaten im harten Erdboden; ich stieg aufs Bett, als das Fenster wieder geöffnet war, und sah im Hof ein Quadrat von etwa zwei Metern frisch umgegrabener Erde.

Am Dienstag, dem 26. Mai, zwei Wochen nach meiner Verhaftung, platzte wieder einmal Krüger herein, machte auch diesmal wieder einen Satz auf mich zu und fragte, ob ich mich geändert hätte. Diesmal gab ich überhaupt keine Antwort, stand nur vor ihm und sah ihm in die Augen. Da wandte er sich an die Ukrainerin und sagte: „Sie sollten schon längst entlassen sein. Hinaus!" Die Schauspielerin nahm ihre Habseligkeiten und eilte aus der Zelle. Danach wandte er sich an Łucja: „Nimm die Sachen und ab in eine andere Zelle!" Łucja warf mir einen Blick zu, nahm ihre Sachen und ging hinaus. „Bringt eine Ukrainerin her!" befahl er den Wärtern, die ihre Angst vor ihm nicht verbergen konnten. Sie zitterten nachgerade, wenn er sie ansprach. Einer ging, um dem Befehl nachzukommen, und brachte eine ältere Dörflerin herbei. „Nein, nein, nicht die", schrie Krüger und rannte hinaus. Gleich darauf war er wieder da, sein Gelächter war so unheimlich wie während der Verhöre. „Den Kram packen und nach unten! In den Dunkelarrest!" Ich folgte dem Wärter, der mich in eine große, außerordentlich schmutzige Zelle im Souterrain brachte. Beim Eintreten sah ich durchs Fenster oben unter der Decke, wie Krüger selber vom Hof aus die eisernen Fensterläden für mich schloss. Der Wärter schlug die Tür zu und drehte den Schlüssel herum. Ich blieb in der Finsternis zurück, aber ich war allein, und das war mir angenehm.

Es sah ganz so aus, als sei dieser Dunkelarrest die letzte Etappe vor dem „Hof", und ich versuchte mich entsprechend einzustimmen, doch sogar hier kehrte bisweilen das Vorgefühl zurück, dass ich leben würde. Die Exekutionen fanden weiterhin auf dem Hof statt, von meiner neuen Residenz aus konnte man nur die Schüsse zählen … Ich war allein und ich war ruhig. Es herrschte übrigens nicht ununterbrochen Finsternis. Dreimal täglich machten sie für einen Moment Licht, zum Essen und zum Saubermachen. Schnell hatte ich mich an die neue Situation gewöhnt und fand eine angenehme Art und Weise, den Tag zu verbringen: Ich ließ mich von meiner Fantasie Tag um Tag in eine der großen europäischen Galerien tragen und betrachtete Gemälde. Natürlich fing ich mit der Wiener Galerie an, in der ich „aufgewachsen" war. Es folgten Prado, Louvre, die Uffizien und Venedig.

Bisweilen gelangte ich zu einer überraschenden Intensität und ich kann versichern, dass das venezianische Kolorit mir nie so feurig erschienen ist wie damals im Dunkelarrest. Mir fiel die bekannte Anekdote über El Greco ein, die mir erst jetzt ihren wahren Sinn enthüllte: Eines Tages besuchte den Meister ein bekannter Dalmatiner und traf ihn in einem dunklen Zimmer an. Auf die Frage des verblüfften Gastes antwortete der Künstler, dass ihn das Tageslicht daran hindere, das innere Licht zu sehen. Bei mir belebte sich, wenn auch weniger schöpferisch, doch in gleichem Maße intensiv, in jenem Krüger'schen Grabgewölbe das Farb- und Formengedächtnis. Nun lebte ich wieder in der Welt, die einst die meine gewesen war, und mir war wohl. Mich störten nur zwei Unannehmlichkeiten physischer Natur. Die eine waren die Läuse, auf die man im Dunkeln nicht Jagd machen konnte, und die nervöse Einbildung, aus Luftmangel zu ersticken, obgleich ich mir klar machte, dass die Zelle schließlich groß war und ich darin völlig allein, der Sauerstoff daher reichen musste. Am vierten oder fünften Tag während des Essens kam der ukrainische Gefängniskommandant, Popadyneć, und fragte mich, ob ich nicht wüsste, wie viele Tage Dunkelarrest ich habe, da man für gewöhnlich zwei oder drei Tage bekomme und ich schon so lange sitze. Ich antwortete, dass ich das nicht wüsste. Der Ukrainer nickte und fügte mit gedämpfter Stimme hinzu, dass er nicht einmal fragen dürfe, da der *Hauptsturmführer* selber mir die Läden zugesperrt habe. Diese Nacht öffnete ein ukrainischer Wärter vom Hof aus für einige Stunden das Fenster, mich beschwörend, dass ich ihn ja nicht verriete.[4] Ich vermag nicht zu sagen, was für mich diese frische Nachtluft war, die mich friedlich schlafen ließ. Einmal, für einen Moment, da Licht brannte während des Säuberns der Zelle, besah ich mir die „Möbel" und gewahrte auf jedem Stück den Stempel NKWD. Die Natürlichkeit dieser hier so sichtbaren Kontinuität machte Eindruck auf mich. Ein paar polnische Nachnamen waren in das Seitenbrett eines gebrechlichen Wandregals geritzt. Jedes Mal, wenn ich für ein paar Augenblicke Licht hatte, kratzte ich mit dem Bronzekreuzchen Namen und Datum in eine nicht so sichtbare Stelle, damit eine Spur von mir blieb, die im Falle meines Todes zweifellos weitergeleitet würde an die Führung der AK, sobald Polen hierher zurückgekehrt war.

Während all dieser Tage erschien Krüger zweimal bei mir. Die übliche Unterredung fand statt, wieder ging er erbost von dannen. Ich hatte den Eindruck, dass er ein Tier besichtige, das er in Bälde irgendwem oder -was zum Fraß vorzuwerfen beabsichtige. Ich hatte nicht übel Lust ihn zu fragen, ob er Beethovens Oper ebenso gut kenne wie dessen Klavierwerke, weil er mich doch sehr an Don Pizarro aus dem *Fidelio* erinnere.

Nach sieben Tagen entließ man mich endlich aus dem Dunkelarrest und brachte mich zu Krüger. Unterwegs kam ich an einer offenen Zelle vorbei, auf die Tür war mit Kreide 1P *(1 Pole)* geschrieben. Drinnen tummelte sich ein Wärter. Ich konnte gerade noch ausmachen, dass die winzige Zelle kein Fenster hatte und dass in einer

Ecke (durch die Türöffnung fiel dorthin ein heller Schein) ein Mensch in seltsam gekrümmter Position in Ketten geschlagen saß oder kauerte.

Ich ging hinein zu Krüger. Diesmal war ein zweiter SS-Offizier anwesend, sein Stellvertreter, glaube ich. Das Verhör war kurz. Krüger fragte, ob ich die Folgen der Zurückweisung seiner Ritterlichkeit spürte. Er erhielt keine Antwort. Er fragte, ob im Dunkelarrest mein Sehvermögen gelitten hätte. Ich verneinte. Er fragte, ob sich bei mir etwas verändert hätte. Ich bejahte. Er schnellte in die Höhe. „Ich bin bereits geschwächt, ich nehme also an, dass ich Ihnen die Mühe ersparen werde, mich ins Konzentrationslager zu schicken." Schweigen. Er war enttäuscht und ärgerlich. Er sagte, ich würde von einem Arzt untersucht werden. Schließlich ließ er mich in eine Gemeinschaftszelle abführen.

Ich kehrte ins Gefängnis zurück. Popadyneć öffnete die Tür zur Nr. 6. Stickluft, Hitze und der Geruch einer ungewaschenen kranken Menschenansammlung schlug mir entgegen. Ich überschritt die Schwelle. Und da hing auch schon jemand an meinem Hals. Łucja, schon sehr abgemagert und sehr blass, viel weniger hübsch, aber ungleich viel stärker. Wir setzten uns zusammen in einem Winkel auf den Boden. Sie erzählte mir, dass ihre Mutter jetzt auch im Gefängnis sei, nur in einer anderen Zelle, am selben Tag verhaftet wie sie, dass sie sich schon zweimal für eine Sekunde hätten sehen können, wenn sie Kartoffelschälen oder zum Flurwischen ging, dass sie von gerade erst Verhafteten wisse, dass man die gesamte Wohnung ausgeplündert habe bis auf den letzten Nagel in der Wand.

Ich sah mich in der Zelle um. Es war sehr eng, folglich betrachtete ich eingehend und mit Interesse die Gesichter der neuen Genossinnen. Es waren Frauen jeglichen Alters. Überwiegend die Visagen von Verbrecherinnen, oder sichtlich von der Syphilis gezeichnet. Mich musterten sie mit widerwilliger Neugier. In der Zelle zu hören war hauptsächlich Ukrainisch.

Während ich so meinen Blick schweifen ließ, sprach mich eine Frau, die ein paar Jahre älter war als ich, auf Polnisch an und fragte, ob ich einverstanden wäre, mit ihr die Pritsche zu teilen, da Łucja als die jüngere mir natürlich ihren Platz abtreten und auf der Erde schlafen werde. Ich freute mich, denn die Frau erweckte Vertrauen in mir. Als nächstes trat eine ziemlich junge Gefangene zu mir, mit langen rabenschwarzen Zöpfen, stark hervorstehenden Wangenknochen, einem üppigen vulgären Mund und großen, tiefdunklen, leidenschaftlichen und wilden Augen. Sie trug einen schwarzen Morgenrock aus seidigem Barchent, mit großen roten Rosen. Sie fragte mich auf Ukrainisch, wie ich heiße, und stellte sich selbst als Zellenchefin vor. Als sie wieder weg war, flüsterte mir Łucja ins Ohr, dass man sehr vorsichtig mit ihr umgehen müsse, weil vieles von ihr abhänge, eine ukrainische Kommunistin, die in sehr guter Beziehung zu den Wärtern stand und die Polen hasste.

Der fundamentale Unterschied zur Isolierhaft war der Hunger, der in der Zelle herrschte. Wir erhielten nur noch braunes Wasser morgens und abends statt Malzkaffee, mittags Wasser mit ein bisschen Kartoffelmehl. Das Hauptnahrungsmittel war Brot, jede erhielt ein Zwölftel von einem Laib.

Bereits nach einem Tag wusste ich, dass nur zwei Personen in unserer Zelle eine Rolle spielten: die Kommandantin Katia sowie eine ältere Polin, Michalina Kordyszowa, die Frau eines Eisenbahnwerkmeisters. Vor Katia hatten alle Ukrainerinnen und noch mehr die wenigen Polinnen Angst. Sie verließ täglich ein paar Mal die Zelle, sei es zum Kartoffelschälen oder zum Flurwischen oder auch zum Putzen bei den Gestapo-Leuten, mit denen sie, wie es schien, den besten Kontakt hatte. Zurück in der Zelle, zog sie meist etwas zum Essen unter dem Morgenrock hervor und teilte es mit ihren Landsmänninnen. Frau Kordysz erklärte mir, dass dieser Proviant entweder aus dem Speisesaal der Gestapo-Leute stammte oder aus den Päckchen. „Was für Päckchen?" fragte ich. – „Sie wissen doch, dass die Familien Massen an Nahrungsmitteln für die Ihren hier herbringen!" Da erinnerte ich mich, dass die Familien der vergangenes Jahr Verhafteten, z. B. Frau Kochaj, regelmäßig Päckchen schickten, als ich im Komitee arbeitete.

Katia brachte auch Kunde aus der „weiten Welt", dem Gefängnis. Sie wusste für gewöhnlich, ob „er" in Stanisławów war oder nicht – Krügers Namen sprach sie nie aus, nur an der Furcht in ihren Augen erkannte man gleich, von wem die Rede war. Sie wusste, wie viele die Nacht an Flecktyphus gestorben waren oder wie viele man „in den Wald gebracht hatte". An ihrer Stimmung ließ sich viel ablesen. War sie unruhig und sah alle Augenblicke zur Tür, standen Exekutionen bevor; war Krüger nicht an Ort und Stelle, war es friedlicher, denn dann wurden keine Häftlinge umgebracht. Dies geschah nämlich nur und ausschließlich unter seiner persönlichen Aufsicht. Warf sie sich jedoch nach Rückkehr in die Zelle auf die Pritsche und weinte stundenlang, dann hieß das ein neuerlicher Rückzug der bolschewistischen Front, ein neuer deutscher Sieg. Die Polinnen hasste sie aus voller Seele, doch falsch, wie sie war, lächelte sie uns oft zuckersüß zu. Die einzige Ausnahme stellte Pani Kordyszowa dar. Vor ihr hatte selbst Katia absoluten Respekt, auch keine andere Ukrainerin wagte es, anders als makellos höflich ihr gegenüber zu sein. Pani Kordyszowa aber war gegenüber allen zuvorkommend, niemals wurde sie zu irgendwem aufbrausend. Nach Katia war sie die älteste Zellenbewohnerin; über vier Monate saß sie schon ein wegen ein paar alter Hosen, die ein einquartierter Moskowiter zurückgelassen und die man bei ihr gefunden hatte. Sie war sehr zurückhaltend und vorsichtig in ihrem Urteil, im Verhältnis zu mir nach ein paar Tagen absolut ehrlich, vertraute sie mir an, dass sie misstrauisch gegenüber fast jedem sei, nach all dem, was sie in dieser Zelle gehört und gesehen habe. Nichtsdestoweniger war sie sehr gut zu einer jeden in der Zelle, unterschiedslos, schließlich waren alle sehr unglücklich. An sich selbst dachte sie überhaupt nicht, nur an alle anderen, vor allem an den geliebten Ehemann und seine nun schon erwachsenen Kinder, die sie für ihn aufgezogen und wie ihre leiblichen Kinder geliebt hatte. Sie hatte jung einen

Witwer geheiratet, eigene Kinder hatte sie nicht, weil sie geglaubt hatte, nicht imstande zu sein, Stiefkinder und eigene unterschiedslos zu lieben. Von diesem Opfer sprach sie noch heute mit Tränen in den Augen. Sie war musikalisch, abends führte sie das Singen in der Zelle an. Es sangen alle – Polinnen und Ukrainerinnen, Intellektuelle wie Prostituierte. Das Lieblingslied von Pani Kordyszowa war „Jezu, Jezu, uczyń z nami cud" (Jesus, Jesus, tu ein Wunder an uns). Mit starker Stimme und einem ebenso starken Glauben führte diese einfache Frau, körperlich bis aufs Äußerste erschöpft, den Chor an und uns alle, denn es war keine einzige unter uns, die vor ihr nicht die Stirn geneigt hätte.

Auf Geheiß der Gefängnisbehörden strickte die Mehrzahl der Frauen Socken oder Pullover für die Gestapobeamten. Als ich von der Bestimmung der Sachen erfuhr, behauptete ich, zu schwache Augen zu haben und nicht arbeiten zu können. Das Strickgarn nahm man von aufgetrennten Pullovern und Umschlagtüchern Ermordeter. Einmal zeigte mir Frau Kordysz ein Knäul schwarzgrün melierter Wolle und fragte, ob ich nicht erkenne, von wessen Pullover das stamme. „Am ersten Tag haben Sie mich nach Danuta Nowak gefragt, die entzückende junge Frau des Fliegers. Ich habe Sie damals noch nicht gekannt und daher gesagt, dass ich nichts weiß. Das ist Danutas Pullover. Sie haben ihr nachgewiesen, dass sie zur Organisation gehörte. Vor dem Tod sagte sie zu Krüger, dass sie an Polens baldige Auferstehung glaube. Dann ging sie … so wie viele andere schon von hier gegangen sind …"

Und mit dem Hunger wurde es immer schlimmer, wir verloren rasch unsere Kräfte. Dabei füllte sich die Zelle weiter. Immer wenn Krüger nach mehrtägiger Abwesenheit zurückkehrte, brachte er eine Reihe Personen mit, die in der Provinz verhaftet worden waren. Ein paar Ukrainerinnen und eine größere Anzahl Polinnen trafen ein. Letztere fast alle für „Kontakte mit Ungarn". Die Besetzung des Gebiets um Stanisławów durch Ungarn gleich nach Abtreten der Bolschewiken hatte immerhin etliche Monate gedauert, während dieser Zeit kam es zu einer polnisch-ungarischen Annäherung, viele Polinnen verlobten sich mit Ungarn, Familien nahmen Ungarn gastlich auf. All diese Personen fischte Krüger jetzt heraus und warf sie ins Gefängnis. Wenn es sich um Personen aus wohlhabenden Kreisen handelte, verhaftete er sie persönlich und trug eigenhändig vor ihren Augen die kostbaren Dinge aus der Wohnung, vor allem Herrengarderobe und Vorräte, aber er verachtete auch Silber oder Wäsche nicht. Diese Personen, meist von Krüger misshandelt und geschlagen, kamen stark geschockt ins Gefängnis, so dass man erst ein, zwei Tage später etwas von ihnen in Erfahrung bringen konnte. Ukrainerinnen, die in der Überzahl waren, machten den Polinnen noch zusätzlich das Leben schwer. Besonders galt das für mich, da Katia, die mir immer schöntat, sie gegen mich aufwiegelte, indem sie ihnen aus der bolschewistischen Propaganda geschöpfte Märchen erzählte, die meine Abstammung und Klassenzugehörigkeit zum Thema hatten. Durch die

Deutschen war sie über mich informiert. Trotzdem verhielten sich etliche dieser armen Wesen menschlich zu mir, so dass es bisweilen möglich war, über verschiedene Dinge, die wichtiger als die Alltäglichkeiten waren, zu sprechen. Und auf diese wichtigeren Dinge musste man sich einstellen, denn ungeachtet der großen Chance, die man hatte erschossen zu werden, wuchs auch mit jedem Tag die Wahrscheinlichkeit des Verhungerns. Ich gebe zu, dass die zweite Perspektive tausendmal unangenehmer war als die erste, denn der Hunger ist überhaupt etwas ganz Furchtbares, etwas, das niemand versteht, der nie gehungert hat. Keiner von den Doktrinären und Sozialreformern begreift die moralisch destruktive Stärke des Hungers, schätzt sie richtig ein. Trotz meiner ganzen Schwäche und Entkräftung war ich mir völlig klar darüber, dass der Anblick einer Ukrainerin, die beim Putzen des Speisesaals der Gestapoleute Kartoffeln bekommen hatte, ein durch und durch niedriges Gefühl, das des Hasses und des Neides, weil sie eine Kartoffel hat und ich nicht, in mir hervorrief, dass ich den Koch hasste, der, wenn er die Suppe aus dem Kessel schöpfte, das Wasser mit dem bisschen Kartoffelmehl, und auf der Schöpfkelle ein Fitzelchen Kohl oder anderer Abfälle sah, diese zurück in den Kessel tauchte, damit dieser Leckerbissen nur einer Ukrainerin zufiel. Ich war entsetzt und vertraute mich Frau Kordysz an, die mir ganz ruhig und tief traurig sagte, sie wisse bereits seit ein paar Monaten, dass kein Hungernder frei von solchen Empfindungen ist – niemand ist wirklich gut.

Als der Hunger schon nicht mehr zu ertragen war, beschlossen wir den deutschen Kommandanten Maes zu bitten, die Schalen von den Kartoffeln, die unsere Genossinnen täglich in gewaltiger Menge für die Gestapo schälten, in unserer Suppe mit zu kochen. Ich, die als einzige Deutsch sprach, musste im Namen aller diese Bitte vortragen. Maes hörte sich an, was ich zu sagen hatte, dann antwortete er in aller Ruhe: „Das ist unmöglich, wir brauchen die Kartoffelschalen für unsere Schweine."

Eines Tages brachte Katia die Nachricht, dass der Pfarrer Typhus habe. „Welcher Pfarrer?" fragte ich. „Na Pfarrer Smacsniak aus Nadworna, der schon so lange hier ist." – Und wir haben ihn so gesucht, dachte ich. Von da an bemühte ich mich nach Kräften um Nachrichten über diesen heldenhaften Kämpfer für die SACHE. Bald stand es besser, bald schlechter. Die Ukrainerinnen machten seine Zelle sauber (Polinnen hatten natürlich keinen Zugang) und berichteten, dass er absolut friedvoll daliege, mit heiterem Gesichtsausdruck. Als es schon sehr schlecht stand, begannen die Deutschen ihm Milch zu geben. Offenbar brauchten sie ihn noch, um etwas in Erfahrung zu bringen; es soll sie zum Wahnsinn getrieben haben, dass er niemals etwas verraten hatte. Aber die Milch kam zu spät. Pfarrer Smacsniak starb am 17. Juni. Die Kunde vom Tod dieses Menschen, den ich in meinem Leben nie zu Gesicht bekommen hatte, wirkte niederschmetternd auf mich. Wir verlieren sie, einen nach dem anderen, wer bleibt noch, um an die Arbeit zu gehen, wenn endlich Polen wiederkehrt? Vorerst sterben die Besten für Polen, schon an die drei Jahre lang, pausenlos. Wer wird dann für Polen leben?

Der Flur vor unserer Zelle war sehr breit. Und so wurde er häufig zum „Gelegenheitsprügeln" benutzt, denn das „verordnete", mit Foltern, fand bei den Verhören statt. Die Gelegenheitsprügel praktizierten alle Wärter mit Maes an der Spitze. Der Häftling rannte dann hin und zurück den von Wachpersonal umzingelten Flur entlang, ausgesetzt den Hieben der Lederpeitschen, die auf ihn niederprasselten. Wildes, tierisches Gebrüll, oft flehentliche Beschwörung: Zabijte mene! (Tötet mich – d. Übers.), doch manchmal – nichts, nur das Klatschen der Schläge, dann das Geräusch eines fallenden Körpers. Katia pflegte dann leise zu sagen: „Wieder ein Pole!" Dann ging die Zellentür auf, ein Wärter befahl ihr, mit Eimer und Scheuerlappen herauszukommen. Bald kam sie wieder, sehr blass und mit der Nachricht, dass es diesmal ein halber Eimer gewesen sei.

Mittlerweile begann in der Männerzelle nebenan der „natürliche" Tod. Die Wand war dünn, so dass zu hören war, was dort vor sich ging. Der Hungertod kann übrigens unterschiedliche Formen annehmen. Oft treten in den letzten Stunden Krämpfe auf. Ich erinnere mich an eine solche Nacht, da zur Abwechslung Geschrei und Geröchel zu hören waren. Ein paar Mal kam ein Wärter und forderte Ruhe, doch die Agonie war merkwürdig undiszipliniert, selbst gegenüber der Gestapo.

Erst gegen Morgen trat völlige Stille ein. Katia berichtete in diesen Tagen, dass sie von den Männern allmorgendlich ein bis zwei Leichen hinaustrügen. Popadyneć kam einmal zu uns und fragte, wie das komme, dass bei uns noch alle lebten. „Den Weibern steht der Teufel bei." Doch allzu kräftig war der Beistand auch nicht mehr. Die Zelle einfach zu durchqueren, ohne sich an den Wänden abzustützen, wurde eine immer schwierigere Angelegenheit, und das Hinundhergetaumle war irritierend. Es war auch schrecklich stickig, obwohl das Fenster offen stand. Doch gegenüber war das große Gebäude des Zivilgefängnisses, so dass wir nur ein winziges Stückchen Himmel zu sehen bekamen, der in jenen Tagen von einem intensiven Blau war – und mich an Italien erinnerte, an all das außerordentlich Schöne, das mir im Leben geschenkt worden war. Den Gesang beim Gebet hatten die Deutschen ebenfalls verboten, doch die Kraft reichte zum Singen ohnehin nicht mehr, und so sprachen wir abends die Litanei an die Muttergottes. Die schon geschwächte, doch noch immer ausdrucksstarke Stimme von Frau Kordysz – „geistige Rose, Davidsturm, Elfenbeinturm" – beherrschte unsere im Chor gesprochene Gegenantwort, denn es beteten ausnahmslos alle, alte und junge Frauen, Polinnen und Ukrainerinnen, herumgestoßene Straßendirnen und reine junge Mädchen, verzärtelt und in Sorglosigkeit aufgewachsen – sie alle wandten sich mit ihrem Flehen um Rettung vor dem so nahen Tod und vor diesem Leben inmitten von Hunger, Krankheiten, Läusen und Dreck an das höchste Frauenideal unserer Kultur.

In dieser Zeit bekam ich einmal ein Päckchen. Es enthielt einen Pyjama, einen

Pullover, etwas Wäsche, ein Sommerkleid und Schuhe. Ich erkannte meine Sachen wieder, die mir da aus Krakau geschickt worden waren. Ihr Anblick versetzte mich in eine merkwürdige Stimmung. Es lässt sich nur schwer beschreiben, was für einen Häftling ein „freiheitlicher" Gegenstand ist, etwas, das den fühlbaren Beweis bietet, dass das frühere Leben Realität war und kein Traum, dass es da noch Menschen gab, die leben und sich erinnern und frei durch die Welt spazieren.

Eines Tages war Łucja wieder beim Verhör, wo sie erfuhr, dass ihr Vater auch hier war. Später sah sie ihn vom Fenster aus, wie er mit Kameraden Steine klopfte. Er war schon so verändert, dass sie ihn im ersten Augenblick nicht erkannte. Das arme Mädchen quälte sich furchtbar, denn sie war sich nur allzu sehr darüber im klaren, dass ihr leichtsinniger Ausflug nach Stanisławów das Unglück über ihre Eltern gebracht hatte.

Die Juden begann man damals auf dem Hof zu gruppieren, wo man sie dann ohne Rücksicht auf das Wetter hielt. Immerfort war zu hören, wie ihr Kommandant mit schneidender, heiserer Stimme zur Ordnung rief. Ein paar Tage lang drang von dort auch das Wimmern und Weinen eines kranken Kindes zu uns, wurde täglich schwächer, bis es eines Nachts verstummt war.

Über all das unterhielten wir uns flüsternd. Die laut geführten Gespräche hingegen wichen weit ab von unserem Zellenalltag; sie kreisten ständig um zwei Themen. Man besprach und deutete von früh bis Mittag die Träume, die eine jede von uns in der vorangegangenen Nacht geträumt hatte, und der zweite Teil des Tages wurde mit der Beschreibung der mannigfaltigsten Gerichte und ihrer Zubereitungsarten verbracht. Ich gestehe, dass mich die zweite Art von Gesprächen, die sich permanent wiederholten, schrecklich enervierten, da sie den Hunger, der ohnehin schon so unerträglich war, noch weiter anstachelten. Doch da war nichts zu machen, selbst unsere Pani Kordyszowa „kochte" mit Eifer und behauptete, dass ihr das gut tat. Manchmal versuchte ich etwas Fröhliches zu erzählen. Einmal fragte mich eines der Mädchen, wie es komme, dass ich mir aus nichts etwas mache. Katia antwortete für mich: „Richtig, sie macht sich aus dem allen gar nichts, bloß ihre Haare grämen sich, die wechseln schon die Farbe."

Worüber sollten im Übrigen diese Frauen sich auch unterhalten? Natürlich zankten sie sich häufig, bestahlen sich, wenn's was zu stehlen gab. Manchmal beteten sie während des Tages, und manchmal, auch wenn es verboten war, spielten sie Karten, hin und wieder schafften sie sogar die beiden Betätigungen zu verbinden. Ich weiß noch, wie Katia einmal, in ihrem geblümten Morgenrock, halb liegend, halb sitzend auf ihrer Pritsche, auf Polnisch *Godzinki do Matki Boskiej* aus einem Büchlein sang, das eine der Zellengenossinnen bei der Durchsuchung hatte verstecken können, und sich gleichzeitig Karten legte. Und gerade da tauchte Janka auf.[5] In der Zellentür stand eine Blondine im Sealskin-Pelz, verhaftet also im Winter, eine junge Frau, mit intelligentem, erschöpftem Gesicht. Janka war Lehrerin. Sie saß schon eine Reihe von Monaten, man hatte sie genommen, weil ihr Verlobter gesucht wurde. Sie kam aus Lwów, aus dem Gefängnis in der Łącki-Straße. Natürlich erkundigte ich mich sofort, ob dort noch immer die Häftlingsfürsorge funktionierte. Janka hatte nämlich zu den Auserwählten gehört und in der Küche gearbeitet; ein paar Mal die Woche sah sie vom Fenster aus, wie unsere Damen vom Komitee Suppe, Arzneimittel und andere Sachen brachten. Ein paar Tage nach ihrer Einlieferung bei uns kehrte Janka strahlend vom Verhör zurück. Aus den Fragen, die man ihr gestellt hatte, ging klar hervor, dass sie ihren Verlobten nicht hatten. „Jetzt ist es nicht mehr wichtig was mit mir geschieht, nicht nur für mich, sondern auch für die SACHE, nur darum geht es, dass sie ihn nicht haben." Seit dieser Zeit saß sie still und heiter in einem Winkel auf dem Boden und schwand vor Hunger dahin, wie wir alle. Die Zelle füllte sich weiter. Damals gab es wieder einmal eine große Denunziation in der Konspiration. Ich weiß, dass man viele Verhaftete nach mir fragte. Niemand wusste etwas von mir, bis auf meine Arbeit beim RGO. Ich dachte an den Kommandeur und seinen letzten Befehl.

Katia brachte immer düsterere Nachrichten von größeren „Waldpartien" (Hinrichtungen von umfangreicheren Gruppen fanden nicht auf dem Hof, sondern im Wald statt).

Einer der Neuzugänge war eine Frau namens Sitarska. Sie stammte, wie sich herausstellte, aus Rozdół und hatte meinen Vater gekannt. Ich vermag nicht zu beschreiben, wie sehr mich dieser unerwartete Kontakt mit der Vergangenheit ergriff. Gemeinsam erinnerten wir uns an die heimatlichen Gefilde. Vor Rührung machte sie mir ein königliches Geschenk, sie spendierte mir ein rohes Ei, das sie zusammen mit einem Krug Milch mitgebracht hatte. Nach diesem Ei fühlte ich mich wie neu geboren.

Wenige Tage später kehrte die Sitarska unwahrscheinlich zugerichtet vom Verhör zurück. Polinnen gab es hier jetzt um etliches mehr. Ständig wurden sie zu Verhören geholt und kamen in fürchterlichem Zustand wieder. Einmal rief der Wachhabende jedoch, eine oder zwei auf einmal, eine ganze Gruppe Polinnen und Ukrainerinnen heraus. Darunter auch Nacia, eine Ukrainerin von sehr schlechten Sitten und sehr gutem Herzen, die wir alle gern hatten; er rief auch die Sitarska und Janka auf. Letztere strahlte übers ganze Gesicht. „Das ist die Freiheit. Endlich!" Wir umarmten uns, und ich erinnerte sie an ihr Versprechen, das Lemberger Komitee des RGO von mir wissen zu lassen, wenn sie vor mir freikäme. Sie drückte mir ihre fast unangetastete Brotration in die Hand und eilte den anderen hinterher. Man ließ sie auf dem Flur paarweise Aufstellung nehmen – sie warteten. Dann drang durchs Fenster das laute Geräusch eintreffender Lastwagen. Ich sah zu Frau Kordysz. Sie nickte kaum merklich. Wieder ging die Tür auf, wieder wurden ein paar Frauen herausgerufen. Die gingen schon in tiefem Schweigen. Immer wieder kehrte der Wärter zurück, dauernd fielen neue Namen. Schließlich trat der rothaarige Kommissar mit dem Satansgesicht ein, dessen Erscheinen stets Unglück verhieß. Wir nannten ihn Rosstod. Er rief jemanden heraus, und uns allen befal er, uns auf den Boden zu setzen, keine durfte aufstehen, unter gar keinen Umständen, und vor allem nicht aus dem Fenster sehen. Wir saßen also da und warteten, dass aufs Neue die Tür aufging, aber eigentlich erwartete jede den eigenen Namen zu hören. Irgendwer begann das Gebet „Wer sich in den Schutz seines Herrn begibt" zu sprechen. Der Wortsinn ging mir in diesem Moment als etwas vollkommen Neues auf … Schließlich setzten sich die Lastwagen in Bewegung. Man konnte hören, dass es ziemlich viele waren. Nach einer halben Stunde waren sie wieder zurück, und eine Weile später lag ein Haufen Kleidungsstücke auf dem Flur, wo die Gestapoleute sie sortierten und die besseren Sachen für sich behielten. Jankas Pelzmantel war auch dabei, ich sah ihn, als die Tür kurz aufging.

Katia wurde abends aus irgendeinem Grund, an den ich mich nicht mehr erinnere, herausgerufen; als sie zurückkam, erfuhren wir, dass das noch nicht alles gewesen war, dass noch weitere „Partien" in Vorbereitung waren. Diese Nacht schlief lange niemand ein, alle warteten, dann gewann doch die Erschöpfung die Oberhand, und wir sanken in einen tiefen Schlaf. Mitten in der Nacht ging die Tür auf. Der Wärter rief laut: „Karolina Lanckorońska!" Ich wachte auf und begriff, dass ich umkommen sollte, aber im ersten Augenblick konnte ich den Schlaf nicht abschütteln. Da ließ sich ganz ruhig Pani Kordyszowa vernehmen: „Das ist nichts, bloß die Bahn nach Lwów, im Morgengrauen geht ein Zug." Ich wusste, dass Pani Kordyszowa selber nicht an das glaubte, was sie sagte, aber ihre Stimme brachte mich komplett auf die Beine. Ich zog mich an, der Wärter befal die Sachen mitzunehmen, doch die wollte ich für die Zellengenossinnen zurücklassen, und er erlaubte es mir. „Betet", bat ich und ging hinaus. Ich griff in die Tasche und vergewisserte mich, dass das kleine Kreuz aus Assisi da war. Ein einziges Gefühl beherrschte mich in diesem Augenblick, das Gefühl überwältigenden Bedauerns, dass ich in der Nacht sterben musste, in Dunkelheit anstatt am Tage, im Licht, in der Sonne. „Vater Jupiter, gib uns, da wir schon sterben müssen, im Licht zu scheiden und in der Sonne", ruft Ajax in der *Ilias*. Homer hat sich als großer, eindringlicher Kenner der menschlichen Seele erwiesen, das weiß ich heute, und sei es auch nur aus diesem einen einzigen Satz. Ich weiß auch, dass das *dulce et decorum* Motivation und Kraftquell sein kann. Ich war des Todes völlig gewiss und vollkommen ruhig.

Als ich auf den Flur trat, stellte ich fest, dass Krüger fehlte, zur Hinrichtung sollte er doch da sein, dieses Vergnügen hatte er sich sonst noch nie versagt. Ich wunderte mich. Mein Begleiter, ein SS-Offizier, bog vom Flur aus rechts ein. Warum nicht links, der Hof ist doch dort, dachte ich. Zum ersten Mal spürte ich das Band zwischen mir und denen, die in Wodzisław ruhten. Ihnen schwor ich, „keine Schande zu machen". Mittlerweile waren wir auf den Haupthof hinausgelangt. Die frische Nachtluft gab mir Kraft. Ich ließ beim Gehen den Blick schweifen – nichts, kein

Lastwagen. Jetzt begriff ich gar nichts mehr. Mein Begleiter brachte mich zum Hauptgebäude und befahl mir, die Treppe hinaufzugehen. Leichter erklomm ich die Treppen, als ich mich in der letzten Zeit durch die Zelle bewegt hatte. Irgendwie spürte ich die Schwäche nicht, ich war viel zu neugierig, was weiter passieren würde.

Man führte mich in ein Büro. Dort saßen ein Offizier und eine Daktylografin. Sie machten mit mir ein Protokoll. Ich musste meinen Lebenslauf erzählen, beinah von der Geburt an, sie redeten und schrieben lange. Ich war nun schon mächtig erschöpft. Milchkaffee wurde gebracht und Topfenkuchen mit Puderzucker. Die Daktylografin ließ es sich schmecken. Ich fühlte mich einer Ohnmacht nahe und suchte am Tisch Halt. Der Offizier brüllte wie ein Vieh, dass es mir verboten sei, mich aufzustützen. Danach setzte er seine Befragung fort. Die Fragen bezogen sich auf den Inhalt von Krügers Verhören, aber der Ton war viel sachlicher. Schließlich ließ man mich das Protokoll unterschreiben und schickte mich in die Zelle zurück. Als ich den Hof überquerte, dämmerte es eben. Der letzte Tag meines Lebens bricht an, dachte ich, denn sowohl Katia als auch Pani Kordyszowa hatten oft gesagt, dass niemand hingerichtet würde, der zuvor nicht ein Protokoll unterschrieben habe, erst dieser Akt bedeute den Abschluss des „Falls". Womit ich mir jetzt auch erklärte, dass ich gestern nicht mit den andern gegangen war und dass man mich in der Nacht ins Büro geholt hatte. Bestimmt gehöre ich zu der heutigen, anderen Partie, von der Katia gesprochen hatte, dachte ich.

In der Zelle empfing man mich mit größtem Erstaunen. Łucjas und vor allem Frau Kordyszs Freude waren rührend. Ich war total erschöpft und hungrig, aber ich hatte ja noch Jankas Brot, das aß ich jetzt und schlief dann sofort ein. Früh war es still rundherum. Die benachbarten Männerzellen hatten sich ziemlich geleert, die Schreie des Kommandanten der Juden waren längst verstummt. Katia brachte die Nachricht, dass tags zuvor sehr, sehr viele gegangen waren, heute sollte es ähnlich werden, vermutlich gab es dann wieder eine große Verhaftungswelle, deshalb räumten sie das Gefängnis.

Nachmittags machte ich gerade ein Nickerchen auf dem Fußboden, als der Wärter eintrat, wieder einmal meinen Namen nannte und dann hinzufügte: „Entlassen." Die ganze Zelle geriet in Bewegung. Ich wollte es nicht glauben und sagte, dass ich mich nicht betrügen ließe … Der Wärter beteuerte meine Entlassung. Łucja und Pani Kordyszowa warfen sich mir an den Hals und flehten mich an, ihre Familien zu benachrichtigen. Indessen schrie die ganze Zelle, weil jeder noch etwas zu sagen hatte. Der Wächter drängte mich zum Aufbruch. Ich griff mir also meine Sachen, und in Sekundenschnelle hatte ich sie verteilt. Noch einmal verabschiedete ich mich und versprach für die Zelle Päckchen zu schicken. Ich stand schon dicht an der Tür, als ein ukrainisches Mädchen auf mich zu sprang und zur Zelle hin umdrehte. „Rückwärts raus, das zieht uns alle mit, und auf einen Lappen muss man treten!", und sie warf mir einen Lappen unter die Füße. Ich wandte mich folglich noch einmal, zum letzten Mal, diesen unglücklichen Frauen zu, streckte die Hände nach ihnen aus, während ich mit einem Fuß auf dem Lappen stand und mit dem anderen rückwärts die Schwelle überschritt. Dann fiel mit einem Knall die Tür hinter mir zu. Wie betäubt stand ich auf dem Gang, ging ihn entlang, genauso wie vor 12 Stunden, nur dass ich da in den Tod gegangen war, und jetzt ging ich nicht nur ins Leben, sondern in die Freiheit, und das ist tausendmal mehr.

In der Kanzlei empfing mich Maes. Er war sehr höflich. „Sehen Sie, nun ist auch für Sie die Zeit da." Ob er sich erinnerte, wie er zu mir gesagt hatte, dass wir die Kartoffelschalen nicht haben könnten, weil die für die Schweine bestimmt seien? Ich musste die mir zurückerstatteten Papiere genau durchsehen, auch das Geld. Die Papiere schaute ich bereitwillig durch und stellte erleichtert fest, dass auch das Kärtchen von Heinrich nicht fehlte, so dass ich unverzüglich zur Häftlingsfürsorge würde zurückkehren können. Beim Zählen des Geldes – es waren an die 4000 Złoty – schmunzelte ich in mich hinein, dieses Geld war nämlich das der Delegatur der Regierung. Dann befahl man mir das berüchtigte Chirograf zu unterschreiben, das mir verbot, irgendetwas mitzuteilen, was ich im Gefängnis gesehen hatte. Ich fragte, ob das alles sei, ob ich jetzt gehen könne. „Gleich. Sie fahren mit dem Auto." Aha, dachte ich, wieder einmal die gleiche Komödie wie in den andern Städten; man will natürlich nicht, dass sich eine der Freigelassenen dort zeigt, wo sie eingesperrt war. *Sie passen mir nicht in mein Reich* – fiel mir ein. Ich wartete eine Weile, bis schließlich ein mir unbekannter Gestapo-Beamter erschien und mich artig fragte, ob ich alles habe, mir auch nichts abhanden gekommen sei. Ich erklärte, dass mir nichts fehle. Auf dem Hof wartete ein offener Personenwagen, ich stieg ein. Der Gestapo-Beamte setzte sich auf den Fahrersitz. Der Stellvertreter Krügers tauchte noch auf und erkundigte sich, ob man mir alles zurückgegeben habe. Ich bejahte, und das Auto setzte sich in Bewegung.

Anmerkungen

1 An der Wand hing eine Uhr (K.L.).
2 Er kam in Auschwitz um (K.L.).
3 So erfuhr ich, dass ich bereits zum Tode verurteilt war (K.L.).
4 Das tat er von da an jede Nacht. Niemals werde ich ihm das vergessen. (K.L.)
5 Ich habe ihren Familiennamen vergessen, erinnere mich nur noch, dass ihr Vater, ein Eisenbahnbeamter, in Przemyśl, Rzeczna 20, wohnte (K.L.).

Kapitel 5

In der Łącki-Straße in Lwów
(8. Juli 1942 – 28. November 1942)

Das Tor öffnete sich und mit ihm die Welt. Wir fuhren so schnell durch Stanisławów, dass ich auf der Straße niemanden sah. Wir hatten die Stadt schon hinter uns gebracht, als wir an einem Leichenzug vorbeikamen, angeführt von einem mir bekannten Pfarrer. Und wie ich da so ganz dicht an ihm vorbeifuhr, machte ich zu ihm gewandt eine heftige Bewegung, um seine Aufmerksamkeit zu erregen. Es war dies bloß der Bruchteil einer Sekunde, aber der Effekt war außerordentlich. Der Pfarrer starrte mich an, zuckte zusammen, dann stolperte er dermaßen, dass er fast gefallen wäre – und wir waren längst auf und davon. Ich drehte mich nach der Stadt um, deren Türme noch am Horizont zu sehen waren. Hierher würde ich vor der Befreiung nicht mehr zurückkehren können. Im Freien Polen erst werde ich nach all den Menschen suchen, mit denen ich hier gearbeitet habe, mehr noch denjenigen, die sich im Gefängnis mit mir gequält haben, oder wenigstens deren Familien. Ich komme hierher zurück, wo mich nur ein Schritt vom Tod getrennt hat. Da ich ganz offensichtlich leben und arbeiten soll, werden die acht hier im Gefängnis verbrachten Wochen sehr kostbar für mich sein! Das Auto glitt unterdessen durch diesen zauberhaften, fruchtbaren Landstrich dahin. Man schrieb den 8. Juli, das reife Korn wogte in Sonne und Wind, und meine Lunge, die noch unlängst nichts zum Atmen hatte, sog aus voller Kraft die frische, erquickende Luft ein. Eine unbeschreibliche Rührung erfasste mich beim Anblick dieser Felder, Hütten und Gärtchen mit ihren Malven, den Kirchen und griechisch-orthodoxen Gotteshäusern, schlichtweg beim Anblick meiner heimatlichen Gefilde, die ich nie mehr wiederzusehen geglaubt hatte. In Halicz angekommen, setzten wir mit der Fähre über den Dnjestr, den Fluss meiner Jugend. Dieser Dnjestr, der fließt doch direkt unterhalb von Rozdół vorbei, dachte ich gerührt.

Dann schweiften meine Gedanken nach Lwów. Was werde ich dort machen, wenn ich ankomme? Werden wir pünktlich sein, um noch in die Kirche zu kommen? Ich überlegte, sollte ich vom Komitee aus, wo man mich mit Sicherheit absetzen würde, direkt zu den Freunden gehen oder erst mit Krakau zu telefonieren versuchen? Genüsslich grübelte ich über all das nach, und eigentlich zum ersten Mal ging mir auf, was für eine wunderbare Sache es war, über sich zu verfügen, für sich selbst entscheiden zu können. Dennoch waren die Gedanken, die noch immer in Zelle 6 verharrten, stärker. Und so fragte ich am Ende meinen Reisegefährten, der neben dem Fahrer saß, ob ich ein Paket mit Lebensmitteln für meine Zelle, ohne Namensnennung, mit diesem Auto schicken könnte. Er antwortete mir, dass er das Paket, wenn ich es morgen bis acht bei ihm ablieferte, mitnehmen und aushändigen werde.

Wir hatten jetzt Przemyślany hinter uns gelassen und erreichten Lwów. Von der letzten Anhöhe vor der Stadtgrenze blickte ich tief bewegt auf diese so geliebte Stadt, über der der sonnengetränkte Abenddunst schwebte. Wir fuhren in die Stadt hinein. Ich griff nach dem Mantel und den restlichen Habseligkeiten im Auto und hielt sie in der Hand, um gleich aussteigen zu können, wenn der Wagen vor dem Komitee halten würde. Doch wir rasten durch die Innenstadt, und ich begriff endlich, dass unser Ziel in der Pełczyńska-Straße lag. Dort hielten wir dann auch tatsächlich vor dem früheren NKWD, jetzt die Gestapozentrale. Man befahl mir auszusteigen und ins Gebäude hineinzugehen. Ich kam mir idiotisch vor, aber dann dachte ich, dass es sicher um irgendwelche Formalitäten gehe. Mein Begleiter zerrte mich über die Etagen und fragte nach Kommissar Kutschmann. Schließlich sagte man ihm, dass jetzt um halb acht keiner mehr da sei. Wieder hinab ins Parterre. Von dort telefonierte er nach Stanisławów, flüsterte dann dem diensthabenden Beamten etwas zu und näherte sich der Tür, bei der ich saß. „Was geschieht mit mir?" fragte ich. „Das werden Sie gleich sehen", und er stürmte hinaus. Eine Minute später kam ein ukrainischer Wachposten mit Helm und Bajonett herein. Sehr entschieden befahl er mir, ihm zu folgen. Wir traten auf die Straße hinaus, bogen in die Tomicki-Straße ein, von dort in die Łącki-Straße und zum Hauptgefängnis. Dort nahm man mir wieder Uhr, Geld, usw. ab und brachte mich in eine Durchgangszelle. Erneut schlug die Tür hinter mir zu. Ich warf mich auf den unerhört schmutzigen Fußboden und schlief sofort ein.

Erst die Straßenbahn und die Schritte von Passanten weckten mich. Obwohl das winzige Fensterchen unter der Decke eine Milchglasscheibe hatte, orientierte ich mich sofort. Ich befand mich dicht am Trottoir der Leon-Sapieha-Straße, nur wenige Meter von mir entfernt gingen die Leute einfach so durch Lwów. Ich freute mich. Fing an, meine neue Lage zu überdenken. Im Laufe von nicht ganz 24 Stunden war ich zum Schein in den Tod geführt, dann zum Schein entlassen worden. Jetzt in einer neuen Zelle trug ich eine wundervolle Erinnerung in mir, die Erinnerung an die gestrige Fahrt, die Wunder der heimatlichen Natur, sie war für mich immer mit einem Hoffnungsschimmer vergoldet. Die Fatamorgana war im Entschwinden begriffen, die Erinnerung aber blieb. Ich werde nie verstehen, warum Dante findet, dass es nichts Schmerzlicheres gebe, als sich im Unglück an glückliche Stunden zu erinnern. Ich glaube, dass eine solche Erinnerung ein großer Kraftquell ist.

Unterdessen waren die beiden geschminkten Deutschen, die in einer Ecke auf einer komfortablen Matratze geschlummert hatten, erwacht und begannen zu schwatzen. Beide waren sie Angestellte. Die eine war wegen des Schwarzmarktes hereingefallen, die andere, weil sie einer Freundin nach einem Eingriff Unterschlupf gewährt hatte. Die beiden Lemberger Straßendirnen in der anderen Ecke, ohne Matratze, schliefen weiter. Einer von der Gestapo brachte „Kaffee" und ein Stück Brot. Dann kam er meinetwegen noch einmal zurück. Während er mit mir auf dem Korridor wartete, fragte er, wozu es denn nötig gewesen sei, sich mit dem Schwarzhandel oder Ähnlichem abzugeben, das brächte doch immer Ärger.

Der auftauchende Ukrainer nahm mich mit. Wir gingen erneut die Tomicki-Straße entlang. Auch heute war es ein wunderschöner, sonniger Sommertag. Eifrig schaute ich mich um, aber ich sah keinen Bekannten. Wir betraten die Zentrale in der Pełczyński-Straße. Dort hieß es das dritte Stockwerk erklimmen, was nach Stanisławów eine gewisse Leistung war. Vor der Tür 310 mit der Aufschrift „Polizei Kommissar Kutschmann. Polnische politische Angelegenheiten" machten wir Halt. Gingen hinein. Etliche Personen saßen dort, die auf Schreibmaschinen klapperten. Der Ukrainer gab eine Karte ab. Man führte mich in ein anderes Zimmer. Das Zimmer war leer. Man schickte mich in ein drittes. Als ich eintrat, erhob sich hinter dem Schreibtisch ein etwa vierzigjähriger Mann mittleren Wuchses, ein Blonder mit bereits ergrauenden Schläfen und matten Augen. Er ging mir entgegen, fragte, ob ich die und die sei, bat mich um Entschuldigung (!), weil ich noch ein wenig würde warten müssen, ich würde noch einmal verhört werden in der Stanisławów-Angelegenheit. Er führte mich in das andere Zimmer, wies mir einen Platz am Fenster an. Ich fragte ihn, ob ich denn eigentlich verhaftet sei. Er wirkte verblüfft. Da erzählte ich, dass ich gestern offiziell entlassen worden sei, dass ich angesichts dieser Tatsache absolut nicht verstünde, was jetzt mit mir geschah. Er erwiderte, dass er von einer Freilassung vorläufig nichts wisse. Wir sahen einander aufmerksam an. Der seltsam melancholische Ausdruck seiner Augen und der Mundpartie fiel mir auf, und etwas wie Verlegenheit im Umgang mit mir. Im gleichen Augenblick musste er bemerkt haben, dass ich nicht gerade großartig aussah, denn er fragte mich, ob ich heute schon etwas gegessen hätte. Das bejahte ich. Er ging. Als er wieder erschien, trug er auf einem Teller (!) fünf Margarinebrote. Er lud mich ein zuzugreifen und ging zu sich hinüber. Ich fing an zu essen, hörte aber bald wieder auf, weil mir die Portion einfach riesig erschien. Und so saß ich dann da am Fenster und wartete.

Es verging etwa eine Stunde. Kutschmann kam und bat mich zu sich. Er schloss die Tür hinter mir und hieß mich auf der anderen Seite des Schreibtisches Platz nehmen. Vor ihm lag eine dicke Mappe. Bevor er sie öffnete, schaffte ich noch zu entziffern, was dort in Großbuchstaben stand: *Vollständig unbelastet.* Wieso ist deine Akte so dick? dachte ich. Schließlich erkundigte er sich nach dem Verhör in Stanisławów. „Haben Sie Krüger gegenüber erklärt, Sie billigten nur einen unabhängigen Polnischen Staat?" – „Eine solche Erklärung entspräche meinen Überzeugungen", erwiderte ich, „doch ich habe sie nie abgegeben." – „Wie das?" – „Man hat mich wie eine Geschworene gefragt, meine Antwort hatte ja oder nein zu lauten. Er fragte mich, ob ich ein Feind Deutschlands sei." – „Ja, um diese Frage geht es mir besonders", bemerkte der Kommissar. „Er hat mich auf diese Weise befragt, und als ich einer Antwort auswich, wiederholte er die Frage, ich hatte folglich keine andere Wahl, wollte ich nicht die Ehre aufs Spiel setzen. Genauso hat er gefragt, ob ich die Zerschlagung des Polnischen Staates billige." Im Verlauf des Verhörs spürte ich die große Abneigung Kutschmanns gegenüber Krüger sowie zunehmendes Zutrauen zu meiner Wahrheitsliebe. Außerdem hatte ich den Eindruck, dass ihm das Ganze erstaunlich unangenehm war. Ich versäumte nicht zu erwähnen, dass sich Krüger äußerst verächtlich über die Polen und ihre Haltung geäußert habe. Hier entgegnete der Kommissar erregt: „Aber im Gegenteil! Eure Haltung, die kann man nur respektieren." Ganz unvermutet fragte er: „Wen kennen Sie von der italienischen Königsfamilie?" Ich war verblüfft. „Niemanden", antwortete ich wahrheitsgemäß. „Und dennoch hat sie sich bei Himmler für Sie verwendet." Blitzschnell sprang mein Gedanken über zum geliebten Italien. „Wenn Sie niemanden kennen von den Savoyern und die Intervention dennoch stattgehabt hat, heißt das, Sie haben in Italien mächtige Freunde." Vor Augen stand mir die hohe Gestalt Roffredo Caetanis*, meines entfernten Verwandten, des Enkels einer Polin, der Tochter Emir Rzewuskis – „Farys". Caetani war mit der Fürstin von Piemont, der Frau des Thronfolgers, befreundet, die Geige spielte, und Roffredo, selbst ein Komponist, begleitete sie auf dem Klavier. Beide waren sie Mussolini äußerst abgeneigt.[1] Der Kommissar aber redete weiter: „Ich sage Ihnen das, obwohl ich das eigentlich nicht darf, bitte behalten Sie es für sich. Ich möchte, dass Sie Bescheid wissen, denn die Intervention ist von großem Gewicht und Ihre Inhaftierung ganz offensichtlich *nicht zu verantworten.* Himmler ist wegen der ganzen Sache verärgert[2] – natürlich ist ihm das nicht angenehm, er hat befohlen, Sie nach Lemberg zu überführen. Jetzt muss ich das Protokoll, das wir heute zusammen anfertigen werden, nach Berlin schicken – mal sehen, was draus wird." – „Krüger hat mir das Konzentrationslager verheißen", sagte ich. „Ich weiß. Ich hoffe, dass mein Protokoll und meine Erläuterung der Angelegenheit noch in Berlin eintreffen, bevor Krüger Ihre Abreise bewerkstelligen kann. Doch selbst wenn das nicht gelingen sollte, sollten Sie unbedingt guten Mutes sein. Ich habe die Hoffnung, dass Sie in ein paar Wochen frei sein werden." – „Hat Krüger bei meiner Auslieferung nicht Schwierigkeiten gemacht?" fragte ich. Kutschmann sah mich scharf an. „Er hat sich gewehrt, so gut er konnte, schließlich musste er nachgeben." Hier brach er plötzlich ab, als warte er ab, was ich noch sagen würde. Ich schwieg, blickte ihm in die Augen. Schließlich ließ er sich erneut vernehmen: „Auf Befehl des *Reichsführers* hat man Sie möglichst gut zu behandeln und zu ernähren. Sie bekommen eine separate Zelle, Bettwäsche, eine gewisse Freiheit, sich auf dem Flur zu bewegen. Wie machen wir das mit der Verpflegung?" – „Ich bitte um die Erlaubnis, Päckchen vom Polnischen Komitee zu erhalten." – „Wie soll das organisiert werden? Kann man jemanden herkommen lassen?" – „Ja, die Angestellte der Gefängnissektion, mit der kann alles besprochen werden." Er schickte einen Wagen zum Komitee.

Unterdessen war ein älterer Mann eingetreten, größer als Kutschmann und offensichtlich auch höheren Ranges. Kutschmann erhob sich, nannte meinen Namen. Jener andere stellte sich als *Kriminalrat Stawitzky* vor. Na dann, herzlichen Glückwunsch, dachte ich, der Henker von Sanok! Er erkundigte sich nach meinen Wünschen. Ich bat darum, mir vom Komitee etwas Wäsche und Toilettendinge schicken lassen zu dürfen, denn gestern, als man mir sagte, dass ich entlassen sei, hätte ich all diese Dinge unter den Zellengenossinnen verteilt. „Was soll das heißen, entlassen?" hakte Stawitzky nach. Nachdem ich ihm den Sachverhalt erklärt hatte, wechselte er das Thema und erkundigte sich, wie ich in Stanisławów behandelt worden war. „Normal", sagte ich, „mir ist allerdings der Dunkelarrest lieber gewesen als die Gemeinschaftszelle." – „Dunkelarrest?" wiederholte Kutschmann. „Sie wollen doch wohl nicht behaupten, Sie hätten in einer völlig dunklen Zelle gesessen?" ließ sich Stawitzky vernehmen. „Doch, sieben Tage." Stawitzky verabschiedete sich kurz und ging. „Ich werde mich Ihrer annehmen, den persönlichen Befehl Himmlers ausführen", sagte Kutschmann. „Ich vermute, Sie sind wohl die einzige Polin, für die Himmler einen solchen Befehl gegeben hat. Sie verstehen ja jetzt wohl, wie mächtig die Intervention der Savoyer ist. Was könnte man also für Sie tun? Zelle, Bettwäsche, Ernährung .... Bücher?" fragte er. „Möchten Sie Bücher haben?" – „Bücher waren einst mein Leben, Herr Kommissar", erwiderte ich. „Doch woher nehmen? Was mich anbelangt, so könnte ich Ihnen nur Strindberg und Nietzsche leihen. Weiter habe ich nichts hier in Lwów." – „Danke, das sind nicht die Autoren, nach denen es mich verlangt. Doch wenn Sie mir Bücher erlauben, dann könnte mir das Komitee zusammen mit dem Essen welche schicken." – „Gut."

Genau in dem Augenblick kam ein SS-Mann herein und meldete, dass eine Angestellte des Komitees da sei. Der Kommissar schickte mich ins andere Zimmer, wo Lesia Dąmbska* wartete, eine enge Mitarbeiterin von mir. Ich bedeutete ihr mit einer Kopfbewegung, sie möge auf ihre Worte achten. Dass mitgehört wurde, war anzunehmen. In ihren Augen standen Freudentränen. Wir sprachen über Lebensmittelsendungen und ich setzte rasch und leise hinzu, sie solle in Krakau Bescheid geben, dass alles in Ordnung sei. „Habt ihr Angst um mich gehabt?" – „Ja und nein. Das Letzte konnte ganz einfach nicht eintreten, so sehr, wie man für dich gebetet hat! Es war wie in der Apostelgeschichte, du erinnerst dich, nach der Gefangennahme des Petrus." Ich erinnerte mich an diese Stelle. Und nun war ich auch gerührt.

Da trat der Kommissar ein. An die eben Eingetroffene gewandt erklärte er, dass ich das Recht hätte, Pakete sowohl mit Lebensmitteln als auch mit Kleidungsstücken zu empfangen. Er ließ sie notieren, was ich brauchte. Als nächstes dann bat er sie um Bücher für mich, die ich bei Bedarf über die Gefängniskommandantur würde bestellen können. Ich bat sie um Shakespeare im Original sowie um die römische Geschichte und fügte noch hinzu, dass sie diese Bücher vom Ossolineum bekäme. Sie wende sich am besten an Professor Mieczysław Gębarowicz*. Dieser war ein sehr guter Freund von mir, Direktor des Museums in Ossolineum, auf dessen Vermittlung hin sie die Bücher selbstverständlich erhielt, und – was das Wichtigste war – Gębarowicz würde benachrichtigen, wer zu benachrichtigen war. Danach ging Lesia Dąmbska.

Nun wandte sich der Kommissar an mich. „Ich muss jetzt gehen. In ungefähr anderthalb Stunden bin ich wieder zurück. Sie warten hier. Ich schicke Ihnen Mittagessen. Denken Sie inzwischen gut nach, nach dem Mittagessen machen wir uns ans Protokoll. Er verschwand, und ich blieb allein im Zimmer. Die Tür stand offen. In der Kanzlei saß irgendwer. Es gab viel, worüber ich nachdenken konnte. Man brachte Mittagessen, ich hatte fürchterlichen Hunger, doch essen konnte ich nur ein kleines bisschen. Dann setzte ich mich wieder ans offene Fenster und versuchte mich zu konzentrieren. Das fiel schwer. So viele Eindrücke, und ich war sehr schwach. Eines war klar. Kutschmann konnte Krüger nicht ausstehen und war vielleicht deswegen gewillt, mir zu helfen. Bisher hatte ich mich zurückhaltend über Krüger geäußert. Das war möglicherweise ein Fehler. Ich würde ihm von dieser meiner ganzen Odyssee erzählen müssen, von Krügers Auftritten, seiner Ritterlichkeit, davon dass man mich zum Erschießen geführt hatte usw. Dann würde er begreifen, dass Krüger mich aus persönlichen Gründen verfolgte, vielleicht würde er die Neigung verspüren, mir nicht minder persönlich beizustehen. Dann schweiften meine Gedanken zum geliebten Italien und ich dachte ergriffen daran, dass ich diesem Land mein Leben verdankte – und dass das Leben doch etwas Wunderbares war.

Endlich kehrte der Kommissar zurück. Ich musste ihm in sein Büro folgen. Dort saß bereits die Daktylografin. „So, und jetzt schreiben wir das Protokoll." – „Ich möchte zuvor noch eine zusätzliche Aussage machen, doch dazu bitte ich um ein Gespräch unter vier Augen", sagte ich. Er schickte die Sekretärin hinaus und schloss die Tür. Dann nahm er Platz und sah mich mit sichtlicher Neugier an. Er schwieg. „Weil ich sehe, dass Sie meinem Fall ganz und gar auf den Grund gehen wollen, möchte ich Ihnen gewisse Details liefern, die Ihnen verdeutlichen, dass *Haupt-*

sturmführer Krüger eine persönliche Abneigung oder sogar Hass gegen mich empfindet." – „Aber das habe ich bereits aufgenommen", rief er lebhaft aus. Darauf schilderte ich ihm den gesamten Verlauf meines achtwöchigen „Praktikums" bei Krüger. Sprach von der Ritterlichkeit, vom Hunger, von der offenen Syphilis in der Zelle, vom Dunkelarrest, von den Hinrichtungen vor der Zelle, von Krügers jeweiligem Auftauchen und davon, wie man mich innerhalb von 24 Stunden zum Schein in den Tod, zum Schein in die Freiheit geführt hatte. Ich sprach möglichst sachlich, in gleichgültigem Tonfall. Kutschmann hörte aufmerksam zu. Von Anfang an konnte ich in noch viel stärkerem Maß als zuvor sowohl Scham als auch Demütigung bei ihm herausfühlen, später dann zunehmende Empörung. Er stand auf, lief durchs Zimmer mit zusammengebissenen Zähnen. Da begann ich von der Behandlung der Polen in Stanisławów überhaupt zu reden. Dass fast die ganze von ihm verhaftete Intelligenz spurlos verschwunden war, dass ich, nach dem zu urteilen, was ich im Gefängnis gesehen hatte, nicht einen Funken Hoffnung haben könnte, dass diese Menschen noch am Leben wären. Kutschmann fiel mir mit dem lauten Ausruf: „Der hat schließlich noch eine andere furchtbare Sache auf dem Gewissen, hier in Lwów!" ins Wort. Da erhob auch ich mich, entschlossen, ihm wirklich alles zu sagen, was ich über Krüger wusste. Sogar heute, nach Jahren, fällt es mir schwer, meine Handlungsweise verstandesmäßig zu erklären. Ich weiß heute so viel wie damals. Ich fühlte damals, dass dieser scheinbar wahnwitzige Akt eine Notwendigkeit war, dass ich diesem Menschen jede erdenkliche Waffe in die Hand geben musste, damit er seinen persönlichen Gegner und unseren Henker bekämpfen konnte. Ich handelte in diesem entscheidenden Augenblick völlig kalt, auf einen inneren Befehl hin, in der Überzeugung, dass dies meine Pflicht war. Als da nun Kutschmann erwähnte, dass Krüger eine andere furchtbare Sache auf dem Gewissen habe, hier, in Lwów, entgegnete ich ruhig: „Ich weiß." – „Was wissen Sie?" – „Dass Krüger die Lemberger Universitätsprofessoren erschossen hat." – „Woher wissen Sie das?" – „Von Krüger", und ich wiederholte ihm dessen Worte vom 13. Mai.

Kutschmann hatte sich dicht, Auge in Auge, vor mir aufgebaut, und fragte dreimal, mit wachsender Anspannung: „Das hat er Ihnen gesagt??" Nach meiner dreimaligen Bestätigung erklärte er: „Ich bin immerhin dabei gewesen! War ihm unterstellt. In jener Nacht bekam ich von ihm den Befehl, ihm den zweiten Teil der Universitätsprofessoren, entsprechend der Liste, sowie eine Reihe anderer Lemberger Persönlichkeiten zuzuführen. Ich behauptete, in den Wohnungen niemanden angetroffen zu haben, deshalb leben diese Leute." – „Woher hatten Sie die Liste der Verurteilten?" fragte ich. „Natürlich von den *dahergelaufenen* ukrainischen Studenten." Hier barg er das Gesicht in den Händen. „Wenn es *die ausgleichende Gerechtigkeit gibt,* frage ich mich, was uns dermaleinst treffen wird für diese Tat." Dann beherrschte er sich, und seine Stimme klang ganz verändert: „Sie behalten doch für sich, was ich zu Ihnen gesagt habe?" – „Da können Sie ganz beruhigt sein", erwiderte ich. Nach einer Weile fragte er: „Sind Sie bereit, mir das Berichtete schriftlich zu geben?" – „Das darf ich nicht, denn wenn ich es täte, würde Krüger alle Polen in Stanisławów und in der ganzen Umgebung ermorden." – „Nein, das würde nicht geschehen, ich hatte bislang bloß keinen Zeugen, und jetzt könnte es gelingen, vielleicht jetzt endlich … Aber Sie wollen das nicht schreiben", fügte er hinzu. Mich packte die Wut. „Sie nehmen doch wohl nicht an, dass ich auch nur einen Moment zögern würde, mein armseliges Leben einzusetzen, wenn auch nur ein Prozent Chance bestünde, einen Fetzen meines Vaterlandes von diesem Verbrecher zu befreien? Doch ich darf seine Rache nicht provozieren, die nicht auf mich niedergehen würde, weil ich ja nicht mehr in seinen Händen bin, sondern die unglückseligen, noch übrig gebliebenen Polen von Stanisławów träfe!" – „Ich garantiere Ihnen, dass das nicht passiert, und der Prozentsatz ist viel höher!" versicherte er. – „Ich werde schreiben." – Er entspannte sich, setzte sich wieder. Er gab mir sämtliche Schreibutensilien, rief in meinem Beisein in der Łącki-Straße an, um eine separate Zelle, Bettzeug u. a. für mich anzuordnen und mitzuteilen, dass ich Anrecht auf Lebensmittel- und Kleidersendungen sowie Bücher hätte, und er befahl noch, einen Tisch in die Zelle zu stellen, da ich den Auftrag bekommen hätte, gewisse Aussagen, bis zum nächsten Verhör, zu Papier zu bringen. Danach war er völlig beruhigt. „Nunmehr kann ich Ihnen allerdings keine rasche Erledigung der Angelegenheit mehr versprechen", sagte er lächelnd, „ich ziehe es sogar vor, im Vorhinein zu sagen, dass die Sache wahrscheinlich dauern wird, weil ich Ihr Schreiben schließlich persönlich nach Berlin bringen muss. Heute haben wir den 9. Juli /1942/ – ich fahre erst in ein paar Wochen, wann genau, weiß ich noch nicht." Ich versicherte ihm, dass beim gegenwärtigen Stand der Dinge mein persönliches Geschick ganz und gar unwichtig geworden sei. Ich fügte auch noch hinzu, dass ich jetzt ja wohl kaum annehmen könne, aus dem Gefängnis entlassen zu werden. Er schaute mich eindringlich an und meinte, er hoffe, dass dem nicht so sein werde. „Na, dann schreiben wir jetzt mal das Protokoll, denn das muss ich auf jeden Fall sofort losschicken."

Er rief die Daktylografin, und mir erklärte er, dass es sich zunächst um einen Entwurf handeln würde, an dem ich eventuelle Korrekturen würde vornehmen lassen können. Das Protokoll war sehr kurz und setzte mit meiner Erklärung ein, nie für geheime Organisationen gearbeitet zu haben. Den betreffenden Satz wiederholte er zweimal, wobei er mir fest in die Augen sah und ich genauso fest den Blick erwiderte, und was meine „so genannte feindliche Einstellung" gegenüber Deutschland anbelangte, erklärte ich, dass ich Polin sei und als solche natürlich allein einen unabhängigen Polnischen Staat anerkenne, bereit, jegliche Konsequenzen zu tragen. „Sind Sie einverstanden mit diesem Protokoll?" – „Ich bitte nur um eine Korrektur, nämlich das ‚so genannte' vor den Worten ‚feindliche Einstellung' zu streichen." Der Kommissar kam meiner Bitte nach. Dann gab er den Text zum Abschreiben, und ich setzte meine Unterschrift darunter. Und dann ließ er mich zurück in die Łącki-Straße bringen.

Dort fand ich die Zelle vorbereitet, der Tisch war da, ein Stuhl. Die Wärterin, ob sie Polin war, ob eine Volksdeutsche, weiß ich nicht, empfing mich mit der Aussage, dass sie in Bezug auf mich besondere Befehle hätte („so was hat es noch nie gegeben"). Ich war zu Tode erschöpft und wie betäubt. Allein in der Zelle, bewunderte ich die blütenweiße Bettwäsche, bevor ich mich schlafen legte. Anderntags machte ich mich ans Schreiben. Die Kräfte kehrten beinah augenblicklich zurück, noch dazu bei der behutsamen, aber guten Ernährung. Ich schilderte alles, meine Verhöre und sämtliche Vorfälle, deren Zeuge ich im Gefängnis geworden war. Die vorangegangenen Morde von Stanisławów erwähnte ich ebenfalls.

Ein paar Tage später war ich wieder bei Kutschmann, der sich erkundigte, ob ich schriebe und wann ich fertig würde. Ich erwiderte, dass ich ihm in zwei Tagen das Ganze würde vorlegen können. „Die Angestellte vom Komitee soll heute wieder kommen, damit Sie in Sachen Päckchen eventuelle weitere Wünsche äußern können, doch sie wird erst in einer Stunde hier sein." Er warf zunächst einen Blick auf die Uhr, dann sah er mich prüfend an. „Ich könnte Sie unterdessen auf einen Spaziergang schicken, aber …" Ich wusste nicht, worum es ging, doch Lust, durch Lwów zu spazieren, und sei es unter Eskorte, hatte ich schon. Ich schwieg. „Was würden Sie machen, wenn ich Sie allein auf einen Spaziergang schickte?" fragte er unverhofft. „Wie? Allein?" Mein Gesichtsausdruck muss nicht eben intelligent ausgesehen haben, denn er wiederholte die Frage. Endlich hatte ich es begriffen. Ich schmunzelte. „Was heißt schon allein, wenn Sie mich spazieren schicken, führen Sie mich doch ohnehin an der Leine der Ehre." – „Ich habe gewusst, dass Ihre Antwort so ausfallen wird. Ich bringe Sie aus dem Gebäude. Und hier ist meine Uhr." (Ich hatte den Eindruck, dass ihm das Verborgen einer goldenen Uhr eine gewisse Garantie schien.)

Wir standen in der Pełczyńska. „In einer Stunde (bitte nicht eher) sind Sie bitte wieder hier, an einer nicht so augenfälligen Stelle, da, unter den Bäumen." Beim Auseinandergehen wandte er sich noch einmal an mich: „Wenn Sie nicht wiederkommen, erschießt man mich." Ich lachte. Ging. Vermutlich hatte ich dennoch einen Aufpasser, und so ging ich nicht Richtung Stadt, sondern nach links, bergauf, zwischen den Villen hindurch, und als ich am Ziel war, stellte ich erstaunt fest, dass ich vollkommen allein war. Ich schlenderte bis zur Wiese am alten Bett der Pełtwa. Ich war ziemlich erschöpft und setzte mich ins Gras. Die Sonne strahlte. Meine Hände tasteten über den Erdboden, ich schaute ins Grüne und in den Himmel. Doch schnell erhob ich mich wieder, ich fürchtete zu spät in die Pełczyńska zu kommen. Auf dem Rückweg amüsierte ich mich damit, mir Tausende von Fluchtmöglichkeiten auszudenken, hier in Lwów, der eigenen Stadt, wo ich so viele Freunde hatte. Nur ein Gedanke kam mir nicht, nämlich der, eines dieser Projekte auszuführen. Der unter so überaus merkwürdigen Umständen aufgenommene Kampf gegen Krüger ersparte mir jeglichen Konflikt. Ich ging in die Pełczyńska zurück. Es war zu zeitig. Ich wanderte also noch durch die Nabielak-Straße, wo ich ein komisches Abenteuer hatte. Dort begegnete ich nämlich einem Herrn, den ich vom Sehen kannte und der bei meinem Anblick einen übrigens rührenden Freudenschrei ausstieß: „Frau Lanckorońska! Sie sind also frei?" Ich lächelte lieblich und ging weiter. Der nicht näher bekannte Freund machte kehrt und begann mir zu folgen. Endlich fragte er: „Erlauben Sie, dass ich Sie begleite?" (Hübsche Geschichte, dachte ich so bei mir, da gehen wir gemeinsam in die Pełczyńska!) „Entschuldigen Sie, man hat mir verboten, mit wem auch immer Kontakt aufzunehmen", sagte ich und lächelte ihn an. Der fremde Herr blieb zurück, und ich schaute mich nicht mehr um. In späteren Jahren erheiterte mich bisweilen die Vorstellung, dass jener brave Mensch nach und nach zu der Überzeugung gelangt sein musste, er leide an Halluzinationen. Ich gelangte in die Pełczyńska, zum vereinbarten Ort, gleichzeitig mit dem Kommissar, der seine Freude bei meinem Anblick nicht verbarg. Wir gingen hinein. Ich war wieder eine Gefangene, als wäre nichts gewesen.

Ein paar Tage später war ich erneut bei Kutschmann, diesmal mit dem gesamten Text, abgefasst wie zur Selbstverteidigung. Kutschmann befahl mir, das Schreiben laut vorzulesen. Es gab da zusätzliche Fakten, die ich in jenem aufregenden ersten Augenblick ihm gegenüber unerwähnt gelassen hatte. Das Zuhören schien ihm Mühe zu machen und ihn mit ungeheurer Traurigkeit zu erfüllen. Plötzlich, mittendrin, ging die Tür auf und Stawitzky trat ein. *„Was geht hier vor?"* fragte er. Kutschmann teilte ihm mit, dass ich ihm die Aufzeichnungen vorläse, die ich auf seine Anweisung hin in der Zelle gemacht hätte. Die starke Spannung, die zwischen den beiden Herren von der Gestapo herrschte, war in diesem Moment deutlich spürbar. Einen Augenblick lang zögerte Stawitzky, blickte zu Kutschmann, dann zu mir und dann wieder zu Kutschmann und verließ ohne ein Wort den Raum. Kutschmann setzte sich wieder, sagte aber nichts. Erst als sich Stawitzkys Schritte auf dem Korridor entfernt hatten, entspannte er sich sichtlich und forderte mich auf fortzufahren. Als ich geendigt hatte, bestellte er mich für den nächsten Tag noch einmal, damit ich der Schreibkraft den ganzen Text diktierte. Die Maschinenniederschrift umfasste 14 Seiten. Als nächstes ließ er mich drei Exemplare unterschreiben, die er in seinem Schreibtisch, auf sehr komplizierte Weise zu verschließen, unterbrachte. Er war sichtlich erschüttert und vergaß vielleicht deshalb, mir den in der Zelle angefertigten Entwurf abzunehmen. Nachdem die Sache beendet war, bat ich ihn, im Krankenhaus als Sanitäterin arbeiten zu dürfen. Er war einverstanden und benachrichtigte die Gefängnisdirektion.

Von da an begann für mich eine der besten Perioden dieser Kriegsjahre. Statt der Zelle gab man mir ein Zimmerchen im 2. Stock, mit einem großen, normalen Fenster, das auf den Gefängnishof und die Sonne hinausging und keine Gitter hatte, was zu den größten Annehmlichkeiten gehört, die sich ein Häftling vorstellen kann. Eine andere, ähnlich große Freude bereitete mir die ganz normale Tür mit Klinke, die ich drücken und dann ganz nach Belieben ein- und ausgehen konnte. Ich durfte mich nämlich in der Frauenabteilung frei bewegen. Zweimal am Tag machte ich einen Rundgang durch die Zellen, um Medikamente auszuteilen oder kleine Verbände anzulegen. Die Reaktion dieser Frauen auf den Umstand, dass sie jetzt von einer Frau und Polin betreut wurden, war ergreifend.

Eines Morgens kam die Wärterin und sagte mir, ich müsse für ein paar Stunden in der Gemeinschaftszelle eingeschlossen werden. Befehl des Gefängniskommandanten. „Sie verstehen", setzte sie leise hinzu, „Sie können heute nicht hier am Fenster bleiben, wo doch das *Himmelfahrtskommando* kommt." Ich ging also in die Gemeinschaftszelle. Die Frauen wussten von nichts und freuten sich, dass man heute so lange zusammen auf dem Fußboden sitzen und sich unterhalten durfte, während ich sonst üblicherweise nur für kurz, nur für die Austeilung der Medikamente, hereinkommen konnte. Sehr bald ging die Tür auf, zwei oder drei Namen wurden herausgerufen. Schweigen hatte sich breit gemacht; die Frauen standen auf und gingen erhobenen Hauptes hinaus. Die Tür schloss sich, um sich nach einer gewissen Zeit erneut zu öffnen. Wieder fielen Namen, wieder waren wir nun ein paar weniger. Der Gedanke an den Temple[3] drängte sich auf, es fehlte nur noch das Menuett. An diesem Tag erfasste mich ein Widerwille gegen mich selbst, denn mir war absolut klar, dass ich in meinem tiefsten Inneren sehr froh darüber war, dass man mich heute ganz bestimmt nicht holte.

Am nächsten Tag verlief das Leben wieder normal. Als ich früh beim Sanitäter die Medikamente holen ging, fragte ich ihn, ob er wisse, wie hier die Hinrichtungen vonstatten gingen. Ich erfuhr, dass die Menschen auf dem Hof auf offene Lastwagen verladen werden, wo sie sich hinhocken müssen. Wer den Kopf hebt, bekommt eins mit dem Karabiner übergezogen. An den vier Ecken der Ladefläche SS-Männer mit der Waffe im Anschlag. So fahren sie durch Lwów, bis hinaus nach Wólka. Dort finden die Erschießungen statt …

Mit dem Sanitäter verband mich in jenen Tagen enge Vertrautheit. Er war Ukrainer, sehr intelligent und gebildet – Andrej Piaseckyj, Assistent am Lemberger Polytechnikum und, wie sich herausstellte, der Ehemann einer meiner Schülerinnen. Die Deutschen hasste er ehrlichen Herzens, in diesem Gefühl war etwas von enttäuschter Liebe, war eine tiefe Sorge um die Zukunft des ukrainischen Volkes, denn auch sein Verhältnis zu den Bolschewiken war ein entschieden negatives. Ich sagte ihm, dass meiner Überzeugung nach selbst die ukrainisch-bolschewistische und dann die ukrainisch-deutsche Freundschaft nichts an der Tatsache änderte, dass zwischen Polen und Ukrainern ein *modus vivendi* gefunden werden müsse. Es war nur allzu deutlich, dass dieser ehrliche und großherzige Mensch die Richtigkeit meiner Beweisführungen anerkennen musste, dass er sich jedoch zugleich nicht von den

Vorurteilen einer nationalistisch ukrainischen Erziehung befreien konnte. Die Zusammenarbeit mit ihm gestaltete sich nachgerade ideal. Piaseckyj war nicht nur intelligent, sondern auch gewissenhaft, er machte keinerlei Unterschiede zwischen den Häftlingen, versuchte so gut er konnte sowohl Polen als auch Juden und Ukrainern beizustehen. Die Zahl der einsitzenden Männer war gewaltig, er hatte folglich unglaublich viel zu tun, ich hingegen viel zu wenig. Und so bekam ich die Erlaubnis, mich zusätzlich um eine Etage mit männlichen Häftlingen zu kümmern, so dass ich nun wirklich reichlich beschäftigt war. Es gelang mir, das Komitee dahingehend zu benachrichtigen, dass ich viel mehr Proviant in meinen privaten Paketen benötigte, was verstanden und in die Tat umgesetzt wurde. Weil die Proviantmenge für mich nicht begrenzt war, opponierte die Gefängnisleitung nicht gegen diese kuriosen Berge von Essbarem für nur eine einzige Person. Sobald die Päckchen eintrafen, für gewöhnlich gegen fünf Uhr nachmittags, hatte Piaseckyj einen wichtigen Grund, mich aufzusuchen und mir dienstlich etwas mitzuteilen, während er sich die Taschen mit Proviant voll stopfte. Die ganze Schwierigkeit bestand darin, den SS-Mann, der uns auf dem Zellenrundgang begleitete, nichts merken zu lassen, aber irgendwie klappte das. In der Frauenabteilung war es leicht, denn die Wärterinnen, ausschließlich Polinnen, halfen selber dabei, die Nahrungsmittel auszuteilen. Sie waren erst unlängst zugelassen worden, weil es an deutschem Personal fehlte. Zuvor war das Wachpersonal deutsch gewesen, und die Frauen hatten es in sehr schlechter Erinnerung. Sie hatten kein Wasser in die Zellen bringen dürfen, die Insassinnen hatten während der Epidemie nicht die Möglichkeit, sich mit Wasser zu waschen, sie taten das mit der winzigen Menge Kaffee, den sie zum Frühstück bekamen. Das Wasser zu verweigern, war ihnen von deutscher Obrigkeit nicht befohlen worden, sondern dies war eines von vielen Dingen, die aus Übereifrigkeit des weiblichen Wachpersonals geschahen.

Von dem, was hier im Winter vor sich gegangen war, sprachen damals alle, Häftlinge wie Personal, weil niemand es vergessen konnte. Der Flecktyphus wütete in diesem Gefängnis, wo von früh bis spät das Hinausschaffen der Leichen ein großes technisches Problem darstellte, denn man musste über die Kranken hinwegsteigen, um mit dem sehr häufig mit Geschwüren bedeckten Toten zur Tür zu gelangen. Fehlendes Wasser, phänomenaler Schmutz, Millionen von Läusen und anderem Ungeziefer sowie extremer Hunger herrschten in diesem Gebäude, das von der Polizeidirektion übernommen, erst von den Deutschen als Gefängnis genutzt wurde. Die Stadt wusste, was dort passierte. Metropolit Szeptycki* intervenierte, doch selbstverständlich ohne Ergebnis. Jetzt war es weniger eng, es gab keine Epidemie, die Zellen bekamen Wasser, vor allem aber hatte es mit dem extremen Hunger aufgehört, besonders im Vergleich zu Stanisławów. Die Brotration war viel größer, die Suppe ein bisschen besser. Dreimal die Woche traf ausgiebige Hilfe von der Gefangenenfürsorge des Komitees ein, die in Form von fleischhaltigen Suppen sowie

Zwiebel u. Ä. die Situation rettete. Auch der moralische Zustand hatte sich sehr gebessert. Es gab keinen Klassen- oder Nationalkampf, alle waren gleichermaßen verfolgt. Natürlich hatte jede Zelle ihren Spitzel, aber das ist normal. Bei den Frauen waren die Wärterinnen gut zu uns und halfen so gut es ging. Sie baten mich zum Beispiel, in meiner Zelle nicht selber sauber zu machen, um einer Insassin, Józia, ein bisschen „Zerstreuung" zu verschaffen. Die Schneiderin Józia war klein, jung und sanft, mit regelmäßigen Zügen und dicken schwarzen Locken. Vor viereinhalb Monaten, als man sie verhaftete, soll sie sehr hübsch gewesen sein. Jetzt war ihre Haut gelb und ihr Gesichtsausdruck wie der einer Toten. Sie war niemals verhört worden, man hatte sie mit dem Bruder zusammen verhaftet, vermutlich weil sie beide einen Acker an der ungarischen Grenze hatten. Józia musste man das Essen mit Gewalt hineinstopfen. „Bitte, gebt es doch lieber den anderen, ich brauche es nicht." Józia zankte sich nie mit irgendwem, kam aber auch niemandem nahe. Sie mied einfach alle.

Eines Tages rief man mich als Sanitäterin zu Hilfe. In dem kleinen Lagerraum, den sie hatte sauber machen sollen, hing Józia. Wir schnitten den Leichnam ab. Die Köche, die gerade die Kessel mit Suppe brachten, warfen sich auf das Seil, schnitten es in Stücke und teilten diese bereitwillig untereinander auf – der Strick des Gehenkten bringt Glück. Ich versuchte es mit künstlicher Beatmung, obwohl es vom ersten Augenblick an keinen Zweifel gab – ich wusste, es war zu spät. Der Arzt kam, aber auch der konnte nichts mehr machen. Die Wärterin war erschrocken und fürchtete Strafe wegen Verletzung der Aufsichtspflicht. Beruhigt kam sie wieder. Die Deutschen hatten ihr gesagt, wie bedauerlich, dass so etwas nicht öfter vorkam, man würde weniger fürs Essen ausgeben. Nach einer Weile tauchte die Tochter des Gefängniskommandanten[4] auf, in Begleitung eines SS-Mannes, eine etwa 18-jährige hübsche Brünette in einem sehr eleganten hellen, geblümten Sommerkleid. Józia lag noch im Lagerraum, und die Besucherin fing auf einmal an, mit dem schick beschuhten Füßchen den Kopf der Toten hin und her zu schubsen. Józias rabenschwarze Locken fielen bald auf die eine, bald auf die andere Seite. Selbst dem SS-Mann, der dem Fräulein Gesellschaft leistete, war das zu viel. „Verschwinden wir von hier", wiederholte er ein paar Mal und zog sie am Ärmel. „Aber warum denn, das ist doch sehr interessant", entgegnete sie, ohne ihre Beschäftigung zu unterbrechen. Und mir ging zum hundertsten Male die Frage durch den Kopf, was das nur war. „Was sind das für Instinkte, die in diesem Volk stecken …"

Józias Tod hatte noch ein kurzes Nachspiel. Zwei Tage danach erschien in ihrer Zelle der Gestapo-Kommissar, der ihren Fall hatte. Er erkundigte sich bei den Mithäftlingen nach dem Grund für den Selbstmord, die Information benötige er, um das Protokoll abzuschließen. Die Frauen gaben zur Antwort, dass es Józia nicht ausgehalten habe, dass sie vor vier Monaten verhaftet worden sei und vergebens auf das Verhör gewartet habe, auf das sie anfangs viel Hoffnung gesetzt hatte. „Da war nichts zu verhören, es hat ja überhaupt keine Anklage gegeben", brummte der Kommissar und schloss das Protokoll. Auf diese Weise fand Józias Fall sein endgültiges Ende.

Das Gefängnisleben nahm seinen Lauf. Täglich, früh und abends, öffnete man mir Männer- und Frauenzellen; ich erfüllte jeweils meine kleinen, aber zahlreichen Funktionen und setzte meinen Weg fort – durch lange schmale Korridore. Ich hatte ständig Vergleichsmöglichkeiten und konnte mich davon überzeugen, wie viel mehr Durchhaltevermögen die Frauen als die Männer besaßen, sowohl in physischer als auch in moralischer Hinsicht. Die Frau ist zur passiven Rolle geschaffen, die die Kräfte des Mannes untergräbt.

Alsbald kamen schlimmere Zeiten. Infolge lang anhaltender Hitze herrschte infektiöse Diarrhö, die besonders in den jüdischen Zellen wütete. Ich sehe noch das unmenschlich abgezehrte Gesicht einer Dame von bekanntem, noblem jüdischem Familiennamen vor mir, den ich vergessen habe – ich will sie Frau Rapaport nennen. Diese Frau, die in diesem selben Gefängnis sowohl den Mann wie den Sohn, den 16-jährigen Einzigen, hatte, starb an totaler Entkräftung, Herzschwäche und permanentem Durchfall. Der Gefängnisarzt (ebenfalls Jude) sagte, dass es keine Rettung gäbe. Die Kranke selber aber, die auf dem Fußboden dicht bei der Tür lag, wartete immerzu auf mich und flehte mich jedes Mal an, sie zu retten, weil sie doch leben müsse für den Sohn. Das Komitee schickte damals viele Heilmittel, die Wärterinnen erlaubten die Zubereitung der verschiedenen Getränke bei sich – ich machte mich also an die Arbeit und meldete dem Arzt nach einer Woche mit größter Freude, dass Frau Rapaport bereits wieder bei Kräften sei. Diese Frau sollte für mich ein paar Monate später der Grund für die furchtbarsten Gewissensbisse sein. Man ermordete ihr nämlich Sohn und Ehemann, wovon sie Kenntnis erhielt, und erst zum Schluss kam sie selber um. Ich war mir restlos im Klaren darüber, dass ich es gewesen war, die sie durch die Verlängerung ihres Lebens den grausamsten Qualen ausgeliefert hatte, die eine Frau erdulden kann. Doch damals hatte ich davon keine Ahnung.

Das sehr große Interesse an medizinischen Fragen, das ich immer gehabt hatte, sowie pflegerische Neigungen, dilettantisch zwar, doch äußerst intensiv, lebte ich in dieser Arbeit aus. Ich war beinah glücklich, weil ich mich auf einem Posten wusste, wo ich viel ausrichten und für so vieles Gott danken konnte. Diese neue Form der Gefangenenfürsorge sagte mir außerordentlich zu.

Da kam ganz unvermutet eine Wärterin zu mir, es war der 4. August; deutlich verlegen sagte sie mir, dass sie den Befehl habe, mich in die „deutsche Abteilung" zu bringen. Die deutsche Abteilung, das war ein separates Gebäude auf dem Hof, frisch umgebaut und seiner neuen Bestimmung angepasst, vom Rest vollständig abgetrennt, ausschließlich von Deutschen bewacht, wo auch eine größere Zahl Deutscher einsaß, sowie die schwersten politischen Fälle, gänzlich isoliert.

Ich fragte nach der Ursache, die Wärterin sagte, die kenne sie nicht, man habe ihr nur streng befohlen, mir vorher sämtliche Arzneien abzunehmen und mich zu durchsuchen, ob ich auch nichts bei mir trüge. „Sie wissen schon, was die befürchten. Unter solchen Bedingungen fällt Selbstmord leicht. Sie haben Ihre Sachen mitzunehmen." Ich packte also meine Habseligkeiten und ging zur deutschen Abteilung hinüber. Dort gab man mir eine große Zelle. Der SS-Mann schlug hinter mir die Tür zu und schloss sie ab; er hatte mir erklärt, dass der Schlüssel beim Kommandanten verbleiben werde und der Kontakt mit mir (Essenszuteilung und Aushändigung der Päckchen) nur durch die Luke stattfände. Ich warf einen Blick durch das vergitterte Fensterchen auf andere vergitterte Fensterchen der gesamten Abteilung gegenüber. Mit den Gedanken war ich bei meinen Kranken, und das Herz wurde mir schwer. Abends, als der SS-Mann mir das Essen durchschob, bat ich um einen Eimer, um die Zelle wischen zu können. Er ging, kam wieder und sagte, dass die Gefängnisleitung das nicht für notwendig erachte. Tags darauf beschaffte ich mir jedoch von einem anderen Deutschen einen großen Krug (der Eimer passte nicht durch die Luke).

Ich überdachte gründlich meine Lage. Kutschmann hatte mir seinerzeit geraten, falls notwendig, um ein neues Verhör bei ihm nachzusuchen. Das tat ich; zwei Tage später erschien der SS-Mann mit dem Schlüssel. Ich wurde über einen Hof geführt, der ganz und gar mit jüdischen Grabsteinen gepflastert war. Wohl für jeden normalen Menschen, den man nicht nur zur Achtung vor dem Tod, sondern auch vor fremden Religionen erzogen hat, musste das Treten auf diese mit Inschriften und Bildhauerkunst geschmückten Platten unsagbar peinlich und schmerzlich sein. Ich ging zu Kutschmann, der offenbar von nichts wusste. Er führte ein paar Telefongespräche, suchte irgendwelche Büros auf, endlich kam er zurück, um mit einer gewissen Trauer kundzutun, dass er nichts tun könne, dass jene Veränderungen höherem Befehl zu schulden seien, mir aber das Recht auf die Päckchen und auf Bücher verbliebe. Ich kehrte in meine Zelle zurück, ein neuer Abschnitt meiner Gefangenschaft hatte begonnen – der einzige, von dem ich Originalaufzeichnungen besitze, in einem Heft festgehalten, das erhalten geblieben ist. Die Eintragungen beginnen mit den Worten:

Lwów, September, 2. Kriegsjahr, 18. 9. 1942

I have been studying how I may compare
This prison where I live unto the world:
And for because the world is populous
And here is not a creature but myself,
I cannot do it: yet I'll hammer't out,
My brain I'll prove the female to my soul,

My soul the father: and these two beget
A generation of still-breeding thoughts.
And these same thoughts people this little world.

(King Richard II, V.V)

Und weiter sagt Richard:

In humours like the people of this world
For no thought is contented.[5]

Doch diese Worte als Motto hinschreiben konnte ich nicht, denn von meinen eigenen Gedanken vermochte ich das nicht zu sagen. Viele meiner Gedanken *are contented.* Nach der Riesenanstrengung der letzten Jahre trat für mich eine Zwangspause ein, ein Zeitabschnitt der Meditation und Sammlung; nach ausschließlich praktischer Arbeit ist mir als letzte Möglichkeit zur Betätigung die allein geistige geblieben – denn ich darf Bücher haben. Zu Beginn dieser „Lemberger Periode" las ich nur historische Werke:

/.../ Guglielmo Ferrero: *Grandeur et décadence de Rome*, 4 Bde. Ein bisschen in journalistischer Manier verfasst, flüssig, glatt, bei behutsamem Übergehen der wesentlichen Probleme und ohne psychologisches Talent. Dennoch bedauere ich die Lektüre nicht. Angesichts der ungeheuren Fülle von Begebenheiten erlangt man das, was Distanz gibt, Losgelöstheit und daher Frieden des Geistes, d. h. D e m u t   v o r   d e r   G e s c h i c h t e.

R e n a n: *Marc-Aurèle*, hinreißend geschrieben. In meiner Jugend habe ich mich ebenfalls für die Gedanken Marc Aurels begeistert. Heute ist er mir fremd bis ins Mark, und ich meine, dass das keine Frage der individuellen Einstellung ist: *O Homme tu as été citoyen de la grande Cité va-t'en avec un cœur paisible* genügt ganz einfach nicht (sofern man nicht in meiner gegenwärtigen Situation ist).

Die glückliche Endphase des 19. Jhs. bar größerer Konflikte hat er bewundert, ja sogar diejenigen heroisiert, die den Lebensgenuss verschmähen, für uns ist das zu wenig. Marc Aurel hat seine Seele, eine ungemein edelmütige Seele, gleichsam aus dem Leben zurückgezogen. Das hat etwas Indisches, uns scheint es eine blasse Tugend, weit von jener *virtus* entfernt, die uns so Not tut. In dem Wort Wunder-täter(-virtus) stecken sowohl Tugend als auch Kraft (*areté* und *fortitudo* zusammen), *virtus* ist die Grundvoraussetzung für die Aktion überhaupt, folglich auch der wichtigsten Aktion, d. h. des ethischen Einwirkens auf andere, sowie einer jeden Aktion, ganz einfach der Tat ...

Das Verhältnis von Marc Aurel zur Umwelt, zu den Menschen überhaupt, erregt auch viele Zweifel. Wenn man über das Böse als etwas Unvermeidliches in jedem Menschen hinweggeht, dergestalt, dass man dieses Böse bewusst nicht sieht, fühlt sich dieser andere in vielen Fällen genauso „dekulpiert", das bedeutet er fühlt sich nicht verpflichtet, am

1. Karolina Lanckorońska als etwa Zehnjährige in Rozdół, um 1908

2. Die Familie Lanckoroński um 1901: Karol, seine Gemahlin Margarete sowie die Kinder Antoni und Karolina

3. Das im Zweiten Weltkrieg zerstörte Palais der Lanckoroński in Wien, Stirnseite, von der Jacquin-
   gasse aus, um 1902

4. Das Palais der Lanckoroński in
   Wien, Haupthalle, um 1902

5. Die Schwestern Adelajda und Karolina um 1910

6. Ihre Mutter, Margarete von Lichnowski,
Karol Lanckorońskis dritte Gemahlin

7. Karol Lanckoroński mit Sohn Antoni, um 1915

8. Das Palais in Rozdół, vor 1939

9. Das Aquarell von Ludwig Hans Fischer (1848–1915) zeigt das obere Stockwerk des Haupttreppen-
hauses des Palais in Rozdół

10. Karolina Lanckorońska in Rozdół, 1938

11. Das Palais der Lanckoroński in Chłopy bei Komarno, vor 1939

12. Dr. Lanckorońska, Privatdozentin für Kunstgeschichte an der Jan-Kazimierz-Universität in Lwów (Lemberg)

VIII : Mut ist angeboren

13. Carl Burckhardt, Präsident des Internationalen Roten Kreuzes in Genf

14. Lagernummer von K.L. in Ravensbrück

15. Neubeginn in Italien, 1945

16. Karolina Lanckorońska – *officer public relations* beim 2. Korps der polnischen Emigrantenarmee in Italien

17. Offiziersrangabzeichen von K. Lanckorońskas Uniform

18. In Rom, 1946

X : Mut ist angeboren

19. Akademischer Samstagstreff in Rom, 31. Juli 1947

20. Genf, 1947

21. Oberleutnant Karolina Lanckorońska,
    7. Februar 1948

22. Dozentin Karolina Lanckorońska

XII : Mut ist angeboren

23. Karolina Lanckorońska mit Bruder Antoni in Venedig, September 1954

24. An ihrem Schreibtisch im Istituto Storico Polacco in Rom, um 1990. Foto: E. Orman

25. Als erste Frau empfängt Karolina v. Breź-Lanckorońska aus der Hand des Papstes Johannes Paul II. das Komtur-Kreuz des Gregorius-Ordens mit Stern. Rom, am 12. Juni 1998; Foto: L'OR

26. Via Virginio Orsini 19. In den beiden oberen Etagen: das Istituto Storico Polacco sowie die Wohnung von K. L., Foto: K. Wolff

27. Der 104. Geburtstag von Karolina Lanckorońska, Rom, am 11. August 2002, Foto: Małgorzata Zowita

XVI : Mut ist angeboren

eigenen Charakter zu arbeiten, um das Übel auszurotten – den anderen anzuspornen zur Arbeit an sich selbst ist eine der höchsten Pflichten verantwortungsbewusster Menschen. Man erreicht dieses Ziel auf zwei Wegen – durch Beispiel vor allem, eine größere Strenge gegen sich selbst als gegen andere, höhere Anforderungen, und außerdem, indem man die an den anderen gerichteten Anforderungen an dessen Maß und Grenzen seiner Möglichkeiten orientiert. Ich hatte Zeit, viel Zeit, um über diese Probleme hinreichend Betrachtungen anzustellen, und ich bemühte mich in diesen Monaten, die mir vielleicht gegeben waren, damit ich all meine moralischen Kräfte sammeln und mich auf die weitere Arbeit vorbereiten konnte – sofern ich noch für ein paar Jahre im Weinberg des Herrn bleiben sollte –, einen Standpunkt gegenüber all diesen Problemen zu gewinnen, einen persönlichen Standpunkt einzunehmen, das heißt mich der Frage /.../ nach der Entwicklung des eigenen Charakters zu stellen, das einzige Handlungsfeld, das mir geblieben war. Die Lektüre Renans regt sehr zu solchem Nachdenken an…

Sinko: *Literatura grecka* – 2 Bde.

… Die Kapitel über Homer, besonders über die *Ilias*, gaben mir sehr viel, gaben mir vor allem die Möglichkeit, ein paar Tage und Nächte über die *Ilias* nachzudenken.

Das, was Sinko über den „heiteren Sinn der *Ilias*" und über den „Zauber der *Odyssee*" sagt, die Vergleiche, die er anstellt (zugunsten der *Ilias*), ist schön treffend, scheint mir aber das gewaltige Thema nicht auszuschöpfen. Die Atmosphäre der *Ilias* ist nicht nur sonnig, sondern vor allem h e r o i s c h . Die Lektüre der *Ilias* ist nicht nur ein „Sonnenbad" für den Geist und trägt uns nicht nur „in einen paradiesischen Anbruch der Welt und der Menschheit", sie ist nur und vor allem eine schöne Epopöe, die vor Heldentum strahlt. Auf dem Begriff von Heldentum bei einem jeden von uns, der einst die *Ilias* las, ruht, bewusst oder unbewusst, der Glanz, der vom Schild des Achill widerstrahlt, oder vielleicht mehr noch von der Aureole, die Hectors Opfer bestrahlt. Die *Ilias* erhöht uns, hebt uns über uns hinaus, darum werden Menschen mit einem idealistischen *indoles* stets die *Ilias* der *Odyssee* vorziehen, die Epopöe der Heroen den Abenteuern des *andros polytropou*[6], das Heldentum der Schläue. Sinko irrt, wenn er sagt, dass die Jungen die *Odyssee* lieben, die Alten die *Ilias*.

Was mich anbelangt, so habe ich Homer zum ersten Mal mit 15 gelesen – da traf mich die *Ilias* wie ein Blitz, vergleichbar nur mit dem, was mir drei Jahre zuvor in Florenz geschah, als ich Michelangelos *David* erblickte, aus der Odyssee aber erinnere ich nichts.[7]

Nebenbei gesagt glaube ich ganz und gar nicht, dass sich die Einstellung gegenüber Werken der Kunst mit dem Alter ändert. Ich glaube auch nicht, dass ein Kunstwerk, das in der Jugend auf jemanden Eindruck macht, in späterem Alter „verblassen" kann, genauso wenig wie die Ideale der Jugend ihren Glanz verlieren. Sie entfalten sich und reifen mit dem Menschen, aber der, der ihnen in seiner Jugend Treue schwor, wird immer ihre Erfüllung anstreben, und sei es auch nur zu einem kleinen Teil, der aber, der als junger Mensch nichts und niemandem einen Treueeid schwor, wird später nicht plötzlich Lebensideale entdecken, die er nun einmal nicht hat.

Um zur *Ilias* zurückzukehren: Es ist sicher eine bekannte Tatsache, dass an der Schwelle der griechischen wie der italienischen Kultur zwei Epopöen stehen, die zugleich der Gipfelpunkt in den Literaturen der jeweiligen Kultur sind – die *Ilias* und die *Göttliche Komödie*. Wie jedes Meisterwerk so leiten auch die beiden Epopöen nicht nur eine neue Epoche der Menschheitsentwicklung ein, sondern sind zugleich der Abschluss der voraufgegangenen. Der Streit, ob die *Ilias* n o c h zur mykenischen Kultur gehört oder schon zur griechischen, ist genauso unproduktiv wie der Streit darum, ob Dante der größte Dichter des Mittelalters oder der Renaissance ist. Die Grenzpfähle, von weitem sichtbar, gehören zur einen und zur anderen Seite.

Das, was an diesem Vergleich ins Auge springt, ist, dass es weder in der *Ilias* noch in der *Göttlichen Komödie*, für den Laien zumindest, Anzeichen für das Verblühen der vorangegangenen Kulturen oder die Unreife der jungen Kulturen gibt. Der Genius Griechenlands und der Genius Italiens kommen in diesen Werken in voller Rüstung aus Göttlichem Geist zur Welt, wie Pallas Athene aus Jupiters Hirn.

Die Vorfälle im Gefängnis in der Łącki-Straße, die sich rings um mich hier zutrugen, schlagen sich nur mittelbar in diesen Notizen nieder, die nie als Tagebuch gedacht waren, sondern nur als *soliloquia* über die allein wichtigen Dinge. Außerdem rechnete ich natürlich jeden Augenblick mit der Durchsuchung der Zelle, die einmal auch stattfand. Sie dauerte jedoch nur ganz kurz, weil der SS-Mann gleich als Erstes ausgerechnet auf ein griechisches Wörterbuch stieß. Als er das sah, riss er die Augen auf, brach die Durchsuchung ab und ging.

Trotz der scheinbar so kompletten Isolation hatte ich bald Kontakt mit der „Welt", d. h. mit dem Gefängnis, weil man mich einmal die Woche unter die Dusche führte. Gleich beim ersten Mal, als mich die Wärterin aus meiner früheren Abteilung holen kam, erfuhr ich, dass wieder das *Himmelfahrtskommando* in Aktion getreten war, dass diesmal Dozent Helena Połaczkówna mit ihrem so treu ergebenen Dienstmädchen und eine Reihe anderer, u. a. Zofia Kruszyńska[8], gegangen waren.

Mit der Dusche, d. h. mit der Regulierung von Heiß und Kalt, befasste sich ein Ukrainer, ein Ingenieur aus der Nähe von Kiew, mit dem ich allwöchentlich einen längeren Schwatz hielt, weil mich die Wärterin für gewöhnlich unverzüglich in die Zelle zurückzubringen „vergaß". Der Ingenieur hieß Tymon mit Vornamen, an den Nachnamen erinnere ich mich nicht. Er war jung, lebhaft und ungemein wissensdurstig. Irgendwer hatte ihm gesagt, dass ich Wissenschaftler sei, er benahm sich daher sehr nett mir gegenüber, behandelte mich ein bisschen wie jemanden, der einen Schatz besitzt, diesen aber auch einem anderen gönnt, und er gestand, dass er die ganze Woche auf das Gespräch warte, aus dem er jedes Mal etwas Neues lerne. Ich erzählte ihm also in diesen zwanzig Minuten irgendetwas, was ihn interessieren mochte, er offerierte mir dafür ein paar politische Meldungen, die er von den frisch Inhaftierten gehört hatte. Er war der Ansicht, dass das noch lange dauern würde, doch an einer Katastrophe für Deutschland zweifelte er keinen Moment. Selbstverständlich sprachen wir nie über das Danach. Dagegen berichtete ich ihm von dem, was ich dieser Tage gelesen hatte. Er lauschte wie dem Evangelium, dankbar wie ein Kind. Manchmal, wenn es sehr schwer war, reichte die Zeit nicht für das Geplauder, der Ingenieur musste mir berichten, was neuerlich passiert war. Ich sah deutlich, wie ihn ein solcher Bericht entspannte und beruhigte, dass er so erzählte, wie man etwas Scheußliches ausspuckt. Er erzählte, dass es erneut Hinrichtungen gegeben habe, meistens wusste er auch, wie viele diesmal „auf den Sand" gegangen waren. Häufig wusste er sogar, wer, besonders dann, wenn es sich um jemanden gut Gekleideten gehandelt hatte. Denn die gesamte Kleidung der Ermordeten brachte man zu ihm ins Bad „zur Desinfektion". Dort teilten sich die SS-Männer die Sachen. Wenn ein „Elegant" gegangen war, kam es manchmal gar nicht erst zur Desinfektion, weil sich die SS-Männer sofort auf die Sachen warfen. Häufig handelte es sich dabei um Herren- oder Damenpelze, vornehmlich jüdische, unter deren Futter manchmal Gold oder Dollars zu finden waren. Dann kam es zu regelrechten Prügeleien zwischen den Schindern. Und ihre Gier nahm zu wie die Menge der zu erbeutenden Sachen. Es war zu dieser Zeit, da mich mehr und mehr eine Furcht vor dem Vaterunser quälte. Es ging um die Worte „wie auch wir vergeben unseren Schuldigern". Zu vergeben, was rund um mich geschah, wurde nachgerade zur U n m ö g l i c h k e i t. Dabei ging es mir gar nicht mehr um mich selber, sondern um das Martyrium von Tausenden! Ich konnte doch Gott nicht anlügen. Schließlich (ich hatte mich lange gequält und mir entsetzlich Sorgen gemacht) eliminierte ich jene Worte aus dem *Gebet des Herrn* und so verstümmelt sprach ich es bis zum Kriegsende. Als ich nach der Befreiung einem Priester davon erzählte, erwiderte der: „Das haben viele so gemacht."

Es wurde nämlich zunehmend schlimmer, was mir selbst in meiner Zelle nicht entging. Denn wenn mich schon die Oberen nicht völlig der Kontakte mit dem übrigen Gefängnis berauben konnten, um wie viel mehr galt das erst für mein Gehör. Und es kamen Augenblicke, da verfluchte ich die eigenen Ohren. In der völligen, der absoluten Einsamkeit, wo einer dem anderen nicht beistehen, bei nichts helfen kann, fällt es schwer, stundenlang mit anzuhören, wie andere gefoltert werden. Ich spreche hier nicht von Seufzern und Gestöhn, wie sie in jedem Gefängnis zu den anderen Zellen durchdringen – das gehört zum Gefängnisalltag; in der Łącki gingen diesen Herbst noch ganz andere Dinge vor sich. Es war dies die Phase der Liquidierung des Lemberger Gettos sowie der Juden in ganz Polen. Von Tymon wusste ich, dass man sie in der Stadt massenweise mordete. Eines Tages begannen die Szenen auf dem Hof, diesem mit den jüdischen Grabsteinen gepflasterten. Dorthin trieben sie große Gruppen von Juden. Nach den Schritten zu urteilen (an das hoch gelegene Fensterchen kam ich nicht heran) waren es mehrere Hundert.

Das Gebrüll der SS-Männer, die Kolbenschläge und die Schmerzenslaute übertönten zeitweise selbst die Schritte dieser Menschen. Hin und wieder fiel ein Schuss, später erfuhr ich von Tymon, dass das Pelz war (einer von den Hauptbeteiligten), der sich auf diese Weise der Kranken oder Alten entledigte, die sie nicht zum Marsch zu zwingen vermochten. Beim Verlassen des Hofes prügelten sie regelmäßig auf jeden zweiten oder vierten – das weiß ich nicht – ein, um dem Marsch den Marschtritt vorzugeben. Allmählich unterschied ich genau den trockenen Knall, wenn ein Kolben auf einen Kopf niedersauste, von dem dumpferen Schlag auf Arme oder Rücken, die mit Kleidung bedeckt waren.

Ab und an lud man sie auf Plattformwagen. Ich erinnere mich, als man einmal Frauen mit Kindern auflud, an die sehr hohe Stimme einer von ihnen. Sie wiederholte immerzu dasselbe: *„Ich bin keine Jüdin. Bitte telefonieren Sie Pełczyńska. Zentrale, Zimmer* (hier gab sie Zimmernummer und Namen des Kommissars an), *sonst wird es zu spät, das ist ein Missverständnis! Ich bin keine Jüdin!"* Je mehr man sie zum Schweigen bringen wollte, umso schriller wurde der Diskant der Verzweiflung, mit dem sie ein ums andere Mal die immer gleichen Worte wiederholte, wobei ihr gebrochenes Deutsch ganz und gar nichts Jüdisches hatte. Inzwischen lud man auf und schlug auf viele andere ein, und diese eine rief in einem fort und immerzu dasselbe, bis schließlich die Motoren losbrummten. Die Autos setzten sich in Bewegung, noch hörte man die eine Stimme, furchtbar grell jetzt: *„Bitte telefonieren!"* Die Wagen fuhren ab, der Hof war nun leer und Stille herrschte – bis zum nächsten Mal.

Nicht selten drangen die Unterhaltungen von SS-Männern auf dem Hof bis zu mir. Einmal in der Nacht, erinnere ich mich, dass sie sagten: „Gehen wir noch ein bisschen zu den Jüdinnen. *Ordnung machen.*" Sie gingen. Ich horchte, weil ich wusste, dass sich die Gemeinschaftszelle der Jüdinnen unter mir befand und dass der Boden nur dünn war. Eine Weile später setzten auch schon Quietschen und Kreischen der Frauen und Kinder ein, Gelächter und wildes Gegröle der SS-Männer – es dauerte bis zum Morgen.

Am Morgen aber kehrte das Licht zurück – und mit ihm die Bücher und Hefte.

20. 9., Sonntag (19. im Gefängnis)

What, in ill thoughts again? Men must endure their going hence even as their coming hither. Ripeness is all.[9]
(Edgar in *King Lear*, V.II.)

Übrigens – *supremum nec metuas diem nec optes* – der Tod sollte in uns ständig gegenwärtig sein, auf dass wir das Leben gering achten, wo es um höhere Werte geht, andererseits aber, dass wir das Leben lieben, welches wir jeden Augenblick verlieren können, da es uns hier gegeben ist, unseren Idealen zu dienen und sie vor anderen zu bezeugen – der Zeitpunkt seines Endes jedoch ist an sich eine völlig gleichgültige Angelegenheit. Es ist noch nicht lange her, dass ich diese Nähe des Todes erfahren habe, ich fürchte ihn nicht, aber das Leben liebe ich heute viel intensiver als noch vor ein paar Monaten.

Of all the wonders that I yet have heard
It seems to me most strange that men should fear
Seeing that death, a necessary end
Will come when it will come[10]

sagt Cäsar im 3. Akt zu Calpurnia.

24. 9.: Vor zwei Stunden hat man mir auf meine Bitte hin Shakespeare hierher geschickt. Das ist für mich das bedeutsamste Ereignis der letzten Zeit. Mein Gefängnisleben ist von dem Zeitpunkt an ein anderes geworden. Ich habe auch vorher und ich habe viel gelesen – doch unter meinen gegenwärtigen Bedingungen ist die intellektuelle Apperzeption dennoch schwächer, und ich habe nicht so viel Nutzen gezogen, wie ich eigentlich hätte sollen, dafür ist die Empfänglichkeit für ein Meisterwerk der Kunst entschieden erhöht. Ich las und lese, und mache Auszüge, lese aufs Neue, kann mich gar nicht beruhigen, so als hätte ich nie zuvor von Shakespeare gehört.

Die ganze Welt ist wohl dazu geschaffen, dass das Genie Mitschöpfer sein konnte. Um ihn allein geht es und um sein Meisterwerk – alles andere ist *pulvis et umbra*[11] (sofern er nicht dem Genie dient). Wer ein Erzieher des Volkes sein will, muss danach streben, ihm die Werke der Genies zugänglich zu machen, denn nur der, der sie kennt, und sei es auch nur zum Teil, weiß, was das wahre Leben ist!

Shakespeare kam im Todesjahr von Michelangelo zur Welt. Dieses Datum ist also etwas wie ein Symbol, ein Grenzstein. Dieser Zufall zeugt ausdrucksvoll davon, dass nach diesem Datum schon nicht mehr Italien die geistige Hegemonie innehat über Europa, dass die schönen Künste nicht länger der hauptsächliche Ausdruck der Epoche sind, dass diese neue Ära aufgehört hat nach Klassizität zu streben, d. h. nach Idealisierung und Erhöhung über die Natur. Shakespeare kreiert Seelenporträts von Individuen, er weiß darum, dass jegliches Menschheitsunglück, die Menschengeschicke überhaupt der neu entdeckten *Ananke* oder auch *Mojra* entspringen, nicht der von außen kommenden mehr wie bei Sophokles, sondern aus dem Inneren des Menschen, aus den Tiefen seines bisher unerforschten Daseins, unerbittlich resultierend. Rembrandts Porträts sind eine weitere Etappe dieser Entwicklung.

9. 10.: Fünf Tage habe ich nicht geschrieben – ich habe keine Zeit!!! Ich habe nämlich mit den Vorarbeiten zu einer Monografie über Michelangelo begonnen; ich hatte angenommen, dass ich höchstens das Vorwort zusammenstopple, indessen geht mir das Schreiben

ganz ordentlich von der Hand! Das, wozu ich mich unter keinen Umständen aufraffen konnte, als ich während der sieben Monate Bolschewismus meine Zeit vertrödelte, damals, als ich noch meine geliebte wissenschaftliche Arbeitsstätte hatte, ist auch hier in der Zelle möglich und durchführbar, ohne ein einziges Buch, ohne Reproduktionen! Natürlich, selbst wenn es mir bestimmt ist, hier noch lange zu hocken, werde ich diese Monografie nicht schreiben, weil dies physisch unmöglich ist, aber gewisse, ja beinah die wichtigsten Teile, die von allgemeiner Bedeutung, kann ich hier schreiben. Das Vorwort sowie die Einleitung (Einführung in die Renaissance) sowie ein Kapitel über das Mäzenat des Magnifico habe ich schon.

Im Übrigen hege ich die ehrliche Hoffnung, dass ich die Arbeit hier nicht bis zum Gewölbe inklusive führe, *sed non sicut ego volo* … Auf jeden Fall bin ich grenzenlos dankbar, dass ich schreiben und wenigstens ein wenig geistige Nahrung bereiten kann denjenigen, für die um leibliche Speise mich zu bemühen mir jetzt nicht vergönnt ist.

> *Fürwahr: Nor stony tower, nor walls of beaten bress.*
> *Nor airless dungeon, nor strong links of iron.*
> *Can be retentive to the strength of spirit …*[12]

18. 10.: Gestern erhielt ich Thukydides, und zum ersten Mal in meinem Leben las ich in Gänze die Rede des Perikles zu Ehren der Gefallenen! Einerseits schäme ich mich, dass ich 44 Jahre alt werden und im Gefängnis landen musste, um diese Rede zu lesen, andererseits aber – und dieses zweite überwiegt – wie wunderbar ist doch das Leben, das einen, selbst unter den gegenwärtigen Umständen, mit einem solchen Schatz zu beschenken vermag.

In jenen Tagen traten gewisse Veränderungen bei mir ein. Meine Gesundheit, bislang eisern, begann nachzulassen: Eine sonderbare Hautreizung ließ mich nämlich nachts nicht schlafen.

Außerdem holte man mich am 28. Oktober aus der großen hellen Zelle, in der ich seit dem 4. August untergebracht gewesen war, und überführte mich in eine andere auf derselben Etage, die klein und sehr dunkel war. Die Umzüge gingen wie folgt vonstatten: Die Tür sprang plötzlich auf, ein SS-Mann befahl mit Gebrüll die Sachen zu nehmen und ließ junge Jüdinnen, die gerade beim Korridorwischen waren, mir dabei helfen. Die jetzt meine Bücher nahm, hatte ebenmäßige syrische Gesichtszüge, wie die Heiligen auf den Mosaiken von Ravenna; als ihr Blick auf den Thukydides und die paar lateinischen Autoren fiel, stand sie auf einmal da wie angewurzelt. Der SS-Mann war eben mal kurz auf den Flur hinausgegangen, daher flüsterte mir das Mädchen ins Ohr: „Was ist das? Wer sind Sie? Das war doch einmal meine Welt! Ich bin eine Schülerin von Prof. Ganszyniec*[13]. Als sie die Bücher über den langen Flur trug, fielen aus ihren großen schwarzen Augen Tränen auf sie herab, aber kein Schluchzer war zu hören.

Ein paar Tage lang kam sie dann, wenn sie den Flur sauber machte, zum Guck-fenster meiner Zelle, das unverglast war, so dass ich ihr ein bisschen was zum Essen geben konnte. Doch dann kam ein neuer Exodus der Juden vom Hofgelände. An-derntags putzten wieder Jüdinnen den Flur, aber meine Altphilologin war nicht mehr dabei.

Die neue Zelle lag auf demselben Flur wie die vorige. Das war wichtig, denn ich kannte die SS-Männer und ich kannte die Nachbarn, wusste daher, wen man Es-sen austragen lassen konnte und wer wo „wohnte". Auch die SS-Männer waren sehr verschieden, es gab Österreicher und „Foksiki" (Volksdeutsche) unter ihnen, z. B. ein Hörer des Lemberger Polytechnikums, der mich kannte und sich sichtlich schämte. Unter denen, die aufräumten, war ein Sonderling, ein Deutscher, der be-hauptete Priester zu sein. Diesen Leuten konnte man Sendungen für deren Zellen mitgeben, wenn eine gute Portion auch für sie abfiel. Für gewöhnlich trugen sie das Essen ziemlich gewissenhaft aus. Die Nachbarn klopften zur Bestätigung, dass sie den Proviant erhalten hatten, an die Wand, der über mir „wohnende" Schauspieler des Lemberger Theaters stampfte mit den Füßen, und die weiter weg Unterge-brachten wisperten durchs Guckloch, wenn ich auf dem Weg zum oder vom Bad war (immer Donnerstags), dass sie – so und so viele Male – bekommen hatten oder nicht. Weil meine Wächterin Polin war, erlaubte sie mir manchmal, schon zuvor geviertelte Zwiebeln oder Würfelzucker durchs Guckloch zu reichen, sofern natür-lich kein SS-Mann in der Nähe war.

Eine der wichtigsten Personen war für mich lange Zeit ein 10-jähriges Mädchen, Janka (den Nachnamen habe ich vergessen), das wegen seiner Untergrundtätigkeit verhaftet worden war. Statt alles zu leugnen, wiederholte das Kind immer wieder, dass es Bescheid wisse, aber nichts sage, weil es Polin sei. Janka war mit einer Volks-deutschen zusammen untergebracht, die sie bespitzeln und melden sollte, was das Mädchen im Bad erzählte, und die ich darum ebenfalls füttern musste. Nach ein paar Wochen holten sie Janka. Im Parterre gab es eine zweite Konspirantin, 8 Jahre alt, doch zu der drang ich nur mittelbar und sehr selten vor, sie wurde extra bewacht und im Gegensatz zu Janka nie ins Bad geführt.

Weil die Genehmigung, Päckchen zu erhalten, und zwar in beliebiger Zahl, nie rückgängig gemacht worden war, wunderten sich die Deutschen, für die Befehl Be-fehl und nicht anzuzweifeln ist, nie über den nachgerade phänomenalen Appetit des besagten Häftlings, der nicht nachließ, obschon er doch fast hermetisch von der Welt abgeschnitten war. Diese minimale Möglichkeit, Hilfe zu bringen, war für mich ein ungeheurer Kraftquell.

Die neue Zelle brachte eine Verschlechterung meiner physischen Situation. Nicht nur dass sie sehr dunkel war, den Himmel sah man überhaupt nicht (aus der anderen hatte ich allabendlich durchs Gitter Kassiopeia gesehen), sie war winzig – ich konnte jetzt nur zwei Schritte in eine Richtung machen und früher war ich ungezwungen umherspaziert. Vor allem war sie ungewöhnlich feucht, es führten irgendwelche großen, immer nassen Rohre durch sie hindurch, was im November unangenehm war. Schlimmer noch war das erbärmliche Licht; nachmittags konnte man nur noch mühsam lesen und schreiben. Nach wenigen Tagen nahm man mir „auf Befehl" auch dieses Licht und ersetzte es durch ein bläuliches Nachtlämpchen. Das bedeutete zweierlei – dass ich seit einer gewissen Zeit besonders schikaniert wurde und vor allem dass das Schreiben über Michelangelo und jegliche Lektüre schon dadurch eingeschränkt waren, dass es nach drei Uhr nachmittags bereits völlig dunkel in der Zelle war. In diesen Abendstunden hauptsächlich deklamierte ich sämtliche Gedichte, die ich aus dem Gedächtnis hervorkramte. Es gab da einen SS-Mann, ein ziemlich widerwärtiger Typ übrigens, den mein lautes Betragen in der oft tödlichen Stille sichtlich beunruhigte. Er hatte etwas gegen Manzonis *Cinque magio,* vor allem aber mochte er die *Ilias* nicht. Da überprüfte er stets die Schlösser meiner Zellentür, damit ich nur ja nicht entwischte. Kam er auf dem Flur in Sicht, lehnte ich mich an die Tür und rief laut z. B. *klythi meu argyrotoks* (vernimm mich, Silberbogiger, *Ilias,* Buch I). Er floh dann im Trab ans andere Ende des Flurs.

Ich repetierte auch des Öfteren Verse meiner geliebten Emily Brontë. Einmal, ich erinnere mich, unterbrach mich ein äußerst merkwürdiges Geräusch – es klang, als tropfte etwas aus großer Höhe herab. In der Dunkelheit konnte ich nicht ausfindig machen, was und woher es da so tropfte, bis ich auf dem Tisch die Tüte mit dem Würfelzucker ertastete, die am selben Tag vom Komitee geschickt worden war. Der Zucker hatte sich in der Feuchtigkeit ganz einfach aufgelöst und tropfte nun vom Tisch. Deshalb legte ich die Tüte auf einen Tonuntersetzer, und zum Frühstück anderntags hatte ich dann ein sehr schmackhaftes Zuckerwasser.

Im Notizbuch verbreitete ich mich an diesem Tag darüber, wie der akademischen Jugend zu vermitteln war, was wissenschaftliche Arbeit, was Wissenschaft überhaupt und ihr Dienst bedeuteten. Da ist auch zu Allerheiligen das ganz normale Sicherinnern an die Verstorbenen – an meinen Vater, auch an persönliche Freunde. Dort auf dem Rakowicer Friedhof habe ich noch dazu die Gräber derer, die mir unter den Händen starben – /.../ Kozłowski, Bielewicz, Wierzbowski ... und auf Salwator dieses Grab, von dem heute noch die Kraft des Geistes und des Glaubens ausgeht, und immer ausgehen wird, besuchen am heutigen Tag Rózia und ihre Söhne, wie sie das immer tun. Werde ich noch einmal mit ihnen dorthin gehen?[14]

Und wie viele sind es, die das Fest der Toten ohne ein Grab begehen! Die Freundschaft endet nicht mit dem Tod des Freundes. Das Ende der Freundschaft wäre nur das Ende der Werte, die man vom Freund empfing. D e r F r e u n d l e b t , s o l a n g e i n u n s s e i n E i n f l u s s o d e r V o r b i l d l e b t , und wenn wir es vermögen, diese Werte anderen zu übermitteln, dann stirbt auch mit unserem Tod jene Freundschaft nicht, vielmehr lebt ihr Geist weiter in nunmehr anderen Menschen … dann werden wir zu Gliedern der Kette, die die Welt verbindet. Das ist wahrhaft Tradition.

> 1. ii., Forts.: Heute wieder ein Sonntag – mein 25.!!
> *Quousque?*[15] Gestern kam die *Ilias*.

> 8. ii., Sonntag 26.
> Hoffen wir, dass *It's darkest before dawn*, aber *it's very dark at any rate!*[16]

Von einem SS-Mann, der gekommen war, um mir zu sagen, dass ich nicht mehr ins Bad dürfe, erfuhr ich, dass Kommissar Kutschmann (den ich angesichts der neuen Verschärfungen um ein Verhör ersucht hatte) bereits im September Lwów verlassen habe. Ich schloss daraus, dass er „meinen" Fall, d. h. die Anklage Krügers, in Berlin verloren hatte, dass er angesichts dessen irgendwohin geschickt worden war und ich – wenn's gut ging – hier verfaulen konnte, einfach so vor mich hin, oder dass sie mich bei Gelegenheit klammheimlich liquidieren würden. Für alle Fälle händigte ich der polnischen Wärterin das Brouillon meiner Anklageschrift gegen Krüger aus, nachdem ich mich zuvor versichert hatte, dass sie kein Wort Deutsch verstand. Ich teilte ihr mit, dass es sich um das Protokoll meiner Aussagen handle, und bat sie, es im Falle meines Todes einer Person meines Vertrauens auszuhändigen, von der ich wusste, dass sie das Dokument dem Kommandeur schicken würde. Aber mich quälte unablässig der Gedanke, dass trotz zweier Kassiber, die mir hinauszuschicken gelungen war, der Kommandeur bei meinem Tod glauben würde, dass unverantwortliches bravouröses Geschwätz, worauf die Deutschen zweifellos die Schuld für meinen Tod schieben würden, dazu geführt habe.[17]

In dieser Zeit hatte ich auch indirekt Nachricht aus Stanisławów. Ein neuer SS-Mann fragte mich bei der Essensausgabe, ob es hier nicht viel besser sei als in Stanisławów, von wo er mich noch in Erinnerung hatte. Sofort erkundigte ich mich nach Pani Kordyszowa. Aufgrund meiner Beschreibung erinnerte er sich an sie; er senkte die Augen und sagte nichts mehr. Dann fragte ich nach Łucja. „Die junge hübsche Blondine, deren Eltern auch dort waren …" – „Nun, äh, ich weiß nicht … erinnere mich nicht." Jetzt hatte ich die Gewissheit, dass von jenen Personen keine mehr am Leben war.

In diesen Tagen tauchte während der kurzen Abwesenheit des SS-Mannes unvermutet Frau Eugenia Langie, einstmals Mitarbeiterin des RGO und vor mir inhaftiert, die jetzt in der Gefängnisküche arbeitete, an meinem Guckfenster auf. Sie war aufgewühlt, fragte, ob ich denn von nichts wisse. Ich äußerte meine Vermutung, dass es wohl eine Hinrichtung gegeben haben müsse, wegen der verdächtigen Geschäftigkeit sowohl im Gebäude als auch auf dem Hof. Sie schaffte es noch, mir zu sagen, dass mehr als ein Dutzend Ukrainer umgebracht worden sei, ausschließlich aus der Intelligenz, als Repression für antideutsches Auftreten eines Bruchteils der ukrainischen Bevölkerung in Lwów. Und sie fügte rasch noch hinzu, dass auch Piaseckyj dabei gewesen sei, dann war sie verschwunden. Noch eine gute Weile, nachdem sie fort war, stand ich dort bei der Tür und konnte nicht zu mir kommen. Ich hatte ihn von der kurzen Zeit, die wir als Sanitäter zusammengearbeitet hatten, und dem intensiven Gedankenaustausch damals in wärmster Erinnerung.[18]

Mir fielen unsere politischen Gespräche über die Zukunft ein. Ja, aus diesem im gemeinsamen Kampf vergossenen Blut mochte einst der Ruf nach Eintracht zwischen uns kommen!

11. 11.: Ich lese und übersetze heute die Rede des Perikles. Ich nehme an, dass von den vielen Tausend Polen, die im Jahr 1942 den Tag der Unabhängigkeit im Gefängnis verbracht haben, ich allein so privilegiert war, dass ich, um den Tag zu ehren, Abschnitte wie II.37 übersetzen durfte:

„Im öffentlichen Leben aber schämen wir uns jeder Ungesetzlichkeit und gehorchen der jeweiligen Obrigkeit und den Gesetzen, vorzüglich den zum Schutz der Bedrängten gegebenen, und den, wenn auch ungeschriebenen Gesetzen, deren Übertretung jedermann für Schande hält."

Oder aus der zweiten Rede (II.61.4.):

„Und doch solltet ihr als Bürger dieser stolzen Stadt, in deren Anschauungen ihr aufgewachsen seid, auch im größten Unglück den Mut nicht verlieren und euern Ehrenschild rein halten /.../ Darum verschmerzt auch euer häusliches Leid und lasst das Vaterland nicht zugrunde gehen."[19]

12. 11.: Heute fällt der erste Schnee. Vor einem halben Jahr, am 12. Mai, fuhr ich in den Morgenstunden mit dem Auto nach Kolomea. Das erste frische Grün bedeckte die Erde. Gestern habe ich die Darstellung des ersten, zentralen Sixtinischen Zyklus abgeschlossen.

15. 11.: Wieder ein Sonntag, mein 27. Ich fühle mich stark und voller Arbeitsfreude. *Magnificat!* Die heutige Epistel enthält diesen wichtigsten Satz: *Plenitudo ergo legis est dilectio*[20] (Röm 13,10).

22. 11.: Der 28. Sonntag! Ich warte und übersetze Thukydides.

Lange sollte das Warten nicht dauern, denn am Donnerstag, dem 26., tat sich überraschend das Guckfenster auf: ein mir unbekannter SS-Mann steckte den Kopf herein, fragte nach Vor- und Zunamen und sagte dann: „Alles bereithalten! Abreise ins Reich morgen Vormittag. Vorher gibt's noch ein Bad." Der Kopf verschwand, das

Fensterchen schloss sich, die Gefängnisstille kehrte zurück. Es fiel mir schwer, mich zu sammeln. „Abreise ins Reich." Was heißt das? Das heißt, dass Kutschmann in Berlin die Partie verloren hat, nicht mehr hierher zurückkommt, und ich ins Konzentrationslager abtransportiert werde – oder noch weiter. Ich habe viele Bekannte in Lwów, vielleicht wollen sie mich da lieber im Reich um die Ecke bringen.

Als es dunkel geworden war, machte ich mich an den Proviant aus den letzten Päckchen, portionierte ihn für meine Nachbarn, für die Frauen in der allgemeinen Abteilung, wohin die Wärterin die Portionen nach dem Bad bringen würde usw., usw.

Mit dem blauen Lämpchen kam ich ganz gut zurecht, zumindest war nicht zu befürchten, dass um diese Stunde noch jemand kommen würde. Da näherten sich Schritte, die Tür tat sich auf, auf der Schwelle stand ein Deutscher in Uniform, doch nicht ein gewöhnlicher SS-Mann, sondern ein Offizier – vor dem Hintergrund des schwach erleuchteten Flurs zeichnete sich deutlich die Silhouette eines Mannes in Pelerine und mit Mütze ab. Hinter ihm, außerhalb der Zelle auf dem Flur stand ein SS-Mann stramm. Ich war wie angenagelt, ungeheuer verlegen wegen der Ausstellung von Nahrungsmittelportionen, und ich hegte keinerlei Zweifel, dass sogleich die abschließende Durchsuchung der Zelle vor der Abreise stattfinden würde. Für einen Augenblick herrschte Stille. Endlich unterbrach der Ankömmling das Schweigen; er bat (!) mich, die Zelle zu verlassen. Ich erkannte Kommissar Kutschmann. Ich verließ die Zelle. „Und jetzt bringen Sie uns bitte irgendwohin, wo Licht ist", wandte er sich an den SS-Mann. Wir gingen den Flur entlang zum Wachlokal. „Schließen Sie uns hier ein und lassen Sie uns allein, bis ich klopfe." Die Wache ging hinaus und schloss die Tür. Das Licht blendete mich und, na ja, ich war leicht irritiert … Ich weiß noch genau, dass mein Interlokutor seine Aufforderung, doch bitte Platz zu nehmen, mit Nachdruck wiederholen musste, ehe ich ihr nachkam. Danach setzte auch er sich. Er nahm die Mütze ab. „Ich war längere Zeit abwesend." – „Oh, das weiß ich." – „Ausschließlich Ihretwegen, und davon wissen Sie nichts." – „Nein, weiß ich nicht", erwiderte ich idiotisch. „Nun, ich habe den härtesten Kampf meines Lebens ausgefochten – siegreich, glaube ich. Wir haben wenig Zeit, und es gibt eine Menge zu sagen. Um mit der Hauptsache zu beginnen: *Krüger ist gestürzt*, und mit ihm sein *Gesinnungsgenosse* Stawitzky, mein hiesiger Vorgesetzter, der, der hereinkam, als Sie mir Ihren Bericht vorlasen." – „Wer hat ihn in Berlin gelesen?" fragte ich. – „Der Führer. Ein Ungewitter brach los. Himmler *hat gerast*. Sie sollten auf der Stelle erschossen werden, doch hinter Ihnen steht das Haus Savoyen." – „Hat sich Krüger meinetwegen an den Polen in Stanisławów gerächt?" – „Dazu hatte er keine Zeit. Er ist in Berlin; dort ist auch aus dem Führerhauptquartier *Sturmbannführer* Hertl (oder Hertel), Richter bei Himmler, eingetroffen und wartet nun auf den Hauptzeugen, das heisst auf Sie. Es kann gut sein, dass Sie auch von Himmler selbst verhört werden. Monatelang haben sie sich um die Grundfrage gestritten, ob man in diesem Fall überhaupt eine Polin als Zeugin verhören könne; die einen stimmten dafür, andere für Ihre Hinrichtung. Erstere haben gewonnen. Krüger bestreitet entschieden, dass er zu Ihnen *von der Lemberger Blutnacht* gesprochen hat. Ich habe das Meine getan. Nunmehr lege ich die Sache in Ihre Hände. Auf Ihnen ruht jetzt eine große Verantwortung gegenüber Ihrem Volk, deshalb bin ich hier, worüber Sie möglichst nichts verlauten lassen. *Ich musste Ihnen das notwendige Rückgrat geben.* Sollten Sie das Vertrauen der Richter gewinnen, ergeht das Verbot, im Gebiet Galizien ohne das Wissen Berlins Arier zu töten. Das wäre schon eine große Sache, auch wenn das nicht mehr sehr lange dauern kann, da der Krieg verloren ist." Ich zuckte zusammen. „Sie wissen von nichts? Dann in zwei Worten: Die Amerikaner sind in Afrika, Rommel, der schon vor Alexandria stand, ist angeschlagen. Die Situation ist klar. Was Sie anbelangt, so glaube ich, dass Sie die Richter von der Wahrhaftigkeit Ihrer Aussagen zu überzeugen vermögen und dass wir den Fall gewinnen. Völlig sicher ist das jedoch nicht. Was mich angeht, so trat bei der Gelegenheit zutage, dass ich in Bezug auf die Professoren den Schießbefehl nicht befolgt habe. Eigentlich steht darauf Konzentrationslager, aber ich denke, dass es dazu nicht kommen wird. Aus Lemberg werde ich abgezogen, denn nach dem, was ich getan habe, kann ich hier nicht bleiben." – „Bleiben Sie in Polen, das heißt im Generalgouvernement?" korrigierte ich mich lächelnd. – „Ich hoffe, dass ich in P o l e n bleibe, obwohl ich mir klar darüber bin, dass ich am Ende an der ersten Laterne baumeln werde *für alle Schandtaten*, die wir hier vollbracht haben; unterdessen werde ich jedoch noch in manchem behilflich sein können. Doch wir müssen gewisse Dinge abstimmen. Was sagen Sie, wenn der Richter Sie nach Ihren Vermutungen hinsichtlich meines Auftretens Ihnen gegenüber befragt?" – „Ich kann nur sagen, was ich denke, nämlich dass es Ihnen um Deutschlands Ehre ging." – „Allein und ausschließlich", entgegnete er. „Ich weiß noch nicht, wie sich Ihnen die Situation darstellt", fuhr er fort. „Ins Konzentrationslager kommen Sie wohl nicht mehr. Vielleicht erwartet Sie *Ehrenhaft.*" – „Und was ist das?" erkundigte ich mich – „Wohn- und Bewegungsfreiheit unter Ehrenwort, zum Beispiel in Berlin." – Ein Albtraum, dachte ich, doch laut erklärte ich ihm, dass angesichts einer so großen Sache mein persönliches Ergehen bedeutungslos sei. „Sagen Sie das nicht, Sie waren nur um Haaresbreite vom Tod entfernt." – „Ach, wissen Sie, mir ist durchaus bewusst, dass man mich auch in Berlin erschießen kann." – „Dass das eintritt, glaube ich nicht", sagte er nach einem Moment Schweigen. „Aber wenn es dennoch eintritt", entgegnete ich, *„dulce et decorum ... "* Er fuhr auf: „Weder *dulce* und schon gar nicht *decorum, sondern ganz gemeiner Meuchelmord!"*

Dann bat er mich noch in Berlin zu sagen, dass ich in Lemberg zunehmend schlechter behandelt worden sei, weil das Himmlers Befehlen zuwiderlief, „dank der Einflüsse aus Stanisławów". Schließlich erhob er sich. „Ich muss gehen. Kann ich noch etwas für Sie tun?" – „O ja. Ich habe hier in der Zelle einen Teil des Buches verfasst, das ich über Michelangelo zu schreiben vorhabe. Ich habe auch noch andere wissenschaftliche Aufzeichnungen. Sollte ich den Krieg überleben, könnten sie mir nützlich sein. Dürfte ich sie morgen vor der Abfahrt bei der Gefängnisleitung für Sie hinterlegen, und würden Sie diese Hefte, nach Zensur, als mein Eigentum ans Polnische Komitee schicken? Nur sollte der Zensor gebildet sein, weil er sonst die griechischen Texte für Geheimschrift hält." – „Bitte, geben Sie mir die Hefte." – „Die sind in der Zelle." Er stand auf, ging zur Tür und klopfte. Der Wachposten öffnete, wir gingen zu meiner Zelle. Ich überreichte ihm die Hefte. „Und außer wissenschaftlichen Aufzeichnungen gibt es da sonst nichts?" – „Nichts", und das entsprach der Wahrheit. „Dann nehme ich sie an mich. Morgen früh werden sie ans Komitee weitergeleitet.[21] Noch etwas?" – „Aber ja. Ich möchte Ihnen danken." Er erwiderte rau, dass dafür kein Anlass bestehe. Ich widersprach. Er hatte mir etwas Großes geschenkt, etwas, das wir sehr hoch schätzen und das uns so selten passiert, nämlich die Möglichkeit, den Gegner zu achten und zu respektieren. Er senkte den Kopf. Schwieg. So stand er vor mir auf dem Flur, dann straffte er sich und sagte endlich: „Bitte, nehmen Sie meine besten Wünsche entgegen, für Sie selbst und" – das fügte er bedächtig und eindringlich hinzu – „für Ihr Volk. *Glauben Sie mir, mit diesem Wunsch ist es mir ernst.*" – „Und, bitte, nehmen Sie meine besten Wünsche für Sie persönlich entgegen", erwiderte ich. Er ging. Ich kehrte in die Zelle zurück. Nachdem ich zu mir gekommen war, fühlte ich mich unermesslich glücklich. Und so betete ich für alles, was ich im Leben erhielt, das *Magnificat*, wie alle Tage, seit man mich verhaftet hatte:

> *Magnificat anima mea Dominum*
> *Quia magna fecit mihi*
> *Quia me creavit*
> *Quia dedit mihi vitam pulcherrimam*
> *Quia misit mihi tribulationem hanc terribilem*
> *Et dedit animi fortitudinem eam …*

Doch an jenem Abend fügte ich einen neuen Satz hinzu:

> *Et quia dignatus est mi uti, sicut instrumento iustitiae Suae.*[22]

Ich fühlte mich wie das Werkzeug eines Höheren Willens, da ich beinah ohne eigenes Zutun zum Rächer meiner Universität auserkoren worden war. Das Wissen darum, dass meine Inhaftierung die Veranlassung zur Befreiung der östlichen Heimat von wenigstens einem Henker gegeben hatte, wurde von Stund auf zu einem ungeheuren Kraftquell. Über die lange Zeitspanne der Unfreiheit hinweg, die ich noch vor mir hatte, war ich infolgedessen erneut privilegiert gegenüber den vielen anderen, weil mich niemals die Überzeugung verließ, dass der Feind unvergleichbar teuer für mich bezahlt hat.

Doch noch ein anderer, unmittelbar aktueller Gedanke ließ mich in jener letzten Nacht in Lwów nicht einschlafen. Bevor ich Polen verließ, musste der Kommandeur durch mich in Kenntnis gesetzt werden, wer die Professoren ermordet hat und warum ich ins Reich fahre. Das hatte durchaus auch einen egoistischen Aspekt. Trotz meines angeborenen Optimismus konnte ich mir eines raschen Todes nicht sicher sein – ich wollte also Lebewohl sagen und ich wollte, dass der Kommandeur wusste, ich habe mich teuer verkauft, mich nicht für ein unbedachtes antideutsches Auftreten umbringen lassen. Anderntags, als der Morgen graute, machte ich mich an die Arbeit und punktierte in der Griechischen Literatur von Sinko, nach der alten Chiffriermethode, eine kurze Meldung an den Kommandeur. Die Situation wurde durch ständige Unterbrechungen erschwert. Monatelang hatte ich wie im Grab gehockt, heute hingegen, wo ich ein bisschen Ruhe hätte gebrauchen können, wurde ich dauernd gestört; sie kamen, weil ich mich reisefertig machen, zum Arzt, ins Bad sollte usw. Die Meldung fiel daher wirklich sehr kurz aus, aber ich war mit dem „Punktieren" fertig, als die Wärterin erschien, um mich ins Bad zu bringen – die selbe, die für mich schon zwei für den Kommandanten bestimmte Kassiber hinausgebracht hatte. Sie umschlang meinen Hals und nahm herzlich Abschied von mir. Ich gab ihr Bücher zurück und vertraute ihr den Proviant für die Frauen an, schließlich händigte ich ihr die *Griechische Literatur* aus, schaute ihr dabei fest in die Augen und bat sie, dafür zu sorgen, dass dieses Buch nach Krakau, an die Adresse von Wisia Horodyska geschickt würde. Ich nannte ihr die Adresse, wiederholte meine Bitte, und das mit Nachdruck. Nach ihrem Gesichtsausdruck zu urteilen, begriff sie, dass es sich hier nicht um eine Bitte privater Natur handelte. Die erste Meldung kam nicht an.

Nach dem Bad wurde mir bedeutet, ich dürfe mich in Anwesenheit des Gefängniskommandanten von den Komiteemitarbeitern verabschieden; es war der „Tag der Suppe". Beide Damen (eine davon war Lesia Dąmbska) waren im höchsten Maße beunruhigt, oder richtiger, entsetzt, beide sahen diese Abreise, wie übrigens auch meine Wärterin und wie der Arzt, als endgültige an. Was mich selber betraf, so sagte mir mein Verstand, dass es mit mir nicht gut ausgehen könne, doch böse Vorahnungen hatte ich keineswegs, im Übrigen war für Grübeleien auch keine Zeit. Gegen elf führte man mich auf die Leon-Sapieha-Straße hinaus, hieß mich in einen Personenwagen steigen; zwei Gestapomänner nahmen mich in die Mitte, auf dem Beifahrersitz saß eine junge Deutsche. Das Auto setzte sich in Bewegung. Es war ein wunderschöner Tag, winterlich, der leichte Schnee glitzerte in der Sonne. Während der Fahrt gewahrte ich plötzlich Professor Franciszek Bujak*, der in großer Pelzmütze die Gródecka-Straße entlangging. Ich zog den Kopf ein, damit der Mann mich nicht erkannte, dem mein Anblick in dieser Gesellschaft sehr schmerzlich gewesen wäre. Für mich war es schön, dass ich im Augenblick des Abschieds von Lwów die Zierde unserer Universität noch einmal sah, das *lumen* meiner Fakultät, einen Menschen, der stets ausnehmend gut zu mir gewesen war.

Wir gelangten zum Bahnhof, stiegen aus. Ein Gestapomann wartete mit mir vor dem Eingang, während der andere die Formalitäten erledigte. Ein letzter Blick auf Lwów. Dann schweifte mein Blick über die Bahnhofsfassade; obwohl man die Metallbuchstaben entfernt hatte, ließ sich an den Spuren auf dem Mauerwerk noch immer mit Leichtigkeit die Inschrift ablesen: *Leopoldis semper fidelis.*

Wir betraten das Bahnhofsgebäude. Die Gestapomänner trugen meinen Koffer. Wir stiegen in den Zug, setzten uns in ein für uns reserviertes Dritter-Klasse-Abteil. Als der Zug anfuhr, nahm ich tief bewegt die mir so unermesslich teure Landschaft in mich auf, die ich zum letzten Mal im Sommer, kurz vor der Ernte, gesehen hatte. Jetzt waren die Felder lange schon kahl, mit einer frischen hauchdünnen Schneedecke. Während wir durch Przemyśl fuhren, musste ich daran denken, wie ich einst, vor zweieinhalb Jahren, vor den Bolschewiken hierher geflohen war, jetzt beförderte mich ein Deutscher aus meinen heimatlichen Gefilden fort. Aber ich reiste mit einem konkreten Ziel – mir war also nicht allzu schwer ums Herz.

Als die frühe Abenddämmerung hereingebrochen war, durchlief ich in Gedanken die Periode, die an diesem Tag für mich ihren Abschluss fand, und kam zu dem Schluss, dass die viereinhalb in der Lemberger Łącki-Straße verbrachten Monate eine entschieden gute Periode gewesen waren. Nachdem ich aus Stanisławów heraus und „der Schippe" entkommen war, gewann ich meine physischen Kräfte zurück, brachte die Zeit in ständigem Kontakt mit den höchsten ewigen Werten zu, unbeschreiblich privilegiert unter den Tausenden von polnischen Häftlingen, die Hungers starben, sei es in hoffnungsloser, passiver Einsamkeit, sei es im Lärm und Gezänk ihrer Zellen. Ich hatte mehr zum Essen, als ich benötigte, geistige Nahrung am allermeisten – Homer und Shakespeare und Thukydides –, und ich konnte über Michelangelo schreiben.

Und auch die Deportation jetzt fand unter den denkbar besten Bedingungen statt. Der Abtransport aus der Heimat in die Gefängnisse und Konzentrationslager des Reiches war für viele Menschen der Anfang vom Ende, besonders in psychischer Hinsicht, ich dagegen hatte eine präzis definierte Pflicht – vor allem aber sollte meine Rolle vorläufig keine passive sein, was immer das Schwerste ist, sondern eine aktive. Ich wusste, dass am Ende dieser Fahrt erneut der KAMPF stand, und ein solches Bewusstsein verleiht einem jeden Kräfte.

Zwei Uhr nachts waren wir in Krakau. Ich dachte innig an meine Freunde und Kampfgefährten, die ahnungslos schliefen, während ich unweit von ihnen vorbeifuhr.

Die Gestapomänner verhielten sich anständig. Die Beamtin, die mit uns fuhr, war mir beigegeben, damit ich nur ja keine Sekunde allein blieb; auch in der Nacht schliefen sie abwechselnd. Offensichtlich fürchteten sie von meiner Seite einen Selbstmord; bei den Deportationen passierte das bisweilen. Ich allerdings war zum gegebenen Zeitpunkt so fern von derartigen Stimmungen wie nur irgend möglich, mochten sie friedlich schlummern. Gegen sechs, der Morgen graute, fragte ich den Dienst habenden Gestapomann, wo wir seien. „Gleich sind wir in Bytom." Die Grenze der Rzeczpospolita, dachte ich, aus dem Generalgouvernement sind wir längst heraus, die Vorkriegsgrenze des Staates nahte. Und so erhob ich mich und ging auf den Korridor hinaus. Ich stellte mich mit dem Rücken zum Fenster unseres Abteils, weil ich inzwischen die Erfahrung gemacht hatte, dass sie mir dann nicht folgten und mich in Ruhe ließen. So, aufrecht da stehend, verließ ich Polen. „Ob ich es noch einmal wiedersehe, weiß ich nicht. Doch ich verlasse es in seinem Dienst, und das unter dem Zwang des Feindes; in einem Jahr, vielleicht anderthalb wird es frei sein." Ich hätte nicht so stolz da gestanden, wenn ich damals gewusst hätte, dass ich zwar mit dem Leben davonkommen würde, doch als eine Exilierte ohne Vaterland. Aber zu jenem Zeitpunkt konnte ich auf einen so ungeheuerlichen Gedanken nicht kommen. So stand ich also und nahm Abschied, noch als wir in Bytom einfuhren. Auf einmal fühlte ich mich ganz und gar allein, vor mir lag das riesige feindliche Reich.

Es war dies der 28. November 1942.

Anmerkungen

1 Erst nach dem Krieg sollte ich entdecken, auf welch unbegreifliche Weise Caetani von meiner Inhaftierung erfahren konnte. Es war mein Bruder, der in Genf durch den ukrainischen Rundfunk über jenes Faktum informiert worden war! Er hat dann die römischen Freunde benachrichtigt (K.L.).

2 Im Brief vom 21.7.1942 schrieb Himmler, dass K. Lanckorońska das Vertrauen der deutschen Behörden enttäuscht habe, indem sie sich offen zum Feind Deutschlands erklärte. Angesichts ihrer „antideutschen Hetze" hielt er die Haft für notwendig.

3 In diesem Gefängnis erwarteten Ludwig XVI. und Marie Antoinette ihre Hinrichtung.

4 Den Namen habe ich vergessen, er fing mit Q an (K.L.).

5 Ich habe nachgedacht, wie ich der Welt
Den Kerker, wo ich lebe, mag vergleichen;
Und, sintemal die Welt so volkreich ist,
Und hier ist keine Creatur, als ich,
So kann ich's nicht, – doch grübl' ich es heraus.
Mein Hirn soll meines Geistes Weibchen sein
Mein Geist der Vater: diese zwei erzeugen
Dann ein Geschlecht stets brütender Gedanken,
Und die bevölkern diese kleine Welt
Voll Launen, wie die Leute dieser Welt:

Denn keiner ist zufrieden / …/
William Shakespeare *König Richard der Zweite.*
V,4, Übers. August Wilhelm von Schlegel

6 Wanderer

7 Die gesamte klassische Literatur kannten wir selbstverständlich ausschließlich aus den Original-werken (K.L.).

8 Eine nahe Verwandte von Rektor Abraham (K.L.)

9 Was? wieder Grillen? Dulden muss der Mensch
Sein Scheiden wie sein Kommen in die Welt;
Reif sein ist Alles / …/
W. Shakespeare *König Lear,* Übers. Heinrich Voß
Die letzte Zeile steht im Heft in Großbuchstaben und ist zweimal unterstrichen.

10 Von all den Wundern, die ich je gehört,
Scheint mir das größte, dass sich die Menschen fürchten,
Da sie doch sehn, der Tod, das Schicksal aller,
Kommt, wann er kommen will.
W. Shakespeare *Julius Cäsar*, Übers. August Wilhelm von Schlegel

11 Asche und Schatten

12 Nicht felsenfeste Burg, noch eh'rne Mauern,
Noch dumpfe Kerker, noch der Ketten Last
Sind Hindernisse für des Geistes Stärke.
W. Shakespeare, *Julius Cäsar,* I,3

13 Bekannter Lemberger Gräzist (K.L.)

14 Auf dem Salwator, zu Füßen des Kościuszko-Hügels, mit einem herrlichen Blick auf die Weichsel und Krakau, steht ein großes Holzkreuz auf dem Grab von Karol H. Rostworowski (K.L.). Die Rede ist hier von der Ehefrau und den Söhnen des Schriftstellers (d. Übers.)

15 Wie lange noch?

16 Am dunkelsten ist es vor dem Morgengrauen, aber in jedem Fall ist es sehr dunkel.

17 Gleich nach dem Krieg erfuhr ich, dass einer der Kassiber zum Kommandeur gelangt ist und er von allem erfahren hat (K.L.).

18 Nach dem Krieg gelang es mir durch die Vermittlung von Kardinal Slipyj*, zu dem ich zur Audi-enz ging, seine Familie in Kanada ausfindig zu machen und sie davon in Kenntnis zu setzen, wie großartig er sich bis zum Schluss gehalten hat und dass er nicht gefoltert worden war, sondern auf der Stelle umkam (K.L.).

19 Zit. dt. Übers. von Theodor Braun: Thukydides *Die Geschichte des Peloponesischen Krieges*, im In-sel-Verlag 1964 (d. Übers.).

20 „Darum ist die Liebe die Erfüllung des Gesetzes."

21 Diese Hefte existieren. Sie eignen sich nicht zur Veröffentlichung. Ich habe Gebrauch von ihnen gemacht, als ich die vorliegenden *Kriegserinnerungen* schrieb (K.L.).

22 Meine Seele rühmet den Herrn, weil Er
große Dinge an mir getan hat, weil Er mich schuf,
weil Er mir ein sehr schönes Leben gab,
weil Er diese furchtbare Pein auf mich herabgeschickt hat und mir die Kraft des Geistes gab,
damit es möglich wurde sie zu ertragen …
… und weil es Dir beliebt hat Dich meiner zu bedienen als Werkzeug Deiner Gerechtigkeit.

Kapitel 6

Berlin

(29. November 1942 – 9. Januar 1943)

Ich ging ins Abteil zurück und schlief ein. Ich erwachte erst in der Gegend von Wrocław. Eifrig hielt ich Ausschau nach möglichen Zerstörungen und musste feststellen, dass es fast gar keine gab. Nachmittags waren wir in Berlin. Schon unterwegs hatten meine „Beschützer" lange Diskussionen darüber geführt, wohin sie mich bringen sollten. Sie trugen den telegrafischen Befehl, mich unverzüglich nach Berlin zu überstellen, bei sich, doch das war alles. Und so fuhren wir mit dem Taxi die verschiedenen Gestapo-Zentralen und Gefängnisse ab. Eines sah sehr modern aus, und ich war neugierig auf das Berliner Gefängnis, das vermutlich nach amerikanischem Vorbild eingerichtet war. Doch man warf uns auch diesmal hinaus, weil hier keine Frauen aufgenommen wurden. Schließlich und endlich, nach langen und eindringlichen Telefonaten, erfuhren wir in einem Büro, dass nichts außer Alexanderplatz übrig blieb, wohin sie mich mit sichtlichem Widerwillen letztendlich brachten. Nach langem Umherirren landeten wir doch noch im 5. Stock eines unglaublich schmutzigen Riesengebäudes aus dem 19. Jahrhundert im Stil einer romanischen Feste. Man schloss mich in einer sehr engen Zelle ein. Die Wände waren abgekratzt und wie die Decke mit Fladen dunkelgrauer Ölfarbe überzogen. Es war Abend, erschöpft warf ich mich auf die Pritsche und schlief sofort ein.

Am Morgen sah ich durch die Gitter des hoch angebrachten, aber ziemlich großen Fensters einen Winterhimmel, den grauen, merkwürdig schmutzigen Himmel der Stadt. Ich erhob mich, wollte mich waschen, doch hier gab es gleich Schwierigkeiten. Auf einem Uraltschemel stand ein Schüsselchen mit Resten von Emaillierung, kleiner als die, die in Komarno oder Rozdół in der Vorschule benutzt wurden. Als ich da so stand und grübelte, ging die Tür auf, herein trat die Obrigkeit, „servierte Kaffee" und belehrte mich, dass man *Frau Wachtmeisterin* zu ihr zu sagen habe. Sie war eher jung und nicht hässlich. Ich ertappte mich bei dem Gedanken, wie wenig angenehm es sein musste, eine Frau mit einem solchen Titel zu heiraten, selbst für einen Deutschen. Die Tür schloss sich wieder. Ein weiterer Gefängnissonntag hatte begonnen, diesmal ohne Bücher. Sie fehlten mir gar nicht so sehr bei den vielen Erlebnissen der letzten Tage, die es zu ordnen galt. Der Gestapo-Mann, der mich aus Lwów hergebracht hatte, hatte mir gesagt, dass er mich Montag holen käme. Das hieß, sich auf eine neue Bataille vorbereiten. Die Gedanken kehrten zu jenem Abendbesuch und zu jenem Mann zurück, der sich, wie er behauptete, dem Schießbefehl gegen die Professoren verweigert hatte, der das eigene Leben riskierte, um einen entarteten Gegner zu besiegen, dessen innige Wünsche meinem Volk galten und der es dennoch nicht über sich brachte, den letzten Schritt zu tun und eine Uniform abzulegen, von der er sehr wohl wusste, dass sie eine Schande war. Was ist das für ein Volk, in dem ein unzweifelhaft edles und in gewissem Maße sogar unerschrockenes Individuum die letzte Konsequenz zu ziehen scheut und dadurch jene Schandtaten, von denen es selber spricht, firmiert? Kann sich ein solches Volk dermaleinst aus diesem moralischen Fiasko wieder erheben?

Nachmittags erschien die *Frau Vorsteherin* aller Wachtmeisterinnen, eine alte Vorkriegsdeutsche, lang und mager, mit grauen, fest nach hinten gezurrten Haaren und einem anständigen Ton gegenüber den Häftlingen. Sie erklärte mir, dass ich das Recht auf elektrisches Licht am Abend sowie auf die Äußerung anderer Wünsche hätte. Ich bat um eine größere Schüssel. Sie sah mich an, dann die Untergebene, die hinter ihr stand, dann wieder mich. „Um eine größere Schüssel?" wiederholte sie ungläubig. „Nein, bei uns gibt es nichts dergleichen. Aber wozu brauchen Sie die?" – „Nun, ich bin groß, und bei uns sind solche Schüsseln höchstens bis zum sechsten Lebensjahr in Gebrauch." – „Merkwürdig!", sie ging ihrer Wege.

Zu essen gab es nicht viel, doch mehr als in Stanisławów, eine Hungerration, doch verhungern würde ich nicht. Am Montag, dem 30. November, früh am Morgen fand sich der „Beschützer" ein. Wir traten in die Welt hinaus, fuhren Straßenbahn. Wieder frappierte mich, so wie schon vor dem Krieg, die Hässlichkeit der Einwohner, vor allem der Einwohnerinnen Berlins. Ich stellte auch fest, dass es sehr wenig Zerstörung gab, und dachte voller Schmerz an Warschau, das mir damals grauenhaft verwüstet vorkam. Wieder irrten wir umher, fanden uns an zwei, drei Stellen ein, am Ende betraten wir ein modernes Wohnhaus, wo im ersten Stock an einer Wohnungstür eine Schwarze Tafel mit dem abscheulichen SS-Zeichen und der nachfolgenden Bezeichnung *Der Richter beim Reichsführer SS* hing. Auf der Uhr im Vorzimmer war es zehn. Ich wurde unverzüglich hineingeführt. Der „Beschützer" blieb draußen.

Ich befand mich in einem großen Büro. Vor mir stand ein hochgewachsener Mann in Uniform, schwarze Augen, schwarzes Haar, höchstens 32 oder 33 Jahre alt. Der „Beschützer" hatte mir zuvor mitgeteilt, ich würde zum Verhör bei *Sturm-*

bannführer (Major) Hertl gebracht. Etwas weiter weg, am Fenster, stand ein anderer Mann, ein großer, hagerer Blonder in Zivil. Hertl fragte mich, meinen Nachnamen beinah korrekt aussprechend, nach meiner Identität. Er wies mir an einem großen Tisch dem Fenster gegenüber einen Platz an, so dass das volle Licht auf mich fiel. Er selber setzte sich an den Schreibtisch links von mir, mit dem Profil zum Fenster, und der hagere Blonde nahm den Platz ihm gegenüber ein.

Hertl zeigte mir ein Exemplar meines Berichtes und fragte, ob ich das verfasst und unterschrieben hätte. Und dann erkundigte er sich nach dem Warum. „Weil Kommissar Kutschmann mir das, was ich ihm erzählt habe, niederzuschreiben befahl", antwortete ich. – „Welchen Eindruck hat Kommissar Kutschmann auf Sie gemacht?" – *„Einen richterlichen Eindruck."* (Von diesem Moment an hat, glaube ich, Hertl Kutschmann nicht mehr verdächtigt, mit mir gemeinsame Sache zu machen.) „Aber warum haben Sie das niedergeschrieben? Um den Deutschen eine Lektion zu erteilen?" – „Eine Polin mit Wohnsitz im Generalgouvernement käme, bei der Behandlung, die wir erfahren, überhaupt nicht auf den Gedanken. Ich wollte mich retten, habe angenommen, dass mich Kommissar Kutschmann freilässt, sobald er erfährt, wofür ich verhaftet und wie ich behandelt worden bin. Schließlich hat mich *Hauptsturmführer Krüger* auf eine Weise befragt, dass ich keinen Ausweg hatte, wollte ich meine Ehre nicht drangeben." – „Natürlich konnten Sie nicht anders antworten." Hertls Ton war sachlich, wenn auch schneidend, das Tempo des Verhörs unerhört schnell. Ich nehme an, dass der Richter feststellen wollte, ob sich in meinen Antworten keine Abweichung vom Inhalt des Berichts fand. Ich versuchte deshalb mit den im Schreiben benutzten Worten und Wendungen zu antworten, um mit dieser mechanischen Genauigkeit sein Vertrauen zu erwecken. Der hagere Blonde blieb die ganze Zeit über stumm, ließ mich jedoch nicht aus den Augen. Aus dem Verhör ergaben sich die folgenden Fakten:

1. dass Hertl in Stanisławów gewesen war (er ließ sich z. B. Krügers Kanzlei beschreiben);
2. dass er dort eine Reihe von Gestapoleuten verhört hatte, die mir Recht gaben;
3. dass Krüger absolut geleugnet hatte, mir von der Ermordung der Professoren erzählt zu haben.

(Hier war deutlich spürbar, was ihm Berlin vor allem vorwarf, nämlich dass er mir von dieser Sache erzählt, nicht dass er die Professoren ermordet hatte.)

Immer wieder kam Hertl auf diesen letzten Punkt zurück, wiederholte dabei jedes Mal, dass Krüger und seine Sekretärin behaupteten, dass ich nie allein mit ihm gewesen, die Sekretärin immer dabei gewesen sei und nichts von alledem gehört habe. Ich dagegen wiederholte auch in einem fort, dass wir beim zweiten Verhör allein gewesen seien. Hertl sagte ein paar Mal, dass Krüger dergleichen nicht gesagt haben könne, setzte jedoch einmal, als spräche er zu sich selbst, hinzu: „Nun ja, aber woher hätten Sie davon wissen sollen, wenn er es Ihnen nicht gesagt hätte?" – „Darauf weiß ich allerdings keine Antwort", entgegnete ich.

Schließlich sagte ich langsam und nachdrücklich (ich fühlte selber, dass ich Ton und Tempo änderte angesichts des raschen, aber bislang nicht lauten Verhörs): „Ich erkläre hiermit an Eides statt, dass es so gewesen ist." Ich sah Hertl direkt an, beide Herren durchbohrten mich mit Blicken. Den Moment der Stille unterbrach Hertl, indem er das Verhör für beendet erklärte. Er schickte mich ins Vorzimmer hinaus, um dort auf die Abfassung des Protokolls zu warten. Ich kam dem Befehl nach. Mein „Beschützer" ließ mich wissen, dass das Verhör eine Stunde und 20 Minuten gedauert habe. Es dauerte eine Weile, bis man mich wieder hineinrief. Hertl las mir das kurze, sachgerechte Protokoll vor, das im Inhalt meinen Antworten entsprach. Am Schluss fand sich der Satz: „Ich bin zu jedem Augenblick bereit, die oben gemachte Aussage zu beeiden." Später habe ich mir so manches Mal Gedanken darüber gemacht, dass Himmlers Richter, für den das Verbrechen Dienstpflicht war, normal und alltäglich, dennoch nicht vergessen hatte, was der Eid für einen Menschen mit einer anderen moralischen Auffassung bedeutete. Ich ersuchte ihn um ein oder zwei kleinere Korrekturen, die er im Protokoll berücksichtigte. Nachdem ich unterschrieben hatte, erklärte er mir: „Aufgrund Ihrer Aussagen muss ich gegen Krüger einen Prozess anstrengen. Halten Sie sich bereit für die Konfrontation." – „Das wird vielleicht unangenehm, aber noch nie habe ich über jemanden etwas gesagt, was ich ihm nicht ins Gesicht hätte sagen können." – „Diesbezüglich habe ich nicht die geringsten Zweifel. Was Sie selbst angeht", fügte er mit veränderter Stimme hinzu, und zum ersten Mal wich er meinem Blick aus, „so erfolgt die Entscheidung über Ihr weiteres Geschick nach dem Verhör in eigener Sache."

Wir verließen das Gebäude, stiegen wieder in die Straßenbahn und kehrten zum Alexanderplatz zurück. Jetzt, in den Nachmittagsstunden, wirkten das Gefängnisgebäude, Treppen und Korridore noch scheußlicher, räudiger, schmutziger als am Abend meiner Ankunft.

Nachdem sich die Zellentür hinter mir geschlossen hatte, setzte ich mich aufs „Bett" und versuchte Ordnung in meine Gedanken zu bringen. Ich war hinsichtlich dieser Etappe der neuen Kampagne grundsätzlich zufrieden. Ich hatte den Eindruck, dass Hertl mir glaubte, und das war das Wichtigste.

Die Konfrontation mit Krüger würde wahrscheinlich die zweite Etappe darstellen. Folglich begann ich, mich darauf vorzubereiten, mir Antworten zurechtzulegen. Und was war mit dem Verhör in eigener Sache, von dem Hertl gesprochen hatte? Ich war neugierig, wie lange ich darauf würde warten müssen. Jene *Ehrenhaft* in Berlin, die Kutschmann für die wahrscheinlichste Lösung gehalten hatte, begann ich höllisch zu fürchten. Vom Feind mit besonderer Rücksichtnahme behandelt zu werden, dem Anschein nach frei zu sein und unter Deutschen zu leben, ihnen gegenüber gebunden durch das Ehrenwort, dessen Gewicht schließlich nicht davon abhängt, wem es gegeben wird, sondern einzig und allein davon, wer es gibt, eine beinah ungeheuerliche Situation, wie mir schien. Andererseits, vergegenwärtigte ich mir, hatte Hertl mir ja selber gesagt, dass die Entscheidung über mein persönliches Geschick erst fallen würde. Fest stand, dass alles vom Verlauf des Krüger'schen Prozesses abhing. Im Übrigen schätzte ich, dass die Deutschen, wenn es zu jener Konfrontation kam, wenn man so weit ging, eine Polin gegen einen Gestapo-Offizier, in dessen Gegenwart, aussagen zu lassen, jene Polin gleich danach aus dem Weg räumen mussten. Damit rechnete ich schließlich von Anfang an. Darüber hinaus war ich der Ansicht, dass mich, sofern mich Himmler selber verhörte, was Kutschmann für sehr wahrscheinlich gehalten hatte, ebenfalls „der Sand" erwartete, im gegebenen Fall der Berliner. Nein, ich hatte keinen besonderen Grund, mir um eine *Ehrenhaft* Sorgen zu machen.

Ich begann meine Zelle aufmerksamer zu betrachten. An vielen Stellen waren Worte und Sätze in die dunkelgraue Ölfarbe gekratzt. Manchmal waren es nur Initialen, manchmal auch Vor- und Nachnamen. Dicht über dem Kopfende meiner Pritsche konnte ich ganz leicht eine deutsche Inschrift entziffern: „Eva, mein Kind, du bist 9 Jahre alt, wer wird dir einst die ganze Wahrheit sagen? Werde die, zu der ich dich habe erziehen wollen!" Dann Initialen und ein Datum von 1942. Etwas weiter weg waren mit einer Nadel, in winziger französischer Schrift, die klassischen Worte von Chéniers *La Jeune Captive* eingeritzt: *Je n'ai que 18 ans …*, ohne Unterschrift. Wie viele Frauen mochten hier schon hindurchgegangen sein, und wer waren die, die zum gegenwärtigen Zeitpunkt meine Nachbarn waren? Denn manchmal waren sie zu hören durch die ziemlich dicken Zellenwände. Eine Antwort auf die letzte Frage hatte ich bald. Einmal hörte ich ein Rascheln an der Tür und dann erblickte ich ein gefaltetes Stück Papier, das unten durchgeschoben wurde. *Schnell, das ist für Sie*, hörte ich Liesels Stimme; Liesel, ein junges Mädchen und eine Kriminelle, machte sauber und teilte auch das Brot aus. Ich zog kräftig und hielt einen Brief in der Hand, der an meine Zellennummer adressiert war. Die Nachbarin zur Linken, eine Berliner Schauspielerin, stellte sich auf diese Weise vor und übermittelte zugleich das Klopfzeichen-Alphabet. Ich wendete es unverzüglich an, ein Gespräch kam zustande. Auf meine Frage: *Wofür sitzen Sie?*, erhielt ich die ziemlich klare Antwort: *Kontakte mit Russland, meine Freundin schon geköpft*. Später lernte ich von ihr, mich die Wand hoch zum Fenster zu hieven, in der Zeit, wenn *Frau Wachtmeisterin* zum Mittagessen war. Durch das geöffnete Oberlicht konnte ich mich beinah normal mit beiden Nachbarinnen unterhalten, der Schauspielerin zur Linken und der Bibliothekarin zur Rechten. Beide waren sie in dieselbe Sache verstrickt, um deretwillen man in jenen Tagen fünfzehn höhere Offiziere aus dem Führerhauptquartier hatte kommen lassen. (Das kann wohl kaum noch lange dauern, dachte ich, wenn ich das alles hörte.)

Für mich war der Gedankenaustausch mit Personen, die ihre Handlungsweise als moralische Pflicht ansahen, interessant. Damals kam ich zum ersten Mal mit dieser Form, das Problem zu lösen, das in jedem Deutschen entstehen musste, der noch nicht alle Ethik eingebüßt hatte, in Berührung – und war entsetzt. Der Hitlerismus hatte aus ihrem Gewissen Begriffe getilgt, die uns Grundbegriffe dünkten, und zwar in einem Grade, dass beide Frauen absolut kein Gespür dafür hatten, dass Feindkontakte während eines Krieges seit Jahrtausenden für ein Verbrechen erachtet werden, eines der größten, die ein Mensch begehen kann. Sie sagten, dass die Hitlerleute ihre Handlungsweise selbstredend als Staatsverrat behandelten, doch sprachen sie dieses Wort in aller Ruhe aus, weil sie der Ansicht waren, Russland bekämpfe nur das Regime, nicht die Deutschen, und sie waren überzeugt, dass dieses selbe Russland, wenn Hitler erst gestürzt wäre, ihrem Vaterland eine Epoche unermesslichen Glücks bringen werde. Die Würde, mit der beide Frauen sich gegenüber dem eigenen Geschick verhielten, erweckte Hochachtung in mir, hingegen war mir ihr Vernunftschluss vollkommen fremd, mitunter brach sogar unser Gespräch ab, weil es ganz und gar unmöglich war, eine gemeinsame Sprache zu finden.

Die Haltung derer, die Einverständnis mit dem Feind suchten, war moralisch genauso wenig zu rechtfertigen wie die Linie, die Kutschmann gewählt hatte, um zu retten, was sich retten ließ, selbst unter Einsatz des eigenen Lebens, aber ohne die letzten Konsequenzen zu ziehen. Ich fühlte damals ganz deutlich, dass es für einen Deutschen zum gegebenen Zeitpunkt eigentlich keinen Ausweg mehr gab. Diese Todsünde, die ein jeder von ihnen auf sich lud, damals, als er die Gewalttat an die Macht ließ, als er dem Versucher erlag, der ihm einredete, er gehöre einem Volk an, das über den anderen stehe, und ihm die Herrschaft über die Welt versprach, diese Sünde würde nichts mehr von ihm abwaschen, selbst Staatsverrat nicht.

Auch diesmal wieder, wie schon so oft zuvor, empfand ich die tiefste Dankbarkeit gegenüber dem Schöpfer für meine Zugehörigkeit zu einem Volk, das in diesem verzweifelten Kampf um die eigene Existenz zugleich alle hohen Güter der Menschheit verteidigte.

Mein Bekanntenkreis im Häftlingsmilieu sollte sich in Kürze erweitern. Ich wurde nämlich gefragt, ob ich zum Arzt möchte. Weil meine Hautbeschwerden ständig schlimmer geworden waren und mich kaum noch schlafen ließen, meldete ich mich zur Untersuchung.

An einem Donnerstag-Nachmittag kam die *Wachtmeisterin* und brachte mich nach unten, vom fünften Stock ins Parterre. Man schickte mich ins Wartezimmer, wo ich warten sollte, bis ich dran war. Nach der Stille meiner Abteilung hörte sich der kleine Warteraum an wie ein Bienenstock: mehr als zwanzig Frauen jeglicher Art und jeglichen Alters, zu einzelnen Grüppchen zusammengedrängt. Die Unterhaltungen waren geflüstert oder halblaut, hastig, abgerissen, immer mit einem Blick zum Sprechzimmer, dessen Tür sich von Zeit zu Zeit öffnete. Dann wurde ein

Name aufgerufen, und eine von den Anwesenden ging zum Arzt hinein. Als ich da so stand, trat eine sehr hochgewachsene, sehr knochige Frau zu mir und fragte nach meiner Nationalität. Als ich ihr sagte, dass ich Polin sei, entgegnete sie: „Und ich bin Deutsche, aber eine von denen, die um die Vereinigten Staaten Europas kämpfen." – „Unter der Führung Russlands?" hakte ich sofort nach, weil ich diese Losung bereits aus den „Fenstergesprächen" kannte. „Ja, ja", bestätigte sie lebhaft. „Natürlich nimmt uns Russland in seinen Schutz, und wir folgen seinem Beispiel." – Nette Perspektive, dachte ich.

In diesem Moment drangen Wortfetzen eines von zwei Frauen in Polnisch geführten Gesprächs an mein Ohr. Ich verabschiedete mich also von der künftigen Bürgerin der Vereinten Staaten Europas und ging zu den Polinnen. Die eine, sehr jung, sprach rasch, mit gedämpfter Stimme, es klang, als referiere sie. Die andere, ältere, hörte aufmerksam zu und stellte ab und an Fragen. „Guten Tag", ich trat zu ihnen. Das Gespräch brach ab, beide sahen mich an. „Ich freue mich, meine Sprache zu hören", sagte ich und harrte einer Antwort. „Warten Sie bitte einen Augenblick, ich möchte nur mein Gespräch zu Ende bringen", sagte die ältere. Ich wartete, und aus der Unterhaltung, die nunmehr äußerst vorsichtig geführt wurde, ergab sich für mich, dass es hier um Ratschläge, die Verhöre betreffend, ging. Daher entfernte ich mich ein paar Schritte, um nicht zu stören, und unverzüglich tauchte jene riesige Deutsche wieder an meiner Seite auf, um mir u. a. zu versichern, dass es nicht nur den Deutschen, sondern auch den Polen unter Russlands Obhut wunderbar gehen werde. „Gibt es hier viele Anhänger dieser Idee?" fragte ich. „Noch nicht genug, um mit dem allen, was hier passiert, Schluss zu machen. Sehen Sie, hier im Raum befinden sich etliche Kommunistinnen", und sie deutete auf ein paar Grüppchen. „Uns alle hat man wegen der einen Sache verhaftet, für die man auch eine gewisse Zahl von Offizieren aus dem Führerhauptquartier verhaftet hat, aber das alles ist zu wenig. Noch sind wir zu schwach."

Da näherte sich jene Polin, auf die ich wartete. Eine Frau von ungefähr 45, klein, schlank, mit breiter Stirn, tiefschwarzem, graumeliertem Haar, das streng nach hinten gekämmt war. Die ziemlich ausgeprägte Nase und die recht schmalen Lippen gaben dem blassen Gesicht den Ausdruck von Intensität und Energie, die großen, ebenfalls tiefschwarzen Augen sprühten vor Leben. „Woher kommen Sie? Von Zuhause? Woher? Wann?" Ich beantwortete alle Fragen, doch als sie auch meinen Namen wissen wollte, erwiderte ich, dass der doch im Gefängnis kaum von Bedeutung sei. „Im Gegenteil, gerade im Gefängnis muss man wissen, mit wem man es zu tun hat. Also, den Namen bitte." Das war beinah im Befehlston gesagt. Diese mir unbekannte Person, die fast einen Kopf kleiner war als ich, erweckte in mir einen solchen Respekt, dass ich gehorchte. Das Gesicht meiner Gesprächspartnerin hellte sich auf. „Was? Lanckorońska? Sehen Sie, wie gut, dass Sie mir Ihren Namen genannt haben", sie streckte die Hand aus, „Bortnowska." Wir fielen uns in die Arme.

Maria Bortnowska* war eine sehr bekannte, sehr geachtete Mitarbeiterin des Polnischen Roten Kreuzes sowie ein äußerst verdienstvoller Soldat der AK, worüber ich ebenfalls Bescheid wusste. Wir hatten uns bisher nicht persönlich kennen gelernt, hatten aber seit langem Kontakt zueinander durch öffentliche und geheime Mitarbeiter. Wir tauschten daher rasch Empfehlungen und die Adressen von Freunden aus, die im Falle des Todes oder der Freilassung einer von uns beiden benachrichtigt werden sollten. Danach erzählte mir die Bortnowska kurz, dass sie zahlreiche und quälende Verhöre hinter sich habe, bei denen die Deutschen wegen ihrer äußerst harten Haltung nichts erfuhren. Sie bat mich, immer donnerstags krank zu werden, weil sie sich dann immer für den Arzt meldete, so wie etliche andere Polinnen auch, darunter jenes junge Mädchen, mit dem sie gerade erst gesprochen hatte. „Das ist ein schwerer Fall, das Mädchen wurde zur Arbeit nach Deutschland geschickt. Dort zeichnete sie auf Befehl einen Plan der Fabrik, in der sie arbeitete. Sie wurde verhaftet, der Plan gefunden."

Plötzlich wurde die Bortnowska aufgerufen. „Also bis nächsten Donnerstag", und sie ging.

Kurz nach ihr betrat auch ich das Sprechzimmer, traf sie aber nicht mehr an. Der alte erfahrene Gefängnisarzt verfuhr anständig mit mir. Er hörte mich aufmerksam an, untersuchte mich und verzog das Gesicht. „Wenn Sie nicht rasch rauskommen, gibt es eine Katastrophe. Wie lange sitzen Sie schon?" – „Sieben Monate." – „Nun ja, das ist eine Nervensache." – „Ich bin nicht hysterisch." – „Leider nein", erwiderte der Alte. „Wären Sie es, könnten Sie auf diese Weise entspannen. Und es wäre nicht zu einer nervösen Hautentzündung gekommen. Sie sehen mir danach aus, dass Sie nicht weinen in der Zelle." – „Selbstverständlich nicht, wozu sollte ich weinen?" – „Ich gebe Ihnen da was, das wirkt besänftigend, aber den Krankheitsprozess halte ich damit nicht auf." Er händigte mir das Medikament aus, irgendeine *Wachtmeisterin* befahl mich hinaus. Ich wollte ins Wartezimmer zurück, doch man führte mich durch eine andere Tür hinaus, direkt ins Treppenhaus und zur Zelle.

Die Begegnung mit der Bortnowska bedeutete mir sehr viel. Ich war nicht mehr allein in Berlin. Es gelang mir, mich noch zweimal an einem Donnerstag mit ihr zu treffen. Sie sah immer schlechter aus – die Verhöre wurden zunehmend schwerer, wobei ihre moralische Kraft mit jeder Woche zu wachsen schien. Beim letzten Mal war auch jene junge Fabrikarbeiterin dabei, die ich beim ersten Mal gesehen hatte. Sie war blass, aber unbeugsam – sie war bereits zum Tode verurteilt. Noch gab es die schwache Hoffnung, die sich übrigens nicht erfüllte, dass sie trotz des Urteilsspruchs nach Ravensbrück geschickt wurde, wohin auch ich einst von Krüger geschickt worden war. Nicht nur für das Mädchen, auch für sich selbst sah die Bortnowska das Konzentrationslager als die beste Lösung an. Es wäre Schluss mit den Verhören, man wäre mit anderen Polinnen zusammen – sie kannte eine Reihe von Frauen, die bereits dort waren, und sie stellte sich vor, genau wie ich, dass ein Aufenthalt inmitten von ausschließlich politischen Häftlingen ein Riesentrost und ein großer Kraftquell sein müsse.

Ein Zusammenleben mit Personen anderer Nationalität, doch ideell mit uns verbunden, musste nicht minder schön und anregend sein. Weitere Begegnungen mit der Bortnowska gab es nicht, denn die *Wachtmeisterin* erlaubte mir nur freitags einen Arztbesuch, sie musste gemerkt haben, dass mir besonders an den Donnerstagen lag. Ansonsten ging man anständig mit mir um. Als sich Liesel einmal über sie beschwerte, was ich für eine Provokation hielt, erwiderte ich, dass ich keinen Grund zur Klage hätte. „Na, sicher doch, die haben ja auch, was Sie angeht, besondere Anweisungen; weiß doch jeder hier, dass Sie eine Cousine von Mussolini sind." Entsetzt stritt ich das ab, und Liesel behandelte mich von da ab mit weit weniger Respekt.

Ich durfte damals Zeitungen und „entsprechende" Bücher kaufen. Ich orderte *Mein Kampf* und bekam ihn sofort; ein äußerst interessantes Buch, in dem der gesamte Plan eines ungeheuren, auf Weltmaßstab zugeschnittenen Verbrechens absolut klar dargestellt ist. Damals ging mir auf, dass jeder Deutsche, der – nach der Lektüre dieses Buches – diesem Menschen gefolgt war, sich voll und ganz bewusst gewesen sein musste, worauf er sich einließ.

Eines Tages dann öffnete sich die Zellentür, nachdem die *Wachtmeisterin* zuvor den Besuch des *Herrn Direktor* angekündigt hatte, und ein älterer Deutscher in Zivil stand im Türrahmen, hinter ihm die *Frau Vorsteherin*. Der Direktor fragte mich, ob ich irgendwelche Wünsche hätte. Nach dem Misserfolg mit der Waschschüssel beschloss ich auf ein anderes Gebiet zurückzugreifen. Ich bat um Goethe. Ein Moment Schweigen, dann ließ sich *Herr Direktor* vernehmen: „Aber Sie sind doch *Nationalpolin*?!" Ich war baff. „So ist es." – „Und Sie wollen Goethe lesen?" – „Ich sehe nicht, was das eine mit dem anderen zu tun hat", erwiderte ich. Der Direktor schüttelte den Kopf und verließ die Zelle. Anderntags kam die alte *Vorsteherin* und erklärte, mir sowohl Goethe als auch Schiller bringen zu wollen, da sie die Werke beider besitze, doch ein, zwei Tage werde es dauern, weil sie in Naphtalin seien. Tatsächlich brachte sie zwei Tage später die stark nach Naphtalin riechenden Bände, deren Eintreffen mir große Freude machte. Ich stürzte mich auf die Lektüre, musste aber bald eine überaus schmerzliche Entdeckung machen. Nicht nur Goethe, den ich nie so recht verstanden hatte, sondern auch Schiller, den ich einst verehrt hatte, waren auf einmal kaum noch verständlich für mich. Irgendein Hemmnis musste sich zwischen uns aufgetan haben, und dieses Hemmnis war offenbar die deutsche Sprache. Dieselbe Sprache, in der ich einst so viele kulturelle Güter empfangen und aufgenommen hatte, war mir heute vergällt. Die Erlebnisse der letzten Jahre hatten sie entehrt. Ich verspürte den Widerwillen so stark, dass ich mir vergebens sagte, du schadest dir doch selbst, wenn du dir den eigenen kulturellen Horizont einengst. Ich las natürlich viel, doch ohne wirklichen Nutzen.

Die Feiertage kamen, still, gesammelt, in einer Behaglichkeit verbracht, wie sie nur die Einsamkeit schenken kann, ohne Kämpfe, ohne Konflikte.

Seit jenem Verhör bei Hertl war fast ein Monat vergangen – und eine Fortsetzung fand noch immer nicht statt. Silvester, der Abschluss dieses Jahres 1942, so reich an Erfahrungen für mich, ging vorüber, das neue Jahr 1943 hielt Einzug – mit Sicherheit würde es Polen die Freiheit bringen. Am 8. Januar schließlich kam die *Wachtmeisterin* und befahl mir, mich reisefertig zu machen, weil ich anderntags auf Transport ginge nach RAVENSBRÜCK.

An diesem anderen Tag, dem 9. Januar, um elf Uhr morgens standen wir in Viererreihen auf dem breiten Flur im Parterre. Wir waren 70. Polizisten und Wachtmeisterinnen rannten, zählten, suchten und stritten sich heftig, weil andauernd irgendwas oder irgendwer fehlte. Schließlich wurde eine Inhaftierte gesucht, die Geld bei der Direktion hinterlegt hatte. Die Gesuchte nannte sich Bankowska und war nicht zu finden. Wie ein Blitz kam mir der Gedanke, dass ich gemeint sein könnte, weil ich das bei der Verhaftung bei mir gefundene Geld bis hierher mitgebracht hatte. Und so hob ich die Hand. Nur ungern erteilte mir die *Wachtmeisterin* das Wort. Meine Hypothese, es könnte sich um mich handeln, nahm sie mit Misstrauen auf, schließlich, nach längerem Sinnieren, sagte sie: „Man muss in den fünften Stock telefonieren, *ob Sie nicht in der Zelle sind.*" Ich verzog keine Miene angesichts einer so unerwarteten Möglichkeit meiner Zweiteilung. Es zeigte sich jedoch, nach weiteren fünf Minuten, dass ich mich nicht in der Zelle befand, und das Geld war in der Direktion auf einen Namen eingetragen, der meinem sogar ein bisschen ähnlich war. Nach einer Stunde setzten wir uns endlich in Bewegung. Auf dem Hof lud man uns in zwei Gefängnisautos. Das waren große Kästen mit schmalen vergitterten Schlitzen. Wir standen je 35 Frauen wie die Sardinen zusammengedrängt. Ich musterte meine Gefährtinnen; es waren hauptsächlich Deutsche. Ihre Gesichter entsprachen so gar nicht meiner Vorstellung von deportierten Politischen. Die Frauen waren aufgeregt, schwatzten viel und laut. Es wurde ausdauernd darüber debattiert, wie es anzustellen sei, dass man auf dem Bahnhof beim Einsteigen in den Zug nicht erkannt wurde, ob das Gesicht verdecken oder nur einen Teil davon usw. Diese Furcht frappierte mich. Als man mich durch Lwów führte, hatte ich mir so sehr gewünscht, einem Bekannten zu begegnen und auf diese Weise von mir ein Zeichen zu geben. Wovor hatten sie solche Angst und weshalb sahen sie so unangenehm aus? Diese Typen waren Kriminelle!

Kapitel 7

Ravensbrück
(9. Januar 1943 – 5. April 1945)

Wir kamen beim Bahnhof an, und dort brachte man uns unter Polizeieskorte zu den Gefängniswaggons. Zu dritt wurden wir in kleine Boxen gestopft, die für jeweils einen Häftling gedacht waren. Ich „reiste" mit einer blutjungen Ukrainerin, die, zur Arbeit in Deutschland, sich allzu eng mit einem Sohn des *Herrenvolkes* „befreundet" hatte und dafür ins Konzentrationslager fuhr. Die andere Gefährtin war eine alte Deutsche, eine Hebamme. Nach ungefähr zwei Stunden hielt der Zug. *Raus!* brüllte ein bis an die Zähne bewaffneter Polizist beim Öffnen unserer Käfige. Wir krochen mühevoll heraus, unsere Beine waren wie abgestorben. Am Hauptgebäude der kleinen Bahnstation prangte die Aufschrift „Fürstenberg, Mecklenburg". Ich musste an Krüger denken, wie er diesen Namen aussprach. Im Schnee, auf dem Perron standen zwei Frauen in aschgrauen Uniformen mit Totenkopf an der Feldmütze. Jede hielt einen Polizeihund an kurzer Leine. Wir mussten antreten, diesmal in Fünferreihen. Ich sog in meine Lungen tief die frische Landluft ein und sah zum ersten Mal in meinem Leben Mecklenburg, das flache und schwermütige.

Ein Gefängnisauto nahm die erste Gruppe auf und war in Kürze wieder zurück, um uns zu holen, die wir unterdessen auf und ab marschiert waren. Die Fahrt dauerte etwa 10 Minuten, danach befahl man uns auszusteigen und uns erneut in Fünferreihen aufzustellen. Wir standen auf einem sehr großen Platz oder Hof, von niedrigen graugrünen Holzbaracken umstellt. Die unterschieden sich in nichts voneinander, nur das Haus, vor dem wir Aufstellung genommen hatten, war gemauert, war größer und höher. Über den Platz bewegten sich Frauen, genauso gleichförmig gekleidet, wie die Bauten gleichförmig waren, die man von weitem sah. Die Frauen trugen grau-blau gestreifte Jacken, unter diesen Jacken sahen ebenfalls gestreifte

Kleider hervor, um den Kopf trugen sie braune unter dem Kinn geknotete Tücher. Was einem sofort, im allerersten Augenblick ins Auge fiel, war die geradezu außerordentliche Hässlichkeit von allem ringsum. Abscheulich waren die Proportionen dieser farblosen Baracken. Auf der anderen Seite des Hofes fing eine Straße an, die von zwei langen Reihen weiterer Bauten der gleichen Art gebildet wurde. Auf seltsame Weise ähnelte sie der Kleidung der Frauen – eines wie das andere machte damals, in der frühen Januardämmerung, vor dem Hintergrund schmutzigen Schnees, der den Platz bedeckte, einen Eindruck, der allem Hohn sprach, was irgendwann einmal schön gewesen war.

Es wurden immer mehr Frauen. Offenbar kehrten sie von der Arbeit zurück, denn sie marschierten in Gruppen – meist jeweils fünf –, doch sehr viele gingen auch einzeln über den Platz und zu den Blöcken. Die Frauen waren jung und alt, groß und klein, manch eine eilte rasch dahin, andere wiederum schlurften vor Erschöpfung. Alle schauten zu uns hin, doch niemand trat näher heran, zumal Obrigkeit mit Hund dabeistand, die niemanden heranließ. Da ich sie genauer musterte, fiel mir auf, dass es dennoch Unterschiede in der Aufmachung gab. Zwar trugen alle auf der Brust links eine Nummer aufgenäht, doch das Dreieck darüber wies unterschiedliche Farben auf. Es gab grüne, schwarze, violette und rote Dreiecke, letztere überwogen. Auf vielen roten sah man ein großes schwarzes P. Der Anblick dieser meiner Schwestern ließ mich aufleben und zog mich mächtig an. Eine der Polinnen, jung, hellblond, fragte schnell, als sie an uns vorüberhastete: „Sind Polinnen dabei?" – „Ja!" antwortete ich. „Bleib standhaft, hier ist es gar nicht so schlimm!", und schon war sie verschwunden. Wirklich, gar nicht so schlimm, dachte ich, wenn hier eine solche Stimmung herrscht. Nach einer Weile erschien eine zweite, klein, mit fröhlicher Miene. Die kam schon direkt zu mir, wohl weil ich als erste den Mund aufgetan hatte. „Wenn Sie Proviant haben, essen Sie's sofort auf, die nehmen es sonst weg!" – „Wie lange sitzen Sie schon?" fragte ich. „Drei Jahre", lautete die Antwort; die junge Frau ging lächelnd davon.

Es war bereits dunkel, als endlich die ersten fünf die Baracke betraten. Die Hoffnung, dass nun schon bald die Reihe an uns sein werde, wirkte erwärmend. Wir waren nämlich inzwischen durchgefroren bis ins Mark. Man rief uns mit Vor- und Zunamen auf. Drei oder vier Fünferreihen vor mir standen zwei Ukrainerinnen, von denen die eine Agrypina und die andere Klaudia hieß. Was für einen weiten Weg doch diese beiden Namen zurückgelegt hatten, dachte ich, vom Rom der Cäsaren bis Konstantinopel, von dort mit der „griechischen" Kirche in die Ukraine, und jetzt ruft man sie auf in Ravensbrück bei Fürstenberg, Mecklenburg. Dann war auch ich endlich dran. Man ließ mich in etwas wie eine Kanzlei ein.

Die Frau, die hier offensichtlich die Kommandantin war, fragte nach den Personalien. Die Gefangene, die an der Schreibmaschine saß und ein „P" auf rotem

Grund trug, sah mich mit sichtlicher Abneigung an, erst als ich auf die Frage nach der Nationalität antwortete, hellte sich ihr Gesicht auf. Von der Kanzlei aus befahl man mich in einen großen Toilettenraum, wo mich unter der Aufsicht einer Wärterin zwei Häftlinge, Deutsche, empfingen. Mit bewunderungswürdiger Schnelligkeit nahmen sie mir alles ab, was ich bei mir hatte, und drückten mir ein Stück Papier mit der Nummer 16076 in die Hand. Als nächstes schickte man mich in eine kleine Bude, wo mir ein anderer weiblicher Häftling befahl mich auszuziehen; dabei beobachtete sie mich aufmerksam. Was ich ziemlich komisch fand. Schließlich erklärte die Deutsche. „Sie sind also eine Polin!" Verblüfft fragte ich, woran sie das denn erkenne. „Ich bin Deutsche und bereits vier Jahre hier, da lernt man schon sich mit Menschen auszukennen, und euch kennen wir genau. Nur die Polinnen gehen mit erhobenem Kopf und geradezu fröhlicher Miene." Ein solcher Empfang bewirkte, dass ich den Kopf noch ein wenig höher reckte. Erst als sie mir Platz zu nehmen befahl und mit einem Rasierapparat bewaffnet die Sauberkeit meines Kopfes zu überprüfen begann, verlor ich meine heitere Miene. Meine beiden Nachbarinnen vom Alexanderplatz hatten über Läuse geklagt und die Aussicht auf eine Glatze war unangenehm. Aber irgendwie kam ich davon, erleichtert erhob ich mich von diesem „elektrischen Stuhl" und ging zu der großen Halle hinüber, wo ein Teil meiner Gefährtinnen bereits wartete. Dort mussten wir uns ganz und gar entkleiden und danach unter die Dusche, wobei wir gezwungen waren, auch die Haare nass zu machen. Nach dieser mehr als oberflächlichen Waschung marschierten wir nass an zwei SS-Ärzten vorbei, die mit Zigarren im Mund das Defilee abnahmen. Danach kleidete man uns in Lagerwäsche, in Streifen und Holzschuhe, und jagte uns erneut hinaus auf den Hof, um uns dort in Fünferreihen antreten zu lassen. Inzwischen war es stockfinster und so richtig schön kalt. In normalen Zeiten hätten bei jeder von uns ein nasser Kopf im Frost, eine dünne Jacke nach heißer Dusche eine Lungenentzündung zur Folge gehabt. In Ravensbrück spürte man die Kälte kaum. Diesmal ließ uns ein junges Mädchen antreten, das attraktiv, hochgewachsen und brünett war, eine Polin mit grüner Armbinde rechts. Als wir uns in Bewegung setzten, trat sie neben mich. „Die polnischen Blocks wissen schon, dass Sie da sind", flüsterte sie. „Man hat sofort die Kunde verbreitet." Ich staunte nicht schlecht. Die blutjunge Informantin hingegen fuhr fort: „Natürlich wissen wir, noch ehe die frisch eingetroffenen Häftlinge ins Bad gehen, schon alles, denn die Kanzlei gibt uns Bescheid. Die Schreibmaschinenkraft, die Ihre Daten aufgenommen hat, war im ersten Moment wegen Ihres Deutsch erschrocken; sie hat geglaubt, Sie sind *volksdeutsch*. Erst als Sie sich als *Nationalpolin* aufführen ließen, fiel ihr ein Stein vom Herzen, und sie gab gleich Bescheid, dass Sie da sind. Möglicherweise haben Sie hier Bekannte. Doch auch so ist das Eintreffen einer Politischen zum gegebenen Zeitpunkt ein großes Ereignis für uns, denn schon länger ist hier niemand angelangt. Wann haben Sie die Heimat verlassen? Erst Ende November?

Mein Gott, vor so kurzer Zeit noch sind Sie in Polen gewesen! Wir sitzen hier schon ein, zwei, drei Jahre! Aber Sie werden sehen, dass es bei uns nicht schlecht ist! Sie werden sich wundern, welch ein Geist hier herrscht!"

Und da waren wir auch schon vor einem Block angekommen und gingen eine nach der anderen hinein. Am Eingang stand eine ältere, breitschultrige Frau, ebenfalls mit grüner Armbinde, und zählte uns. „Das ist unsere Blockälteste, Cetkowska, und ich bin die Stubenälteste. Ich habe den halben Block unter mir, eine ‚Stube‘, und sie den ganzen Block."

Wir gingen hinein, bekamen im Schlafraum die Pritschen zugewiesen, die dreistöckig aufgebaut waren, danach gab man uns Suppe und Brot. Dabei flüsterte mir die Stubenälteste, Mietka, zu: „Schlüpfen Sie unbemerkt aus dem Block. Draußen wartet jemand auf Sie." Als ich hinaustrat, hing plötzlich etwas Kleines an meinem Hals und weinte ein bisschen. „Frau Dozent, wie gut, dass Sie da sind!" Ich musste lachen. „O nein", korrigierte sich das Mädchen, „Ich mache mir ja Sorgen, dass Sie ins Lager gekommen sind, aber ich freue mich so sehr, Sie zu sehen. Ich habe doch in Lwów gewohnt, im Studentinnenheim, als Sie unser Kurator waren! Ach Gott, wie lange ist das her!" – „Wofür sitzen Sie?" fragte ich. „Schwere politische Sache, aber das ist nichts, davon gibt es eine Menge hier, eine mehr, eine weniger … irgendwann erzähle ich alles."

„Rasch, auseinander, die Aufseherin!" flüsterte die Blockälteste von der Tür her. Wir küssten uns, das Mädchen verschwand in der Finsternis, ich ging in den Block zurück. Kurz nach mir trat die Obrigkeit ein. „Achtung!" schrie die Blockälteste, und wir standen alle auf. An der Tür stand eine vielleicht zweiundzwanzigjährige, kleine, grell angemalte, ziemlich krauslockige Blondine in aschgrauer Uniform. Die Blockälteste meldete die Zahl der Häftlinge im Block sowie die Anzahl der Neuzugänge. Die Obrigkeit, deren Gesichtszüge in geradezu auffälliger Weise jegliche Intelligenz vermissen ließen, hörte sich die Meldung an und spazierte dann in Begleitung der Block- und der Stubenältesten durch den Block. Neugierig beobachtete ich sie aus einer gewissen Distanz. Das Gebäude setzte sich aus zwei symmetrischen Teilen zusammen, von denen jeder Ess- und Schlafräume für rund zweihundert Häftlinge, Waschraum und Aborte enthielt. Am Eingang zum Block war ein kleines Dienstzimmer, in dem die Blockälteste residierte.

Als die Deutsche weg war, bat mich die Blockälteste in ihr Zimmerchen. Ich setzte mich auf einen Schemel einer Frau gegenüber, die nur wenig älter war als ich, mit stark gerötetem, energischem Gesicht; in ihren Augen lag viel Wärme. Sie stellte sich vor: Eliza Cetkowska. Ihre Fragen zur Person waren kurz und prägnant. Schließlich erkundigte sie sich nach der Stimmung im Land und danach, was man dort über Ravensbrück wisse. „Weiß die Heimat von den Exekutionen und von den ‚Kaninchen‘?" Ich war verdutzt. „Wenn Sie mich nicht verstehen, so ist das schlecht, sehr schlecht, weil es bedeutet, dass die Heimat nicht weiß, dass man hier Polinnen abschießt, wegen politischer Delikte, und nur Polinnen. Genauso wie nur Polinnen Versuchskaninchen sind. Hierher kommt ein Arzt, der Orthopäde Prof. Gebhardt aus dem in der Nähe gelegenen Sanatorium Hohenlychen,[1] und führt an Polinnen, ausschließlich Politischen, schwere experimentelle Operationen durch. Einige Opfer sind bereits tot; andere, es sind weit über sechzig, bleiben Krüppel bis an ihr Lebensende. Fast ausschließlich blutjunge Mädchen, alle haben sie riesengroße Narben an den Beinen."

Ich hörte und glaubte es selbstverständlich, doch begriff ich noch nicht, aber die Blockälteste redete inzwischen weiter: „Ich kann Ihnen nicht genau sagen, um was für Operationen es sich handelt, es scheinen verschiedene zu sein. Ich bin zwar Krankenschwester von Beruf, doch habe ich, was diese Operationen betrifft, nicht alle Angaben."

Wir unterhielten uns noch, als sich drei weitere Frauen aus anderen Blöcken zu uns stahlen, um die frisch Eingetroffene zu sehen und über die Heimat auszufragen. „Sie können sich ja nicht vorstellen, was das für ein Ereignis ist für uns, so lange schon ist keine politische Polin mehr hier eingetroffen." – „Aber in Konzentrationslagern sind doch wohl nur politische Häftlinge", entgegnete ich. „Andere gibt es hier schließlich nicht." Hier fuhr mir allgemeine Heiterkeit in die Parade. „Über die Institution, bei der Sie jetzt zu Gast sind, müssen Sie noch ganz schön Ihre Meinung ändern. Nehmen Sie nur den Transport, mit dem Sie hier eingetroffen sind, da war außer Ihnen niemand dabei, der für seine Überzeugung hierher geschickt worden wäre. Da sind ein paar Ukrainerinnen für *Umgang mit Deutschen*, ein paar Deutsche für *Umgang mit Polen*, ein paar Hebammen, ein paar Prostituierte und der Rest Diebinnen. Wir sind auf jeden Fall in der Minderheit, und das eben ist das Schwerste."

„Na, ab mit euch, meine Damen, sonst schnappt man euch noch", verscheuchte die Blockälteste die Besucherinnen. „Unsere Novizin bilden wir morgen fort. Übrigens ist ja der Appell allein schon recht lehrreich. Jetzt wird geschlafen." Ich kletterte also in meine „zweite Etage" und schlief wie ein Stein.

Erst die Stentorstimme der Blockältesten *Auf!* weckte mich. Es war sechs Uhr. Ich zog mich an, wir bekamen Kaffee und Brot, und da war schon der Appell. Wir begaben uns alle vor den Block. Der Morgen brach an. Die Blockälteste und die Stubenälteste (es gab vier) stellten uns in Reihen auf, zehn Reihen tief. Fingen an zu zählen und sichtlich unruhig umherzulaufen. Endlich stimmte alles. Die Blockälteste ging *nach vorn*, d. h. in die Kanzlei, um den Appell zu melden. Wir standen unterdessen. Es wurde immer heller. Endlich kam die Blockälteste mit der Obrigkeit wieder, meldete dem Appell *Achtung!*, die Deutsche zählte durch und ging, wir aber standen weiter. Die Nachbarin flüsterte mir zu, dass jetzt alle Blocks durchgezählt würden, und erst wenn der Appell überall stimme, ließen sie die Sirene los. „Das dauert noch", fügte sie tröstend hinzu. Und es dauerte in der Tat.

Auf der rechten Seite rötete sich der Himmel. Dort also ist Osten, dort ist die Heimat, dachte ich. Wir standen weiter. Ich fing an Ausschau zu halten. Links, zwischen zwei Blöcken, sah ich ein Stück hohe Mauer, und auf dieser Mauer und über ihr lange Reihen Stacheldraht (26 an der Zahl). Weiß zeichneten sich in gewissen Abständen porzellanene Isolatoren ab und zeugten davon, dass Starkstrom dort entlang lief ... Hinter der Mauer schaute ein Stück „Landschaft" hervor, ein fahlgelber Abhang und darauf ein paar dürre Kiefern.

Wir standen noch immer. Es wurde kalt, doch das war es nicht, was mich störte. Ein Gedanke setzte mir zu, oder besser gesagt, ein Gedanke, der mich seit langem quälte, gewann jetzt an Intensität: Bach ... Dürer ... Hölderlin ... Beethoven, so wahr sie gelebt hatten und schöpferisch gewesen waren, so wahr waren sie auch Deutsche. Die Weltkultur wäre ohne sie nicht, was sie ist ... Ich dachte an die deutsche Wissenschaft, der ich selber so viel verdankte. Und jetzt entehren diese Deutschen durch ihre bloße Existenz die Menschheit, zu der sie gehörten. Wer wird für das, was hier geschieht, einst die Verantwortung tragen? Niemand wird doch sagen können, dass das alles passiert ist, weil ein paar Verbrecher die Macht an sich gerissen haben. Immerhin sind es nicht nur ein paar ... es sind Legionen, Legionen ... Wie viele von ihnen brauchte es, um ein einziges Ravensbrück zu ersinnen, zu schaffen und zu führen ... Und alle wissen wir, dass Ravensbrück zu den „besseren" und kleineren Lagern gehört. Doch wie viele Krüger gibt es allein schon hier, an diesem einen einzigen Ort, und wie viele Männer und Frauen, ganz zu schweigen von den Millionen passiver Deutscher, die durch ihre Haltung diese unerhörten Verbrechen nicht nur ermöglichen, sondern auch befördern. Dermaleinst werden sie sagen: „Wir haben nichts gewusst", und das wird zum Teil die Wahrheit sein. Sie „wissen nicht", weil sie nicht wissen wollen. Sie glauben blind an den Sieg, den sie in jeder Hinsicht und ohne alle Beschränkungen zu nutzen beabsichtigen, folglich ziehen sie es vor, nicht zu wissen, mit welchen Mitteln dieser Sieg erreicht werden soll. Hier liegen die Gründe für die moralische Katastrophe Deutschlands. Daher sollten über das Verhältnis der Nachkriegswelt zu diesem Land nicht Gefühle der Rache oder des Hasses entscheiden, Rücksichten jedweden Nationalismus dürfen überhaupt nicht in Betracht gezogen werden, ausschlaggebend muss allein die Notwendigkeit sein, die Menschheit vor ähnlichen Katastrophen abzusichern, damit die christliche Zivilisation nicht zugrunde geht ...

Da auf einmal die Sirene. Innerhalb von Sekunden waren wir wieder im Block. Bald darauf sah ich aus dem Fenster Gruppen von Frauen, marschierend und singend. Ich fragte, was das zu bedeuten habe, und erfuhr, dass das die für „außen" seien. Denn die Kolonnen, die (selbstverständlich unter Eskorte) täglich außerhalb des Lagers zur Arbeit gingen, mussten auf Befehl deutsche Lieder singen. Einige von diesen Gruppen fuhren sogar täglich ziemlich weit mit dem Zug und kamen abends zurück. Es handelte sich hauptsächlich um Fabrikkolonnen, doch sommers gab es auch solche für die Landarbeit, die ernährten sich bestens bei der Arbeit, z. B. bei der Feldarbeit auf Himmlers großen Gütern, nicht weit von hier. „Im Übrigen brauchen wir die ‚außen' dringend", fügte die Angesprochene mit gedämpfter Stimme hinzu: „Sie haben Kontakt mit der Welt, bringen Rundfunkmeldungen mit, geben sogar hin und wieder Briefe auf und nehmen sie entgegen, alles furchtbar gefährlich, na ja, ohne das wäre es noch schlimmer!"

Kurz darauf erschien die Blockälteste und nahm mich in ihr Dienstzimmerchen mit. „Wir müssen uns beizeiten überlegen, was wir mit Ihnen anfangen. Vor allen Dingen müssen Anstrengungen unternommen werden, dass Sie nicht zu Siemens kommen." – „Und das heißt was?" fragte ich. „Da handelt es sich um Arbeit in einer Munitionsfabrik, einer Filiale der Siemenswerke, die hier beim Lager errichtet worden ist. Doch nicht nur bei der Munition, auch in den Werkstätten wäre es für Sie kaum erträglich, denn Weberei oder Näherei fertigen auch Uniformen. All das stellt eine unmittelbare Hilfe für die Krieg führenden Deutschen dar. Vielleicht kann man Ihnen irgendwann eine grüne Armbinde geben. Sie werden Stubenälteste. Eine in vielerlei Hinsicht unangenehme Funktion, die jedoch die eine Befriedigung schenkt, dass man den Häftlingen eine Menge helfen kann und nicht direkt für die arbeitet. Die Blockältesten können den Oberen jemanden zur Stubenältesten vorschlagen. Das gelingt häufig. Einstweilen droht Ihnen noch nichts hier im Block für die Zugänge, Sie können mir ein bisschen helfen, ich habe viel zu tun."

Eine meiner ersten Aufgaben war das Verteilen und Annähen der Dreiecke und Nummern für meinen Transport. Das Dreieck wurde, bei der Jacke, links auf der Brust über der Nummer angenäht, beim Kleid auf dem linken Ärmel. Aus der Kanzlei war die alphabetische Liste für 70 Frauen gekommen, ihre Nummern waren auf ein Stückchen Leinwand gedruckt, die Dreiecke unterschiedlich in den Farben. Die roten ohne Buchstaben waren für „politische Deutsche". Die erhielten etliche für, wie sie mir selbst erzählten, allzu kordiale Kontakte mit Polen. Andere „politische" Vergehen gab es nicht. Ein rotes Dreieck mit einem „U" oder „R" erhielten Ukrainerinnen oder Russinnen für die „Freundschaft" mit einem Deutschen. Mit einer von ihnen hatte ich übrigens eine ziemliche Auseinandersetzung, weil sie mit dem erhaltenen Buchstaben nicht einverstanden war; sie behauptete, ihr stehe ein „U" zu, oder war es ein „R", ich erinnere mich nicht mehr.

Ich selbst erhielt damals mein „P" und die Nummer 16076. Grüne Dreiecke waren für Hebammen und andere Deutsche bestimmt. Auf der Liste waren neben ihren Namen die Buchstaben „BV" vermerkt. Das war die Abkürzung für das schöne Wort *Berufsverbrecher*. Wenn bei dem Namen ein „As" stand, hieß das *Asoziale*, es stand im schwarzen Dreieck und war für Prostituierte sowie für Zigeunerinnen bestimmt; ein „IBV" schließlich – *Internationaler-Bibelforscher-Verein* – kennzeichnete eine spezifische Gruppe, die der so genannten „bibelki", sie befanden sich im Lager, weil sie prinzipiell jede Tätigkeit zugunsten des Krieges ablehnten. Aus einer totalitären Gesellschaft gehörten sie also während eines totalen Krieges eliminiert. Im Lager wurden sie bei der Reinigung und in der Wäschekammer beschäftigt, und nebenher befassten sie sich noch ein bisschen mit Klatsch. In schwierigen, gefahrvollen Situationen zeigten sie Stärke und einen Fanatismus, wie er für Sektierer charakteristisch ist – unbedingt bewundernswürdig.

Bei der „Verleihung" des schwarzen Dreiecks an zwei Zigeunerinnen, Mutter und Tochter, erkundigte ich mich, wofür sie nach Ravensbrück gekommen seien. „Wie, für was?" parierte die hexenhafte Mutter. „Wir sind doch Zigeunerinnen! Sie wissen wohl nicht, dass die alle Zigeuner einsperren, egal von welchem Stamm. Sie wissen nichts, nicht? Die Stämme erkennt man an der Profession. Wir gehören zum angesehensten Stamm, der mit Pferden handelt." – „Und womit befassen sich andere Zigeuner?" fragte ich. „Äh, reden wir nicht darüber! Die sind es nicht wert!" In den schwarzen Augen beider Frauen blitzte Verachtung, ja Hass. „Aber womit befassen sie sich?" drang ich in sie. – „Die spielen bloß Geige", zischte sie feindselig. Wie schade, dass Kreisler oder Menuhin das nicht gehört haben!

Am Abend, der zweite Appell, Abschluss des Arbeitstages für die einen und Eröffnung der *Nachtschicht* für die anderen, war lange vorbei, heulten plötzlich die Sirenen und das Licht ging aus. Alarm! Nie werde ich diesen ersten Fliegerangriff im Lager vergessen, dieses plötzliche Bewusstsein, dass unsere Verbündeten so dicht über uns sind und kämpfen. Die künftigen Sieger! In diesem Augenblick fühlte man sich nicht so hoffnungslos im Stich gelassen, wie es für das Konzentrationslager charakteristisch war. Die Blockälteste legte sich nicht schlafen und erlaubte auch mir, am Fenster zu sitzen, in der Finsternis, und auf die Detonationen zu horchen. Nach dem unlängst ergangenen schriftlichen Befehl hatten Block- und Stubenälteste während des Alarms aufzubleiben und sich unweit von Spaten, Eimer und Sandkiste, die auf dem Flur platziert waren, aufzuhalten. Die Häftlinge hatten ruhig zu liegen; sollte das Lager bombardiert werden, hatten sie sich anzuziehen, sollte eine Bombe jedoch den Block treffen (sic!), hatte die Blockälteste die Häftlinge in den Hof hinauszuführen, in Fünferreihen (sic!). Diesen Befehl zitierte mir die Blockälteste wörtlich auf Deutsch, aber unvermutet hielt sie mitten im Satz inne und sagte nach kurzem Schweigen: „Du musst sehr aufpassen, wenn Hansi vorbeigeht, meine „grüne" Stubenälteste, sie ist im Block dazu da, uns im Auge zu behalten und über alles Bericht zu erstatten. Sie ist die engste Freundin von Marianne, auch eine Grüne, der *Lagerältesten*; beide sind aus Wien und vielfach vorbestraft, und bei der Lagerleitung haben sie einen Stein im Brett, vornehmlich was das Denunzieren von Polinnen angeht. Unter denen, die zur Lagerleitung gehören, gibt es absolut niemanden, der organisatorische Fähigkeiten hätte. Sie sind vollkommen abhängig von der so viel gewitzteren Clique gemeiner Verbrecherinnen, die „rassenmäßig" zum *Herrenvolk* gehören, ihren Ratschlägen zu folgen tut ihnen folglich keinen Abbruch; kulturell steht man auf einer Stufe, es drohen also keine Minderwertigkeitskomplexe, an denen man in Bezug auf die Polinnen so schmerzlich leidet. Natürlich spreche ich hier ausschließlich von den Politischen, von denen es hier eigentlich nicht viele gibt. Die überwiegende Mehrzahl besteht aus ‚denen‘. Leider haben wir hier etliche ‚grüne‘ und auch ‚schwarze‘ Polinnen, nach Deutschland deportierte Arbeiterinnen, die man wegen Unmoral oder einfach Diebstahl oder anderen gewöhnlichen Vergehen verhaftet hat; hier bekommen sie zu unserem Unglück ein rotes Dreieck, weil sie als Polinnen festgenommen worden sind. Die polnische Gruppe im Lager ist sehr, wirklich sehr gemischt, das Übergewicht hat das am wenigsten ideell bestimmte Element, es gibt auch eine Menge einfacher Krimineller. Unter all diesen haben wir mittendrin Frauen und Mädchen der höchsten moralischen Kategorie, die hier für Polen sitzen, hauptsächlich aus den Westprovinzen, die dem Reich angeschlossen wurden, und direkt aus Warschau."

In jener Nacht bekam ich eine Ahnung davon, was Konzentrationslager heißt. Ich musste fast schmunzeln bei der Erinnerung an meine Vorstellung vom Zusammenleben von Frauen aller Nationalitäten, die an den einen Ort verbannt worden waren, weil sie sich Hitler entgegengestellt hatten, und dass dies keine allzu schwierige Angelegenheit sein könne. Dabei war es hier nun wirklich ganz, ganz anders. Hier hängen wir von guten oder schlechten Beziehungen ab, zu Kriminellen, die sich der Obrigkeit empfehlen, indem sie Denunziationen liefern. Folge der Denunziationen sind Verhaftung und das Eingesperrtwerden im „Bunker". Zunächst hatte ich ja angenommen, dass jemand, der erst einmal im Konzentrationslager gelandet ist, von Verhaftungen verschont bleibt. Glaubte, dass er wenigstens diese Phase hinter sich habe. Indessen war eher das Gegenteil der Fall. Bei der kleinsten Verfehlung oder infolge einer Anzeige wurde der Häftling in die Dunkelhaft gesteckt, in ein Gebäude, das offiziell *Zellenbau* hieß, das einzige gemauerte Haus im Lager. Gleich am Tag nach meiner Ankunft zeigte man es mir. Es war lang gestreckt und sehr niedrig, die unterste Ebene befand sich tief in der Erde, von daher die Bezeichnung „Bunker". Er war eingezäunt und nur durch ein extra Tor zu betreten. Der Chef dort war Ramdohr*, ein Polizeikommissar, der über alle bei den Verhören (mittels Folter, Narkose usw.) „notwendigen" Instrumentarien verfügte.

Sämtliche Informationen, die ich so im Laufe des Tages sammelte, konnte ich nachts bequem auf die Reihe bringen, weil meine Hautprobleme mich ohnehin nicht schlafen ließen.

Mit dem nächsten Transport traf im Block eine Gruppe blutjunger Deutscher, unter 18 Jahren, ein, die nur wenige Tage mit uns zusammen wohnten, bis neue Blöcke im nahe gelegenen *Jugendlager* fertig gestellt waren. Diese noch so jungen Mädchen, die hier im Lager gelandet sind, das ist die Antihitlerjugend. Endlich! dachte ich. Am selben Abend, ich saß im Dienstzimmer, rief die Blockälteste eine nach der anderen herein, um sie zu fragen, für welches Vergehen sie hierher gelangt waren. Sie brach jedoch die Befragung ab, als sie vier oder fünf Antworten gehört hatte. Genüsslich und fast immer mit einem Lachen zählten die Mädchen ihre Taten auf, darunter war Inzest die häufigste.

Später am Abend kam eine Polin zur Blockältesten, offenbar mit einer diskreten Mitteilung. Als sie fort war, sagte die Blockälteste zu mir: „Das Mädchen, das eben hier war, macht im Bunker sauber. Es kam, um zu berichten, dass dort eine Zelle mit weißem Bettzeug, Decken und Blumen für dich vorbereitet ist. Auf der Liste stehst du als *Sonderhäftling*. Sie erwarteten deine Ankunft aus Berlin, du sollst mit einem Spezialtransport eintreffen. Bei ihrer üblichen Schlamperei hat Berlin dich mit Diebinnen hergeschickt, und jetzt warten sie noch immer auf dich." – „Aber wofür soll ich denn wieder in den Bunker?" fragte ich. – „In dem Fall sieht das nicht nach Strafe, sondern nach Absonderung aus, Absonderung von uns, und nach besserer Behandlung. Du sollst dort SS-Verpflegung kriegen, die sehr gut ist, nicht unsere Runkelrüben oder Kohl mit Kartoffeln. Die Reinemachefrau kommt morgen und holt sich die Antwort, ob sie melden soll, dass du bereits im Lager bist, oder nicht."

Ich war zutiefst erschrocken. Nach so vielen Monaten Einsamkeit und Abgeschlossenheit genoss ich sehr den Kontakt mit den Schwestern sowie die „Bewegungsfreiheit", die es mir erlaubte, im Block, ja sogar auf dem Lagergelände unterwegs zu sein. Und nun erwartete mich erneut die Isolation! Ich flehte die Blockälteste an, niemandem etwas davon zu sagen und der Reinemachefrau nur zu übermitteln, es sei meine ganze Hoffnung, dass man mich nicht finde.

In jenen Tagen wurde der ganze Transport, so wie es vorgeschrieben war, ins Revier befohlen zu ersten ärztlichen Untersuchungen. Der Zustand meiner Haut – ich hatte damals schon an vielen Stellen kleine eitrige Wunden – rief bei der Ärztin, *Frau Dr. Oberhäuser*, einen Wutanfall hervor – „eine dermaßen abscheulich vernachlässigte Krätze!" Als ich ihr sagte, dass man mich bisher gegen ein nervöses Hautleiden behandelt habe, und nicht gegen Krätze, schrie sie mich an: *„Halt deinen Mund, du freche Person!"* und warf mich hinaus.

Draußen vor dem Sprechzimmer wartete eine junge Person, die ein „P" trug, auf mich und flüsterte mir zu, ich sollte ihr folgen. Sie führte mich durch einen langen Korridor. Als sie Halt machte, sagte sie ganz leise: „Rasch, im Moment sind keine Deutschen da. Sie gehen mit mir in das Zimmer links, dort sind die ‚Kaninchen', die zuletzt operierten. Sie müssen sie unbedingt sehen, Sie könnten mit dem Leben davonkommen und Sie haben viele Bekannte im Ausland, Ihnen wird man glauben."

Wir betraten ein kleines Zimmer, in dem fünf junge Mädchen lagen. Mein Vergil sagte ihnen, dass ich geradewegs aus der Heimat komme. Sie schauten zu mir, ich wusste nicht, was ich sagen sollte. Am nächsten bei der Tür lag ein blondes Mädchen, vielleicht zwanzig Jahre alt. Als ich sagte, dass in diesem Herbst der Krieg bestimmt zu Ende wäre, versuchte die Kranke offenbar zu lächeln, doch es gelang ihr nicht, der Ausdruck ihres Gesichts verriet nichts als Leiden und grenzenlose Resignation. Meine Führerin bat die Mädchen ihre Beine aufzudecken. Bei einigen von ihnen gewahrte ich außer dem Verband zwei oder drei alte Narben von vorangegangenen Operationen von etwa 20 cm Länge oberhalb oder unterhalb des Knies. Die Kranken fragten nach der Heimat. Ich sprach ein wenig über die Stimmungen, die Kraft des Geistes, die Seelenstärke, doch es wollte mir nicht recht gelingen; ich war schließlich froh, als ich wieder verschwinden musste. Auf dem Korridor schaffte es die Führerin noch mir zuzuflüstern, dass jetzt die „Kaninchen" bis zu einem gewissen Grade beaufsichtigt und gepflegt würden, ein gewaltiger Unterschied zu den ersten Operationen. Damals wurden sie völlig allein gelassen, halfen sich gegenseitig, keiner hatte Zutritt zu ihnen, tagelang, nicht einmal Wasser hatten sie.

Wir gingen zum Sprechzimmer zurück, aus dem gerade die letzten Häftlinge meines Transports nach der Untersuchung herauskamen. Unbemerkt schloss ich mich ihnen auf dem Rückweg zu unserem Block an. Ein beschwerlicher Rückweg für mich, weil mir das Gehen wegen der Wunden an den Beinen arge Mühe machte. Neben mir schwankte eine Deutsche mit schwarzem Dreieck, die sich überhaupt nicht mehr auf den Beinen halten konnte. Ins Spital hatte man sie nicht aufgenommen, sie war dafür nicht krank genug; anderntags hatte sich ihr Zustand weiter verschlechtert, so weit, dass man sie auch jetzt nicht aufnahm, denn nunmehr war es zu spät. Als man nämlich endlich die Trage in unseren Block brachte, holte man sie nur noch für die Leichenhalle ab.

Unterdessen kündigten sich große und kleine Innovationen in meiner neuen Residenz an. Der ständige Zustrom von Häftlingen zwang die Deutschen zur Erweiterung des Lagers, zum Bau neuer, größerer Blöcke auf einem weiteren Stück Sanddüne, neben unseren Baracken, außerhalb von Mauer und Drähten. Zu guter Letzt, als die neue Parzelle entsprechend „gesichert" war, fiel die Mauer, dafür wurde provisorisch Draht gezogen, und es erging das strengste Verbot, ins neue Lager hinüberzugehen – ein neuer Vorwand für die Zumessung von Strafen. Am nächsten Sonntag, das verkündeten alle, würde es einen sehr langen Appell geben, von dem aus ein Teil der Häftlinge zu den neuen Blöcken abkommandiert würden. Es waren 15° minus (an der Kommandostelle hing ein Thermometer), wir standen über fünf Stunden. Alle, die irgendwie an der Lagerführung beteiligt waren, weiblich wie männlich, einschließlich des Kommandanten, flitzten atemlos durchs Lager und erteilten Befehle, die zumeist einander widersprachen. Letztendlich teilten sie dem neuen Lager ein paar hundert Häftlinge, hauptsächlich Ukrainerinnen und Russinnen, zu. Das ganze Lager stand derweilen. Nur um eines beneideten wir die Obrigkeit, um die Bewegung nämlich, denn wir erfroren allmählich, doch auch diesmal erkältete sich niemand von meinen Bekannten. Eine gewisse Anzahl von Block- und Stubenältesten wurde ebenfalls für die neuen Blöcke bestimmt, darunter war unsere Blockälteste. Wir bekamen eine neue, Erna, eine junge Deutsche mit schwarzem Dreieck, bei der ich zur Bürohilfe avancierte. Anfangs beunruhigte mich die mögliche Entwicklung der Zusammenarbeit mit meiner neuen Vorgesetzten. Doch alles gedieh prächtig, zum Fundament unserer Beziehungen wurde nämlich Ernas unverhohlener Respekt vor meiner Kenntnis der Orthografie ihrer Muttersprache. Später entdeckte ich, dass es hier gar nicht nur um die Schreibung ging, sondern vielmehr, und zwar vor allem, um das Schreibenkönnen überhaupt, eine Fähigkeit, die bei meiner Vorgesetzten eher schwächlich ausgebildet war.

Zwei Tage nach diesem Wechsel erschien mittags, furchtbar blass, die junge Stubenälteste. „Fünf sind in den Bunker gekommen, dieselbe Sache, darunter meine einzige Freundin", flüsterte sie mir ins Ohr. – „Was heißt das?" flüsterte ich zurück. „Das heißt, dass sie morgen erschossen werden. Von Unsern haben sie schon mehr als hundert erschossen. Nun wissen wir, was passiert, wenn plötzlich ein paar politische Polinnen wegen derselben Sache in den Bunker gehen. Und sie wissen es auch. Das erste Mal – vergangenes Jahr – hat das keiner begriffen und gewusst. Deshalb haben sie auch den Betäubungstrank getrunken. Jetzt lehnen sie immer ab. Sie lassen sich auch nicht die Augen verbinden, und alle sterben sie ausnahmslos mit dem Ruf ‚Es lebe Polen!'" – „Woher wisst ihr das alles?" – „Sehr einfach. Mit dem Bunker besteht immer irgendein Kontakt, und was bei den Exekutionen vor sich geht, das wissen wir nun ganz genau. Nach jedem Mal hat das Exekutionspeloton der SS das Recht auf Essen und Trinken nach Herzenslust in ihrer Kantine, wo Polinnen bedienen. Die SS-Männer betrinken sich stets bis zur Besinnungslosigkeit und dann erzählen sie sich gegenseitig Details der Exekution, wobei sie mit ihrer Bewunderung für die Polinnen nicht hinter dem Berg halten. Außerdem haben wir für gewöhnlich, wenn auch nicht immer, eine zweite Kontrolle. Beim Abendappell nämlich, wenn es totenstill ist, hört man die Schüsse, so viele, wie man von den Unseren geholt hat. Manchmal fallen danach noch ein oder zwei weniger laute Schüsse, denn die Soldaten treffen nicht immer gut, dann gibt der Offizier mit dem Revolver den Gnadenschuss. Diesmal sind es also fünf. Meine Schulkameradin ist mit dabei, und ihr Fall ist dem meinen so ähnlich, dass beim nächsten Mal vielleicht ich dran bin … Na ja, was soll's, jetzt heißt es erst einmal zurück an die Arbeit." Und schon war sie davongehuscht.

Ich blieb zurück und meine Gedanken wanderten zu den Tausenden, die sich ebenfalls nicht die Augen verbinden ließen, die mit demselben Schrei starben, doch einen Trost dabei hatten, dass zumindest die heimatliche Erde ihre Leiber oder Asche aufnahm. Hier fiel das Sterben entschieden schwerer, mit dem Wissen, in feindlicher Erde zu ruhen. Mir wurde wieder einmal deutlich, wie praktisch doch die Deutschen waren. Statt diese kräftigen jungen Mädchen gleich nach ihrer Festnahme in Polen zu ermorden, brachte man sie hierher und zwang sie noch ein oder zwei Jahre zu schwerer Arbeit, und erst dann erschoss man sie in aller Seelenruhe …

An jenem Tag erzählte mir die Cetkowska Einzelheiten vom Tod ihrer Nichte, Kęszycka. Das ging immer auf dieselbe Weise vor sich: Bevor sie in den Bunker gingen, suchten die Mädchen dringend nach den professionellen Friseusen, von denen es im Lager einige gab, und ließen sich so hübsch wie möglich frisieren. Dann gingen sie ... Jesusmaria, dachte ich, bei Herodot sind es die Spartaner auf den Thermopylen, die sich kurz vor der Schlacht so sorgfältig das Haar richten, wohl wissend, dass sie zugrunde gehen! Die Abgesandten des Xerxes, die sie zur Kapitulation überreden sollten, konnten das nicht begreifen.

In jenen Tagen war es auch, dass man sich zum ersten Mal wegen Unterricht an mich wandte. Zwei Frauen aus einem der polnischen Blocks kamen, um einen „Vortrag" zu erbitten und Tag und Stunde zu vereinbaren. Die Schwierigkeit lag darin, dass es einem „Zugang" nicht erlaubt war, sich frei auf dem Lagergelände zu bewegen, es sei denn auf Befehl. Wir verabredeten uns für den nächsten Sonntag, zur „grauen" Stunde. Irgendwie gelangte ich zum verabredeten Ort und traf dort ein Grüppchen an, das auf mich wartete. In einer Ecke setzten wir uns zusammen, und ich begann mit gedämpfter Stimme über die Katakombenmalerei zu sprechen. Im ersten Moment wollte es mir nicht so recht gelingen. Kam ich ohne Abbildungen überhaupt zurecht? Über Kunst zu sprechen so wie einst, schien mir abwegig, obskur. Unter den sechs oder acht sehr konzentrierten Hörerinnen waren sogar solche, die sich auf Papierfetzen Notizen machten. Nach ein paar Minuten wurde ich angesteckt von ihrem ungewöhnlichen Interesse, vielleicht tat ja bei dem Thema die Verwandtschaft der Situation damals und heute das ihre, jedenfalls geriet ich so richtig in Schwung. Auf einmal erschien die Blockälteste und machte ein großes Geschrei, mir befahl sie unverzüglich, den Block zu verlassen. Die Hörerinnen versuchten sie zu besänftigen und durch Bitten zu erweichen, doch die Blockälteste drohte in „Wasserpolnisch" die Aufseherin zu rufen. Es hieß folglich zu kapitulieren. Die Frauen begleiteten mich zu meinem Block und erklärten mir unterwegs, dass die Blockälteste eine Person mit einer Art Groll gegenüber der so genannten „Intelligenzija" sei, zu der sie sich bei jeder Gelegenheit äußerst unfreundlich zeigte. Sie trug das „P" auf rotem Dreieck – das war also die erste Kostprobe von der Schwierigkeit des Zusammenlebens unter den gegebenen Bedingungen selbst innerhalb der eigenen Nationalitätengruppe ... Um wie viel mehr galt das erst da, wo es um Ausländerinnen ging.

Eine gewisse Rolle spielte zu der Zeit die tschechische Gruppe, die, nicht sehr zahlreich, mit den Russinnen und Ukrainerinnen äußerst solidarisch, den Polinnen hingegen eher feindselig gesinnt war. Letzteres erstaunte mich hier im Lager. Ich begriff es erst, als ich erfuhr, dass die Gründe ideologischer Natur waren. Die Tschechinnen bildeten ein Zentrum der kommunistischen Propaganda, infolgedessen hielten sie sich an die Russinnen und Ukrainerinnen und bekämpften offen die Polinnen, die die zahlreichste ausländische Gruppe im Lager und entschieden antikommunistisch war. Damals erreichte uns gerade die Nachricht von Hitlers Niederlage bei Stalingrad. Die Tschechinnen spielten verrückt. Die Polinnen dankten Gott, dass Hitler seinem Ende entgegensah, waren jedoch ziemlich beunruhigt wegen der von Stund an stärker und intensiver werdenden kommunistischen Propaganda im Lager. Wir sagten uns immer wieder, dass unter dem Schutz der Alliierten Polen von Seiten Stalins selbstredend nichts drohen würde, nichtsdestoweniger beunruhigte uns das Vorrücken der Roten Armee, was wir uns selber nicht eingestehen mochten, was jedoch von jenem Augenblick an mit jedem Tag mehr und mehr der Fall war.

Ein paar Tage später trat bei mir eine grundlegende Veränderung ein. Meine Zugänger-Phase, das heißt mein Aufenthalt ohne Zuteilung auf dem Block der Neuankömmlinge, war zu Ende. Die Blockälteste brachte mich zur Lagerleitung, um mich „vorzustellen" und als Stubenälteste für den neuen ukrainischen Block vorzuschlagen. Dabei verbot sie mir kategorisch, dort meine kranken Hände sehen zu lassen oder gar, Gott behüte, zu hinken! Als ich sie belustigt darauf hinwies, dass dies schwerlich gelingen werde, erklärte sie energisch: „Du musst, und basta!" Ich wandte ein, dass ich vorläufig nicht würde arbeiten können und man die Stubenälteste schließlich zur Arbeit brauchte. Knapp und spröde entgegnete sie, dass wir hier reizend aussehen würden, wenn wir nicht aufeinander „aufpassten".

Der Vorschlag wurde angenommen. Bereits eine Stunde später fand ich mich im ukrainischen Block als „Stubenälteste" wieder. Gleichzeitig organisierte man für mich „unter der Hand", mit Hilfe der Polinnen aus dem Revier, zwei Dinge: Verbandsmaterial und die *Bettkarte*, was die Erlaubnis, im Block im Bett zu liegen, sowie die Befreiung vom Appell bedeutete. Ich hatte also ein bequemes Leben, arbeitete nicht, lag im Bett, klammheimlich besuchten mich die Polinnen. Die andere Stubenälteste arbeitete nun auch noch für mich, und ich versuchte mich wenigstens ein bisschen zu revanchieren, indem ich ihr Deutschunterricht gab.

Gleichzeitig bildete ich mich fort, indem ich mich aus ganzer Kraft zu informieren bemühte über das, was rings um mich vor sich ging. Aus Krankheitsgründen verließ ich den Block nicht, doch dafür erzählte man mir viel. Bald wusste ich eines: dass nämlich das Ravensbrück von 1943 ein Paradies war im Vergleich zu der Zeit, da die „schwarze" Deutsche Grete Musküller als Stubenälteste, Kommandant Koegel* und *Oberaufseherin* Mandel* in Grausamkeit wetteiferten. Der Großteil jener Henker „arbeitete" nun in Auschwitz, dort wurden sie – so schien es – noch dringlicher gebraucht … Detailliert berichteten von all dem Frauen, die hart, sachlich, ruhig waren. Keine Spur Hysterie in all den Berichten.

Einmal stürmte die junge Stubenälteste herein: „Sie müssen aufstehen und mit mir mitkommen. Da ist eine Nachricht für Sie aus der Heimat!" Ich traute meinen Ohren nicht, doch sehr bald hatte ich mich aufgerafft. Im anderen Block wartete eine Kameradin, deren Namen ich noch von der Arbeit her kannte. Wir verzogen uns in eine Ecke des Schlafraums, dort zeigte sie mir den Brief. Die Schrift allein rief mir sofort sowohl die Arbeit als auch die Freiheit ins Gedächtnis – erschütterte mich zutiefst. Der Schreiber war Adam Szebesta, der darum bat, mir ein paar sehr herzliche Worte zu übermitteln, und dann noch hinzufügte: „Sagt ihr, dass Renia² einen niedlichen Jungen hat." Der Brief war in Polnisch und dem Inhalt nach gesetzeswidrig. Verblüfft fragte ich, wie der denn aufgetaucht sei. Allein bei dieser Frage, übrigens flüsternd gestellt, legten beide Kameradinnen den Finger an die Lippen. Dann fügte die eine noch leiser hinzu: „Ich gehe täglich nach *draußen*. Heute habe ich den Brief erhalten und heute muss ich ihn verbrennen."

Ich kehrte in den Block zurück. Die unmittelbare Nachricht, die erste seit zehn Monaten, dass die Meinen wissen, wo ich bin, und sie an mich denken, gab mir frischen Mut. Dass Renia nach vielen Jahren kinderloser Ehe einen Sohn hatte, freute mich sehr. Zugleich stellte ich mir die Komplikationen vor, die zusammen mit ihrer Schwangerschaft aufgetaucht sein mussten, wo sie doch unter falschem Namen im Warschauer RGO gearbeitet hatte, als Ehefrau eines nach Russland verschleppten Offiziers! Zwei Tage lang lebte ich wie im Traum, immer aufs Neue musste ich mir vergegenwärtigen, dass ich den Brief mit eigenen Augen gesehen hatte, dass sie dort in Polen existierten und arbeiteten, dass ich den Brief tatsächlich in den Händen hielt.

Am 8. März wurde ich aus diesem Traum aufgescheucht, und zwar auf reichlich unangenehme Weise. Die Blockälteste erschien. „Sofort anziehen. Du sollst zum Kommandanten, sie haben nach dir geschickt. Das bedeutet nichts Gutes. Offenbar haben sie dich endlich gefunden und stecken dich in den Bunker."

Ich ging. Bei der Kanzlei wartete eine Wärterin und nahm mich, nachdem sie die Nummer geprüft hatte, mit nach drinnen. Vom Tor aus bog sie nach links und brachte mich in ein großes steinernes Gebäude. Eine Treppe hinauf und einen langen Flur entlang gelangten wir zu einer Tür, vor der ein Soldat stand. „Ich bringe Häftling Nummer 16076, vom Lagerkommandanten herbeordert", sagte die Deutsche zu ihm. Der Soldat ging hinein, kam wieder heraus und befahl mir einzutreten. Als ich drin war, schloss sich die Tür hinter mir. Mitten in dem luxuriös eingerichteten Büro stand ein SS-Offizier mittleren Wuchses, mager und rothaarig. Von den Kameradinnen wusste ich, dass er Suhren* hieß und vor dem Krieg Privatdetektiv gewesen war. Er sah mich mit seinen unbewimperten graublauen Augen an; ich meldete ihm, wie ich das tun musste: „*Schutzhäftling*, Nummer, Nachname, Vorname" und wartete. Er fragte, seit wann ich im Lager und ob ich ernsthaft krank sei, weil er sehe, dass ich hinke, und setzte dann sofort hinzu, dass ich jetzt eine sorgfältige ärztliche Betreuung bekäme. „Es hat da nämlich ein Missverständnis gegeben. Ihnen stehen viel bessere Bedingungen zu. Die werden Sie ab morgen haben. Vor allem werden Sie viel besseres Essen bekommen", fügte er noch mit Nachdruck hinzu. „Werde ich allein sein, oder bleibe ich mit den Kameradinnen zusammen?" fragte ich. – „Sie werden allein sein, aber Sie werden es viel besser haben, Sie werden gut essen", wiederholte er. „Bitte, belassen Sie es bei den gegebenen Umständen, Hauptsache, ich muss nicht von den Mithäftlingen getrennt sein", sagte ich. „Das ist unmöglich. Morgen verlassen Sie das Lager. Bis zu dieser Zeit sind Sie verpflichtet zum Stillschweigen über das, was ich Ihnen gesagt habe." Ich ging hinaus.

Abends berichtete ich der Blockältesten in wenigen Worten von der Ermordung der Lemberger Professoren und bat sie, im Falle meines Todes nach dem Krieg an geeigneter Stelle Meldung davon zu machen. Ich rechnete nämlich logischerweise damit, dass man die vom Rest des Lagers streng separierte Besitzerin eines solchen Geheimnisses im letzten Augenblick in aller Stille aus dem Weg räumt, wenn die italienischen Interventionen aufhören ihre Wirkung zu tun, es die „Achse" nicht mehr gibt. Die eingeweihten Kameradinnen hingegen nahmen die Nachricht von meinem Umzug in den Bunker mit großem Optimismus auf. Sie vermuteten, dort würde man mich auskurieren und nach ein paar Wochen freilassen. Ich glaubte nicht daran, obwohl ich es gern hörte, ganz unmöglich war es schließlich nicht. Die Reinemachefrau aus dem Bunker wusste zu berichten, dass meine Abwesenheit im Bunker anlässlich einer Überprufung der Essensportionen ans Licht gekommen war. Zwei Monate lang hatte sich irgendeiner von der SS in aller Seelenruhe mittels meiner Portionen ausreichend gefüttert, bis sich gestern herausgestellt hatte, dass es mich dort überhaupt nicht gab. So wurde nach Berlin telefoniert, und von dort erfuhren sie, dass ich am 9. Januar mit dem Transport nach Ravensbrück gefahren war. Da hatte man mich endlich gefunden. Wir erfuhren dann auch noch, dass das Bedienungspersonal für den Bunker von nun an nur noch aus „bibelki" bestehen würde.

Polinnen kamen zu mir und baten mich, Verwandte und Freunde zu benachrichtigen, falls ich heimkehren sollte, und nahmen herzlich Abschied von mir. Wie nah sie mir doch schon standen, nach nur zwei Monaten!

Anderntags, am 9. März, brachte man mehr als ein Dutzend von uns als „Entlassene" ins Bad und ins Revier. Die Kameradinnen dort verstanden diese meine scheinbare Freilassung ganz anders. Eine von ihnen drückte mir beim Vorbeigehen wie beiläufig einen winzigen Gegenstand in die Hand. Erst etwas später vermochte ich festzustellen, dass es sich dabei um ein Miniaturkreuzchen mit dem daran hängenden Christus handelte. Ich hatte schon zuvor im Lager solche Gegenstände gesehen. Sie waren mit dem Taschenmesser aus Zahnbürstenteilen geschnitzt. Die Gabe an mich machte deutlich, dass die Donatorin annahm, ich ginge in den Tod. Das war in jedem Fall auf weitere Sicht mehr als wahrscheinlich, und die Gabe rührte mich zutiefst.

Später führte man uns paarweise über den sonnenbeschienenen Lagerplatz. Polinnen standen in einiger Entfernung und nickten mir schweigend zu. Schließlich hatten wir das Bunkertor erreicht, dann hinter uns gelassen. Wir betraten das Gebäude. Man ließ uns in eine Zelle, die für eine Person gedacht war. Es war eng, ein bisschen wie in einem Eisenbahnabteil während der Okkupationszeit. Sofort begannen meine Genossinnen loszureden, und zwar alle auf einmal. Es waren fast ausschließlich Deutsche. Zunächst redeten sie mit gedämpfter Stimme, dann schwatzten alle immer lauter. Sie waren ungeheuer aufgeregt; man hatte den Eindruck, diese Frauen berauschten sich am Anhauch der Freiheit, die so unerwartet nahte. Man erzählte sich gegenseitig, wie das morgens gewesen war, als sie beim Appell standen wie immer, als man ihre Namen aufrief, sich fertig zu machen befahl, als sie endlich kapierten … Andere begannen sich zurechtzulegen, zu welchem Zug in Fürstenberg sie es schaffen würden, mit welcher Verbindung sie in Berlin einträfen, wann, um wie viel Uhr Tages- oder Nachtzeit sie zu Hause ankämen …

Ich hockte in der Ecke auf der Pritsche und fühlte mich in dem Gedränge unaussprechlich einsam. Rings um mich brodelte es, mir aber war, als entfernte sich der ganze Schwarm immer weiter von mir, als senkte sich zwischen mir und diesen freien Menschen ein Rauchschleier herab, der zunehmend dichter wurde mit jedem ihrer Worte. Endlich gab man uns Mittagessen, danach wurde die Tür geöffnet und alle hinausbefohlen, mich ausgenommen. Die Deutschen verschwanden blitzschnell, nur die beiden letzten drehten sich an der Tür nach mir um und blickten mich erschrocken an. „Und Sie sind nicht freigelassen?" fragten sie. Diese menschliche Reaktion war sympathisch, und ich lächelte ihnen zu: Ihnen alles Gute! Ich bleibe hier! – und die Tür schloss sich.

Die Obrigkeit kehrte umgehend zurück und brachte mich in eine Zelle etwa des gleichen Zuschnitts wie die zuvor, nur dass es statt Pritschen ein weiß bezogenes Bett gab; auf dem kleinen Tisch lag ein Deckchen, und darauf standen Blumen. Während sie mich hineinführte, musterte die Wärterin mich aufmerksam. Schließlich fragte sie: *„Schön, nicht wahr?"* Und ich verstand, dass ich vom „Luxus" der Zelle entzückt sein sollte. Stattdessen fragte ich, ob ich mich hinlegen könne, ich sei krank. „Aber natürlich, Sie können hier tun und lassen, was immer Sie möchten", entgegnete die Deutsche mit einer Höflichkeit, die nach allem, was ich im Lager zu Gesicht bekommen hatte, einen unangenehmen Eindruck auf mich machte. Mir ging damals zum ersten Mal auf, dass es wohl kaum etwas Schmerzlicheres geben konnte als eine Auszeichnung in so einer Situation. Die Wärterin ging, ich aber, statt mich auszuziehen, setzte mich unendlich erschöpft aufs Bett. Also wieder ein vergitterter Himmel, dachte ich und hob den Kopf zum hoch angebrachten Fensterchen. Und da wusste ich, dass ich überhaupt keinen Himmel sehen würde, es war mattes Drahtglas dort oben, solches, wie man es bei uns manchmal für Stallfenster benutzte. So saß ich da, dachte an alles und nichts, doch mein Gefühl trug mich zu denen im Lager zurück, die so nah waren und so fern – an sie zu denken, sich nach ihnen zu sehnen, tat weh. Schließlich legte ich mich doch hin und schlief ein. Als ich erwachte, war die Dämmerung längst hereingebrochen. Ich bekam eine Jause auf dem Tablett gereicht, und das Abendessen bestand aus zwei wohlschmeckenden Gerichten, auf weißem Steingut serviert. Bei jedem Mal erkundigte sich die Wärterin, ob sie eine zweite Portion bringen solle.

Am anderen Tag inspizierte ich die Zelle gründlich. Hier hatte ich nun, worauf ich so neugierig gewesen war, als ich ins Reich fuhr – ein modernes deutsches Gefängnis. Statt einer eisernen Tür, rostig und verkratzt wie die in Berlin, eine helle Eichentür, außerordentlich dick, im selben Farbton wie Bett, Tisch und Stuhl. Die Sanitäranlagen waren automatisch, die Heizung zentral. Die Zelle war schneeweiß gekalkt, nur beim Heizkörper war ein großer rosa Fleck zu sehen, es konnte gar keinen Zweifel geben, dass es Blut war, das man einfach nur weggewischt hatte.

Die Bibelka, die hereinkam, erklärte mir, dass man ihr befohlen habe, in meiner Zelle sauber zu machen. Ich bat sie, die Blumen mitzunehmen, worauf ich die Antwort erhielt, sie habe im Gegenteil den Befehl, mir noch mehr Blumen zu bringen. Endlich ging sie, und für mich begann der erste der vielen Tage, die ich im Bunker liegend zubrachte. Ein Tag war wie der andere. Über Wochen hinweg verschlechterte sich mein Gesundheitszustand ständig; Eiterbildung am ganzen Körper bewirkte, dass der SS-Arzt, der manchmal kam, ein immer pessimistischeres Gesicht zog. Es war derselbe, der gleich nach der Ankunft unser Defilee abgenommen hatte, jetzt aber höflich war und ruhig sprach, ja beinah zuvorkommend, genauso wie die Wärterin. Dieses ihr Verhalten erregte einen noch größeren Abscheu in mir als ihre frühere Brutalität, weil es der Beweis dafür war, dass sie auf Befehl alles vermochten, sogar sich wie Menschen benehmen.

Während dieser ganzen Krankheit tröstete ich mich mit einem Satz von Tolstoj, der besagte, dass eine Frau, die nie krank war, ein Monstrum sei. Ich besann mich genau, wie erschrocken ich war, als ich den Satz seinerzeit las, und jetzt war ich froh, dass ich aufgehört hatte, ein Monstrum zu sein. Übrigens hatte ich, entgegen der Ansicht meines sympathischen Umfeldes, immer den Eindruck, aus dieser Schweinerei wieder herauszukommen. Zwei Aufseherinnen wechselten sich bei mir ab, Binz und Mewis; sie brachten das Essen und schauten nachts alle zwei Stunden durch den „Spion", wobei sie grelles Licht anmachten. Bisweilen waren sie redselig. Binz erzählte mir sogar, dass sie von Beruf Köchin und 22 Jahre alt sei. Sie nannten mich *Frau Lange*. Nach dem Grund dafür gefragt, erklärte sie, dass ich hier unter diesem Namen geführt würde, damit niemand im Lager von meiner Anwesenheit erfahre. Keine Ahnung, ob man mir dies Pseudonym wegen meines Wuchses oder wegen der Anfangsbuchstaben meines Familiennamens gegeben hatte. Mir gefiel das nicht, ich vermutete, hier sollten die Spuren meiner Existenz verwischt werden. Von Zeit zu Zeit erschien auch Suhren, um sich nach meinen Wünschen zu erkundigen. Ich bat darum, dass man die Blumen aus der Zelle entfernte, die „nicht zu meiner Situation passen". Er war ärgerlich, doch die Blumen wurde ich los. Jedesmal, wenn er kam, fragte ich ihn, wann ich endlich verhört würde, wie man mir das im Dezember in Berlin versprochen habe, denn bisher wisse ich nicht, wofür ich sitze. Seine Antwort war, dass ich das Recht hätte, schriftlich beim Reichsführer SS Himmler um das Verhör nachzusuchen. Regelmäßig erhielt ich den „Völkischen Beobachter" und Goebbels' „Das Reich". Ich erinnere mich noch an das Foto von deutschen Soldaten, die in Rom auf dem Venezianischen Platz einer Ansprache Mussolinis lauschten, in einem jener Presseerzeugnisse. Unwillkürlich kam mir Petrarcas Frage in den Sinn: „*Che fan' qui tante pellegrine spade?*"[3]

Eines Tages in dieser absoluten Einsamkeit erfuhr ich unvermutet, auf spürbare Weise, dass ich nicht allein war auf der Welt: Aus der Heimat traf ein erstes Päckchen ein. Von da an trafen regelmäßig Sendungen ein, und ihnen folgten Karten und Briefe, auf Deutsch geschrieben, kurz, aber unendlich kostbar. Ich durfte beliebig viel Post erhalten und darauf antworten, so oft ich wollte, während im Lager nur eine einzige Karte monatlich erlaubt war, und die kam häufig nicht an. Aus dem Lager drang damals nichts zu mir durch. Zwar hörte ich durch mein Fensterchen, das sich nur ankippen ließ, täglich um die Mittagsstunde die lebhaften Gespräche von ein paar Frauen, verstand aber ihre Sprache nicht. Außerdem erreichte mich manchmal dichter Rauch von dorther, der die Zelle mit merkwürdig unangenehmem Geruch erfüllte.

Nach ein paar Wochen, völlig unerwartet, begann sich meine Gesundheit zu bessern, und von da an heilten meine Wunden verhältnismäßig rasch. Als meine Hände mehr oder weniger gesund waren, bekam ich den Buchkatalog der SS-Bibliothek. Mein Entschluss, mich gründlich mit der Verbrechenstheorie vertraut zu machen, die rings um mich zur Anwendung kam, stand fest, und ich bestellte Rosenbergs* *Der Mythus des XX. Jahrhunderts.* Ich las das in einem abstrusen, schlechten Deutsch geschriebene Buch mit Interesse, in dem eine Mystifizierung der physischen Arbeit und Hass auf die moralische Kraft des Christentums eine Einheit bilden, die einem Regime der Gewalt und des Zwangs die theoretischen Grundlagen geben sollte. Ein ähnliches Ziel hat Stalin viel gescheiter erreicht, indem er einer so ähnlichen Doktrin die demokratische Form der Verfassung verlieh, geschrieben in kurzen, formal ach so klaren, und inhaltlich ach so zweideutigen, Absätzen! Während ich den *Mythus* las, legte ich mir in Gedanken „eine Antwort an Rosenberg aus einem Konzentrationslager" zurecht, doch natürlich zog ich es vor, diese Antwort nicht zu schreiben.

In Bälde trafen auch andere, von Freunden geschickte Bücher ein. Eines der ersten war eine Anthologie englischer Gedichte, von Professor Dyboski geliehen. Kurze Zeit später schickte man mir auf meinen Wunsch hin Tacitus. Irgendwann sagte mir Binz, dass wieder ein Buch eingetroffen sei, doch der Kommandant verbiete es mir, weil das „katholische Gebete" seien. Das machte mich neugierig, und ich redete auf Binz ein, mir das Buch wenigstens durchs Fensterchen zu zeigen, was sie auch tat. Nachdem ich mir das Bändchen angesehen hatte, konnte ich in aller Ruhe versichern: „Frau Aufseherin, das sind keine katholischen Gebete, es sind Liebesgedichte aus dem 14. Jahrhundert." – „Wenn das so ist, können Sie das Buch nehmen." Ich nahm es und freute mich riesig – über Petrarcas Sonette. Und so endete vermutlich Frau Binzens erste und einzige Begegnung mit Petrarca. Wohl nur die Wendung *Madonna mia* konnte der Anlass zu jenem Irrtum gewesen sein …

Es war etwa um diese Zeit, dass die Zeitungen die Nachricht von Katyń brachten. In den ersten Tagen lebte ich noch in der Hoffnung, dass so etwas nun doch unmöglich sei, dass die deutsche Propaganda nun auf makabere Hirngespinste verfallen sei. Als dann Schilderungen und detaillierte Protokolle folgten, schwanden die letzten Zweifel angesichts der ungeheuerlichen Realität. Dann die hauptsächliche Frage: Wer?, die auch ich mir stellte. Umzingelt von deutschem Kollektivverbrechen, war ich natürlich geneigt, auch diese Tat dem westlichen Aggressor zuzuschreiben. Zwei Momente beseitigten für mich jedoch jegliche Zweifel ein für alle Mal. Ich erinnerte mich genau, dass die letzte Nachricht von unseren nach Russland verschleppten Offizieren vom Frühling 1940 stammte, und dieser Termin stimmte genau mit den deutschen Schilderungen überein. Das andere überzeugende Moment war, dass die Ermordeten in voller Uniformierung begraben worden waren, ja man sogar Wertgegenstände bei vielen gefunden hatte. Wer je im *Generalgouvernement* gelebt hatte, kannte das Verhältnis der Deutschen zu materiellen Werten, und dieses Verhältnis schloss absolut selbst die Möglichkeit einer solchen „Vergeudung" von ihrer Seite aus. Mir standen die Gesichter der Frauen vor Augen, junger und alter, die mich einst beim Roten Kreuz in Krakau aufgesucht hatten, damit „ich ihre Männer und Söhne aus Kozielsk und Starobielsk herausholte".

Als ich endlich wieder laufen konnte, erlaubte man mir Spaziergänge im „Garten". Ich ging hinaus. Der „Garten" setzte sich aus zwei Teilen zusammen, aus Beeten vor dem Bunker, vom Lager durch eine Innenmauer abgetrennt, und aus einem schmalen „Korridor", ebenfalls mit Blumen bepflanzt, hinten, zwischen dem Gebäude und der verdrahteten Hauptmauer. Dort war eine lange schmale Rabatte auf beiden Seiten von einem Pfad gesäumt. Die Lagermauer war so grau wie das Gebäude, das statt der Drähte und Isolatoren zwei Reihen winziger, vergitterter Fensterchen aufwies, die eine Reihe dicht über dem Boden, die andere dicht unter dem niedrigen Dach. Die unteren Fenster waren mit eisernen Rollläden verschlossen, die von außen heruntergelassen waren. Aha, der Dunkelarrest, dachte ich und erinnerte mich an Stanisławów. Auf der anderen Seite, von der Lagermauer her, ragte ein primitiver Blechschornstein auf, aus dem gerade der dichte Rauch mit dem merkwürdig unangenehmen Geruch stieg, den ich aus der Zelle kannte. Während ich an der Mauer entlang ging und dabei aufmerksam die Zellenfenster musterte, vernahm ich ein deutliches Räuspern und ein leichtes Klopfen aus einem von ihnen. Ich blieb stehen und bemerkte über dem angekippten Fensterchen Augen und das Fragment eines Frauengesichts. Ein Gespräch begann. Die Frau erwies sich als Deutsche, eine Wächterin, die im Verdacht, lesbisch zu sein, unter den deutschen Frauen im Lager weit verbreitet, eingesperrt worden war. Sie war sehr gesprächig, und so erfuhr ich auf jedem Spaziergang von Herta etwas Neues. Sie war es, die mir über den eigentümlichen Geruch Aufschluss gab, der von verbrannten Haaren rührte; die mir erzählte, dass die zum Dunkelarrest Verurteilten Opfer des Gestapo-Kommandanten Ramdohr waren, der sie bis zu 12 Tagen ohne Licht und Nahrung hielt, um ihnen Geständnisse abzupressen, und erst, wenn das nicht verfing, wendete er Foltermethoden an; ferner erfuhr ich von ihr, dass die Deutschen fürchterlich darüber aufgebracht waren, dass die Polinnen so heldenhaft starben; dass Binz als Geliebte von *Schutzhaftlagerführer* Brauning sehr mächtig war im Lager und dass die seidene Luxuswäsche, die beim Eingang trocknete, jetzt Binz gehörte, und Herta genau wisse, wem von den Häftlingen die Wäsche früher gehört hatte; dass Mewis unverheiratet war und in Fürstenberg drei kleine Söhne hatte, jeden von einem anderen Vater; dass die vier Frauen, die hier spazieren gingen und in einer fremden Sprache redeten, Rumäninnen seien, die sich als Angehörige eines verbündeten Volkes besonderer Rücksichten erfreuten usw.

Zurück vom Spaziergang, ordnete ich diesen Sturzbach an wesentlichen Informationen und nichtigem Geschwätz erst einmal, bereicherte so die eigene kurze Lagererfahrung. Von Herta lernte ich auch aus dem Fenster zu gucken, indem ich mich auf das Nachtschränkchen stellte. Über die Mauer hinweg sah man dann einen Wiesenstreifen und ein paar Bäume sowie den Kirchturm in Fürstenberg. Wichtiger aber war, dass man, falls sich keine Aufseherin auf dem Flur aufhielt, von dort Kontakt aufnehmen konnte, wenn man Schritte unter dem Fenster hörte. Weil Frühling war, wurden Blumen gepflanzt. Die Gartenarbeiten wurden von einer Polin ausgeführt, die meine erste lebendige Verbindung zum Lager wurde. Eine Zeit lang kam die Gärtnerin täglich, brachte Nachrichten und Grüße aus dem Lager, schmuggelte unter großer Gefahr warme Kleidung aus der „Kammer" für den Dunkelarrest und nahm so viel Bunkergeheimnisse als nur irgend möglich über die frisch dort eingesperrten Polinnen, über das, was sie durchmachten und gestanden, usw., mit hinaus. Alles, was ich während eines Spazierganges aus den verschiedenen Zellen zusammenzutragen vermochte, wiederholte ich der Gärtnerin als Empfehlung für die verschiedenen Personen im Lager. Das wichtigste Problem war stets das In-Einklang-Bringen der Geständnisse. Mein Kontakt mit den Zellen wurde mit zunehmender Unverfrorenheit und Rückkehr meiner körperlichen Kräfte immer intensiver. Die wichtigste Aufgabe bestand darin, Essbares in den Dunkelarrest zu reichen, nach Anheben der eisernen Rollläden. Einmal klemmten die Läden, die Eingesperrte konnte innerhalb der Zelle so hoch nicht reichen, es gab kein Schränkchen, auf das man sich hätte stellen können, nicht einmal eine Pritsche, außerdem hatte sie mit Sicherheit weniger Kräfte als ich, war hungergeschwächt – die Lage schien aussichtslos. Da tauchte eine spazierende Deutsche auf, eine wegen Veruntreuung inhaftierte Wärterin von der Gestalt einer Walküre, die sich in diesem Augenblick mit uns solidarisch fühlte und die Situation im Nu rettete. Proviant in die oberen Zellen zu reichen, bereitete, da die Fenster offen waren, keine größere Mühe. Man brauchte nur eine Paketschnur an ein Steinchen zu binden, zu werfen und in eine Ritze zu treffen. Dann ließ der Häftling die Schnur herunter und ein kleines Päckchen wurde daran festgemacht. Genauso wie seinerzeit in Lwów wurde die Menge der von mir verzehrten Nahrungsmittel nie in Frage gestellt. Manchmal erhielt ich eine Menge auf einmal, und niemand fand, dass ich abnormen Appetit haben müsse, wollte ich das alles verzehren. Nur einer zeigte Interesse an dieser Frage, und das war der Hund von Fräulein Binz, zum Glück kein Polizeihund, sondern ein furchtbar blöder Köter, der sich wie toll auf mich stürzte, wenn ich meinen Spaziergang antrat, und ungestüm meine Taschen beschnüffelte. „Ist es nicht nett, dass der Hund Sie so gern hat?" lachte Fräulein Binz, die offenbar den Befehl hatte, sich ab und an „liebenswürdig" zu geben. Ich aber hasste das Hundevieh und hatte panische Angst, es könnte mein Geheimnis verraten und mich dieser winzig kleinen, letzten Möglichkeit, Hilfe zu leisten, berauben. Hin und wieder, wenn auch sehr selten, konnte ich während des Spaziergangs feststellen, dass Mewis oder Binz ins Lager hinubergingen, dann hieß es in wildem Tempo zum Bunker zurück und zu einer der oberen Zellen, sofern man wusste, dass dort eine Polin im Dunkelarrest saß, und ihr das bisschen Proviant durch das Türfensterchen geben. Am schmerzlichsten war es, dass selbst diese so sporadische Hilfe nur die Hälfte der Zellen erreichte, die, deren Fenster auf den „Garten" hinausgingen. Die andere Hälfte, zum Lager hin und der Kommandantur gegenüber, war unerreichbar. Erst Boguś sollte dieses wesentliche Problem lösen, zusammen mit vielen anderen Problemen.

Etliche der unteren Zellen waren mit Männern belegt, die man aus dem benachbarten kleinen Männerlager, das keinen eigenen Bunker besaß, zur Strafe hierher geschickt hatte. Unter ihnen befand sich ein junges Kerlchen aus Śląsk, das natürlich ausgezeichnet Deutsch sprach. Der Junge hatte seins abgesessen und, was das Wichtigste war, in dieser Zeit sowohl Binz als auch Mewis becirct, sie überzeugt, dass er imstande war, alles zu tun, was zu tun Not tat; dass er vor allem ein vorzüglicher Stubenmaler war und der Bunker eine Renovierung benötigte. Die beiden Deutschen, stets begierig nach männlicher Gesellschaft, waren in einem Maße von dem blonden Lockenkopf entzückt, dass am Ende mit dem Einverständnis des Kommandanten „Gottlieb" die Zellen zu malen begann. Von da an suchte Boguś, sobald ich allein beim Spaziergang war, den Kontakt zu mir. Da ich um die fabelhaften Beziehungen des Jungen zu den Aufseherinnen wusste, machte ich natürlich einen Bogen um ihn. Da fing Boguś an, mir für mich wertvolle Nachrichten über die Polinnen zukommen zu lassen, die in den „Bunker hineingeraten" waren, sowie die Nummern ihrer Zellen. Ich ging danach das Risiko ein und nahm über Boguś Kontakt mit der anderen Seite auf. Die Arbeit ging vorzüglich vonstatten, nicht nur was den Proviant anbelangte, sondern auch den Austausch in Sachen Geständnisse. Die Geständnisse wurden nicht nur zwischen den Zellen abgestimmt, wobei Boguś die eine Seite bediente und ich die andere, sondern auch zwischen dem Bunker und dem Lager, mit Hilfe der Gärtnerinnen. Es waren jetzt nämlich schon mehrere. Sie kamen zur Arbeit und pflanzten uns Blumen. Dabei unterhielten sie sich in voller Lautstärke. Wenn die Deutsche nicht auf dem Flur war, sprang ich rasch aufs Schränkchen und mischte mich ins Gespräch ein. Manchmal tauchte die *Kolonnenführerin* der Gärtnerinnen, Frau Zanowa, auf, die zum Schein eine „Aldona" unter ihren Arbeiterinnen rief, wenn sie mir etwas zu sagen hatte. Ich steckte dann die eine Hand durchs Gitter über dem Fenster (mit der anderen musste ich mich am Rahmen festhalten) und nahm die Message entgegen. Der Name Aldona blieb während der Zeit meiner Isolation an mir hängen, hinsichtlich deren sich übrigens nur die Deutschen Illusionen machten, ich hatte nämlich zunehmend Kontakte, von denen ich einen besonders angenehm erinnere.

Eines Tages hörte ich wieder einmal Schritte auf dem Kies vor dem Fenster, ich kletterte rasch auf das Schränkchen und erblickte die ungemein elegante Silhouette einer jungen, dunklen Brünetten. Das hochgewachsene, schlanke junge Mädchen mit rassigen Gliedmaßen, einem schmalen Gesicht und einer Adlernase, sorgfältig und mit erlesenem Geschmack gekleidet, machte in dieser grässlichen Umgebung einen so unerwarteten Eindruck, dass ich im ersten Moment ganz einfach perplex war. Erst als sie zum dritten oder vierten Mal unter meinem Fenster vorbeiging, beschloss ich mich zu melden und rief, wie eine Souffleuse wispernd: „*Madame!*" (was die Nationalität des Neuzugangs anging, konnte es gar keinen Zweifel geben). Sie verhielt den Schritt. Leise pochte ich ans Fenster und streckte die Hand heraus. „Ich bin Polin; Sie sind bestimmt Französin. Wie lange sind Sie schon hier?" Sie lauschte wie betäubt, später erzählte sie mir, dass dies die ersten französischen Worte gewesen waren, die sie seit Monaten gehört hatte; sie erschütterten sie um so mehr, da sie kein Wort Deutsch verstand und sich mit ihrer Umgebung nur durch Gebärden verständigte. Zwei Tage später ließ Binz uns irrtümlicherweise gleichzeitig zum Spazierengehen hinaus. Wir redeten und redeten nach Herzenslust. Christiane Mabire war die Sekretärin von Minister Paul Reynaud*, und für diese Funktion büßte sie. Ausgesuchte Eleganz verband sich in ihrer Person mit französischer Geisteskultur. Wir freundeten uns sehr rasch an, und es wurde eine enge Freundschaft. Christiane hatte eine Menge ernster Bücher, und ich fragte Binz, ob ich sie mir ausleihen dürfe, denn sie mir heimlich geben zu lassen, hätte Christiane in Gefahr gebracht. Binz fragte Suhren und kehrte erschrocken zurück, weil der ihr gesagt hatte, dass wir überhaupt nichts voneinander wissen durften. Dieses Verbot gab uns Grund zu noch engerem Kontakt. Beim Spaziergang sahen wir uns nur in Anwesenheit von Binz, die uns vom Liegestuhl aus beaufsichtigte. Jede hatte die Hälfte des „Korridors" zur Verfügung. Beim Aufeinanderstoßen in der Mitte wechselten wir rasch ein paar Worte, doch dieser wunderlichen Quadrille zogen wir einsames, unbeaufsichtigtes Spazieren unter dem Fenster vor. Dann gab es Gespräche und den Austausch von Zetteln. Sie mochte besonders lateinische Texte, die sich auf die Germanen bezogen. Ich weiß noch, wie sie sich freute, als ich ihr damals durchs Fenster einen Zettel mit einem Satz Cäsars reichte: *„Latrocinia nullam habent infamiam, quae extra fines cuiusque civitatis fiunt; atque ea iuventutis exercendae ac desidiae minuendae causa fieri praedicant."*[4] Mir schien damals, und leider scheint es mir heute noch mehr, dass diese Worte Cäsars uns sehr viel begreiflich machen, vor allem den ungeheuren Erfolg des Hitlerismus bei den Deutschen erklären.

Im Unterschied zu mir bekam Christiane keine Päckchen, ich konnte ihr daher öfters etwas abgeben. Einmal verwechselte ich zwei Päckchen, so dass Christiane unter anderem die für eine Polin bestimmte Zwiebel erhielt. Als ich anderntags spazieren ging, wartete sie schon am Fenster: *„Mon Dieu! Un oignon cru!* Im ersten Moment habe ich es für eine Hyazinthe gehalten, die ich in ein Glas setzen soll, aber nein, das ist eine ganz gewöhnliche Zwiebel! Was soll ich denn damit machen?" – „Na, essen, schlicht und einfach." Die klugen Augen schauten mich durch den Schlitz über dem Fenster ungläubig an. „Wie, essen?" – „Ja, unbedingt essen, das ist sehr gesund, vornehmlich für die Zähne, wegen des Vitamingehalts." An der Stelle brach das Gespräch ab, weil die Schritte unserer Obrigkeit zu hören waren.

Nachmittags stand Christiane tränenüberströmt unter meinem Fenster. „Was ist passiert?" fragte ich erschreckt. „Nichts, nichts, Ich habe zu Ihnen so viel Vertrauen, daher habe ich gleich auf einmal die ganze Zwiebel gegessen, und jetzt brennen die Augen so komisch."

Aber dieses Zusammentreffen der feinen Pariserin mit der weniger raffinierten polnischen Zwiebel war nicht ihre einzige Kümmernis. Ein anderes Mal beklagte sie sich, dass sie nicht wisse, warum man ihr einen jüdischen Namen gegeben habe. Sie hatte herausgefunden, dass man sie hier *Frau Müller* nannte, dabei sei sie doch gar keine Jüdin. Ich musste ihr lange erklären, dass Müller genauso wie mein Pseudonym Lange einfach banale, sehr verbreitete deutsche Familiennamen waren, etwa wie „Mme Durand", dass man uns der eigenen Namen beraubte, um jegliche Spur von uns zu verwischen, dass wir zu Menschen ähnlich der mysteriösen *masque de fer*[5] geworden waren. Dieser letzte Vergleich amüsierte sie und beruhigte sie endgültig.

Damals schloss ich auch noch andere Bekanntschaften. In einer von den unteren Zellen saßen zwei Deutsche, Astrologin und Hellseherin von Beruf. Die Ältere, Kleinere, tat nur selten den Mund auf und wurde ganz offensichtlich von der etwas jüngeren, ungemein gesprächigen, dicken Blondine tyrannisiert. Dem Wortschwall Letzterer entnahm ich, dass die Behörden des Dritten Reiches alle diejenigen mit Gefängnis und Lager bestraften, die die Gabe der Prophetie besaßen. Sie selbst war hier gelandet, weil Rudolf Hess* ihr Klient gewesen war.

Einmal, als ihre Kameradin mit mir auf dem Spaziergang war und geduldig auf dem sehr schmalen Rasen nach einem vierblättrigen Kleeblatt suchte, fragte ich durchs Fenster die geschwätzige Sibylle, ob denn beide Damen vor dem Krieg zusammen gearbeitet hätten. Sie schnaubte entrüstet. „Wie sollte ich denn irgendetwas gemeinsam haben mit einer solchen, die für einsfünfzig den Leuten Gott weiß was für einen Unsinn erzählt hat, während bei mir eine wissenschaftliche Seance 25 Mark kostete."

Für ein bisschen Zucker weissagte sie auch mir, aus meinem Geburtsdatum, wie sich das gehörte, nebst persönlichem Glück eine ruhmreiche Zukunft. Die Rumäninnen, die für die antideutsche Politik ihrer Männer saßen, hatten Päckchen, daher lasen sie mir ohne Entgelt die Karten, in denen stand, dass ich noch lange würde sitzen müssen.

Das sollte ich bald von einer anderen maßgeblicheren Seite erfahren. Eines Morgens stürmte Mewis mit der Bibelka herein und fiel in einer Säuberungsattacke über meine Zelle her, wobei mir Mewis verriet, es komme *hoher Besuch* aus Berlin. Nach dem Mittagessen schickte man mich in den Garten und stellte mir einen Liegestuhl zur Verfügung. Heiterkeit überkam mich, als mir der III. Akt von *Maria Stuart* einfiel, wo die Begegnung mit Elisabeth ebenfalls wie zufällig im Garten stattfand. In Bälde erschien ein sehr großgewachsener Beamter der Geheimen Staatspolizei in Begleitung von Suhren und Binz. Er stellte sich als Dr. Daumling vor und fragte nach meiner Gesundheit. Ich gab zur Antwort, dass ich seit November auf das mir von Richter Hertel versprochene Verhör wartete, dass ich nicht nur ins Lager geschickt worden sei, sondern dass man mich zudem noch in schmerzlicher Isolierung halte, dass ich, wenn ich schon für ein mir unbekanntes Vergehen büßen soll, wenigstens bei den anderen Polinnen sein möchte. Daumling hörte zu, wich aber meinem Blick aus. Als ich von der Rückkehr ins Lager sprach, fiel er mir ins Wort: „Das ist unmöglich", am Ende gab er eine unbestimmte Antwort, dass wir sehen würden, dass man sich bemühen werde und dgl. Schließlich ging er. Danach kehrte ich in die Zelle zurück, die in Blumen ertrank. Binz folgte mir und sammelte die Blumen ein, wobei sie mir erklärte, dass sie sie hatte hineinstellen müssen, weil der *hohe Besuch* verlangt hatte, die Zelle zu sehen. Sie fügte auch hinzu, dass Daumling der Chef der Abteilung für Polnische Politische Angelegenheiten im Reichssicherheitsamt sei, dass er extra befohlen habe, mich gut zu behandeln, weil ich unschuldig sei und die Italiener sich für mich einsetzten. „Weswegen hält man mich hier überhaupt fest?" fragte ich. Binz schien zu zögern, fügte dann aber in anderem Tonfall hinzu: „Das hat er mir auch gesagt. Sie weiß von etwas, das auf gar keinen Fall ans Tageslicht kommen darf. Hier ist es nun einmal so", setzte sie nach, „wer zuviel weiß, kommt nicht mehr weg von hier."[6]

Es war Frühling, die Blumen blühten sogar beim Bunker. Nur an Vögeln mangelte es dort irgendwie. Ein einziges Mal flog während eines Spaziergangs ein Storch über mich hinweg … „Weil sie vertraut mir aus polnischer Nähe …"[7]

Aus dem Lager erreichte mich eine wichtige Nachricht. Die Bortnowska war eingetroffen; siegreich hatte sie die schrecklichen Verhöre sowie eine schwere Krankheit durchgestanden. Mit Grauen dachte ich daran, wie diese zarte Frau auch noch das Lager aushalten sollte.

Es war ein paar Wochen später, gegen Ende Mai, als mir Binz mitteilte, dass ich nachmittags verhört würde. Ich bemühte mich den eigenen Optimismus niederzudämpfen, die Illusion einer Veränderung zum Besseren, aber dennoch … Die Gärtnerinnen machten mir außerdem Hoffnung, sie behaupteten, vor ein oder zwei Jahren habe es einen Fall gegeben, dass ein Häftling gleich nach dem Verhör freigelassen worden war. „Vergessen Sie uns bloß nicht! Grüßen Sie alle in Krakau!"

Nachmittags brachte man mich in die Kanzlei des Bunkers. Dort, wie überall, wo ich bisher verhört worden war, starrte mit eiskaltem Blick durchs Binokel Himmler von der Wand auf mich herab. Auf der anderen Seite prangte die Inschrift: *Deine Ehre heißt Treue.* Ich kramte in meinem Gedächtnis, wieso mir das bekannt vorkam. Ach ja, Krüger hatte sich mit diesem SS-Motto gebrüstet, das ich erst jetzt verstand. Wer treu (und blind) gehorcht, braucht schon keine Ehre mehr. Was für eine gescheite Art, die deutsche Seele zu knechten!

Nach kurzer Zeit kamen ein SS-Unteroffizier und die Stenografin herein. Das Verhör begann. Noch einmal der Fall Krüger und die Professoren. Ich hatte den Eindruck, dass es nur um eine Bestätigung ging, ob ich nach den vielen Monaten bei meiner alten Aussage bliebe. Der Ton war äußerst ordinär und gehässig. Zum Abschluss hielt mir der Gestapobeamte einen langen Monolog, der mit mehr als nur erhobener Stimme vorgetragen wurde. Er erklärte, mir alle Illusionen nehmen zu wollen, falls ich denn angenommen hätte, mit meiner Anklage Krügers eine patriotische Tat getan zu haben; meine Anklage sei ohne Konsequenzen geblieben, weil mir als bekannter Chauvinistin ohnehin niemand glauben würde. Während ich dem Gebrüll zuhörte, freute ich mich insgeheim, da ein solches Auftreten, wie auch schon allein die Tatsache eines erneuten Verhörs, seinen Worten Hohn sprachen.

Ich wusste genau, als ich in meine Zelle zurückkehrte, dass „mein Fall" abgeschlossen war und sie mich mit Sicherheit fertig machen würden, wenn die „Achse" mit den Italienern brach, es sei denn, sie nahmen, durch irgendein anderes Wunder bedingt, erst einmal Abstand von diesem Vorhaben. Das einzig Erreichbare, das ich nun mit aller Kraft anstreben musste, war die Rückkehr ins Lager, um mit den anderen Polinnen gleich behandelt zu werden und endlich Schluss zu machen mit dieser demütigenden Sonderbehandlung. Die Schwierigkeit bestand darin, dass die Leitung offenbar immer noch annahm, keiner im Lager wisse von meiner Anwesenheit im Bunker.

Die Deutschen störte es nicht, dass der Befehl, mich zu verstecken, jeglichen Sinn verloren hatte, da ich ja irrtümlicherweise bereits zwei Monate im Lager verbracht hatte und das Geheimnis vom Tod der Professoren anderen Polinnen anvertrauen konnte (was ich natürlich auch getan hatte). Den Deutschen ging es immer nur darum, einen Befehl a u s z u f ü h r e n, niemals um dessen Zweckmäßigkeit.

Und so musste, wenn ich zum Zahnarzt ging, dieser in den späten Abendstunden extra auf mich warten, Mewis führte mich zu nachtschlafender Zeit über den Lagerplatz zur Kommandantur, damit mich nur keiner sah. Ich dagegen gab während des Tages durch die Gärtnerinnen Bescheid, dass ich abends herauskommen würde, so dass Polinnen mit Armbinde, die Gründe haben mochten, so spät noch auf dem Platz zu sein, dort waren und „Guten Abend, Aldona!" riefen.

Der Kontakt mit dem Lager entfaltete sich überhaupt bestens. Binz war zur Stellvertreterin der *Oberin* avanciert, was sie voll und ganz verdient hatte. Sie war überaus „eifrig", schlug mit voller Wucht und unter Geschrei auf die Häftlinge ein, was von allen Seiten zu hören war, um dann zu mir zu kommen und sich artig, ja liebenswürdig zu betragen, während es mich alle Mühe kostete, ihr nicht eine runterzuhauen. An ihrer Stelle übernahm Mewis die Verwaltung des Bunkers. Abwechselnd mit ihr tat jetzt eine neue „Kraft" Dienst, eine große junge Brünette. Die hatte arge Schwierigkeiten mit dem Lesen und Schreiben, und Boguś half aus, so dass er jeden Tag den genauen Häftlingsstand kannte und wusste, wer in welcher Zelle saß. Jetzt kursierten nicht nur Nachrichten, sondern auch Briefe beinah frei zwischen den Zellen. Gleichzeitig blühte, vermittels der Gärtnerinnen oder Wäscherinnen, die die „Bunkerwäsche" holen kamen, der Schriftverkehr zwischen Bunker und Lager. Nach sehr kurzer Zeit war das „Kalb", wie wir unsere Neue wegen ihres ausgesprochen naiven Gesichtsausdrucks nannten, besinnungslos in Boguś verliebt, der ihr Radio über Nacht zu sich in die Zelle mitnahm und nun jeden zweiten Tag am Morgen die neuesten Londoner Nachrichten hatte. Das war Ende Mai, Anfang Juni. Zum damaligen Zeitpunkt geschah nicht viel Konkretes, doch aus allen Verlautbarungen ging eines zweifelsfrei hervor, nämlich dass der Sommer 1943 nicht ohne größere Ereignisse vorübergehen würde.

An einem dieser schönen Sommertage traf ich Boguś, als ich mich zum Spaziergang anschickte, auf einer Leiter sitzend an, er strich das Gitter vor den Fenstern der Rumäninnen. Zwei Zellen ganz am Ende des Bunkers hatte man zu einem Raum gemacht und zwei große Fenster herausgestemmt, damit die Rumäninnen einen Salon bekamen. Ich bemerkte, dass Boguś anders wirkte als sonst und mir gegenüber nicht den Mund aufmachte. Niemand war zu sehen, und so ging ich zu ihm und fragte ihn geradeheraus, was denn passiert sei. Schweigen. Ich musste die Frage wiederholen, ehe ich Antwort bekam – kurz und bündig, in nur zwei Worten: „Sikorski getötet."

Einzelheiten erfuhr ich erst ein wenig später. Sie besagten übrigens, damals wie auch heute, sehr wenig. Es blieb die nackte Realität: der Anführer fehlte, dessen Name uns vom ersten Augenblick der Septemberkatastrophe wie ein Wegweiser durch alle Soldatenkämpfe und Gefängnistorturen geleitet hatte. Wir wussten, dass die Alliierten ihm hohe Anerkennung zollten, dass alle Verpflichtungen ihm gegenüber persönlich eingegangen wurden. Er vor allem war der Garant für diese Versprechen gegenüber dem eigenen Volk.

Bekanntlich hat jeder Mensch seine Schwächen und die werfen zuweilen ihre Schatten auf den, der hell angestrahlt im Mittelpunkt steht. Doch um das zu bemerken, muss man von nahem hinschauen, die kämpfende Heimat aber glorifizierte aus der Ferne den Namen von General Sikorski; er war für uns Symbol unseres Kampfes um das höchste menschliche Gut und die Gewähr für den künftigen Sieg über die Deutschen. Englands Freundschaft für ihn war uns ein Schild gegen die Sowjets. Sein Abgang, ohne Rücksicht darauf, wer der Urheber dieses Todes gewesen war, bedeutete eine neuerliche, ungeheure Bürde, die sich im ersten Augenblick genauso auf ganz Polen herabgesenkt hatte, wie sie jeden einzelnen Häftling in der Isolierzelle niederdrückte. Abends beim Vaterunser, als zum ersten Mal unter den Gefallenen der, der bislang die Lebenden befehligt hatte, der göttlichen Fürbitte anzuempfehlen war, geriet das Gebet ins Stocken und auf die Lippen drängten sich fast rebellische Worte: Gibt es denn ein Unglück, mit dem Du die Polen nicht heimsuchst?

Am anderen Morgen wunderte man sich, wie das auch bei persönlichen Tragödien der Fall ist, die ein privates Leben zu zerstören drohten, dass das äußere Leben, im gegebenen Falle das des Ravensbrücker Bunkers, ungestört weiterging, als sei überhaupt nichts geschehen …

Bereits die nächsten Wochen brachten eine Menge Neues. Das wichtigste Ereignis war die Landung der Alliierten auf Sizilien[8], der erste offene Angriff auf die *Festung Europa*. Aus Goebbels' Artikeln konnte man sehr deutlich herauslesen, dass die Situation in Deutschland mehr als ernst war, dass die Sorge um das Beharrungsvermögen der Italiener mit jeder Stunde wuchs. Das Ende des Krieges schien nicht mehr fern. Für mich persönlich konnten, ja mussten die heraufziehenden Ereignisse schwerwiegende Folgen haben. Es war klar, dass sich meine persönliche Situation zu meinen Ungunsten ändern würde, sollte die Intervention des Hauses Savoyen ihre Wirkung verlieren. Logisch betrachtet war die Hinrichtung die einzig wahrscheinliche Lösung. Nichtsdestoweniger fand ich, man müsse jetzt mit aller Entschiedenheit darum ringen, von den Bunkerehren weg ins Lager zu kommen, nach dem ich mich so tief, so unaussprechlich sehnte.

Jedesmal, wenn Suhren kam, bat ich hartnäckiger darum, endlich entschloss ich mich für den einzigen Weg, der mir geblieben war, um das Ziel zu erreichen, zum Hungerstreik. Mir war bewusst, dass ein solches Vorgehen nur so lange eine Erfolgschance hatte, wie sie nicht wollten, dass ich Hungers starb, das heißt solange sie mit den Italienern rechnen mussten. Eines Tages, das war noch im Juni, aß ich also nicht mehr und erklärte Mewis, dass das so lange nicht der Fall sein würde, wie man mich nicht zurück ins Lager ließ. Hier muss ich sagen, dass das Hungern nur in den ersten zwei Tagen eine unangenehme Sache ist, später vergeht irgendwie der Appetit, sogar der Geruch der Speisen, die man permanent vor mir aufbaute, hatte keine Wirkung mehr. Suhren und sein Stellvertreter *Schutzhaftlagerführer* Brauning erschienen mehrmals täglich und versuchten mich zum Essen zu überreden. Ihr Verhalten war für mich nur ein Beweis dafür, dass ich keinesfalls essen sollte, dass ich auf diese Weise die Rückkehr ins Lager erzwingen konnte. Die andauernden Diskussionen mit den Gestapobeamten waren ermüdend, da ich doch schon ein wenig geschwächt war, aber mir war bewusst, welche Schwierigkeiten ich ihnen bereitete, und das gab mir Kraft. Weil ich mich längst nicht mehr von meinem Lager erhob, einfach um mich nicht zusätzlich anzustrengen, standen „meine Gäste" am Fußende meines Bettes und setzten mir auseinander, dass Hungerstreik keine meiner würdige Waffe sei, dass sich hier im selben Gebäude eine junge Französin befinde, die ich nicht kenne und die sich um so vieles besser benehme, in Bälde werde sie entlassen, doch so wie ich mich aufführe, das mache nun auf die Leitung wirklich keinen Eindruck, usw. Während dieser nicht eben spannenden Ansprachen warfen sie von Zeit zu Zeit ergötzlich irritierte Blicke auf das kleine Messingkreuz aus Assisi, das über meinem Kopf hing, sagten aber niemals etwas zu diesem Thema. Ich wiederholte fortwährend dasselbe, dass ich, da niemand irgendwelche Vorwürfe gegen mich erhoben habe, endlich entlassen werden sollte, oder aber, wenn man mich nur dafür festhielt, dass ich Polin war, was mir durchaus zur Ehre gereiche, ich Anspruch auf Gleichbehandlung hätte; als *Untermensch* stehe mir schließlich keinerlei Bevorzugung zu. Beide Deutschen waren so dumm, sich anmerken zu lassen, dass ihnen meine beiden Aussagen, dass das Konzentrationslager eine Ehre für mich wäre und dass ich ein *Untermensch* sei, unangenehm waren. Wieder einmal ließen sie mich endlich allein. Am fünften Tag tauchte Suhren ohne Begleitung auf und erklärte, dass er aufgrund eines Telefonats mit Berlin gekommen sei, um mir zu sagen, dass er mir sein Ehrenwort als Offizier der SS gebe, „der ich, wenn ich mein Wort nicht hielte, nicht angehören könnte", dass innerhalb von zwei Wochen, vom heutigen Tag an, meine Angelegenheit entschieden sein werde. Er fragte mich, ob ich angesichts dieses verbindlichen Versprechens essen würde. Ich war mit einer Unterbrechung des Hungerstreiks einverstanden.

Sehr rasch war ich wieder bei Kräften und ich wartete geduldig. Damals kam ab und an ein neuer SS-Oberarzt, der sich manchmal nach sehr oberflächlicher Untersuchung in ein Gespräch mit mir einließ. Einmal bemerkte er, er verstehe nicht, wie eine Person dermaßen stark ihr Polentum betonen könne, die nicht nur von einer deutschen Mutter stamme, sondern auch noch ein so eminent germanisches Aussehen habe. Dies verschlug mir nun total die Sprache. Etwas Derartiges hatte mir noch keiner gesagt. Ich erwiderte, dass ich, was mein Aussehen anbelangte, entschieden nichtarische Züge hätte, da ich meiner Urgroßmutter wie aus dem Gesicht geschnitten sei, die war nämlich Ungarin, was hingegen die „Reinrassigkeit" meiner Abkunft anginge, so sei ich ein europäischer Mischling hinsichtlich der Vielzahl von Völkern, von denen ich herstammte, und ich zählte sie ihm auf. Er verabschiedete sich schnell und nie wieder verlor er ein Wort über Rasse.

Bei der Gelegenheit teilte ich Christiane behutsam, um nicht zu große Hoffnung zu erwecken, mit, was mir der Kommandant über ihre kurz bevorstehende Freilassung gesagt hatte. Ein paar Tage später erhielt sie den Befehl zu packen, da sie am Nachmittag entlassen würde und nach Paris, zur Mutter, führe. Ich gab ihr die Adresse meines Bruders mit der Bitte, wenn irgend möglich Kontakt mit ihm aufzunehmen. Ein letztes Mal stand ich unter ihrem Fenster. Niemals werde ich vergessen, dass sie in diesem Augenblick des Glücks Platz in ihrem Herzen fand, mich zu bedauern. Eine Stunde später hörte ich die Zellentür auf- und wieder zugehen, ihre raschen, leichten Schritte auf dem Flur neben anderen, schweren deutschen Schritten. Dann fiel krachend das Bunkertor zu. Ich fühlte mich ganz scheußlich allein, gleichzeitig empfand ich Missbehagen wegen dieses egoistischen Empfindens, das mich überkommen hatte, als die Freundin, die mir so ans Herz gewachsen war, das höchste Glück[9] erfahren hatte, freigelassen zu werden.

Unterdessen rückte der Stichtag immer näher. In diesen langen zwei Wochen habe ich wohl sämtliche Möglichkeiten durchdacht, sämtliche Eventualitäten in meiner Angelegenheit erwogen. Irrtum, eine hatte ich nicht in Betracht gezogen, sie wäre mir auch überhaupt nicht in den Sinn gekommen, und genau diese wählte Suhren. Der kritische Tag brach an, der Vormittag ging vorüber – nichts. Nach dem Mittagessen ging ich spazieren, wartete bis zum Abend – nichts, der Tag ging vorbei, wie so viele Tage vor ihm und nach ihm, Suhren zeigte sich nicht. Mir war der Mann immer dumm vorgekommen, an diesem Tag überzeugte er mich, dass er klüger war als die törichte Gefangene, die geglaubt hatte, dass ihn sein Offizierswort verpflichtete.

Nun nahmen die Ereignisse immer schneller ihren Lauf. Eines Morgens, es war ein strahlend sonniger Sommertag, klopfte es an meiner Tür. Gleichzeitig flüsterte Boguś mit gedämpfter, irgendwie atemloser Stimme: „Mussolini abgesetzt, mit Italien ist Schluss!" Ich stürzte zur Tür und lauschte. Boguś war schon an der Nachbartür, bei „Kubuś", dem tschechischen SS-Mann, den ich bisweilen beim Spazierengehen traf. Ein paar Sekunden später hämmerte dieser Kubuś bereits gegen meine Wand, wie man sah, war auch er ganz außer sich, obwohl er den Totenkopf an der Mütze trug. Jetzt war das Ende des Krieges wohl nur noch eine Frage von Wochen, höchstens ein paar weniger Monate …

Anderntags stellten wir fest, dass unsere Prophetinnen abgängig waren, und Boguś erzählte, dass man sie des Nachts geholt hatte. Die ganze Sache war mehr als verdächtig, und so freuten wir uns aufrichtig, als tags darauf beide Weiblein wieder an Ort und Stelle waren. Jedem von uns flüsterten sie ins Ohr, dass sie in Berlin gewesen seien, wo man von ihnen verlangt habe zu sagen, was mit Mussolini passiert sei. Als ich mich aber nach ihrer Antwort erkundigte, entrüsteten sich beide, dass ohne Anhaltspunkte, einfach so „aus der Luft", auch ein Hellseher keinen Rat wisse.

In dieser Zeit verließen uns die Rumäninnen, und ich wurde in ihr „Appartement" verlegt, d. h. direkt ans Ende des Gebäudes, abgetrennt mit einer Bretterwand. Ich hatte jetzt verhältnismäßig viel Bewegungsfreiheit, über ein Stück Korridor und die Innentreppe. Ich bewohnte nunmehr das aus ehemals zwei Zellen bestehende Zimmer mit den beiden großen Fenstern. Boguś persönlich hatte nach eigenem Geschmack dieses Zimmer sehr hellblau mit üppiger Ornamentik ausgemalt, die Zentralheizung war grün, das Polstermobiliar himbeerrot bezogen, so wie das bei Krüger seinerzeit. Selbst bei den Deutschen hätte ich eine derartige Farbzusammenstellung nicht für möglich gehalten, doch ich gebe zu, dass die größere Bewegungsfreiheit und vor allem der Zugang zu frischer Luft sehr entspannend auf mich wirkten. Zu dieser wurden auch die Fliegerangriffe und Bombardements immer häufiger und intensiver. Nicht selten konnte in der Nacht von Schlafen keine Rede sein, und man sah durchs Fenster Granaten niedergehen und einen riesigen Feuerschein am Himmel. Alle waren felsenfest davon überzeugt, dass dort Berlin lag …

Auch bei uns gab es damals eine ganze Menge Opfer. Ich erinnere einen sonnigen Tag, an dem besonders lange das Krematorium rauchte. Am Vortag waren erneut Polinnen hingerichtet worden, unter ihnen meine Studentin aus Lwów, die mich zu Anfang hier begrüßt hatte. Am 15. August befahl man mir in Hast und Eile, meine Habe zusammenzuraffen und in die alte Zelle zurückzukehren. Beim Spaziergang erfuhr ich von Boguś, dass man an die 10 „Kaninchen" in den Bunker gebracht habe, dass die SS-Aufseherinnen hierhin und dorthin flatterten. Ein oder zwei Tage lang gab es keinen Spaziergang, und Boguś tauchte auch nicht im Garten auf. Als ich wieder hinauskam, erfuhr ich, dass man die „Kaninchen" im Bunker operiert hatte. Am selben Tag noch bekam ich Kontakt zu ihnen. Eine von ihnen war diesmal nicht operiert worden. Urszula, die die anderen betreute, wartete bereits am Fenster auf mich. Also – vor drei Tagen, als man erneut, ich weiß nicht zum wievielten Mal, die „Kaninchen" zur Operation beschied, leisteten sie zum ersten Mal Widerstand, flüchteten und versteckten sich beim Appell. Aufseherinnen, SS-Männer, Hunde usw. wurden mobilisiert, und es gelang, sie zu fassen und in den Bunker zu schleppen. Dort erklärte ihnen Suhren, dass sie zur Strafe dafür, dass sie es gewagt hatten, sich zu widersetzen, nicht wie bisher im Revier, sondern im Bunker operiert würden. Und dann wurde dieser große, bunt ausgemalte Raum Zeuge von fünf Operationen (die restlichen Mädchen ließ man im Lager zurück). Danach lagen die Operierten in den Nachbarzellen und quälten sich in Schmerzen und Fieber. Nach ein paar Tagen hatte sich ihr Zustand so weit gebessert, dass anzunehmen war, diesmal würde es keine Todesfälle geben, aber eine lange, schwere, mehrmonatige Rekonvaleszenz, häufig mit Fieberrückfällen. Ich konnte nichts für sie tun, außer sie mit Nachrichten aus dem Lager und Zeitungsmeldungen zu versorgen sowie ihnen Gedichte zu schicken, auswendig auf Zetteln niedergeschrieben, hauptsächlich Słowacki, worum sie gebeten hatten. Nur wenige Tage nach den Operationen begann es mir eine von ihnen, Joanna Szydłowska, die verheiratet war und in Polen ein 7-jähriges Töchterchen hatte, zu vergelten, indem sie mir durch Urszula[10] eine erstaunliche Menge Gedichte, vornehmlich von Norwid, zukommen ließ; seine wichtigsten Werke kannte sie nämlich auswendig.

Im Lager wurde unterdessen für die den „Kaninchen" erteilte Hilfe der Block 15 bestraft, er wurde mit Hunden und SS-Männern umstellt, mehrere Tage lang, Türen und Fenster geschlossen und ohne Wasser. Die Insassen durften heraus, falls sie um Verzeihung baten. Nicht eine brach aus, und als endlich, nach Tagen in der Augusthitze, der Block geöffnet wurde, fielen sie massenweise in Ohnmacht, aber sie hatten viel erreicht, denn unter den Frauen aller Nationalitäten im Lager wurde der Fall bekannt und berühmt. Von da an gab es keine „Kaninchenexperimente" mehr.

Eines Tages Anfang September sagte mir Ula, dass sie ins Lager zurückkehrten. Suhren war bei ihnen gewesen, und sie hatte gehört, wie er zu jemandem aus seiner Umgebung sagte, dass diese Zelle unverzüglich von mir eingenommen werden müsse wegen des angekündigten Besuchs aus Berlin. Tatsächlich befand ich mich am anderen Tag wieder in dem abgetrennten Gebäudeteil. Ich lief durch die Zellen, wo gestern noch unsere Mädchen gelegen hatten und noch immer bis in den kleinsten Winkel das Leiden spürbar war.

Draußen in der Welt verloren die Deutschen auf der ganzen Linie, sie zogen sich aus Russland zurück, und Italien brach zusammen. Was meine Person anging, so war ich mir sehr wohl darüber im Klaren, dass sich meine Chancen, am Leben zu bleiben, Tag um Tag verringerten. Einmal sprach ich zu Boguś darüber und bat ihn, die Polinnen im Lager zu benachrichtigen, wenn sie mich holten. Boguś nahm sich das sehr zu Herzen und unterbreitete mir tags darauf einen konkreten Vorschlag. Er plante nicht mehr und nicht weniger als eine gemeinsame Flucht. Ich protestierte und tat auch sonst alles, um ihm diesen Wahnsinn auszureden. Boguś aber erklärte, dass das Unternehmen durchaus nicht undurchführbar sei, wenn man die Sache während eines Bombenangriffs anpackte, während der Strom in den Drähten über die Mauer abgeschaltet war. Man müsse zum Fenster hinaus, das Gitter wäre vorher durchzusägen, und auf die Mauer gelangen, dann ginge alles schon seinen Gang. Ich dagegen fand, dass die Schwierigkeiten dann erst begännen, mit dem Fehlen der Papiere nämlich. Boguś aber glaubte das nun wieder nicht, er vertrat die Ansicht, dass niemand während eines Luftangriffs zwei fließend Deutsch sprechende Personen nach irgendetwas fragen werde.

Wenn ich auch anfangs von all dem nichts hören wollte, so tat doch das tägliche Zureden dieses grundanständigen und pfiffigen Burschen das Seine. Allmählich wurde mir die Hoffnung vertraut und ich fing an mich für den Weg zu rüsten. Der Gedanke an Freiheit ist für einen Gefangenen ein stärkeres Rauschmittel als jeglicher Alkohol. In einer der mir zugänglichen Zellen wurden sehr lange schmale Flurläufer aufbewahrt. Als moderne (und zudem 45-jährige!) Julia plante ich eine bewegliche Leiter zusammenzunähen, mit der man auf die Mauer würde gelangen können. Mittendrin war Boguś in Begleitung eines SS-Manns für zwei Tage irgendwohin aufgebrochen, um Farbe zu kaufen. Sehr bedrückt kam er zurück und erst am anderen Tag gab er zu, dass sie sich während der drei Stunden Fahrt viermal hatten ausweisen müssen. Eine Flucht war also ganz und gar ausgeschlossen. Erst jetzt, da es keinen Fluchtplan mehr gab, wurde mir bewusst, wie viel Hoffnung ich trotz allem auf ihn gesetzt hatte. Es gab also für mich keinen Ausweg, und nun überkamen mich Ruhe und Gelassenheit, wie die Nähe des Todes sie gewährt.

Als ich in dieser Stimmung durch den warmen Herbsttag spazierte, geschah etwas Unerhörtes. *„Frau Lange"* wurde vom Spaziergang weg in die Kanzlei des Bunkers gerufen. Die Namensänderung unter Beibehaltung der ersten Silbe des wirklichen Familiennamens war bislang ein B e w e i s dafür gewesen, dass der betreffende Häftling in den Tod ging. Ich nahm an, dass sie meinetwegen bereits gekommen waren, der Anblick eines dort anwesenden SS-Mannes bestärkte mich in meiner Vermutung. Ich blieb also vor ihm stehen und wartete. Er aber zeigte zum Tisch, auf dem ein Paket lag mit einem Kärtchen dabei. „Unterschreiben Sie bitte, dass Sie ein Paket vom Dänischen Roten Kreuz erhalten haben. Die Aufstellung der Dinge muss persönlich unterschrieben sein. Allerdings fehlt die hier aufgeführte Wurst, sie war prima." Ich stand da wie angegossen; einen Moment dauerte es schon, sich innerlich umzustellen von dem Eindruck unmittelbarer Todesnähe auf das Problem gestohlener Wurst.

Ein paar Tage später kündigte mir Suhren für morgen den lange schon avisierten Besuch von Doktor Tomson aus Berlin, Nachfolger von Daumling, an. Tags darauf fand dann das Gespräch statt, ein langes diesmal, das dennoch wie alle Gespräche zuvor keinerlei Resultat erbrachte. Zum ich weiß nicht wievielten Male mahnte ich mein Verhör an. Ich beklagte mich, dass, obschon ich über den Kommandanten einen Brief an Himmler mit der Forderung nach einem Verhör geschickt hätte, mir als Antwort nur eines zuteil geworden sei – Tomaten. (Seit geraumer Zeit brachte man mir nämlich täglich Tomaten mit dem Hinweis, dass dies auf Himmlers Geheiß geschähe.) Tomson bemühte sich um Antworten, ohne konkret zu werden, behauptete, dass er erst jüngst den neuen Posten übernommen habe und daher nicht wisse, weshalb ich eigentlich hier sei, der Befehl lautete, Informationen über mich einzuholen. Selbst wenn es keinerlei Vorwürfe gegen mich gäbe, müsste ich doch einsehen, dass man mich in der gegenwärtigen politischen Lage auf gar keinen Fall unter die Polen schicken könnte. „Dass es uns an der Front nicht gerade blendend geht, werden Sie wissen." Angesichts dessen forderte ich kategorisch ins Lager zurückgeschickt zu werden, was er anfragen und dann eine Antwort schicken wollte. Schließlich ging er.

Und wieder Warten, in das durch die Ankunft einer neuen Kameradin eine gewisse Abwechslung kam. Bei dem Neuankömmling handelte es sich um die berüchtigte Gerda Querenheim, den Schrecken des Reviers und eine wütende Feindin der Polinnen. In den Bunker war sie dafür gekommen, dass sie als Geliebte eines Arztes, Doktor Rosenthals, schwanger geworden war. Sie war von Beruf Krankenschwester, trug das rote Dreieck, wofür sie jedoch ursprünglich nach Ravensbrück geschickt worden war, weiß ich nicht. Was ich wusste, war, dass Gerda sämtliche Reviergeheimnisse kannte; schon als ich mich noch im Lager aufhielt erfuhr ich, dass sie es war, die die Säuglinge erstickte und in den Kessel der Zentralheizung warf – ich beschloss also, in Kontakt mit ihr zu treten. Das gelang mir ohne die mindeste Anstrengung, weil ich Proviantpäckchen hatte. Allein beim Anblick der *fourrage* gewann sie mich von Herzen lieb und erzählte absolut alles, was sie wusste.

Das Grundgeheimnis der „Kaninchen-Operationen" schien sie nicht zu kennen, sagte nur, dass es am häufigsten um vier Typen von Eingriff gehe, um septische und aseptische Knochenoperationen sowie gleichartige Operationen an Muskeln. Die an den sieben „Kaninchen", die dann gestorben waren, vorgenommenen Eingriffe gehörten zu anderen Operationsarten, bei denen es zumeist um Knochenentnahme für schwerver wundete Deutsche ging sowie um Gasbombenexperimente. Ich fragte sie, zu welcher Gruppe die sechs „Kaninchen" gehört hatten, die nach ihrer Genesung mit polnischen politischen Häftlingen erschossen worden waren, und bekam zur Antwort, dass es da um „normale" Operationen gegangen sei. Bei der Gelegenheit erzählte mir Gerda, dass Rosenthal von Amts wegen immer bei den Hinrichtungen anwesend sein musste, dass es keinen Fall gegeben habe, wo eine Polin in jenem Augenblick auch nur die mindeste Furcht gezeigt habe oder nicht mit dem Ruf „Es lebe Polen" gestorben sei. In der Unterhaltung mit mir und angesichts des Proviants war Gerda selbstredend eine große Bewunderin der Polen. Meine Person überschüttete sie ebenfalls mit Komplimenten, wobei sie betonte, dass sie sich nur mir gegenüber eine solche Ehrlichkeit erlauben könne.

Einmal fragte ich sie, was mit den Kindern geschehe, die im Lager geboren wurden. Vollkommen ruhig antwortete sie, dass dies ein leidiges Thema sei, doch da, nach deutschem Recht, bis vor kurzem kein Kind in einem Konzentrationslager geboren werden durfte, musste man ihnen das Leben nehmen, vor oder unmittelbar nach der normalen Geburt. Weil das Gesetz unlängst geändert worden sei, entfalle gegenwärtig die unangenehme Arbeit, die Kinder bzw. ihre Leichen zu beseitigen.

Damals beschloss ich, diese von der im Umgang mit mir so sanften und wohlerzogenen Deutschen erlangten Informationen dorthin zu übermitteln, wohin sie gehörten.

In jenen Tagen trat Boguś mit einem neuen Projekt auf den Plan. Man schickte ihn jetzt täglich in die Umgebung von Ravensbrück, um dort Malerarbeiten auszuführen. Er hatte sich ein Pseudopapier beschafft, und zwar aus der Schublade vom „Kalb", und hatte dort einen fiktiven Namen eingetragen. Er wollte nach Polen entkommen und dort von allem berichten, was hier vor sich ging. Die Sache schien wichtig, besonders angesichts des Umstandes, dass in jüngster Zeit rund um das Lager 14 mit Maschinenpistolen ausgerüstete Bunker aufgebaut worden waren, die Waffen aufs Lager ausgerichtet. Es sah ganz danach aus, als sollte keiner von uns am Ende, das sich unbarmherzig näherte, lebend davonkommen. Ich entschied mich damals eine Meldung auf ein Taschentuch zu schreiben, das sich der junge Bursche in die Jacke einnähte, und ich gab ihm den Kontakt nach Krakau. Später erklärte ich Mewis, dass einige Ausbesserungsarbeiten in meiner Zelle unerlässlich seien, der *Ordnung* halber, und sie schickte mir unverzüglich Boguś. Als er eintrat, verriet sein ach so junges Gesicht tiefe Ergriffenheit. Er wusste, wozu er gekommen war. Mit gedämpfter, aber kräftiger Stimme sprach er mir die Worte unseres Eides nach, die Finger dabei auf meinem winzigen Kruzifix. Wie wundersam klang doch unsere Eidesformel in den Mauern des Ravensbrücker Bunkers!

Zwei Tage später ließ Ramdohr Boguś verhaften. Durch das Zellenfenster gelang es ihm noch mir zuzuflüstern, ich könne ganz ruhig sein, das Taschentuch habe er verbrannt und den Schwur in Erinnerung. Das „Kalb" wurde damals aus dem Bunker entfernt.

Wollte ich dem Kommandeur eine Meldung schicken, musste ich das nun aus eigener Kraft vollbringen. Ich punktierte folglich auf die altbewährte Weise in einem polnisch-lateinischen Wörterbuch, das ich mir einst schon zu diesem Zweck beschafft hatte, weil es sehr klein gedruckt war, eine 180 Worte umfassende Meldung, hauptsächlich über die „Kaninchen" und die Hinrichtungen, über die Haltung der Polinnen im Lager, wie auch über jene neu errichteten 14 Bunker.[11] Es hieß sich beeilen, denn von Mewis erfuhr ich, dass sie den Eindruck habe, mein Wunsch, ins Lager zurückzukehren, würde sich in Bälde erfüllen. Und so unternahm ich nachhaltige Anstrengungen, auch noch mit eigenen Augen die Folterinstrumente im Bunker zu sehen. Keine ganz einfache Aufgabe, weil die Räumlichkeiten, in denen sie sich befanden, stets fest verschlossen waren, wenn die Gerätschaften nicht in Gebrauch waren. Noch die Kameradinnen im Lager und später Gerda und Boguś hatten mir drei Apparate beschrieben. Im ersten Zimmer sollte ein Bock zum Prügeln stehen, im zweiten der „Sarg" mit absperrbarer Luftzufuhr sowie die „Wolfskrallen", etwas in der Art von metallenen Klauen, die sich in den Körper des Häftlings schlugen. Leider fand ich nur ein einziges Mal, als ich zum Spazieren hinausging, die Tür der bewussten Kammer angelehnt. Als nach einer Weile die Aufseherin zum Lager hinüberging, stürmte ich in den Bunker zurück und betrat die Kammer. Dort stand ein hölzerner Bock mit einer Art Sattel und Riemen, die so angeordnet waren, dass man gleich sah, die Körper wurden quer über den Sattel festgeschnallt. Ich sah mir die Vorrichtung zu lange und zu genau an, so dass ich nicht im anderen Zimmer war und weder „Sarg" noch „Wolfskrallen" gesehen habe, d. h. die Werkzeuge, die zur ausschließlichen Verfügung von Ramdohr bei den Verhören waren. (Der Bock nämlich wurde hier auch als normale Lagerstrafe benutzt, man hörte öfters rhythmisches Klatschen, Stöhnen und Wimmern.) Ich musste flüchten, weil ich „meine Obrigkeit" zurückkommen hörte.

Mit dem Lager hatte ich damals sehr guten und sogar unmittelbaren Kontakt. Wenn niemand da war, ging ich zu dem großen Fenster am Ende „meines" Korridors, das undurchlässig verdunkelt war. Abends, nach dem Appell, spazierten die Polinnen daran vorbei und riefen von weitem, wie eine die andere, „Aldona!" Dann klopfte ich ans Fenster, und wir begannen das Gespräch. Weil ich ein paar Mal durch die Wäscherinnen „Vorträge" über Kunstgeschichtliches geschickt hatte, tauchten die Mädchen danach unterm Fenster auf und stellten Fragen. Ein Lager, in dem es so viele Mädchen zum Unterrichten gab, kam mir dann vor wie das Paradies, und meine Sehnsucht nach ihnen wuchs mit jedem Tag.

Da die zuständigen Stellen weiterhin zu meinem Anliegen schwiegen, unternahm ich einen zweiten Hungerstreik, der diesmal eine Woche dauerte. Tag um Tag servierte man mir immer bessere Speisen. Am siebten Tag kam erneut irgendeiner von der SS aus Berlin. Das erfuhr ich von der „bibelka", die man morgens in meine Zelle schickte, um sie *für den hohen Besuch* zu putzen. Sie fegte leidenschaftlich und versuchte mich dabei nicht minder leidenschaftlich wie schon unzählige Male zuvor zum „wahren Glauben" zu bekehren, versprach mir das nun schon ganz nahe Gericht und Glückseligkeit noch hier auf Erden. Das Wichtigste war immer, dass ich endlich meine Zugehörigkeit zu dem aufgab, was „das Allerschlimmste" war, zum Katholizismus. Ich war vom Hungern erschöpft, lag also diesmal ruhig da und antwortete nicht. „Mir tut es so leid um dich", fuhr die Apostolin Staub wischend fort, „genauso wie um meinen Mann. Der ist auch gut, aber glauben will er nicht, also ist er verdammt – genau wie du. Beide kommt ihr in die Hölle, dabei ist es um euch wirklich schade."

Die Fortsetzung dieser lieben Verheißungen unterbrach Suhren mit seinem Erscheinen; er war gekommen, um mir zu sagen, dass er am Nachmittag mit Himmlers Kanzleichef auftauchen werde. Sie erschienen tatsächlich. Der „Gast" trug eine lange, nagelneue Lederjacke, eine wie sie in Lwów die vom NKWD trugen. Er baute sich vor mir auf, um mir feierlich zu erklären, dass der *Reichsführer SS* meiner Rückkehr ins Lager zugestimmt habe, nur dass ich weiterhin SS-Verpflegung erhalten werde.[12] Da ich mich mit Letzterem nicht einverstanden erklärte, wiederholte er, wobei er offenbar davon ausging, dass dies Eindruck auf mich machen müsse, dass dem *Reichsführer* sehr daran gelegen sei, wie an meiner Gesundheit überhaupt. Mit einem Pathos, das einer besseren Sache wert gewesen wäre, entgegnete ich, dass mir die Verpflegung genüge, die seit so vielen Jahren die anderen Frauen bekämen.

Irritiert wandte er sich ab und – erstarrte. Sein Blick war auf den mit zahlreichen Gerichten vollgestellten Tisch gefallen. *Mein Gott! Was ist das?* Ich konnte mir nur schwer das Lachen verkneifen, als Suhren dem bestürzten Gestapobeamten die Gründe dieser merkwürdigen kulinarischen Präsentation erklärte. Aus dieser ganzen Visite ergab sich für mich klar, dass sie mich diesmal noch nicht umbringen wollten und dass es danach aussah, als hätte da wiederum eine ausländische Intervention zu meinen Gunsten den Ausschlag gegeben.

Ein paar Tage später packte ich die Bücher, ein paar englische, ein paar lateinische Autoren und das Wörterbuch, zusammen, um sie nach Polen zurückzuschicken. Niemand bemerkte natürlich, dass Adressat und Absender nicht identisch waren, sondern an Wisia Horodyska gerichtet, von der ich seinerzeit die *Literatura grecka* erhalten hatte. Gleichzeitig richtete ich einen Brief an sie, in dem ich um Entschuldigung dafür bat, dass ich ihr lateinisches Wörterbuch so lange einbehalten hatte, obschon ich doch wusste, wie dringend sie es für ihre Studien brauchte. Das Päckchen ging zur persönlichen Zensur durch den Kommandanten. Auf meinem letzten Spaziergang nahm ich Abschied von Boguś, der an demselben Tag ins Männerlager zurückkehrte. Als ich am Morgen darauf zum letzten Mal ins Bad ging, stand dort die Hauptbibelka des Bunkers, Regina. Das war eine seltsame Frauenperson, eine, die sich niemandem anvertraute, immer still und heiter war, nur nicht immer den Ausdruck ihrer Augen zu beherrschen vermochte, in denen sich bisweilen die Ungeheuerlichkeiten zu spiegeln schienen, die diese Frau gesehen hatte und die niemals mehr aus ihrem Bewusstsein verschwinden würden. Heute lächelte sie mich zum ersten Mal an, als ich auf dem Weg ins Bad an ihr vorbeikam: „*Frau Lange* geht hinein und wieder heraus kommt kurz darauf die Lanckorońska", sagte sie, und ihre Stimme klang beinah laut. Eine Stunde später war ich im Lager.

In dankbarer Erinnerung wird mir stets die Herzlichkeit bleiben, mit der man mich empfing. Mit großer Freude nähte ich mir wieder Nummer und Dreieck an meine gestreifte Häftlingskleidung und atmete auf. Endlich war ich nicht nur die fatale und demütigende Bevorzugung los, sondern auch mich selbst; ich war mir nicht länger selber eine Last, nicht mehr das Zentrum des eigenen Interesses im Alltag, wie das die Isolierhaft notwendigerweise mit sich bringt. Ich spürte damals deutlich, bis zu welchem Grad doch der Mensch ein *zoòn politikon*[13] ist. Ich war schlichtweg glücklich, im Lager zu sein. Früh um vier, als ich in einer Häftlingsgruppe nach Kaffee marschierte und dabei am Bunker vorbeikam, dankte ich, obwohl es kalt und dunkel war, Gott dafür, dass ich nicht mehr dort sein musste. Man hatte mich als Stubenälteste dem Block der Roten Armee zugeteilt. Ungefähr 500 Frauen waren in diesem Block untergebracht, überwiegend junge und in überwältigender Mehrheit sehr kräftige und gesunde, die an der russischen Front in Gefangenschaft geraten waren. Sie nahmen im Lager eine Art Sonderstellung ein, ihre Situation war in mancherlei Hinsicht sehr verschieden von der anderer Häftlinge. Vor allem waren sie von besonderem Wohlwollen aller nationalen Gruppen im Lager umgeben, die Polinnen ausgenommen. Diese Huldigung der nicht selten ziemlich unbändigen Mädchen seitens fast aller Häftlinge, die Tschechinnen allen voran, war für mich ein erstes Anzeichen dafür, wie weitgehend damals schon, im Herbst 1943, das Lager kommunistisch beeinflusst war. Die „Sowietki" nahmen Huldigung und Präsente gern entgegen, für andere Gruppen strengten sie sich nicht an, nur untereinander waren sie unglaublich solidarisch. Den Polinnen begegneten sie insgeheim mit Abneigung, die durchaus offen zutage treten konnte, wenn auch in Ausnahmefällen. Für gewöhnlich spürte man nur die grenzenlose Wildheit und Fremdheit dieser Mädchen, deren hervorstechendstes Merkmal Misstrauen war. Dieses Misstrauen beschränkte sich ganz und gar nicht bloß auf die Polinnen, sondern bezog sich auf alle Mithäftlinge, doch bei längerem Zusammenleben sah man deutlich, dass es vor allem unter ihnen herrschte. Wenn es zufällig vorkam, dass eine von den Sowietki allein mit einer von uns, den Stubenältesten, war, war sie meist geradeheraus, ja sogar fast aufrichtig. Näherte sich mitten im Gespräch eine andere, änderte sich der Ton auf der Stelle, das Lächeln verschwand vom Gesicht und der scheele Blick wurde von ausweichenden oder nachgerade unhöflichen Antworten untermalt. Wenn drei zusammenkamen, bildeten sie bereits eine Masse und sie brachten es fertig, in diesem selben Augenblick jegliche Individualität zu verlieren. Sie unterschieden sich dann in nichts voneinander, ähnelten sich auf einmal beinah physisch, und ihre Reaktionen glichen denen der Anführerin aufs Haar. Denn bei jedem Gespräch, mit wem auch immer und worüber auch immer, und ganz egal, ob zwischen ihnen und der Gesprächspartnerin Harmonie herrschte oder Disharmonie, sie hatten stets eine Anführerin, die allein für sie sprach, auf die sie hörten und der sie folgten, widerspruchslos. Man hatte oft den Eindruck, dass sie innerlich nicht einverstanden waren, doch ein eiserner Zwang, eine maßlose Angst sie in Zucht hielt. Einmal bemerkte ich ein Grüppchen von ihnen, das sich über irgendetwas beriet und dabei immer wieder zu mir herüberschielten. Dann löste sich eine aus der Gruppe und näherte sich mir, machte sich um den Tisch herum zu schaffen, den ich gerade scheuerte, fragte mich wie rein zufällig: „Frau Karla, *wy religiozna?*"[14] Die Frage überraschte mich. Eine einfache positive Antwort würde vermutlich nichts bringen, keinen Weg zeigen. „Ja, ich bin gläubig. Das war ich nicht immer, aber jetzt bin ich es, schon seit vielen Jahren, und ich bin sehr glücklich." – „Was habt Ihr da unterm Kleid an der Schnur?", und sie zeigte auf meinen Hals. Ich zog das winzige Kruzifix hervor. Sie musterte es aufmerksam. „Und das ist Euer Gott?"

fragte sie. „Nein, nur sein Bild." – „Wenn's nicht Gott ist, wozu tragt Ihr's dann mit Euch rum?" – „Du weißt doch, dass sie uns hier wahrscheinlich alle umbringen." – „Jawohl", erwiderte sie mit schlichter Würde. „Siehst Du, wenn es so weit ist, werde ich das da in der Hand halten und darauf schauen." Während ich noch sprach, kamen auch die anderen herbei, die meine Gesprächspartnerin vorgeschickt hatten, stellten sich hinter sie und hörten zu. Endlich äußerte sich mein Gegenüber beinah flüsternd: „Das Leben muss leichter sein mit dem da als ohne." Dann zuckte sie zusammen, weil sie jetzt erst bemerkt hatte, dass die Genossinnen direkt hinter ihr standen; sie wandte sich ab, warf mir einen verstohlenen Blick zu und suchte das Weite. Die anderen traten ebenfalls auseinander und taten so, als hätten sie jene ungebührlichen Worte nicht gehört.

Ein anderes Mal musste ich abends zum Revier, um eine von ihnen zu holen, eine „Ärztin" oder eher Feldscherin, und zum Block zu bringen; in einer Stunde sollte sie in ein anderes Lager oder eine Fabrik transportiert werden. Als ich dem Mädchen mitteilte, worum es ging, konnte man sehen, wie viel sie dieser einsame Abtransport kostete, aber sie biss die Zähne zusammen und folgte mir stumm. Wir wateten durch absolute Finsternis. Plötzlich hielt mich etwas auf, zwei starke Arme umschlangen mich, und das flache Gesicht meiner Gefährtin drückte sich an meines; sie küsste mich fest und laut ein paar Mal auf beide Wangen. Ich war so verblüfft, dass ich im ersten Augenblick überhaupt nicht reagierte. Da begann das Mädchen mir zuzuflüstern: „Frau Karla, vielleicht sehen wir uns nie wieder, aber ich werde Euch nicht vergessen, denn Euch habe ich erkannt, Ihr seid ein Mensch." Zweimal noch wiederholte sie: „*Wy czelowiek.*" – „Ich würde Euch gern so viel sagen, aber … das ist unmöglich, ich kann nicht. Bei uns ist es ganz anders, als Ihr denkt, es ist nicht so, wie man sich erzählt. Es ist ganz anders, ganz anders … aber man darf nicht reden."

Sie war sehr erregt, drückte, streichelte mich, stammelte dann ein paar liebevolle Worte, und wir setzten unseren Weg fort. Als wir den Block betraten, war sie steif und förmlich und so mürrisch wie gewöhnlich – wie sie alle –, packte ihre Habseligkeiten, verabschiedete sich im Saal von allen und von mir, kühl und offiziell – und ging …

Außer den Sowietki hatten wir im Block vier oder fünf Bibelki, weil diese seit der Zeit, da sie sich selbst Himmler widersetzt hatten, zur Strafe in kleinen Grüppchen auf die anderen Blocks aufgeteilt worden waren. Unter ihnen befanden sich zwei „Observantinnen", die den Appell nicht respektierten. Man musste sie heraustragen und in die erste Reihe legen, wo sie reglos mit geschlossenen Augen verharrten, und nach dem Appell trug man sie wieder zurück in den Block. Ich erinnere mich noch, einmal hielt ich den Anblick einer alten Frau, die stundenlang im Schneematsch lag, nicht aus. Irgendwoher besorgte ich ein Schemelchen und setzte mit Hilfe einer Kameradin die Bibelka da drauf, die jedoch sogleich wieder in den

Schnee rutschte. Zwar schlug sie nicht die Augen auf, schüttelte jedoch ärgerlich den Kopf in meine Richtung. Seit dieser Zeit rührte ich sie nicht mehr an und schaute bei den frostkalten Abendappellen, wie ungezählte Sterne, das für uns wohl vollkommenste wahrnehmbare Symbol der unendlichen Göttlichen Weisheit, genauso über dem fanatischen Sektierertum exzentrischer Bibelki schimmerten wie über dem stumpfen Atheismus unheimlicher Asiatinnen.

Mir ging es damals wahrlich nicht schlecht, da ich Zeit zum Unterrichten hatte. Ich gab also Privatstunden, d. h. die Schülerinnen kamen abends, wenn es schon dunkel war, vor den Block, oder wir spazierten gemeinsam umher, während ich ihnen die Geschichte Roms erzählte oder die Kultur des Mittelalters erläuterte. Vor allem aber „las" ich Geschichte der Renaissance zweimal die Woche bei den „Kaninchen". Ich ging also regelmäßig zu ihnen und schöpfte Kraft aus dem Gefühl, wieder ein bisschen nützlich zu sein …

Der Kontakt mit den Polinnen gab mir unter so manchem Gesichtspunkt viel. Eine von ihnen diktierte mir zum Beispiel auswendig die ganze *Große Improvisation*. Der Eindruck war ein dermaßen erschütternder, als hörte ich sie zum ersten Mal. Ich lieh mir auch ab und an auf ein paar Tage einen von den Bänden der „Bibliothek" aus. Es gab dort vornehmlich die wichtigsten Werke von Mickiewicz, die als Verpackung von Brot oder Zucker in Päckchen hierher gereist und trotz pedantischer und ziemlich häufiger Durchsuchungen nie in die Hände des Feindes gefallen waren.

Bei den Polinnen blühte auch das religiöse Leben. Leider fand das zweimalige Ins-Lager-Schmuggeln von jeweils 50 geweihten Hostien, die ein Außen, ein französischer Priester, beschafft hatte, noch während meines Bunkeraufenthaltes statt.

Sonntags trafen wir uns manchmal auf lange Gespräche. Die Blockälteste Eliza Cetkowska erzählte vom Lager Stutthoff bei Danzig, wo sie Sachen gesehen hatte, deren Anblick eigentlich nicht zu überleben war, z. B. die Hirnmasse ihres Bekannten, eines polnischen Offiziers, an die Wand geklatscht. Sie arbeitete dort sehr schwer, hauptsächlich als Wäscherin. Beim Saubermachen der Büroräume sah sie einmal eine Illustrierte auf dem Tisch liegen mit einem Foto von ihr beim Fensterputzen mit der Unterschrift: „So behandeln die Russen ihre Gefangenen in den Konzentrationslagern."

Doch es gab auch heitere Sonntage. Halina Chorążyna[15] schilderte mit großem Talent das Leben in ihrem Block, wo unlängst, als sie sich darüber empörte, dass man Extragrüppchen von Offiziers- und von Unteroffiziersgattinnen bildete, eine Kameradin sie tröstete: „Das sollten Sie sich nicht so zu Herzen nehmen, Frau Chorążyna, schließlich ist ein Chorąży (Fähnrich – d. Übers.) schon beinah ein Offizier."

Manchmal aber, und das war recht häufig der Fall, sprachen die zusammengekommenen Älteren über unsere jungen Kameradinnen. Wir machten uns große

Sorgen um sie, denn es bestand gar kein Zweifel, dass, selbst wenn sie freikamen, eine so schrecklich lange Gefangenschaft tiefe moralische Spuren bei ihnen hinterlassen musste und dass dies in der überwiegenden Mehrzahl negative Spuren sein würden. „Leiden adelt", doch meistens nur dann, wenn es nicht unendlich lange dauert, nicht die Geisteskraft untergräbt, zumal in den entscheidenden Jahren.

Außerdem ging es gar nicht mal ausschließlich um das Problem selber, bedrohlicher war der Verlust an moralischem Empfinden. Das Verhältnis zu fremdem Eigentum war ein völlig anderes als „in der Welt". Nur das Wegnehmen von etwas, das einer Kameradin gehörte, wurde als Vergehen angesehen. Aus der Näherei, den Werkstätten, der „Kammer" vor allem heraustragen, was sich nur heraustragen ließ, Decken, Betten, Wäsche, Kleider, und sie gegen Päckcheninhalte einzutauschen, galt als normale Sache; wenn eine Debütantin sich wunderte, sagte man ihr: Du bist blöd, die Deutschen haben uns mehr weggenommen, als wir uns hier organisieren (man sagte nämlich nicht „stehlen", man sagte „organisieren"). Dieser Ausdruck stammte, wie es scheint, nicht ursprünglich von den Häftlingen, sondern von den Behörden, der Leitung selbst, die sich alles in so großem Maßstab „organisierten", dass sie es vor den Häftlingen nicht verbergen konnten, und weil sie Denunziationen fürchteten, ließen sie fünf gerade sein und bewirkten dadurch die abscheulichste Demoralisierung. Ein Faktum war auch, dass es im Lager kaum einen Häftling gab, der frei von Besitzgier war, die so seltsam anmutet im Angesicht des Todes, und es gab eine Menge, die ganze Aussteuern zusammenbrachten. Wobei der Bedarf meist, wenn auch nicht immer, umgekehrt proportional zum Vorkriegsbesitzstand wuchs. Allen voran die Häftlinge mit kommunistischen Anschauungen, die Sowietki an der Spitze, aber auch Polinnen maßen diesen Dingen oftmals großen Wert bei, und das bekümmerte uns außerordentlich.

Auch unter den polnischen politischen Häftlingen waren natürlich Personen unterschiedlicher Moralvorstellung. Allein die Tatsache, dass jemand am Kampf um die Unabhängigkeit teilgenommen hat, kann nicht der einzige Gradmesser für das ethische Niveau sein. Es waren großartige Frauen dabei, verantwortungsbewusst und vorzüglich ausgebildet, die lange vor dem Krieg idealistisch engagiert gewesen waren, z. B. eine Reihe von Lehrerinnen oder ehrenamtliche soziale Fürsorgerinnen. Andererseits gab es auch eine Menge solcher, denen man ihr ganzes bisheriges Leben keinen Zugang zu weiteren Horizonten gewährt hatte, die dafür nach Ravensbrück gekommen waren, dass in ihr Alltagsleben als Ladenfräulein oder Büroangestellte urplötzlich das Bewusstsein einer Idee gedrungen war, teurer als das eigene Leben. Die soldatische Karriere, nicht selten heldenhaft, währte manchmal nur kurz, und jetzt bezahlten sie für diese „Missetat" einen sehr hohen Preis über eine sehr lange Zeit. Man muss zugeben, dass die meisten die Zähne zusammenbissen und ohne Murren zahlten, und der Glanz jener Erinnerung war ihnen ein Kraftquell. Es gab noch eine dritte Gruppe, die bedauernswerteste, die Gruppe der mehr oder minder zufällig Verhafteten, bei Repressivmaßnahmen während einer Menschenjagd oder in einem Kessel. Es gab auch die Opfer unüberlegter jugendlicher Unternehmungen oder des Spiels mit dem Feuer der Konspiration.

Aus Vorkriegs- oder Illegalitätsverdiensten war jedoch nicht immer auf die Haltung des betreffenden Häftlings im Lager zu schließen. Zu dieser Haltung trugen viele Elemente bei, Wesensart, die unterschiedliche Willensstärke, ein größeres oder kleineres Talent zur Kameradschaft, körperliches Durchhaltevermögen, nervliche Widerstandskraft sowie, über allem anderen, Seelenstärke, die eher eine Gnade als ein Verdienst ist.

Eine besonders große Sorge waren die „Kaninchen". Jene 60 Frauen, vornehmlich junge Mädchen, umgab das ganze Lager mit einer Art von Verehrung, wie es ihrem Leiden gebührte. Das war durchaus natürlich, und es wäre übel gewesen, wenn es sich anders verhalten hätte, doch dieser Umstand mochte auch negative Folgen haben. Die „Kaninchen", besonders einige von ihnen, waren natürlich sehr verwöhnt, wie kranke Kinder, und unwillkürlich drängte sich einem die Frage auf: Falls sie davonkommen, sind sie dann imstande zu leben und Nützliches zu tun, wenn ihnen nach dem ersten enthusiastischen Empfang die Heimat zu verstehen gibt, dass sie nicht Heldinnen sind, sondern bloß nationale Opfer, und von diesen Opfern der mannigfaltigsten Art wird es immerhin Millionen geben … Das Einzige, was man für sie tun konnte, war, sie auszubilden – das war unser Trost.

Eine ganze Riege von Frauen unterrichtete sie. Man bereitete sie auf die Matura vor, die im Lager stattfinden sollte, weil sich unter den Häftlingen eine ausreichende Zahl von qualifizierten Personen befand, um eine Kommission zu bilden, aufgrund der vom polnischen Unterrichtsministerium erteilten Befugnisse zu geheimem Unterricht im Land. Am populärsten waren die Lektionen in Astronomie von Frau Peretiatkowicz*. Sie allein hatte die Möglichkeit zum Anschauungsunterricht, denn der Sternenhimmel ist allerorten, sogar in Ravensbrück. Hingerissen lauschten die Mädchen den Mysterien einer Wissenschaft, die den Sinn der Unendlichkeit entgegenhob, von den Menschen und damit vom Bösen losriss.

Beinah sofort nach meiner Rückkehr ins Lager wurde ich zum Kommandanten gerufen. Ich kann nicht sagen, dass mir nicht mulmig war. Erst vor wenigen Tagen waren meine Bücher zur Zensur an ihn gegangen, ganz offenbar hatte dieser Detektiv doch die Meldung im Wörterbuch gefunden. „Der Sand ist mir schon gewiss, das Schlimmste aber ist, dass auch die Empfängerin der Sendung mit hineingezogen wird …" Das war schwer. Daher atmete ich erst erleichtert auf, als ich mich in der Lagerkanzlei wiederfand. Dort stand ein SS-Mann, und auf dem Tisch lagen alle meine Bücher! „Der Herr Kommandant hat befohlen, die Bücher nach der Zensur an die von Ihnen angegebene Adresse zu schicken. Ich werde hier nicht selber packen und adressieren. Da ist Papier und Schnur." Ich kann mich nicht entsinnen, je ein Paket mit solchem Eifer gepackt und verschnürt zu haben wie damals, als ich aus dem Konzentrationslager persönlich eine Meldung an General Komorowski schickte! Das muss wohl der einzige Augenblick gewesen sein, in dem ich den Eindruck einer sehr gehorsamen und fügsamen Gefangenen gemacht habe.[16]

Meine nächste Begegnung mit der Obrigkeit fand am 5. Dezember beim Abendappell statt, als ich nach Block 27 zu den Französinnen und Jüdinnen verlegt wurde. Dieser Block stand im Ruf, der schwierigste im ganzen Lager zu sein. Man erzählte sich von unüberwindlichen Schwierigkeiten beim Halten der Disziplin und Sauberkeit. Andererseits erfreute sich die bisherige Blockälteste, eine Holländerin, ebenfalls keiner guten Reputation, darum war nicht offensichtlich, bei wem die Schuld lag.

Ich war also in Sorge, als ich hastig meine Habseligkeiten zusammenraffte, doch zugleich freute ich mich, dass ich wegkam aus dem sowjetischen Block und künftig unter Frauen leben würde, die die Kultur repräsentierten, in deren Hochschätzung ich aufgewachsen war. Ich redete mir auch zu, dass man gegenüber den Französinnen, die sich hier befanden, keinen Groll oder Abscheu hegen konnte für das, was 1940 passiert war, weil sie selber durch ihre Anwesenheit hier den Beweis dafür lieferten, dass sie nicht zu den Kapitulierern gehörten. Was die Jüdinnen betraf, eine von den Deutschen besonders verfolgte Personengruppe, so war ich ebenfalls im Vorhinein optimistisch, zumal mir meine Arbeit als Sanitäterin im Gefängnis von Lwów in lebhafter Erinnerung war. Eine halbe Stunde später war ich bereits im Block, und die Blockälteste teilte mich der jüdischen Seite zu, zusammen mit einer anderen Stubenältesten, einer Wienerin, eine „grüne", vielfach vorbestraft, brav und arbeitsam, und solange sie mit uns zusammen war – sehr ehrlich. Die Arbeit bei den Jüdinnen war nicht leicht, vor allem wegen der unerhörten Niveauunterschiede bei den Häftlingen. Es gab unter ihnen sehr wenige Frauen aus Polen, dafür eine Menge Ungarinnen, Tschechinnen, Französinnen, Spanierinnen und sehr viele Deutsche. Es gab solche, die fast ausschließlich Jargon (Jiddisch – d. Übers.) sprachen und in ihren Gewohnheiten ungemein primitiv waren, dennoch häufig sehr fein im Umgang, es gab Reiche aus der Vorkriegszeit, unglaublich verzärtelt, die sich mit ihren Villen an der Riviera und Preisen bei Modewettbewerben brüsteten, am schwierigsten im Umgang wegen ihrer oft komischen Eingebildetheiten. Es waren Frauen von hoher Bildung und Kultur dabei, die furchtbar an ihrer Umgebung litten, mit der sie nichts gemein hatten, außer dass Hitler alle gemeinsam aus der Gesellschaft ausstieß. Die Schwierigkeit der Arbeit mit den Jüdinnen beruhte aber vornehmlich darauf, dass sie flugs begriffen hatten, dass ich mich keines der Mittel bedienen würde, über die Block- oder Stubenälteste verfügten, um Gehorsam zu erzwingen. Ein solches Mittel war, einen schuldigen Häftling schriftlich zu melden, der dann von der Lagerführung bestraft wurde. Wenn andererseits „Straflosigkeit" im Block größere Ausmaße annahm, zog das sehr ernste Konsequenzen nach sich. Wenn zum Beispiel

Frauen zu spät zum Appell gingen, weil es ja keinen Zwang gab, wurde dafür der gesamte Block bestraft, für zwei oder drei Schuldige litten folglich Hunderte von ohnehin schon gemarterten und erschöpften Frauen. Verantwortlich nicht nur vor den Deutschen, denn das war moralisch ohne Bedeutung, sondern vor allem vor den Häftlingen und vor sich selbst waren Block- und Stubenälteste, deren erste Pflicht es war, den Block vor Kollektivstrafen zu bewahren, vor stundenlangem Stehen zum Beispiel, oder davor, an fünf Sonntagen kein Mittagessen zu erhalten.

Eine Stubenälteste, die nicht prügelte und keine Meldungen schrieb, hatte nur einen einzigen Ausweg, die Kameradinnen mittels der eigenen Autorität zu nötigen, und manchmal auch durch Barschheit leidlich Disziplin zu halten. Das war eine mächtige Anstrengung, doch schließlich gehorchten die Jüdinnen so einigermaßen und begriffen die Lebensnotwendigkeit einer gewissen Ordnung im Gemeinschaftsleben, wollte man einen Zusammenstoß mit den Deutschen möglichst vermeiden. Unter ihnen war eine, deren Hilfe und Großherzigkeit ich viel verdanke, Frau Wera Strassner, Ehefrau des Senatspräsidenten des Wiener Gerichts, eine Person von hoher Geisteskultur und angeborenem Feingefühl, die den *Zimmerdienst* übernommen hatte und rastlos bemüht war, Ordnung zu halten, wofür sie natürlich Unannehmlichkeit über Unannehmlichkeit erntete.[17]

Etliche Jüdinnen hatten Kinder bei sich, kleinere und größere. Stern und Nummer am Arm eines Kindes, das erst ein paar Jahre alt war, wirkten riesig und grotesk an dem winzigen Ärmelchen.

Eines dieser Kinder war die 4-jährige Stella mit den großen schwarzen Augen und der äußerst schwachen Gesundheit. Die Mutter war auf dem Revier an Schwindsucht gestorben, Frau Strassner kümmerte sich um das Kind. Wir korrespondierten, im Namen von Stella, einmal im Monat mit dem Vater, der in Mauthausen war, und verwahrten sorgfältig in mehreren Exemplaren die Adresse des Großvaters der Kleinen, der in Barcelona lebte.

Als schwieriger erwies sich die Arbeit mit den Französinnen, von denen es auch in meiner Stube ziemlich viele gab. Die Mehrzahl hatte, auch wenn sie alle den roten „Winkel" trugen, mit politischen Problemen nichts zu tun. Es waren dies so genannte *Travailleuses libres*[18], zum Teil professionelle Prostituierte, die aus freien Stücken zur Arbeit nach Deutschland gefahren und dort wegen irgendwelcher Vergehen arretiert worden waren. Zwischen ihnen und ihren Landsmänninnen von der Résistance war das Verhältnis sehr schlecht. Die Gruppe, die um Frankreichs willen im Lager gelandet war, war zu jener Zeit noch nicht groß. In deren Mitte waren dies die Personen von hohem intellektuellem und moralischem Niveau, die sich um Gehör im ganzen Block bemühten und auf für sie sehr schmerzlichen Widerstand seitens ihrer Landsmänninnen trafen. Das Gros hatte zur Disziplin als solcher ein feindseliges Verhältnis, als einer deutschen Erfindung nämlich, und jeder, der sich um Disziplin, Ordnung oder Sauberkeit bemühen wollte oder musste, machte sich „bei den Deutschen Liebkind". Viele Französinnen von Block 27 waren auch den Polinnen nicht wohlgesonnen. Heute weiß ich, dass das in den Konzentrationslagern ein bekanntes Phänomen war, damals in meinem neuen Block zerbrach ich mir den Kopf über die Gründe. Das Bewusstsein einer intellektuellen Kultur, deren Vorrang und Altehrwürdigkeit niemand bestritt, wuchs sich bei vielen dieser Frauen zu einem wunderlichen *Herrenvolk*-Komplex aus, der für die Polinnen sehr schwer zu ertragen war, besonders nach den Ereignissen von 1940. In Bälde sollte ich begreifen, dass eben die Kriegsgeschehnisse es waren, die auf viele Französinnen starken Einfluss ausübten, da sie der Ansicht waren, die Polen seien schuld am Krieg und somit auch daran, dass sie, die Französinnen, sich in Ravensbrück befanden.

Was dieses ihr Los betraf, hatten sie eine fundamental andere Einstellung dazu als wir. „Die politische Polin" war sich schon während ihrer konspirativen Tätigkeit bewusst, dass sie für diese Tätigkeit höchstwahrscheinlich mit dem Leben oder zumindest mit Gefängnis oder Lager bezahlen würde. Wenn sich auch eine zufällig oder irrtümlicherweise geschnappte Polin manchmal beklagen mochte, eine aus politischen Gründen arretierte Polin tat das niemals. Bei den Französinnen war das anders. Bei ihnen klagten und lamentierten beinah alle und schwächten sich selber moralisch auf diese Weise. Diese Frauen, traditionell gehätschelt in einem Wohlstand, der seit Jahrhunderten währte, und an einen komfortablen Alltag gewöhnt, waren sich nicht im Klaren darüber, dass man Ravensbrück nur überstehen konnte, wenn man die Fäuste ballte und die Zähne zusammenbiss. Als ihnen das einmal eine von ihnen sagte, Doria Dreyfus, eine Frau von ungeheurer Charakterstärke und einer heißen Liebe zu Frankreich, nannte man sie brutal.

Brutalität war auch ein gegen viele Polinnen gerichteter Vorwurf. Einer der Gründe dafür war, dass zu unserem Unglück sehr viele Polinnen im Lager die Funktion der Block- oder Stubenältesten, der Kolonnenführerin und – leider – der Polizistin innehatten. Besonders letztere, aber auch etliche andere Funktionsträgerinnen wurden keineswegs aus den Reihen der Politischen gewählt, einige Polizistinnen waren überhaupt keine Polinnen, sondern *Volksdeutsche*, die aber ein „P" trugen und durch ihr schimpfliches Betragen dem polnischen Namen Schande machten. Die Französinnen vergaßen auch, oder wollten vergessen, mit welchem Enthusiasmus sie von den Polinnen aufgenommen wurden, als sie in Ravensbrück eintrafen, wie die Polinnen stets die Päckchen mit ihnen teilten (die Französinnen erhielten nämlich nur selten und dazu bescheidene Päckchen), vor allem aber wie die Polinnen aus der Küche beträchtlich zur Verpflegung des Blocks beitrugen, was sehr riskant war.

Vielleicht hätte sich übrigens jene unangenehme Spannung niemals so zugespitzt, wenn nicht die Tatsache gewesen wäre, dass die Polinnen, ungefähr die einzigen Häftlinge, die Fremdsprachen beherrschten, zur „Obrigkeit" für die Französinnen geworden waren. Ich jedenfalls empfand die Situation als ungemein schmerzlich und wusste mir keinen Rat mit ihrer ironischen Abneigung, ihrer ewigen Gegenwehr. Nunmehr verstand ich so richtig, was das war, ein Konzentrationslager, damals erst begann für mich Ravensbrück. Hinzu kam, dass mir jetzt die Zeit fehlte, um meine „Vortragstätigkeit" fortzusetzen. Mir blieb ein Trost, etwas, worauf ich mich den ganzen Tag freute. Das war der Besuch im Revier. Abends oder morgens nach dem Appell schrieb ich die Häftlinge auf, die sich krank gemeldet hatten, und brachte sie zum Revier. Auf dem Hof stellten sie sich auf, in Regen oder Frost, und warteten, bis sie an die Reihe kamen. Mit der Revierpolizistin, einer Tschechin, verstand ich mich gut, daher gelang es mir manchmal, wenn auch selten, meinen Kranken ein Dach über dem Kopf zu verschaffen. Dann hieß es warten, oft stundenlang, bis man mit seinen Patienten vor dem Antlitz der Krankenschwester, einer Deutschen, stand, die über das Geschick des Kranken entschied. Die *Schwester* musterte den Kranken aus möglichst weiter Entfernung und warf ihn mit Gebrüll wieder hinaus, wobei sie meistens ein einziges Aspirin gab. Es bedurfte nicht selten einer ziemlichen Überredungskunst und Entschlossenheit, dass die *Schwester* eine Untersuchung durch die Ärztin, einen Häftling, zuließ. Das Beste, was zu erreichen war, war eine Untersuchung bei Zdenka.

Zdenka Nedvedova-Nejedla ist eine der Lagergestalten gewesen, die jede von uns in strahlender Erinnerung behalten wird, und für diejenigen, die sie mit ihrer Freundschaft beschenkte, bleibt diese Freundschaft eine wahre moralische Ehre. Zdenka vereinigte Eigenschaften in sich, von denen jede für sich genommen ziemlich selten ist. Sie war hochintelligent, herzensgut und sehr energisch. Außerdem besaß sie ein fröhliches Wesen, und das sanfte Lächeln schwand nur selten von ihrem sehr hübschen Gesicht. Was sie persönlich anging, so war sie zutiefst unglücklich, weil sie in Auschwitz den geliebten Ehemann verloren hatte, aber sie hielt dafür, dass man den anderen nicht mit dem eigenen Schmerz belasten sollte. Viel später erst, als wir uns schon sehr nahe waren, sprach sie manchmal von ihm und entblößte ihre vom Leid zerrissene Seele. Zdenka war überzeugte Kommunistin, die von der Realität des Kommunismus keine Ahnung hatte und seine edle Theorie mit der eigenen leuchtenden Ethik ausfüllte. Manchmal sagte sie, dass, wenn die ganze Welt so kommunistisch wäre wie sie, wir das Paradies auf Erden hätten. Sie war die einzige Ärztin und Tschechin, die niemals Unterschiede machte bezüglich Nationalität oder Klassenzugehörigkeit, nur die Kranke als solche kümmerte sie und für sie unternahm sie alles nur Menschenmögliche. Bei den Deutschen fand sie oftmals Gehör, ihnen imponierte die harte Arbeit und die unbeugsame Haltung. Sie half mir, Französinnen und Jüdinnen zu retten. Die Hilfe beruhte vorrangig auf der Fälschung der Temperatur, da es erst ab 39° die *Bettkarte* im Revierblock gab, der unter Aufsicht einer Ärztin stand, die Häftling war (*Bettkarten* für den eigenen Block waren inzwischen längst verboten). Zdenka kämpfte um die Bettkarte, weil dann die Patientin ein paar Tage Bettruhe hatte, ohne Appell, und die Hoffnung dazu, dass sich eine ärztliche Kameradin ihrer annahm. Vornehmlich die Französinnen erkrankten häufig, weil sie das Klima in Ravensbrück sehr schlecht ertrugen, das so verschieden war vom eher milden Wetter ihrer Heimat. Manchmal hatte ich den Eindruck, dass hier ein weiterer Grund vorlag für die Abneigung gegen die ach so gesunden Polinnen. Die Französinnen fühlten sich physisch schlecht, und das schwächte ihre Moral noch. Es ist vollkommen ungerechtfertigt, doch psychologisch verständlich ist es schon, dass die Widerstandsfähigkeit der Polinnen sie ärgerte, wo bei ihnen nach jedem langen und frostkalten Appell immer ein paar Fälle von Lungenentzündung auftraten.

Es gab noch eine andere Methode, Ältere und Schwächere vor Schwerstarbeit zu bewahren. Das Revier gab nach Untersuchung durch einen deutschen Arzt so genannte rosa Zettel aus mit der Aufschrift *Bedingt tauglich*, der Häftlingsnummer und der Unterschrift des Arztes. Eine Person, die sich mit einem solchen „Passierschein" ausweisen konnte, durfte zur körperlichen Arbeit nicht herangezogen werden. Block- oder Stubenälteste präsentierten die Kandidatinnen. Die Französinnen forderten kategorisch rosa Zettel, wir aber wollten uns nie darum bemühen, aus Furcht vor dem Nachweis von Alter und Schwäche, wie er zur Aushändigung jener Zettel zwingend erforderlich war. Die Sache war ein ewiger Quell des Grolls seitens der Häftlinge gegen uns. Zweimal erkrankte auch Doria Dreyfus an Pneumonie. Bei ihr hatte ich den Eindruck, dass Geisteskraft diese unbeugsame Frau aufrecht hielt; in ihrer Jugend hatten die Deutschen ihren Vater und den ersten Ehemann getötet, und jetzt hatte sie den Schwiegersohn und den über alles geliebten Sohn verloren. Ich bangte um ihr Leben, als ich sie zum zweiten Mal ins Revier brachte, verhältnismäßig kurz nach der ersten Erkrankung. Sie kam auch diesmal zurück, voller Glauben, Frankreich noch einmal zu sehen.

Die im Revier täglich verbrachten Stunden schenkten mir Kraft, vornehmlich darum, weil man hier unmittelbar um die Rettung von Häftlingen kämpfen konnte. Während der langen Stunden des Wartens in der Schlange waren sie völlig anders als im Block. Ich musste sie zu nichts zwingen, und sie lehnten sich nicht auf; sie fühlten die Hilfe und den Beistand, waren krank und unglücklich, aber herzlich und gut. Waren diese Revierstunden beendet, kehrte ich in den Block zurück, und mir grauste schon davor, dass nunmehr nach Brot gegangen werden musste oder nach dem Mittagessen. Die Frauen hinauszutreiben, damit sie für sich und die, die gleich aus den Werkstätten kommen würden, Brot oder die Kessel mit dem Mittagessen holten, gehörte zu den unangenehmsten Pflichten der Stubenältesten. Die Häftlinge verwünschten uns. Verwünschten auch die „grüne" Wienerin, die sie deutsches Schwein schimpften. Die Österreicherin war tödlich beleidigt, aber nur aufgrund des ersten Wortes. Aufgebracht und gekränkt kam sie zu mir gelaufen und fragte mich, womit sie das verdient habe, eine Deutsche genannt zu werden. Die *Brotkammer* war ab zwölf geschlossen, und der Block, der sich verspätete, bekam kein Brot; die Häftlinge aber konnte man hin und wieder auch nicht mit

Bitten bewegen, nach Brot zu gehen, also musste man sie buchstäblich hinauswerfen, weil sonst auch ihre schwer arbeitenden Kameradinnen ohne Brot blieben. Der Kampf um das Kesseltragen war noch erbitterter. Die Kessel waren schwer, die Französinnen schwach, ihr Widerstand in diesem Fall durchaus gerechtfertigt, doch einen Ausweg gab es nicht. Ein grässliches Schauspiel hingegen, das sich Tag um Tag vor dem Morgengrauen und nach Einbruch der Dämmerung wiederholte, war der Appell. Als erstes waren alle aus dem Block, von sämtlichen Klosetts, aus den „Waschräumen" und vom dritten Pritschenstock, wo sie sich vor dem Appell versteckten, nach draußen zu zerren, danach waren sie auf den *Lagerplatz* zu führen, wo sie sich direkt unter den Fenstern der Lagerleitung aufzustellen hatten – als am wenigsten disziplinierter Block. Dort musste man sie (gewöhnlich im Dunkeln) in jeweils 10 Reihen hintereinander Aufstellung nehmen lassen, wobei sie dauernd die Reihen durcheinander brachten und man hören konnte, wie die Agitatorinnen mit Souffleurgewisper ihnen zuriefen: *„Faites neuf rangs, faites onze rangs!"* Da hieß es rennen, bitten, zählen, schreien, doch nun tauchte bereits der *Schutzlagerführer*, oder Binz, oder eine andere Bestie auf: *„Natürlich die Französinnen! 5 Sonntage kein Mittagessen!"* oder *„Stehen nach dem Appell!"* Wieder ein paar Lungenentzündungen!

Ich wusste mir keinen Rat und wollte um jeden Preis dieser Hölle entrinnen. Ich meldete mich bei der Leitung, erklärte, ich wäre nicht imstande, auf die Mithäftlinge Einfluss zu nehmen, bat darum, dass man mir die grüne Armbinde abnehmen und mich irgendwo anders zuteilen möge, und sei es zu einer beliebigen körperlichen Arbeit. Zugleich spielte ich auf meine Fremdsprachenkenntnisse an, was mich doch vielleicht fürs Revier tauglich mache. Letzteres verfing. Binz schickte mich ins Revier, wo ich die *Oberschwester* fragen sollte, ob sie Platz für mich habe, und sie bitten, dass sie Bedarf anmelde, wenn sie das für angebracht hielt. Das Glücksgefühl, das mich erfasste, als ich aus dem Revier angefordert wurde, lässt sich schwerlich schildern. Nun war ich mir ganz sicher, dass für mich eine neue Lagerära begann. Die kurze Zeit meines Sanitätsdienstes im Gefängnis von Lwów kam mir wieder in den Sinn, und mein natürliches, sehr großes Interesse an der Krankenpflege wurde wieder wach, aus dem in meiner Jugend beinah ein Beruf geworden wäre. Wie wunderbar, diese abscheuliche grüne Armbinde, die scheinbar erhöht, eigentlich jedoch zutiefst erniedrigt, mit der gelben der Sanitäterin zu tauschen! Zu allem Überfluss hatte ich eine geheime Absprache mit der neu hinzugekommenen Dr. Maria Kujawska getroffen, die in eben diesen Tagen den Revierblock übernehmen und mich, gleich nachdem ich den Sanitäterdienst angetreten hatte, „aufgrund der Sprachkenntnisse" als Krankenschwester anfordern sollte. „Ich bringe dir schon alles bei, was dich interessiert, und du hilfst mir bei der Arbeit …"

Marysia Kujawska und ihre beiden Töchter waren mit einer Gruppe von an die fünfzig Polen im Januar 1944 im Lager aufgetaucht. Das Vergehen, für das man diese Frauen bestrafte, bestand darin, dass sie sich in Jugoslawien aufhielten im Moment, als das Land von den Deutschen besetzt wurde. Sie wurden nachts abgeholt mit der Versicherung, dass man sie nach Polen zurückschicken werde. Unterwegs separierte man Männer und junge Burschen, die später aus Dachau schrieben, und die Frauen landeten bei uns. In dieser Gruppe befanden sich zwei Cousinen von mir, Zofia Potocka* und Róża Tyszkiewicz* mit Töchtern. Wir täuschten uns lange, dass die Interventionen, von denen wir wussten, dass sie eingeleitet waren, die gesamte Gruppe aus Ravensbrück herauszuholen vermöchten. Erst als ich erfuhr, dass Suhrens Frau die Brillanten meiner Cousinen trug, wusste ich, dass für sie keine Hoffnung bestand.

Beinah die gesamte Gruppe fuhr in die Fabrik Neu-Brandenburg; die Kujawska mit ihren Töchtern blieb und begann eine Aktion zur menschlicheren Behandlung der Kranken. Ihr Glauben an den Sieg des Guten über das Böse, an die Ideale, denen sie Treue geschworen hatte am Tag ihrer Promotion, stand felsenfest. Sie war so überzeugt und naiv zugleich, dass sie gar nicht imstande war, an das Böse zu glauben. Ich fürchtete um sie und bremste sie, wo ich sah, dass da nicht die geringste Hoffnung auf Erfolg bestand. „Was redest du da? Wie kannst Du einen Arzt, selbst wenn er Deutscher ist, beschuldigen, dass mit seinem Einverständnis hier so schreckliche Dinge passiert sind? Ich werde ihm das alles sagen, all das muss sich ändern!" Erst nach wochenlangem risikoreichem Kampf um Hilfe für die Anormalen und Schwachsinnigen, die man zu einem guten Dutzend völlig ohne Kleidung und fast ohne Nahrung in kleinen Buden hielt, erst als ihr die *Oberschwester Humanitätsfimmel* vorwarf, wurde Marysia traurig und wollte es einfach nicht fassen, dass Menschen so schlecht sein konnten. Sie war zutiefst entsetzt, als man die „Verrückten" zu morden begann und sie mit deren Henker, Carmen Mory[19], zusammentraf. Diese Frau, ein Häftling, eine Schweizer Spionin, machte auch auf mich, die ich damals schon einen weit geringeren Glauben an die Menschheit hatte, einen erschütternden Eindruck. Sie hatte rabenschwarze Haare und Augen, einen sehr breiten Mund mit messerdünnen Lippen und einen ausgeprägten Kiefer. Im ersten Augenblick hatte mich der Ausdruck dieses Gesichts, weder menschlich noch tierisch, dermaßen schockiert, dass mir einfach nicht einfallen wollte, woher es mir dennoch bekannt vorkam. Erst viel später kramte ich ihren Prototyp aus meinem Gedächtnis: die Teufelinnen des Hieronymus Bosch, des tragischen Karikaturisten der flämischen Renaissance.

Doch Marysia Kujawskas Glauben und Energie vermochte selbst eine Carmen Mory nicht für lange ins Wanken zu bringen oder zu bremsen. Immerwährend träumte sie davon, den Kranken eine wahre Zufluchtsstätte zu schaffen, und ich träumte mit ihr, dass ich dabei helfen würde. Langsam wurde ich ungeduldig, weil ich noch immer in diesem schrecklichen Block steckte, noch kein Befehl ergangen war, der mich von dort befreien und mir die Pforten des Reviers auftun sollte. Dann, eines Tages, teilte man mir nach dem Appell mit, dass ich bliebe, wo ich war.

Eine Kameradin, die im Sekretariat arbeitete, hatte beim Saubermachen einen Brief gelesen, der auf dem Schreibtisch lag, einen Brief, der mich betraf, aus Himmlers Kanzlei, der kategorisch jeglichen Wechsel in der Zuweisung für mich verbot. Ich dürfe die grüne Armbinde nicht abstreifen, auch wenn ich sie unbedingt loswerden wolle, und als Stubenälteste dürfe ich ausschließlich bei den Französinnen oder Zigeunerinnen arbeiten, polnische Blocks seien total ausgeschlossen.

Zweifellos war dies der schmerzlichste Moment meiner ganzen Gefangenschaft, der einzige, da ich mich wahrhaft unglücklich fühlte. Indem sie mich zwangen, die von mir gehasste grüne Armbinde zu tragen, mich ausschlossen vom Zusammenleben mit den Polinnen, mich nötigten, in einem Klima der Abneigung zu verbleiben, vermochten die Deutschen endlich mich zu „bestrafen".

Ich biss die Zähne zusammen – was blieb mir auch anderes übrig – und watete weiter in diesen nassen, kalten Frühling 1944 hinein. Schließlich musste das alles ja einmal ein Ende nehmen … Indessen trafen immer neue Transporte ein, auch viele politische Französinnen waren dabei, Frauen von hohem intellektuellem Niveau, denen der Ruf ihrer Landsmänninnen im Lager, entstanden durch Block 27, äußerst schmerzlich war. Doch selbst Madame de Montfort, eine Freundin Polens, die ich um Vermittlung bei den Französinnen anflehte, wusste sich keinen Rat. Dasselbe galt auch für *Tante* Yvonne (Leroux, Witwe eines französischen Admirals), die uns mit ihrer Würde und Haltung mächtig imponierte.

Als eine der größten Schwierigkeiten stellte sich heraus, dass fast keine dieser besonders tüchtigen Französinnen Deutsch konnte, was ihre Kandidatur als Stubenälteste erschwerte. Nur ein einziges Mal konnte diese Bedingung umgangen werden, als es sich darum handelte, dass Doria auch offiziell mit uns arbeitete. Irgendwie stimmten die Deutschen zu, und Doria verdoppelte und verdreifachte sich, um zu helfen und das allgemeine Niveau anzuheben. Doch diese moralische Athletin erwies sich als psychisch sehr empfindlich und litt schrecklich unter den Bosheiten, die ihr die Landsmänninnen nicht ersparten. Damals kamen auch etliche Belgierinnen zu uns, unter ihnen die beiden Gommers aus Brüssel, Mutter und Tochter, riesigen Wuchses, von großer persönlicher Kultur und einem wunderschönen, leisen, aber flammenden Katholizismus. Leider verließen diese Damen sehr bald unseren Block zusammen mit einer großen Gruppe politischer Belgierinnen und Französinnen, die zusammen mit den „Kaninchen" in Block 32 untergebracht wurden, unter der besonderen Obhut der äußerst brutalen deutschen Blockältesten Käthe Knoll. Die Papiere dieser Französinnen und Belgierinnen wurden mit „NN" gekennzeichnet, was, wie man hörte, *Nacht und Nebel* bedeutete. Ihr Lagerdasein sollte in ihren Heimatländern geheim bleiben, sie hatten weder das Recht auf Päckchen noch auf das Schreiben von Briefen. Mit den „NN"-Häftlingen verlor Block 27 zu einem großen Teil das gerade erst erworbene gute Element.

Unter denen, die zurückgeblieben waren, war die originellste Gestalt Mère Marie, Frau Skobzoff, eine russische Emigrantin, die seit Jahren in Paris ansässig, dort verhaftet und darum den Französinnen zugeteilt worden war. Sie war russisch-orthodoxe Nonne. Als Verheiratete und Mutter hatte sie sich von ihrem Mann getrennt, der Pfarrer wurde, und sie selbst trat in eine Missionskongregation ein. Mère Marie war wohl die Einzige auf Block 27, die sich nicht im geringsten darüber beklagte, in Ravensbrück gelandet zu sein. Denn hier hatte sie ungemein viel zu tun. Unermüdlich arbeitete sie in ihrer Profession in den russischen und ukrainischen Blocks, vor allem aber bei den Rotarmistinnen. Mit ihnen verbrachte sie den Sonntag und auch sonst jede freie Minute. Man hörte von ernst zu nehmenden Erfolgen, sie bekehrte eine ganze Reihe von Mädchen, und sehr viele von ihnen erfuhren von ihr zum ersten Mal, wer Christus war. Andererseits hielt sie überhaupt nicht damit hinter dem Berg, dass sie Europa verachtete, an das sie nicht glaubte. Den Französinnen in ihrem Block schleuderte sie die Wahrheit ins Gesicht, aufrichtig und mit unerhörter Schroffheit, warf ihnen mangelnde Charakterstärke und vor allen Dingen fehlenden Mut sowie Leichtfertigkeit vor. Man muss den Französinnen zugestehen, dass sie trotz allem Hochachtung vor ihr hatten. Die Polinnen verachtete Mère Marie nicht, sondern hasste sie ehrlich, darin war sie ganz Russin. Zu mir war sie freundlich, und sie führte mit mir ein paar für mich sehr aufschlussreiche Gespräche zu dem Thema, welchen Illusionen die Polen erliegen, wenn es um den Westen geht. In ihrem fehlerhaften, aber reichen Französisch sagte sie, dass sie seit 25 Jahren in Paris lebe und wisse, dass weder von dort noch aus dem Westen überhaupt geistig kreative Strömungen mehr ausgehen können. Die Zukunft liegt in Asien, respektive Russland, das sich verwandeln wird, keinesfalls in Europa, mit dem es aus ist. Man konnte den Eindruck gewinnen, dass das Christentum, dem diese ungewöhnliche Person so unerschüttert anhing, nur ihren starken Intellekt erfasst hatte, ihrer asiatischen Seele hingegen völlig fremd geblieben war.

Nachrichten aus der Welt erreichten uns ziemlich regelmäßig. Wir wussten, dass bedeutsame Ereignisse im Anzug waren, dass sie jedoch nur langsam anrollten, weil sich die Deutschen verbissen verteidigten, nach Rom niemanden hereinließen, sich brüsteten, dass Monte Cassino immer in ihrer Hand bleiben würde. Aus dem Osten waren die Nachrichten eher spärlich und deshalb um so beunruhigender. Wie werden sich die Russen verhalten, wenn sie ins Gebiet der Polnischen Republik einmarschieren? Was unternehmen die Alliierten, um unsere Rechte zu schützen? In einem fort stellten wir uns diese Fragen und versicherten uns gegenseitig, dass sich schließlich alle westlichen Staaten auf Moralgesetze gründen, da können sie sich ja wohl nicht selber ausstreichen und zu allem Überfluss Russland auch noch ins Innere Europas hineinlassen. Doch über all dem stand: Wir glauben an ein nahes Ende …

Individuell begannen wir uns auch klar darüber zu werden, dass manch eine von uns nicht mehr sehr lange durchhalten würde, dass die Körperkräfte langsam zu Ende gingen. Füße und Hände waren geschwollen, schweißüberströmt standen wir morgens auf. Schließlich, irgendwann im Mai, landete auch ich im Revier, mit Fieber (echtem) und Kehlkopfkrämpfen, die das Atmen verwehrten. Ich erstickte, und dabei kam es mir dauernd so vor, als wollten meine Häftlinge nicht zum Appell raus, ich kann schon nicht mehr schreien, und Binz kommt auf uns zu. Dieser alberne Stubenältesten-Albtraum wich jedoch bald, wochenlanges Fieber und Schwäche blieben. Marysia Kujawska betreute mich, andere Polinnen kamen, und sei es bloß zu dem Fenster, an dem ich lag. Innerhalb des Blocks lebten die Frauen aller Nationalitäten in Eintracht, endlich war Zeit für so manches interessante Gespräch oder den „freien" Meinungsaustausch. Es gab viel, viel Leiden ringsum, doch der Umstand, dass die Frauen ein Minimum an Fürsorge erfuhren, wirkte auf alle besänftigend. Natürlich war auch diese Entspannung relativ. Die Blockälteste war hier nämlich Carmen Mory, die unablässig alle belauerte und den Deutschen alles hinterbrachte. Daher verschwanden die Besucher auf ein Signal hin vom Fenster, und die Gespräche der Kranken untereinander wurden stets flüsternd geführt. Trotz Mory und ihrem Protegé, der *Oberschwester*, die, von Mory immer wieder gerufen, unverhofft auftauchte, keifte, bestrafte, hinauswarf, ruhten die Kranken aus.

Doria kam jeden Tag, denn als Stubenälteste fand sie immer einen dienstlichen Vorwand, um den Block zu betreten. Sie sah sehr schlecht aus, doch war sie voller Hoffnung, wie wir alle. Wir wussten diesmal, dass wir uns nicht täuschten, dass die Deutschen am Ende waren, denn Cassino[20] war gefallen, die Invasion Nordfrankreichs stand jeden Augenblick bevor.

Eines Tages dann breitete sich eine Nachricht aus, unglaubhaft, unfassbar, beinah unbegreiflich. Die Polinnen flatterten zwischen den Hochstockpritschen umher und flüsterten den kranken Landsmänninnen etwas ins Ohr, etwas Erschütterndes; die kurz zuvor noch matt dagelegen hatten, setzten sich plötzlich in ihren Betten auf, wollten abrupt die Kolporteurin der Nachricht aufhalten, die hastete schon weiter, und die Kranke beugte sich hinüber zu einer anderen Pritsche. Der ganze Block flüsterte, doch bald schon redeten die Polinnen und wiederholten fortwährend sich und den anderen einen einzigen Satz, der ihr unverhofftes Glück einschloss: M o n t e C a s s i n o h a b e n P o l e n e i n g e n o m m e n !

Zwei Wochen später fiel in die Ambulanz des Reviers, in jenem Augenblick vollgestopft mit Kranken, der Chefarzt, Dr. Treite, ein und rief lauthals, dass die Invasion begonnen habe. Nur Minuten später wusste es das ganze Lager. Während der nächsten Wochen und Monate warteten die westlichen nationalen Gruppen, Französinnen, Belgierinnen und Holländerinnen, eine nach der anderen auf die Befreiung ihrer Länder von der deutschen Besatzung. Auch die Polinnen warteten, doch ihre Sorge um das Geschick des Vaterlands wuchs mit jedem Tag …

Kurze Zeit danach sagte mir Doria, dass sie unter schlimmen Kopfschmerzen leide und sich sehr schlecht fühle. Ich war zutiefst erschrocken, schon weil die unbeugsame Doria überhaupt klagte, und redete ihr zu, zum Revier zu gehen. Sie erklärte, warten zu wollen, bis ich wieder gesund wäre und sie dann hinbrächte, weil dann alles gut würde wie die beiden Male vorher, als sie fast gestorben war. Sie redete von Frankreich und lud mich zu sich ein. Schließlich ging sie, nachdem sie sich noch herzlicher als sonst verabschiedet hatte. Tags darauf gab sie Bescheid, dass sie sich zu schlecht fühle, um zu kommen, aber morgen würde sie mich ganz gewiss besuchen. Am Morgen darauf wurde sie bewusstlos ins Revier gebracht. Ein paar Stunden später war Zdenka bei mir, um mir zu sagen, dass Doria gestorben ist. Irgendetwas mit dem Gehirn.

Als ich ungefähr im Juli in den Block zurückkehrte, fand ich die Bortnowska als Blockälteste vor, mächtig abgearbeitet, und es war mir unangenehm, dass ich ihr nicht viel helfen könnte, weil meine Kräfte nicht ausreichten. Bald bekam ich eine trockene Rippenfellentzündung, aber ohne Fieber, folglich auch ohne Revier. Es war dies die einzige Phase, da ich annahm, ich würde dort eines natürlichen Todes sterben.

Mittlerweile trafen immer mehr Häftlinge ein, Transporte von überall her, und die Zugänge kündigten das immer rascher nahende Ende Deutschlands an. Der 20. Juli war gekommen und die Nachricht, dass das Attentat auf Hitler geglückt sei. Erst am Tag danach erfuhren wir die Wahrheit. Ein paar Wochen später trafen etliche Deutsche ein, die mittelbar in die Attentatssache verwickelt waren. Diese ernst zu nehmenden Personen behaupteten, dass der Mord von Katyń ein deutsches Werk sei. Da ging mir auf, welch einen großen Erfolg in Deutschland die kommunistische Propaganda bei allen Hitlergegnern haben musste, völlig unabhängig von der jeweiligen persönlichen Überzeugung, wenn diese Frauen, die mit dem Kommunismus nichts gemein hatten, auf diese Weise dazu beitrugen, Moskau von einem der schrecklichsten Verbrechen seiner Geschichte zu entlasten.

Auch aus Polen trafen ziemlich viele Transporte ein. Alle Frauen sprachen von einer wie elektrisch aufgeladenen Atmosphäre, alle erwarteten sie große Ereignisse in der allernächsten Zukunft. Wir wussten seit langem, dass General Grot vergangenes Jahr verhaftet worden war, an der Spitze der Heimatarmee stand sein Nachfolger General Komorowski, und dass die Heimatarmee große Kämpfe erwartete. Alle Zugänge bestätigten, dass die Haltung Russlands unklar sei und keiner wisse, was auf jener Seite der Front vor sich gehe …

Manchmal saßen die Bortnowska und ich nachts im Dienstzimmer und versuchten uns aus diesen Bruchstücken ein Bild der Polnischen Sache zu rekonstruieren. Wir mussten uns immer sagen, dass wir offenbar etwas äußerst Wichtiges nicht wussten, da sich all unsere Nachrichten aus logischer Sicht zu widersprechen schienen … Wir konnten damals noch nicht einmal ahnen, wie optimistisch unsere schlimmsten Befürchtungen waren …

Um den 8. August herum verbreitete sich im Lager die Kunde – von den Außen mitgebracht, anfänglich rätselhaft, unbestätigt, nebulos, ein paar Tage später jedoch unbezweifelbar – vom kämpfenden Warschau. Von Stund auf gab es über Wochen hinweg unter uns, die wir hart und immer härter arbeiteten, keine, die nicht, während sie die Frauen zum Appell hinaustrieb, im Revier um sie kämpfte, neue Transporte empfing, pausenlos als inneres Akkompagnement das eine Wort hörte, wie mit dem Hammer endlos ins Hirn geschlagen: Warschau, Warschau, Warschau ...

Ende August erging der Befehl, Block 27 unverzüglich zu räumen, man hatte ihn zum Durchgangsblock für die frisch eingetroffenen Transporte bestimmt. Innerhalb von 24 Stunden wurden die Französinnen und Jüdinnen in anderen, ohnehin schon überfüllten Blöcken untergebracht, unser Block wurde gesäubert und so einigermaßen entlaust.

Mitten hinein in diese fieberhafte Arbeit, in die gleißende heiße Augustsonne hinein platzte ein neuer Transport. Er blieb hinter dem Drahtverhau, auf der Rückseite des Reviers. Von dort her drangen zwei Tage und Nächte Rufe um Hilfe, um Wasser, Nahrung, Rettung. Man schrie, die Kranken würden immer mehr, man wisse nicht, was ihnen fehle. Das Rufen wurde vom Gebell der Hunde, die die Menschen bewachten, übertönt. Niuta und ich hielten Rat, und wir kamen überein, dass ich wegen meiner Deutschkenntnisse wieder zu Binz gehen sollte. Unterwegs *nach vorne* legte ich mir zurecht, was ich sagen wollte. Ich betrat ihr Büro, und da ich sah, dass sie von meinem Anblick nicht eben entzückt war, meldete ich mich sehr laut. Unsere Obrigkeit begann zu dieser Zeit nämlich schon den Kopf zu verlieren. Sie schlug die Hände zusammen: *Was ist denn nun schon wieder los?* Ich erwiderte (mit äußerst feierlicher Miene), dass das Lager in höchster Gefahr sei wegen der drohenden Epidemie, die man hinter Draht nicht aufhalten könne. Da ich die nackte Angst im Blick meines Gegenübers sah, schmückte ich immer farbiger aus, was wir aus dem Geschrei erfahren hatten, und fügte hinzu, dass hier ganz offensichtlich allerhöchste Eile geboten sei.

„Aber was kann man tun?" fragte meine Obrigkeit verzweifelt. „Vor allem müssen die Hunde eingesperrt werden. Dann möge man mir erlauben, ein paar Polinnen zusammenzurufen, dann soll man uns die entsprechende Eskorte mitgeben, damit wir das Lager verlassen können. Wir gehen mit Eimern Wasser und Kesseln aus der Küche, orientieren uns, was da vor sich geht, und dann komme ich gleich zurück und mache Meldung." – Hier sträubte sie sich. „Also das nun nicht", kreischte sie. Die panische Angst vor der Seuche rettete also die Situation. Sie erteilte sämtliche Befehle gemäß meinen Wünschen, und als ich schon im Aufbrechen war, bedingte sie sich nur aus, dass ich unter gar keinen Umständen zu ihr zurückkehrte.

Wir gingen los. Ein paar Frauen trafen wir in sehr ernstem Zustand an. Das Revier konnte sie nicht aufnehmen, weil sie keine Nummer hatten. Ein neuer Auftritt. Wieder kapitulierte die Obrigkeit – aus Angst. Wir griffen uns eine Trage, brachten die Kranken ins Revier. Die Erkrankung erwies sich als Scharlach; ein paar starben, ein paar überlebten. Die Gesunden bekamen zu essen und zu trinken und eine

Grube wurde als Abort für sie ausgehoben. Während wir arbeiteten, überschütteten wir sie mit Fragen. Hier angekommen war, wie sich herausstellte, Wola (der Warschauer Stadtteil – d. Übers.), ein sehr gemischtes Element, Händlerinnen und Hökerinnen, die unablässig beteuerten, „völlig unschuldig" zu sein, und dass sie „nichts gemein haben mit dieser Politik", und die nur darum baten, man solle ja um Gotteswillen ihr Gold aufbewahren, das sie in ziemlicher Menge mitgebracht hatten, sowie Frauen aller Stände und jeglichen Alters, schweigende Frauen, die die Zähne zusammenbissen, und als sie endlich den Mund auftaten, nur die eine Frage stellten: „Muss man hier für die Deutschen arbeiten?" Eines war ihnen allen gemeinsam: Als wir sie danach fragten, was denn in Warschau los sei, erhielten wir die einhellige Antwort: „Warschau gibt es nicht mehr." – „Wie, gibt es nicht mehr? Was soll das heißen?" – „Nun, Warschau brennt, es steht in Flammen, von dort kommt keiner mehr lebend heraus, das ist keine Stadt mehr, das sind nur noch Trümmer. Warschau gibt es nicht mehr." Auf dem Rückweg mit Niuta Bortnowska zum Block entrüstete ich mich über diese Frauen: „Was doch so eine Massenhysterie anrichtet! In einem fort reden sie bloß davon, dass es Warschau nicht mehr gibt, anstatt präzis zu sagen, was dort vor sich geht!" Niuta, klüger als ich, schwieg. Ich schaute sie an, jeder Tropfen Blut schien aus ihrem Gesicht gewichen.

Von jenem Tag an bis zur Septembermitte häuften sich die Transporte aus Warschau. Jetzt warteten sie nicht nur unter freiem Himmel hinter dem Revier, sondern auch im Zelt. Da sie dem Zustrom an Häftlingen nicht gewachsen war, ließ die Lagerleitung ein riesiges Zelt auf dem einzigen freien Platz im Lager aufschlagen. Dort waren aus Warschau „Evakuierte" vielfach bis zu einer Woche ohne Luft und Wasser zusammengepfercht. Die Lagerleitung widersetzte sich schon nicht mehr der Gruppe polnischer Block- und Stubenältester, die bis zu ihnen vordrangen. Wir fielen also mit Essen oder Wasser dort ein, holten Kranke oder Tote heraus, überschwemmten die Ankömmlinge mit Fragen, suchten unter ihnen nach Verwandten oder Freunden. Das Niveau war auch weiterhin äußerst unterschiedlich. Einige Transporte brachten einen ernst zu nehmenden Prozentsatz an Kriminellen, denen die Flucht aus Zivilgefängnissen gelungen war und die es geschafft hatten, eine unglaubliche Menge an Gold oder Schmuck aus dem brennenden Warschau zu rauben. Der Löwenanteil dieser riesigen materiellen Werte fiel den Deutschen zu, ein wenig sickerte ins Lager ein und demoralisierte es restlos. Überhaupt erblühte das „Organisieren" erneut. Seit eh und je bereicherten sich bei jedem Transport die Badehäuser und alle, die es schafften, an die Zugänge heranzukommen. Das war oftmals schwierig, weil die Aufseherinnen sehr aufpassten und die besseren Sachen für sich reservierten. Das Eigentum der frisch Eingetroffenen ging früher übrigens an die *Effektenkammer*, deren riesige Depots, aus unserer Privatkleidung bestehend, erst im Winter 1944–45 „zugunsten der Deutschen, die durch die Bombenangriffe des Feindes ihre Habe verloren haben", beschlagnahmt wurden. Jetzt aber expedierten die Warschauer Transporte eine solche Menge an Sachen und Gegenständen, dass beinah jeder, der am Waschraum, nach dem Bad der Neuankömmlinge, vorbeikam, etwas für sich aussuchen konnte. Es lagen dort Siegelringe und Puderdosen, Uhren und Abendkleider, Gebetbücher und Kochtöpfe, Silberlöffel und ganze Ballen kostbarer Stoffe, Spiegel, Daunendecken und eine Geige, elegante Seidenwäsche und bäuerliche Umschlagtücher – alles auf einem Haufen, ein abscheuliches, makaberes Fragment vergangener Tage der Hauptstadt. Und es strömten noch immer Frauen zusammen.

Eine Gruppe unglaublich boshafter belorussischer Greisinnen aus irgendeinem Warschauer Asyl traf ein. Im Vergleich zu ihnen war die Sybille von Cumae aus der Sixtinischen Kapelle ein Bild an Jugendfrische. Frauen mit Kindern und schwangere Frauen kamen an, die ihre Kinder in Ravensbrück gebaren. Diese Aktivität war jetzt erlaubt in den Lagern, dennoch starben die meisten Kinder ganz einfach an Schwäche. Binz presste ich Milch ab mit dem Argument, dass diese Frauen nur Evakuierte waren, „keine Verbrecherinnen wie wir". Die Sache so darzustellen, half – Milch wurde beschafft, doch die Lieferung erfolgte nur spärlich und unregelmäßig.

Häufig trafen die Frauen in einem nervlichen Zustand ein, der es schwer machte, mit ihnen zu reden. Unterwegs waren Mutter oder Tochter oder Schwester zufällig in einen anderen Waggon gequetscht worden, beim Ausladen stellte sich dann heraus, dass dieser Waggon in ein anderes Lager gefahren war. Eine Frau Baranowska erzählte mir, dass sie zwei Kinder in Warschau zurückgelassen habe; die Deutschen hatten sie allein geholt. Ihre Nachbarinnen flüsterten mir zu, dass ihr 8-jähriges Söhnchen vor ihren Augen durch eine Bombe getötet worden sei. Ich beschwor sie, der Mutter vorläufig nichts zu sagen, denn wer wusste schon, ob sie hier mit dem Leben davonkäme. Es half nicht. Nachmittags war ein grauenvoller Schrei im Schlafraum zu hören, Frau Baranowska hatte vom Tod des Kindes erfahren. Eine andere Frau weckte ein-, zweimal pro Nacht alle mit einem fast tierischen Gebrüll. Schließlich verriet sie jemandem ihre Not. Für gewöhnlich tat sie kein Auge zu, lag schlaflos in der absoluten Stille, doch sobald sie für einen Moment einschlief, träumte sie sofort in allen Details, was sie mit eigenen Augen gesehen hatte: die Vergewaltigung ihrer 17-jährigen Tochter durch Wlassow-Soldaten[21] und dann die Ermordung des Mädchens. Ein anderes Mal, als während des Appells eine junge Person sich erbrechen musste, erlitt die Mutter neben ihr einen Schwächeanfall. Ich holte ein Schemelchen, damit sie sich setzen konnte. „Meine Tochter ist bestimmt schwanger", flüsterte sie, „immerzu ist ihr schlecht, und sie ist ein paar Mal von Wlassow-Leuten überfallen worden …"

Die Transporte kamen an in dem Maße, wie die Stadtteile fielen. Wola, die Altstadt, Mokotów, Żoliborz, das Stadtzentrum. Mehr als die Hälfte der nach Ravensbrück beorderten Züge ging durch unseren Block und von dort wieder hinaus. Nur ein minimaler Prozentsatz der Warschauerinnen bekam an Ort und Stelle Arbeit;

die überwältigende Mehrzahl schickten die Deutschen in die verschiedenen Fabriken beziehungsweise zum Flugplatzbau. Sie hatten einen riesigen Arbeitskräftebedarf bei diesem letzten Aufbäumen im totalitären Krieg.

Um Personen vor dem Transport zu bewahren, die aus ideologischen Gründen nicht für die deutsche Kriegsindustrie arbeiten wollten, musste man eine Menge vielfältiger, nicht selten halsbrecherischer Kunststücke vollbringen, die einige Block- und Stubenältesten meisterlich beherrschten. Zu ihnen gehörte in erster Linie die Bortnowska, für die sich bei den Deutschen in Gefahr zu begeben nicht nur die Erfüllung einer Pflicht darstellte, sondern auch einen Quell der eigenen, wie es schien unerschöpflichen Kräfte, die übrigens in einem seltsamen Kontrast zu ihrer schwachen Gesundheit standen. Als sie in Block 24 auch politische Französinnen hatte, rettete sie viele von ihnen vor der Munitionsfabrik. Darunter die junge Nichte von General de Gaulle, die die Bortnowska mehrfach, einmal in letzter Minute, vor dem Abtransport bewahrte. Die ganze Kunst bestand darin, dass sich die betreffende Person nicht auf der Transportliste befand. Die Prozedur war die folgende: Der Block erhielt die Aufstellung jener Nummern, die zu einer bestimmten Stunde auf dem Arbeitsamt zu erscheinen hatten. Personen, die nicht fahren sollten, musste man sofort absondern, was nur durchführbar war, wenn die Aufstellung 24 Stunden eher eintraf und es den Kandidatinnen gelang, an demselben Tag noch ernsthaft zu erkranken und für ein, zwei Tage im Revierblock zu verschwinden. Zu diesem Zweck wurden die unterschiedlichsten Mittel zum Hervorrufen von Fieber angewendet, z. B. wurde Knoblauch in den Mastdarm appliziert u. a.

Hatte die Block- oder Stubenälteste ihre Häftlinge gemäß der Liste vor dem Arbeitsamt in Fünferreihen aufgestellt, erschienen dort (manchmal sofort, manchmal nach mehrstündigem Warten) die Käufer in Begleitung des seine lebende Ware anbietenden *Arbeitsführers* Pflaum. Der ordinäre Dicke hegte gegen die Bortnowska und mich eine besondere Aversion. Wurde er meiner ansichtig, schwang er die Fäuste und brüllte: „Du treibst dich bei den Transporten rum, ich weiß, dass du dich da rumtreibst, zusammen mit deiner kleinen Blockältesten. Wartet nur, ich krieg euch noch!" Zum Glück wartete Hitlers Katastrophe nicht so lange, bis Pflaums Hirn unsere Kunstgriffe erfasste.

Im Herbst 1944 wurde die Aktivität des Arbeitsamtes infolge des großen Zustroms von Häftlingen gesteigert. Unsere Aufgabe wurde dadurch erschwert, dass sich nach der „Evakuierung" Warschaus ganze Familien bei uns befanden, Schwestern, am häufigsten jedoch Mütter mit Töchtern, Personen ganz einfach, die sich unter keiner Bedingung trennen wollten. Eine Menge Frauen, die keine ideologischen Hemmungen hatten, fuhren gern zu den Fabriken, weil, wie sie wussten, die Lebensbedingungen dort besser sein würden, aber um jeden Preis wollten sie ihre alten Mütter mit sich nehmen. Einmal fand sich ein menschlicher „Kaufmann", der, wenn ihm die Tochter als Arbeiterin zusagte, auch die Mutter mitnahm, doch das war ein Einzelfall, der sich nicht wiederholte. Manchmal, wenn Pflaum wieder einmal sehr betrunken war, konnte man dem Fabrikanten unmittelbar einreden, dass die betreffende Mutter oder, wenn er die Mutter ausgesucht hatte, die schwächliche Tochter eine besonders fähige Arbeitskraft sei, doch gelang das nur bei sehr großer Nachfrage, und auch das war eine Seltenheit. An der Tagesordnung war die genaue Musterung von Armen und Beinen, die Auslese der tauglichen Ware und die Eliminierung alles Unbrauchbaren, Szenen, die wir bisher nur aus *Onkel Toms Hütte* kannten. Die Sklavinnen marschierten zur „Untersuchung" aufs Revier. Dort mussten sie sich völlig entkleiden und warten, bis sie an der Reihe waren, oftmals ein paar Stunden unter freiem Himmel. Ich habe nie erlebt, dass in dieser Zeit keine SS-Männer, einmal oder mehrmals, an ihnen vorbeigegangen wären – natürlich Nichtärzte. Nach ein paar Stunden defilierten die Frauen an Dr. Treite vorbei, der fast nie jemanden für den Transport Bestimmten zurückbehielt. Nunmehr legte das Revier die Listen fest, und die Polinnen aus dem Revier ließen auf unsere Bitten hin die Nummern der Personen aus, die, unabhängig von ihrer Nationalität, aus ideologischen Gründen nicht fahren wollten. Die Aktion war auch für sie mit großem Risiko verbunden. Es soll auch nicht verschwiegen werden, dass die Österreicherinnen vom Arbeitsamt und eine dort beschäftigte Deutsche, Ilse, etliche Male dasselbe taten und in letzter Minute den Häftling „verloren", um den wir baten.

Auf diese Weise konnten eine Menge Soldaten der Heimatarmee im Herbst 1944 der Arbeit für die deutsche Kriegsindustrie aus dem Weg gehen. Sie „bummelten" weiterhin durchs Lager. Unter ihnen waren Frauen, die uns sagten, dass sie den Tod vorzögen, falls es uns nicht gelänge, sie zu retten; von einer geheimen Munitionsfabrik in Warschau oder direkt von den Barrikaden gingen sie in keine deutsche Kriegsproduktion. Leider konnten wir nicht alle bewahren – das war das Schmerzlichste.

Gemäß der endgültigen Liste ging der Transport zu einer festgesetzten Stunde (gewöhnlich gegen elf Uhr abends) ins Bad. Dort zerrten sie von den Häftlingen alles, absolut alles herunter, weitaus gründlicher als bei ihrem Debüt. Die Aufseherin Knopf, Spatz genannt, überwachte mit seltsamem Gepiepse und ungeheurer Brutalität die Transporte. Bisweilen spielten sich regelrechte Prügeleien ab. Ich erinnere eine Ukrainerin, die sich treten ließ bis aufs Blut, bevor sie den Rosenkranz hergab, andere Frauen kämpften heroisch um ein Foto ihres Kindes. Das Verstecken von Eigentum einer für den Abtransport Bestimmten durch die Stubenälteste war mit großer Gefahr für beide Seiten verbunden, daher hieß es, eine gewitzte Partnerin für diesen letzten Winkelzug ausfindig zu machen.

Schließlich verließen diese Frauen, denen man buchstäblich alles genommen hatte, mitten im November nur in bizarre, mit einem Kreuz gekennzeichnete, knappe, geblümte Sommerkleider gesteckt – der Streifendrillich reichte längst nicht mehr –, ohne Strümpfe, ohne Mantel in Fünferreihen das Lager. Wenn man sie zu

Arbeitsstellen brachte, die weit entfernt waren und organisatorisch zu anderen Lagern gehörten, verloren wir sie aus den Augen, kamen sie zu Fabriken, die ständig von Ravensbrück bedient wurden, kehrten sie später bisweilen zurück, grässlich zugerichtet bei der Bombardierung ihrer Arbeitsstätte.

Und die Angriffe mehrten sich. Sie waren die Freude der Nachtschicht, die immer öfter mehrstündige Arbeitspausen hatte. Wir saßen dann in dem Dienstzimmerchen, horchten und schauten. „Vielleicht fliegen da gerade meine Söhne über mich hinweg", ließ sich einmal in unser Schweigen hinein Krystyna Dunajewska, die Stubenälteste und Mutter zweier Flieger, vernehmen. Ein paar Mal war das Lager während der Überflüge ganz und gar beleuchtet. Wir nahmen an, dass man uns fotografierte. Bald erhielten wir Gewissheit in Gestalt von vier grünen Ballons, die gleichsam in der Luft schwebten über den vier Ecken des Lagers. Ringsum fielen Bomben. Die Folgen dieser offensichtlichen „himmlischen Fürsorge" waren unvermutet. Hohe Chargen der Gestapo kamen aus Berlin und bezogen Quartier in der Kommandantur. Wir waren wütend …

Selbst als die Transporte aus Warschau aufhörten, ließ der Betrieb im Lager keineswegs nach. Je mehr die Grenzen des deutschen Herrschaftsbereichs schrumpften, desto zahlreicher waren die Transporte, die von überall her eintrafen. Französinnen und Belgierinnen, Holländerinnen und Jugoslawinnen, Italienerinnen, Polinnen und Ungarinnen, von überall, wo sich die Deutschen zurückziehen mussten, gingen Transporte auf den Weg – die ganze *Festung Europa*.

Im Spätherbst traf eines Tages ein Transport mit über fünfzig Griechinnen ein. Die Situation war misslich, da sie außer der eigenen keine Sprache beherrschten. Frappierend für uns, dass sie einander auf das „P" unserer Kleidung aufmerksam machten und sich den Polinnen gegenüber herzlich, aber respektvoll und diszipliniert verhielten. Sie sahen wie eher einfache Frauen aus, mit Ausnahme von einer, deren Anordnungen sie augenblicklich gehorchten. Sie hieß Sula, eine Jurastudentin aus Saloniki, 19 Jahre alt. Die anmutige Silhouette, eine natürlich stolze Haltung, die Klarheit von Profil und Proportionen gemahnten unübersehbar an ihre unsterblichen Vorfahren. Wir erfuhren später, dass sie die Anführerin dieser kleinen militärischen Einheit gewesen war, die mit der Waffe in der Hand in den griechischen Bergen gefangen genommen worden war. Sula diente auch als Dolmetscherin, sie „konnte" Französisch. Sie verstand zwar wenig, dafür sprach sie beinah fließend. Die Komplikation bestand in ihrer äußerst seltsamen Aussprache, in die ich mich mit der Zeit einhörte. Niemals beklagte sie sich, obschon sie und ihre Gefährtinnen in diesem mecklenburgischen Herbst in Sommerkleidern beim Appell standen und vor Kälte blau gefroren waren.

Einmal wollte ich Sula eine Freude machen und sprach ein paar Zeilen Homer. Die Reaktion der jungen Griechin war erstaunlich. Sie warf den graziösen Kopf mit den schwarzen Locken in den Nacken, Stolz blitzte aus ihren Augen – eine Repräsentantin des ewigen Erbes Griechenlands. Sie stellte sich vor mich hin und begann lange Abschnitte aus der *Ilias* zu deklamieren. Die Scharen von Frauen ringsum verstummten, Gezänk und Geschrei hörten auf. Die Worte verstanden sie nicht, aber sie erblickten mit Staunen die erhabene Gestalt des Mädchens, den Ausdruck seines Gesichts, feierlich und strahlend zugleich. Sie empfanden deutlich, dass diese Stimme und die ihnen fremden Verse nichts gemeinsam hatten mit der uns umgebenden Welt der Erniedrigung und Hässlichkeit. Wir aber lauschten den ehernen Hexametern des Heldenepos, und nichts mehr von dem, was das Brandmal der Unfreiheit trug, schien um uns her zu existieren.

Bei einer anderen Gelegenheit erklärte mir Sula, dass die Griechinnen sich wohl fühlten in Ravensbrück, weil sie sich unter der Leitung von Polinnen befänden. Von den Instrukteuren ihrer Militärorganisation wussten sie, dass das polnische Volk die meisten Opfer gebracht hatte für die gemeinsame Sache der Freiheit und dass allein die Polen alle Widerstand leisteten gegen den Okkupanten. Sie wussten auch, dass Polen riesige Menschenverluste erlitten, oft die wertvollsten seiner Söhne und Töchter verloren hatte. Im ersten Moment wusste ich nicht, was ich auf all das erwidern sollte, und sei es auch nur im Hinblick auf die Sprachbarriere. Schließlich zitierte ich den einzigen Satz von Thukydides, aus der Rede des Perikles (II, 43 – d. Übers.), den ich auswendig wusste: „Denn das Grabmal berühmter Männer sind alle Lande." Sula warf mir einen langen, eindringlichen Blick zu, dann lief sie davon, in den Block hinein, um gleich darauf in Begleitung von ein paar Griechinnen zurückzukehren. Ich konnte verstehen, wie sie ihnen erklärte, dass die Polen, obgleich sie so weit von Griechenland im Norden lebten, sehr wohl wussten, wer Perikles gewesen war und was die Freiheit der Athener für die Welt wurde. Und dann rezitierte sie die wichtigsten Abschnitte aus der Rede, die nach zweieinhalbtausend Jahren mit ihrer Proklamation der Freiheits- und Vaterlandsliebe als höchsten Gütern der Menschheit nichts von ihrer Kraft eingebüßt hatte.

Beim nächsten Mal wurden beinah alle Griechinnen, bis auf ein paar Kranke, für den Transport bestimmt. Unter ihnen befand sich Sula, die damals kränkelte. Als wir wieder im Block waren, warf sie sich mir an den Hals und flehte mich an, sie „illegal" in den Transport zu schmuggeln. Das hatte ich nicht erwartet. So viele Frauen aller Nationalitäten musste man immerwährend und um jeden Preis vor dem Transport retten, damit sie keine Kugeln gegen die eigenen Brüder gießen mussten, und Sula wollte fahren! Als sie mein Unverständnis gewahrte, presste sie ein einziges Wort durch die zusammengebissenen Zähne: „Sabotage!" Dabei kniff sie die Augen zusammen, und ich erblickte zu meiner Verwunderung eine völlig fremde Wildheit in ihrem edlen Gesicht. Kurz darauf fügte sie noch hinzu, dass sie unbedingt fahren müsse, weil so ihr Befehl laute. Sie dürfe sich nicht von ihren Genossinnen trennen… Sie sind gut und mutig, aber bestimmte Sachen wissen sie nicht, und hier geht es schließlich um die Ehre Griechenlands … Es gelang, ihre Bitte zu erfüllen.

Bevor der Transport abging, es war abends und von der Lagerverwaltung keiner mehr in der Nähe, sangen die Griechinnen zum Abschied und zur Ehre der Polinnen ihre Freiheitslieder. Über ihre Gesichter strömten die Tränen, doch ihre Stimmen bebten nicht. Die Lieder waren wehmütig und leidenschaftlich zugleich.

Die Überfüllung der Blocks brachte es mit sich, dass dreistöckige Pritschen zusätzlich in den Essräumen aufgestellt wurden, so dass die Bewohnerinnen aßen und die ganze freie Zeit auf den Pritschen verbrachten, wo man jeweils zu dritt schlief, was bei den allgemein verbreiteten Geschwüren furchtbar unangenehm und lästig war. Nur die in Revier und Küche Beschäftigten, Block- und Stubenälteste sowie die ältesten Häftlinge hatten bis zum Schluss Pritschen für sich. Ein großes Privileg, ein um so größeres mit zunehmender Überfüllung.

Unter diesen Bedingungen war der Kampf gegen die Verlausung des Blocks wie der Kampf des Ertrinkenden gegen die Wellen.

Die für 15.000 Personen berechnete Kanalisation musste der dreifachen Zahl dienen und war infolgedessen beinah ständig unbrauchbar. Die Häftlinge verrichteten ihre Notdurft daher draußen, unweit irgendeines Blocks, Hauptsache nicht des eigenen, denn die Bewohnerinnen wurden streng bestraft, wenn jemand von der Lagerleitung zufällig vorbeikam und gerade Lust hatte, einen verunreinigten Block zu bestrafen.

All das war nichts im Vergleich zu dem, was im Zelt vor sich ging. Dort waren im Spätherbst mehr als 4000 Frauen aus den geräumten Teilen von Auschwitz untergebracht worden, hauptsächlich ungarische Jüdinnen. Es gab dort keine Luft zum Atmen, kein Fleckchen, um sich hinzulegen, keinen Ort für die Notdurft, denn die wenigen provisorischen Aborte waren nicht zu benutzen. Unter dem Zeltrand hervor flossen Urin und Kot und bildeten ringsherum stinkende Pfützen. Außerdem drang von dort das Weinen und Schreien von so vielen Frauen heraus, Tag und Nacht, ununterbrochen, im ganzen Lager zu hören. Die einst ruhige und von Natur aus sanfte Blockälteste des Zeltes, Hanka Zaturska, hatte einen seltsamen Ausdruck in den vor Entsetzen weit aufgerissenen Augen. Sie erzählte wenig von dem, was da bei ihr vorging. Nur die großen technischen Schwierigkeiten erwähnte sie, die das Herausschaffen der Leichen mit sich brachte – von deren Identifizierung konnte man nicht einmal mehr träumen. Einmal rutschte ihr mir gegenüber heraus: „Heute hatten wir eine zusätzliche Sache. Eine junge, sehr hübsche Ungarin bekam plötzlich einen schweren Tobsuchtsanfall. Und obwohl kein bisschen Platz ist, schaffte sie es, über die Leichen zu springen, sie redete mit ihnen und tanzte dabei."

Irgendwann gegen Ende Oktober trat eine Veränderung bei mir ein. Ich wurde als Blockälteste nach Block 32 zu den „NN", den Sowietki und vor allem zu den „Kaninchen" versetzt. Ich freute mich ehrlich, weil die „Kaninchen" von der bisherigen

Blockältesten Käthe Knoll sehr schikaniert worden waren. Ich war glücklich, mit ihnen zusammen zu sein.

Mich von Niuta Bortnowska zu trennen, fiel schwer. Wir hatten etliche Monate in engster Zusammenarbeit verbracht, und obschon völlig unterschiedlich, waren wir doch absolut aufeinander eingespielt. Ihre Intelligenz war schlichtweg imponierend, verbunden mit einem unbeugsamen Charakter, wie das selten der Fall ist. Niuta war vermutlich die Härteste von uns. Sie stellte sich den Deutschen entgegen und brachte sich auf Schritt und Tritt in Gefahr. Die hassten sie daher unverhohlen. Der kühle Stolz, mit dem sie ihnen begegnete, reizte sie, weil er auf ihren Minderwertigkeitskomplex abzielte. Denn die Deutschen, die wohl von allen Völkern den meisten Dünkel besitzen und geringsten Stolz, erboste an uns nichts mehr als eben jener angeborene Stolz, den sie für gewöhnlich Impertinenz nannten, obwohl er ihnen mächtig Eindruck machte. Ich weiß nicht mehr, welches unserer Mädchen der Vorwurf traf: *„Sie brauchen gar nicht so frech zu sein, bloß weil Sie ein P tragen!"* Die ganze Gruppe nahm das Kompliment mit Befriedigung auf.

Neben den vielen ihr freundschaftlich gesonnenen und ergebenen Kameradinnen gab es auch solche, die aus ihrer Abneigung kein Hehl machten, und zwar vornehmlich deshalb, weil Niuta schroff im Umgang war, manchmal herzlos wirkte und niemals für alle bequem war. Es schämte sich vor ihr auch manch eine, weil im Unterschied zu ihr selbst die Bortnowska keinerlei Kompromisse einging. Ich war ein paar Tage weg, als sich die Deutschen aus der Kanzlei beschwerten, sie schikaniere die Deutschen im Block. Das entsprach nicht der Wahrheit, allerdings wurden die Deutschen in ihrem Block in keiner Weise bevorzugt, und das machte sie wütend. Ich erinnere mich heute nicht mehr an alle Details, weiß nur noch, dass die Aufseherin ihr beim Appell ins Gesicht schlug, vor dem versammelten Block, und sie dann ein paar Tage *vorne* bei der Kanzlei stehen musste, wo ich ihr Sympatol-Tabletten zuschanzte, aus dem Revier gestohlen, weil ich mich sehr um ihr Herz sorgte. Sie war hart wie immer. Ihr drohte der Transport. Wir versteckten sie damals im Revierblock, als Kranke, die sie nach den letzten Erlebnissen tatsächlich war.

Mir ging es auf meiner neuen Arbeitsstelle anfänglich gar nicht schlecht. Die Zusammensetzung des Blocks war entschieden anders als die aller anderen im Lager. Die drei Hauptgruppen: „NN", Sowietki und „Kaninchen" hielten sich eher voneinander fern. Unter den „NN" – wie auch sonst im Lager – taten sich die Norwegerinnen hervor, durch ihr Niveau, ihre Disziplin und Würde, mit einem Wort, ihre Kultur. Sie waren die einzige nationale Gruppe, nicht eben zahlreich übrigens, die sich ausschließlich aus politischen Häftlingen zusammensetzte. Sie wurden im Lager allseits mit dem gebotenen Respekt behandelt. Auch die Französinnen und Belgierinnen hier waren durchweg von einem anderen Format als die von Block 27, stark kommunistisch beeinflusst, doch im persönlichen Umgang waren die Beziehungen zwischen uns korrekt. Natürlich war es eine unangenehme Sache, sie morgens zum

Appell hinauszurufen, aber eigentlich blieb dies das beinah einzige Unangenehme des Tages. Block 32 musste sich nämlich weder Essen noch Brot holen, das brachten alles die Sowietki; aus ihnen hatte man eine Kolonne gebildet, die das Essen an die Revierblocks lieferte, und natürlich den eigenen Block. Nach dem Appell drohte den Häftlingen noch eine Gefahr. Diejenigen nämlich, die keine ständige Arbeit hatten, waren als *verfügbar* registriert, sie mussten in Fünferreihen an den Beamten des Arbeitsamtes vorbei auf den Lagerplatz marschieren und wurden von dort zur Arbeit geholt. *Verfügbar* waren bei mir ausschließlich Französinnen und Belgierinnen, die „Kaninchen" arbeiteten nicht, andere hatten feste Zuweisungen. Man musste die Französinnen also auf den Lagerplatz führen, ohne sich weiter zu kümmern, damit sie türmen konnten, um dann letztendlich fast allein dort anzukommen. Es gab deswegen viel Krach und Anzeigen, doch auf mein *dictum* hin, dass ich in der morgendlichen ägyptischen Finsternis (der Appell fand um 4.30 Uhr statt) nicht imstande sei, die Arbeiterinnen zu bewachen, weil ich sie nicht sähe, beschimpfte man mich meistens bloß als unbeholfen, drohte mir, aber strafte nicht, denn das Durcheinander mehrte sich mit jedem Tag. Schließlich fand sich Arbeit für die *zur Verfügung*. Sie gingen gern, denn die Arbeit war leicht und man konnte manches organisieren, besonders an Sachen. Die Französinnen erzählten in den ersten Tagen, dass man sie eine Unmenge neuer Waren habe sortieren lassen, die offensichtlich aus Läden stammten, sowohl Kochtöpfe als auch Kleidung, Möbelstücke und Schuhe. Sie hatten es geschafft, etliche Paar Schuhe abzuzweigen. Als nach längerer Zeit die neuen Waren ausgingen, kamen allerlei gebrauchte Gegenstände an die Reihe, die später mit Waggons abtransportiert wurden. Es fehlte absolut nichts, alles war da, von Gardinen über Porzellan und seidene Steppdecken bis zu Kinderspielzeug.

Eine der ebenfalls dort beschäftigten Polinnen, Anna Lasocka, stieß auf die Einrichtung ihrer eigenen Warschauer Wohnung. Die Eigentümerin fasste nichts an von ihren Sachen, aber viele Frauen dort versorgten sich mit Kleidung und blieben so am Leben. Damals fragte schon keiner mehr danach, die Lockerung war allgemein. Der ständige Zustrom neuer Transporte, die Desorganisation infolge der fast ununterbrochenen Angriffe auf die Gegend und vor allem die wachsende Armut der Deutschen schufen eine Atmosphäre, in der von der einstigen drakonischen Disziplin keine Rede mehr sein konnte. Den Häftlingen ging es dadurch dennoch nicht besser. Die qualvolle Enge brachte eine unerhörte Verschmutzung und Verlausung des ganzen Lagers mit sich. Bettwäsche war seit langem verschwunden, Decken gab es fast keine mehr, oft reichte das Essen nicht, ganz davon zu schweigen, dass die Kartoffeln zu Ende gegangen und nur Wasserrüben übrig geblieben waren, auch die Sonnabendportionen von Wurst und Margarine gab es längst nicht mehr. Die einzige Verproviantierungsquelle waren Päckchen, und diese Quelle begann mit dem Rückzug der Deutschen nach und nach zu versiegen. Nur das Internationale Rote Kreuz erinnerte sich noch an uns, doch über eine Reihe von Monaten hinweg ordneten die Deutschen für uns *Paketsperre* an und legten in der Kommandantur ein riesiges Depot unserer Päckchen an, die sie dann im letzten Augenblick emsig und mühselig mit sich fortschleppten. Nur die Spitzel, Ramdohrs Freundinnen, erhielten Schweizer Proviant als Gegenleistung für ihre Dienste. Dann, irgendwann im Winter, begannen die Deutschen auf einmal wieder Päckchen auszugeben. Einige von uns waren daher etwas weniger hungrig, und der Zustand unseres Zahnfleisches besserte sich auch ein wenig, doch das war ein Tropfen im Meer dieses riesigen Lagers.

Der allgemeine Gesundheitszustand verschlechterte sich immer weiter, die Frauen waren sichtlich schwach, und dann überfiel sie die Ruhr, eine vermutlich ansteckende, die beinah das gesamte Lager erfasste. Der gesamte Darmtrakt war dermaßen geschwächt, dass jegliche Speise einfach nur hindurchging, ohne an den Organismus irgendwelche Nährstoffe abzugeben, das begleitende Hungergefühl war schier unerträglich. Weil diese Ruhr kein Fieber hervorrief, wurden die Frauen nicht ins Revier aufgenommen, sie waren krank in den Blocks und mussten zum Appell antreten. Nach dem Appell bedeckte stinkender Kot den Platz, und über Nacht verbanden Rinnsale die Schlafräume mit den nicht funktionierenden Aborten. Oft hörte man in der Nacht Schreien und Zanken, weil es von der dritten Pritsche oben auf die anderen darunter tropfte. Draußen waren die Blocks rundum bis auf eine Höhe von 80 cm beschmutzt.

Eine andere grauenvolle Sache, die unvermutet einsetzte und ihren Lauf nahm, war das Sterben der Französinnen. Sie erloschen kampflos, ohne Agonie. Immer öfter eilte kurz vor dem Appell eine Bettnachbarin herbei: „Madame XY ist gestorben." – „Wann?" – „Keine Ahnung, früh haben wir noch miteinander gesprochen, dann bin ich aufgestanden und jetzt ist sie schon kalt!" Dann rannte ich *nach vorne*, um die zuvor angegebene Appellziffer zu ändern. Man durfte nicht schreiben: eine ist gestorben, denn das Sterben war im Block prinzipiell verboten, dazu war das Revier da. Man musste also schreiben, dass eine „abkommandiert" worden sei. Die Wahrheit durfte nur in Klammern erscheinen: 1 *abkommandiert (tot)*. Diese Lösung wurde als ideal angesehen. Einigen Blocks gelang es ein paar Mal nicht rechtzeitig, den Tod eines Häftlings zu melden, sie mussten mit dem Leichnam zum Appell.

Es war ein Sonntag, erinnere ich mich, als die alte Madame de Ganay starb, die schon seit langem Häftling gewesen war, stets diszipliniert und entgegenkommend, in Haltung und Würde an die Damen der Großen Revolution gemahnend. Sie war völlig klar und bat mich, sie nicht ins Revier zu bringen, weil sie bis zum Ende unter den Ihren bleiben wolle. Ihr Zustand war bereits so, dass das Revier sie aufgenommen hätte, auch wenn sie kein Fieber hatte, doch um nichts in der Welt würde eine Person, die nur noch ein paar Stunden zu leben hatte, ein Bett bekommen. In allen Revierblocks verendeten die Schwerkranken halbnackt am Fußboden. Die Französinnen flehten mich an, Madame de Ganay im Block zu behalten. Um zwei Uhr nachmittags war Generalappell, bei dem alle Häftlinge, lebendig oder tot, anzutreten hatten, das Revier ausgenommen. Außerdem wurde überhaupt niemand im Revier aufgenommen, der nicht morgens dort hingebracht worden war. Ich zögerte also in schwerem Zweifel und holte Dora Rivière, eine befreundete französische Ärztin. Dora untersuchte die Sterbende und äußerte die Vermutung, dass sie bis zwei Uhr nicht mehr leben werde. Ich riskierte es also und behielt die Greisin bei uns. Um ein Uhr lebte sie noch, schon rechnete ich damit, sie zum Appell hinaustragen zu müssen, als aber um halb zwei die Aufseherin von *vorne* angelaufen kam, mit Getöse und dem Befehl zum Generalappell, war Madame de Ganay bereits in den Himmel abkommandiert.

Kein Wunder, dass die gesamte Gruppe eine Art Todesangst erfasste. Selbst die Härtesten unter ihnen kam es schwer an, doch der couragierte *Zimmerdienst*, Simone Lahaye, und andere kämpften entschlossen, um die Gruppe bei der Stange zu halten. Dem Tod ins Auge zu sehen ist etwas ganz anderes, als im ständigen Kontakt mit Leichen zu leben. Zu allem Unglück trafen frische Transporte mit Französinnen aus den Gefängnissen ein, in denen sie seit einem Jahr gewesen waren. Diese Frauen, in der Mehrzahl ältere, physisch und psychisch nicht widerstandsfähig, zwei- bis dreimal täglich zum Appell antreten, bekamen Lungenentzündung oder Ruhr oder das eine wie das andere, sie starben wie die Fliegen im Herbst. Auch zwei oder drei in Frankreich verhaftete Engländerinnen waren mit ihnen eingetroffen. Mit denen gab es besonderen Ärger, denn als sie erkrankten, verlangten sie kategorisch spezielle Fürsorge und die ihnen zukommende Pflege. Auf alles, was Simone Lahaye und ich dazu zu sagen hatten, dass wir hier in Ravensbrück seien, dass man da nichts machen könne, und all unser gutes Zureden hatten sie nur die eine, einzige Erwiderung: *But I am British.* Endlich starben auch sie.

Das Eintreffen von immer neuen belgisch-französischen Transporten erschwerte die Beziehungen zu den Rotarmistinnen ernsthaft. Diese Mädchen, die von Anfang an eine besondere Rücksichtnahme erfahren hatten, wurden – als künftige Siegerinnen – mit jedem Tag dreister. Als die Französinnen ankamen, schwankend, sich kaum auf den Beinen haltend, weigerten sich die Russinnen, auch nur eine einzige ihrer fünf oder sechs Decken einer Französin abzutreten. Ich musste eine einigermaßen gerechte Aufteilung erzwingen. Wieder war es so, dass sie mir unter vier Augen Recht gaben, wenn ich zu ihnen sagte, dass ich zwar keine Kommunistin, aber dennoch der Ansicht sei, dass nicht eine erfrieren könne, während eine andere sechs Decken hatte, doch in der Masse drohten sie sowohl mir als auch den erschrockenen Französinnen. Nur Simone hatte keine Angst vor ihnen. Mit Haltung und Mut verschaffte sie sich großen Respekt, machte sich aber auch bei den undisziplinierten Kameradinnen unbeliebt.

Aber auch die Decken halfen nicht, die Französinnen starben weiter. Der Leichnam, oder eher das Skelett, musste im Block nackt ausgezogen werden, die Nummer – die einzig wichtige Sache – wurde mit Tintenstift auf die Brust geschrieben, dann wurde die Leiche in die Leichenhalle gebracht. Eine Bahre zu bekommen, davon konnte keine Rede sein. Man trug also die Tote in einer alten Decke wie in einem Sack oder aber, meistens, auf einer (selten geputzten) Klosetttür. Soweit es irgend möglich war, vollbrachte ich alle mit den Leichnamen verbundenen Tätigkeiten selber, um sie den engsten Freundinnen der Verstorbenen zu ersparen. Außerdem war ich auch körperlich noch immer stärker als die meisten Französinnen. Ich hatte folglich keinen anderen Ausweg.

Einmal musste ich mitteilen, dass *Madame* Thierry gestorben sei, man ihr aber keine Nummer auf die Brust schreiben müsse, denn sie war vor einer Stunde aufgestanden, hatte sich gewaschen und die Nummer auf die Brust geschrieben, hatte sich wieder hingelegt und war gestorben. Die ist psychisch durchaus widerstandsfähig gewesen, dachte ich, es gibt eben unterschiedliche Formen von Heroismus, und brachte *Madame* Thierrys Leiche in die Leichenhalle. Eigentlich hatte das Revier den Tod zu bestätigen, doch war das damals schon, bei 120, 130 Todesfällen täglich, nicht mehr möglich. Von der Gewissenhaftigkeit, der Intelligenz oder Erfahrung einer Blockältesten hing es ab, dass die endgültige Katastrophe, eine Lebende zwischen die Leichen zu legen, vermieden wurde. Dennoch soll es mehrfach vorgekommen sein.

Einmal, wir brachten gerade wieder einen Leichnam in die Leichenhalle, fielen mit wildem Geschrei ein paar Frauen von der *Leichenkolonne*, bestehend aus Deutschen und – hauptsächlich – aus Zigeunerinnen, über mich her. Fürchterliche Beschimpfungen wurden ausgestoßen, von denen ich die meisten nicht verstand. Endlich gelang es mir zu fragen, worum es denn eigentlich gehe, „denn zwischen uns hat es doch nie Ärger gegeben". Und wieder Geschrei. „Du soundso soundso, dich kennen wir. Immer legst du deinen Toten die Hände so (hier legten sie ihre skelettartigen Klauen aneinander wie zum Gebet) oder so (Arme überkreuzt). Wir wissen genau, was das heißt, ganz genau." Und wieder Unflätigkeiten. Mich überkam eine wunderbare Ruhe in diesem schrecklichen Lärm. Ich wartete eine Weile, dann sagte ich ganz ruhig, aber mit allem Nachdruck: „Ihr habt ja keine Ahnung, wie sehr ich mich freue, geradezu unglaublich freue, dass ihr wisst, worum es hier geht. Es gibt nichts Wichtigeres auf der Welt, und zu wissen, was dieses Zeichen bedeutet, ist ein großes Glück." Stille. Sie standen reglos, wie vom Blitz getroffen, die Augen erschreckt auf mich gerichtet. Dann senkten sie den Blick ihrer schwarzen Augen zu Boden, die schwarzen Zotteln fielen in die Stirn. Ich grüßte sie, nahm mit der Kameradin unsere Tür auf, und wir kehrten in den Block zurück. Seit diesem Begebnis brachte mir die *Leichenkolonne* den größten Respekt entgegen, der nicht ganz frei von Furcht war. Ich sann später des Öfteren darüber nach, ob es im Leben dieser unglücklichen Wesen nicht dieser eine Augenblick gewesen war, in dem sie durch einen schmalen Spalt den Glanz der WAHRHEIT erblickten.[22]

Es waren die Krankenschwestern, die bis zum letzten Augenblick den Leichnam mit der gebotenen Ehrfurcht behandelten, ihn wuschen, streckten, ihm die Augen zudrückten, aber andere taten das nicht mehr – die Kräfte reichten nicht.

Vor der Revierambulanz standen, schwankten, lagen im Frost stundenlang in diesem letzten Kriegswinter Reihen von grotesk umwickelten Gestalten. Täglich geschah es, dass etliche der Wartenden starben, ehe sie bis zu einer Krankenschwester vordrangen, und so wurde die Schlange kürzer. Selbst Zdenka verlor bisweilen den Mut und brach in Tränen aus: „Wie soll man hier heilen, ohne Bett, ohne Medikamente – ohne Kraft!" In der Tat, wie sollte man diese Gespenster hier heilen, von denen man nicht glauben mochte, dass sie einst Frauen gewesen waren?

An dieser trostlosen Sterbestätte wuchs die Sehnsucht, in geistige Welten zu entfliehen, mit jeder traurigen Stunde. Ein großes Glück wurde uns in dieser Situation zuteil. Eine der Polinnen hatte aus Auschwitz einen Schatz mitgebracht, den sie uns dalassen musste, als sie weiter auf den Transport ging. Das waren die Werke Shakespeares auf Englisch, in einem Band. Das Buch trug den Stempel eines der Oflags, von wo es auf wundersame Weise nach Birkenau geschmuggelt worden war. Jetzt war Shakespeare in meinem Strohsack gelandet, von wo ich ihn manchmal auslieh. Es gab Tage, da von Lesen keine Rede sein konnte, weder die Zeit noch die Kräfte reichten dafür aus, doch allein das Wissen darum, dass König Lear oder Richard II. bei uns waren, bot die tröstliche Gewissheit, dass die Welt noch bestand.

Die „Lehraufträge" mehrten sich. Ich hatte damals außer den „Kaninchen" eine Schülergruppe von fünf ernsthaften jungen Mädchen, deren Kopf und Herz Halina Wohlfarth war. Sie waren besonders am klassischen Altertum interessiert, machten regelmäßig Aufzeichnungen von den Vorträgen. Einmal fand eine eifrige Aufseherin ein paar dieser Notizen, in der Hoffnung, endlich einer Verschwörung auf die Spur gekommen zu sein, die man, da alles zusammenbrach, immer stärker fürchtete. Die Situation war bedenklich, das Mädchen mochte ernsthafte Schwierigkeiten bekommen. Also erzählte es, dass es sich Örtlichkeiten und Details aufgeschrieben habe, die eine Kameradin ihr genannt hatte, wie diese wollte sie ebenfalls einmal viel reisen und das alles besichtigen. Schon hatte es den Anschein, als würde die Sache im Sand verlaufen, als die Obrigkeit doch noch den Beweis für die Richtigkeit ihrer Verdächtigungen fand. Dieser Beweis war das Wort „Amphitheater". Nur dank der Bemühungen von etlichen Personen kam das Mädchen heil davon. Es war dies, was die Ernsthaftigkeit des Interesses anging, meine wohl beste Schülergruppe, dem starken Einfluss zu verdanken, den Halina auf ihre Kameradinnen ausübte.

Bald nach Neujahr brachte man sie mit ein paar anderen in den Bunker, unter ihnen auch die Stubenälteste Zosia Lipińska, Doktor der Rechte. Alle waren sie einst, vor fast vier Jahren, bei demselben schweren Vergehen – einer geheimen Druckerei – in Warschau verhaftet worden.

Anderntags, am 5. Januar abends, führte man sie in aller Öffentlichkeit aus dem Bunker. Sie überquerten den Lagerplatz, gingen zum Tor hinaus. Dort trafen sie zwei Häftlinge, Deutsche, die auf dem Rückweg von der Kommandantur waren. „Wohin geht ihr?" fragten sie, erschrocken beim Anblick der um diese Zeit, unter starker Eskorte, das Lager verlassenden Gruppe. Zosia Lipińska deutete zum Himmel hinauf.

Zwei Tage später fragte mich eine aus meiner Schülergruppe: „Werden Sie uns weiter unterrichten? Jetzt, wo Halina …?" Ich erwiderte, dass ich selbstverständlich am Sonntag zur Lektion über griechische Kultur kommen würde, so wie immer. Gleichzeitig überlegte ich, wie wohl diese Unterrichtsstunde aussehen würde. Im letzten Moment gelang es mir, ein Büchlein aufzutreiben, das ein paar Reproduktionen von Rembrandtwerken enthielt. Nachdem ich auf die dritte Pritsche oben hinaufgekrochen war, wo die Hörerinnen warteten, sagte ich und wich ihrem Blick aus: „Wenn ihr nichts dagegen habt, unterbreche ich unsern Kurs für heute zugunsten einiger Ausführungen über Rembrandts religiöse Malerei."[23]

Die Exekution vom 5. Januar war die letzte in einer langen Reihe. Sie erhöhte die Zahl der in Ravensbrück hingerichteten Polinnen auf 144.

Ein paar Wochen darauf kam eine Wienerin zu mir, die den Polen wohlgesonnen war. Ich sah, dass sie etwas sagen wollte, und wartete. „Hast du Zeit?" fragte sie. „Sicher, wenn's Not tut." – „Geh *nach vorne*, jetzt ist dort keiner, im kleinen Zimmer neben der Kanzlei sitzt ein Zugang." – „Eine Polin?" – „Nein, die Frau des Bürgermeisters von Köln. Geh hin, ich habe ihr gesagt, sie soll dir alles erzählen, was sie von der Politik weiß." – „Was Interessantes?" fragte ich und band mir das Kopftuch um. „Freilich." Und beim Hinausgehen: „Nur beiß die Zähne zusammen."

Ich ging. In jenem Zimmerchen saß eine eher junge, hochgewachsene, energische Blondine. Wir begrüßten uns, ich erkundigte mich, was denn so los sei auf der Welt. Sie sah das „P" auf meinem Ärmel und fragte: „Kennen Sie die Bedingungen des Vertrages von Jalta?" Fünfzehn Minuten später ging ich von dort weg als Mensch ohne Vaterland.

Ein paar Tage später erfuhren wir die Namen der wichtigsten Mitglieder des Lubliner Komitees. Eine sagte sie der anderen weiter, immerhin gab es in Ravensbrück Polinnen jeder sozialen Schicht und politischen Couleur, die aus sämtlichen Gegenden der Polnischen Republik stammten. Niemand kannte auch nur einen der Namen. Einfach unbegreiflich. Bierut? Osóbka-Morawski? Gomułka? Wer ist das? Wer sind diese Leute, von denen keiner je gehört hat? Unsere Sorge um das Geschick unseres Vaterlandes wurde von Tag zu Tag größer. Für jede Polin, die im

Dienst der Unabhängigkeit ihres Landes und der Idee der Freiheit nach Ravensbrück gekommen war, hatte ihr persönliches Opfer nichts bedeutet. Es mochte eine unliebsame Sache sein, aber es war ganz natürlich, dass man hier war und hier umgebracht werden konnte – normal, nicht sehr interessant, auf jeden Fall nicht allzu wichtig –, Hauptsache, das Ziel wurde erreicht. Jetzt aber, da Polen verkauft und die Freiheit der Welt mit Füßen getreten worden war, jetzt wurde dieses persönliche Opfer einer jeden von uns zu einer schrecklichen Sache, wie es plötzlich schien, schrecklich, weil nutzlos. Jetzt, und erst jetzt, begann uns das persönliche Unglück und das Gedenken an unsere Gefallenen und die hier gestorbenen Schwestern niederzudrücken bis auf die Erde.

Einige von uns Älteren, hauptsächlich Niuta und ich, empfanden nunmehr eine neue Pflicht, die drängte, aber ziemlich schwierig zu erfüllen war. Unsere Jugend befand sich zu dieser Zeit geradewegs unter dem Beschuss der kommunistischen Propaganda. Dem musste unter allen Umständen entgegengewirkt werden, getan werden musste, was häufig schwer ist: die WAHRHEIT zu sagen, den Fragenden zu erklären, was das heißt: Kommunismus. Die Meinung zu dem Problem war auch unter den Älteren geteilt. Nie werde ich das Gespräch mit Maria Kujawska vergessen. Sie kam eines Abends, um mich zu sich ins Revier zu holen. Dort in ihrem „Sprechzimmer" ging Marysia in *medias res*. „Du betreibst hier unter den Jungen antikommunistische Propaganda." – „Aber ja, so gut ich es vermag." – „Das darfst du ganz einfach nicht. Du siehst doch, was passiert ist. Wir müssen eine gewisse Zeit mit dem Kommunismus und mit den Sowjets zusammengehen. Das wird bestimmt nicht leicht, aber ein *modus vivendi* muss gefunden werden, die Jugend darf auf keinen Fall feindlich gegen Russland und sein System eingestellt sein." Ich kannte Marysia, wusste aber auch, dass edle Persönlichkeiten, denen die Vorstellungskraft für das BÖSE abgeht, sehr gefährlich sein können. Ich antwortete also sanft, aber unnachgiebig. Es half nicht. Endlich, als Marysia immer heftiger in mich drang, sagte ich ihr in aller Ruhe, dass ich als akademischer Lehrer gegenüber der Jugend besondere Pflichten hätte, die ich bis zum Ende zu erfüllen gedächte. Wir gingen auseinander, ohne zu einem Ergebnis gelangt zu sein. Wir sahen uns weiterhin, doch unsere Beziehung war dennoch eine andere.[24]

Im Lager traten indessen Änderungen ein, sowohl persönliche als auch allgemeine. Dank der Intrigen der Deutschen aus der Kanzlei, die schon früher die Bortnowska bekämpft hatten, wurden aus meinem Block die polnischen Stubenältesten entfernt, und mir tat es besonders um Jadzia Wilczańska leid, mit der ich mich sehr gut verstand. Ich bekam im Austausch zwei Personen, von denen ich wusste, dass sie ein wachsames Auge auf mich hatten: eine Deutsche, die geschwätzige Sybille aus dem Bunker nämlich, sowie seitens der Sowjetki eine Russin, eine Emigrantin, die sich als „Kaukasische Fürstin" ausgab, was den Deutschen nicht wenig imponierte. Während sich die Astrologin zwar als boshaft erwies, im Grunde aber eine harmlose

Irre war, vergiftete mir die „Kaukasische Fürstin" das Leben, indem sie Sowietki gegen mich aufhetzte, die sie – wie die Mehrzahl im Lager, mit der Lagerleitung an der Spitze – zunehmend fürchtete. Endlich zeitigten die Intrigen Wirkung, ich wurde als Stubenälteste an den *Betriebshof* versetzt, ein Lager mit Werkstätten, gleich neben dem Hauptlager. Die Blockälteste und die andere Stubenälteste waren Deutsche und stellten sich sogleich gegen mich, umso mehr, da meine Häftlinge, in der Mehrheit „Schwarze" und „Grüne", schon bald herausgefunden hatten, dass ihre Essensportionen seit meiner Ankunft größer geworden waren. Mir war verboten, mich in das Stammlager zu begeben, und ich befürchtete, im entscheidenden Moment nicht zu meinen Schwestern gelangen zu können. Nach ein paar Wochen ließ mich eine Grippe mit Fieber (etwas nachgeholfen) noch einmal im Revier landen.

Dort kam am 4. Februar meine Nachfolgerin zu mir, die gegenwärtige Blockälteste der „NN" und der „Kaninchen", um mir zu sagen, dass sie den Befehl erhalten habe, die „Kaninchen" nicht aus dem Block zu lassen. Bisher ging ein solcher Befehl einer jeden Exekution voraus.

Nachmittags erhielt ich den Besuch von ein paar „Kaninchen", die gekommen waren, um sich zu verabschieden. Die einen waren überzeugt, dass kein Hauch von Hoffnung mehr für sie bestand, andere waren dafür, dass sich jede einzelne wehren sollte bis zum letzten Atemzug. Nach einer Weile tauchten zwei Sowietki auf, flüsterten: „Frau Karla, die ‚Kaninchen' geben wir nicht her" – und gingen. Es begann an jenem Tag also die Kampagne zur Verteidigung der „Kaninchen", an der sehr viele Lagerinsassen teilhatten. 60 Frauen zu holen und gewaltsam aus dem Lager zu bringen, war für die Lagerfunktionäre damals schon keine leichte Sache mehr. Die „Kaninchen" im Block 24 (dorthin war Block 32 verlegt worden) schliefen nicht, und bei Tage zeigten sie sich nur in Grüppchen und immer bloß kurz. Die größte Gefahr stellte der Appell dar. Und so umzingelte dann auch zwei Tage später ein Kordon aus Aufseherinnen und SS-Männern beim Appell den gesamten Block 24. Alles schien verloren. Doch da riefen Sowietki, die sich um Elektroinstallationen im Lager kümmerten, einen Kurzschluss hervor, das Licht ging aus, ein Durcheinander entstand, in dem die „Kaninchen" zusammen mit den Sowietki dem Ring entkamen, denn die Lagerleitung geriet in Panik. Die Verteidigung der „Kaninchen" war seitens der Rotarmistinnen zweifellos ein hoch ethischer Akt, gleichzeitig aber auch ein erstklassiger Propagandaschachzug; sie gewannen die Sympathie des ganzen Lagers. Darüber hinaus hatten die Deutschen einen Schreck bekommen und mussten begreifen, dass sie der „Kaninchen" mit Gewalt nicht habhaft wurden. Die Mädchen aber tauschten die Nummern an den Ärmeln und traten mit anderen Blocks zum Appell an, die hinwiederum ihre Polinnen zum Appell von Block 24 schickten. Ein einziger Wirrwarr entstand, und für etliche Tage wurden die Appelle aufgehoben. Eine Gruppe von „Kaninchen" saß diese Zeit in einem Erdloch unter Mietkas Block; sie kamen krank heraus. Für uns war klar, dass man ihnen auf diese Weise zwar das Leben verlängern konnte, dass sie jedoch früher oder später verloren waren, wenn nichts Ungewöhnliches eintrat.

Das Außergewöhnliche, und zwar ganz und gar Außergewöhnliche, sollte, so schien es damals, in der allernächsten Zeit eintreten. Nachts kam uns der Geschützdonner so nah, dass man den Eindruck hatte, die Rote Armee stünde direkt vor der Tür. Es kam so weit, dass wir, in die Nacht hineinlauschend, beteten, dass die Moskowiter, wenn sie denn schon kommen mussten, rechtzeitig kamen, bevor die Deutschen es schafften, diese Mädchen zu ermorden.

Doch das Näherrücken der Front hatte noch andere, für das Lager prinzipielle Folgen. Massentransporte wurden zusammengestellt, die einer nach dem anderen durch das Tor hinausgingen. Damals verschwanden die zahllosen Kinder jeglicher Nationalität aus dem Lager, die sich zuletzt herumgetrieben und, völlig demoralisiert, „Appell" oder „Bunker" gespielt hatten. Man sprach offiziell davon, aus Ravensbrück ein *Musterlager* für 10.000 Frauen zu machen. Von einem Tag zum anderen verschwand das Zelt, vor den Blocks wurden Bäumchen gepflanzt. Wir trauten unseren Augen nicht, nur die Holländerinnen grinsten bedeutungsvoll. „Das ist gut, das ist sehr gut", sagten sie, „das heißt, es dauert nicht mehr lange. Bei uns in Holland im Lager haben sie kurz vor dem Einmarsch der Alliierten Blocks für Kinder errichtet und die Räume mit Märchenszenen ausgemalt. Die Bilder waren noch feucht, als sie uns evakuiert haben."

Fünfzehn „Kaninchen" gelang es, mit Nummer und Namen von Toten mit jenen Transporten das Lager zu verlassen.

Außerdem wurden Anstrengungen unternommen, damit Binz erfuhr, dass das Ausland über das „Kaninchenproblem" bestens Bescheid wusste, und zwar durch Aka Kołodziejczak, deren Vater, ein amerikanischer Staatsbürger, die Tochter aus Ravensbrück geholt und über die Schweiz nach Frankreich gebracht hatte. Damals wurden zwei „Kaninchen" zu einer Unterredung beordert. Jadzia Kamińska ging und „Bajka" („Märchen" – d. Übers.), Zofia Baj, beide couragiert, pfiffig und mit sehr guten Deutschkenntnissen. Es empfingen sie Binz und Schwarzhuber*, der neue *Schutzhaftlagerführer*, die ihnen versicherten, dass es allein darum ginge, die „Kaninchen" in ein sicheres Lager zu bringen (beiläufig erwähnte man Gross-Rosen in Schlesien, wo damals längst die Front war). Die beiden Botschafterinnen aber waren felsenfest davon überzeugt, dass das Gespräch zum Ziel hatte, sie über Aka Kołodziejczak auszuholen. Zwar wusste niemand von uns, wie viel sie wirklich hatte ausrichten können, doch im Laufe der Jahre hatten wir auf den unterschiedlichsten Wegen Informationen ins Land geschickt, infolge deren man in Rundfunksendungen von den „Kaninchen" gesprochen haben soll. Binz, deren Namen ebenfalls Erwähnung gefunden hatte, wie erzählt wurde, war auf jeden Fall entsetzt, worin Jadzia und „Bajka" sie noch bereitwilligst unterstützten.

Nachdem weitere Tage des Kampfes vergangen waren, rief Suhren, der sich bisher nicht eingemischt hatte, eine von ihnen, Marysia Plater, zu sich. Jadzia und „Bajka" gingen als Dolmetscherinnen mit. Suhren zeigte Marysia ein Papier und versprach ihre Freilassung, wenn sie unterschriebe. Es handelte sich um eine Erklärung, dass die Narbe an ihrem Bein von einem Unfall in der Fabrik herrühre. Marysia lehnte ab. Sie wolle gegenwärtig nicht entlassen werden, denn nach Polen könne sie ohnehin nicht, und da möchte sie mit den Freundinnen zusammenbleiben. Eine lange Diskussion kam zustande, in deren Verlauf Suhren nach Berlin zu schreiben versprach, wonach er den „Kaninchen" die Antwort hinsichtlich ihres weiteren Schicksals zukommen lassen wollte.

Diese Antwort traf natürlich nie ein, und der Lebenskampf der „Kaninchen" dauerte an.

Ich lag noch im Revier, als eines Abends unvermutet die Aufseherin an meinem Bett auftauchte, mir unverzüglich aufzustehen und ihr zum Kommandanten zu folgen befahl. Beim Anziehen konnte ich rasch noch der Nachbarin sagen, dass die Sache klar sei, um diese Stunde bestelle der Kommandant niemand zu sich, dafür sei es die Zeit für die Hinrichtungen. Draußen erwartete uns schon eine zweite Aufseherin, was meine Vermutung bestätigte. Beide waren sie klein, ich in ihrer Mitte dachte, dass wir wie ein Triptychon aussahen. Als wir zum Tor hinaus waren, bogen wir jedoch nicht nach rechts ins Wäldchen ein, sondern nach links, tatsächlich zur Kommandantur. Ich ging schließlich zu Suhren hinein und meldete mich. Er empfing mich stehend, wie beim ersten Mal, als ich noch *Sonderhäftling* war, was mich verwunderte. Er erkundigte sich nach meinem Befinden. Als er hörte, dass ich krank war, drückte er die Hoffnung aus, dass es nichts Ernstes sei. Ich verstand. Nur eine Intervention von Bedeutung konnte ein solches Ergebnis zeitigen. Vor ein paar Monaten hatte ich dem „Völkischen Beobachter", den eine Aufseherin in unserem Büro zurückgelassen hatte, entnommen, dass Carl Burckhardt*, ein Schweizer Historiker und mein langjähriger Freund, Präsident des Internationalen Roten Kreuzes geworden war. In jenem Augenblick, da ich vor Suhren stand, hatte ich plötzlich den Eindruck, dass das Prestige einer internationalen Institution, vor allem aber die Stärke einer Freundschaft mich schützten wie ein Schild, der sich zwischen Suhren und mich schob. Er fragte mich nach meinen Wünschen. Brauchte ich Kleidung, Proviant? Er verhielt sich wie ein Ladeninhaber, der seine Ware anpreist. Ich sagte ihm, dass ich nichts brauchte. Er reagierte ungeduldig und wiederholte seine Frage. Endlich durfte ich gehen. Als ich in den Block zurückkam, schlief niemand; die Polinnen beteten. „Sie ist da! Ist zurück, und lacht auch noch." Ich fühlte mich komisch; da war ich gegangen, um zu sterben, und man hatte mir Konservendosen angeboten!

Nachdem ich aus dem Revier entlassen war, wurde ich Stubenälteste auf Block 31 bei der Blockältesten Hanka Zaturska. Ich war erst ein paar Tage da, als ich zu Dr. Treite gerufen wurde. Ich ging. An der Tür zum Revier wartete bereits meine

Freundin, eine dicke tschechische Polizistin, sie war sehr aufgeregt. „Treite will Euch sehen, aber erst rasch zu Zdenka. Sie wartet auf Euch!", und als wollte sie mich mit Gewalt hinführen, krallte sie ihre nicht eben zarten Finger in meinen dürren Arm und stieß mich auf Zdenkas Zimmer zu. Als ich eingetreten war, schloss Letztere heftig die Tür hinter mir und begann sehr hastig zu flüstern: „Karla, du kommst frei!" Hatte jetzt auch noch Zdenka den Verstand verloren? Die aber wisperte weiter: „Treite traut sich nicht zu wissen, dass du bei mir warst. Er hat sich nach dir und deiner Gesundheit erkundigt, dabei leise etwas zur *Oberschwester* gesagt. Geh jetzt zu ihm, und dann komm wieder her, aber so, dass er es nicht sieht. Wenn du nicht zurückkommst, sterbe ich vor Neugier!"

Gleich darauf war ich wieder bei ihr, um ihr zu berichten, dass mich Treite gründlich nach meiner Gesundheit befragt und meine Beine nach Schwellungen untersucht habe, und trotz meiner Versicherungen, dass meine Grippe vorbei sei, hat er mir befohlen, ich solle mich unverzüglich in Revier Nr. 1 hinlegen, wo nur Fälle untergebracht waren, die unter seiner persönlichen Aufsicht standen. „Du hast Bekannte im Ausland?" fragte Zdenka. „Hab ich, ja. Der Präsident des Internationalen Roten Kreuzes ist mein Freund." Sie schlang mir die Arme um den Hals. „Aber Zdenka, das ist ja doch nicht auszudenken! Ohne euch wegzugehen von hier … Ausgeschlossen!" – „So darfst du nicht denken! Deine Abreise kann uns alle retten! Doch jetzt verschwinde, damit dich keiner sieht!"

Also ging ich zum Revier Nr. 1. Unterwegs hörte ich das Gewimmer der sterilisierten Zigeunerinnen. Dort, in einem kleinen Raum für sechs Personen, wartete bereits ein bezogenes Bett auf mich. Die ernsthaft kranken Kameradinnen lagen oben und mussten zum Waschen herunterkommen, während ich, der nichts fehlte, auf spezielle Anweisung der *Oberschwester* ein Bett unten hatte, ohne irgendwen über mir … Ich legte mich hin und wartete auf das, was da kommen sollte. Es dauerte nicht lange und die Pflegerin brachte mir etwas absolut Fantastisches – ein Glas Milch. Am Abend fing man an mich mit Vitamin C zu füttern, und am nächsten Tag erschien die *Oberschwester* in selbsteigener Person mit einer großen Flasche Lebertran. Außerdem wurden alle möglichen Untersuchungen durchgeführt, die Organe auf ein eventuelles Angegriffensein überprüft. Es gelang mir, meine Beschützer davon zu überzeugen, dass mir frische Luft und Bewegung fehlten, dass ich spazieren gehen musste. Ich konnte also das Unterrichten fortführen und Tran in kleinen Flaschen hinausbringen. (Als Belohnung dafür, dass ich so viel davon trank, bekam ich von der *Oberschwester* immer größere Portionen Lebertran.) Schließlich, nach etwa zehn Tagen, war diese Komödie abrupt zu Ende. Ich kehrte nach Block 31 zurück. Wir dachten, die Intervention habe nichts gebracht, oder eher, wir dachten nicht viel an diesen Zwischenfall. Wir hatten andere, dringendere Sorgen.

Das Lager leerte sich nach und nach. Die Jüdinnen, unter ihnen Frau Strassner, gingen nach Belsen, die „NN" nach Mauthausen, und das „evakuierte" Warschau wurde nachgerade „befreit"! Die Nummern wurden abgeschafft, Kleider ohne Kreuz an die Frauen ausgegeben, dann schickte man sie als zivile Arbeiterinnen in die Fabriken. Für viele war das eine moralische Tragödie, denn psychisch war es noch viel härter, als scheinbar freie Arbeiterin für die Deutschen zu arbeiten, denn als Häftling. Wer aber schwächer war oder älter, kam ins einstige *Jugendlager*. Die jungen Deutschen waren bereits um den 20. Januar herum von dort abtransportiert worden. Wenige Tage später nahm man nach einer Liste Frauen auf, an die zuvor rosa Kärtchen ausgegeben worden waren. Man sagte ihnen, dass das einstige *Jugendlager* jetzt für sie bestimmt sei, dass es dort keinen Appell geben werde, sie den ganzen Tag im Bett liegen und sich ausruhen könnten. Die Ärztin Dora Rivière und ein paar Krankenschwestern gingen mit ihnen. Zehn Tage lang war alles in Ordnung. Dann wurden Dora, die Krankenschwestern und die Medikamente ins Stammlager zurückgeschickt. Das *Jugendlager* trat täglich zum Appell an und stand 5–6 Stunden, den Frauen hatte man dazu die Mäntel abgenommen. Schließlich erschien am 5. Februar mit einem Lastwagen die *Lagerleiterin*, *Fräulein* Neudeck, und holte eine Ladung Frauen. Der Plattformwagen kam blutbespritzt zurück, und tags darauf gingen in der „Kammer" eine Menge blutgetränkter Kleider ein, mit rosa Kärtchen in den Taschen. Von nun an wählte *Fräulein* Neudeck, eine sehr attraktive, hochgewachsene Blondine von höchstens 24 Jahren, die beinah immer betrunken war, regelmäßig Gruppen von Frauen aus dem *Jugendlager*, befahl ihnen, sich bis aufs Hemd auszuziehen, sich mit Tintenstift die Nummer auf die Brust zu schreiben, und sperrte sie in einem gesonderten Block ein, von wo aus sie die Frauen mit dem Plattformwagen wegbrachte. Weder Wagen noch Kleidung waren von nun an blutbefleckt, nur aus dem Schornstein des neuen großen Krematoriums schlug ununterbrochen eine Flamme zum Himmel, die nachts das Lager erhellte. Sie gemahnte an den Anfang der *Ilias*, da die Seuche über die Achaier kam:

„Und rastlos brannten die Totenfeuer in Menge."

Der Geruch der verbrannten Leiber und Haare war unerträglich, er legte sich einem erstickend auf die Brust. Die Gaskammer funktionierte von Anfang Februar bis 1. April.

Im Februar erschien Dr. Winckelmann* bei uns, den Frauen von Auschwitz wohl bekannt, von dem Marysia Kujawska bis zum Schluss behauptete, dass er kein Arzt sei, „denn das kann ganz einfach nicht sein". Er wählte aus den Revierblocks alle schwerer kranken Frauen aus und übergab sie Fräulein Neudeck, die sie auf dem Plattformwagen mitnahm. Ab diesem Zeitpunkt begann für uns das Verstecken jener Frauen in den Blocks, um sie vor dem Revier zu bewahren.

Schließlich und endlich tauchte Winckelmann, für gewöhnlich in Begleitung von Pflaum und ein paar Aufseherinnen, auch in den normalen Blocks auf, die allesamt, zu zweit oder einzeln, in einem Abstand von 8–10 Schritten an ihm vorbei-marschieren mussten. Die oft schwer Kranken, die sich kaum auf den Beinen hiel-ten, strafften sich mit letzter Kraft, um möglichst stramm an Winckelmann vorbei-zuschreiten. Sie wollten leben!

Invaliden und Sieche spannten ihren Körper an, und der „Doktor" schickte sie mit nonchalanter Hand nach rechts – zur Arbeit, nach links – in den Tod. Hoff-nungslos verloren waren Frauen mit grauen Haaren oder geschwollenen Beinen. Der letzte verzweifelte Kampf der Frauen in Ravensbrück ums Überleben hatte be-gonnen. Eine Gruppe von Block- und Stubenältesten drängten sich, „um bei der Aufrechterhaltung der Ordnung zu helfen", während die Selektion anstand, brach-ten sie die Aufstellung durcheinander und schubsten die Häftlinge von links nach rechts.

Einmal, als Pflaum nicht dabei war, der mich für gewöhnlich nicht aus den Au-gen ließ, schickte Winckelmann zwei junge, sehr schwache Personen, eine Polin und eine Jüdin, ins *Jugendlager*, während die Mütter der beiden Mädchen „nach rechts" geschickt worden waren. Die Mädchen standen auf der Todesseite und flehten mich leise um Hilfe an. Ich befahl ihnen, sich kurz hinter mich zu stellen, dann packte ich sie grob bei den Armen und eilte mit ihnen zu Winckelmann. „Herr Doktor", don-nerte ich (den Deutschen konnte man immer mit einer dröhnend lauten Stimme imponieren) – „diese zwei gesunden Faultiere haben sich hier zu mir geschlichen, als Sie befahlen, die Kranken Aufstellung nehmen zu lassen! Die wollen nicht arbeiten! Das ist doch unerhört! *Unerhört!*" – „*Unerhört!*" brüllte Winckelmann mit mir. „So-fort an die Arbeit!" Ich stieß die Mädchen nach rechts, wo sie halb ohnmächtig vor Entsetzen ihren Müttern in die Arme fielen. Jetzt war ich mit dem Erschrecken an der Reihe, aber der Henker war bereits mit anderen Opfern befasst.

Nach der Selektion durchbrachen wir die Kordons, die die verurteilten Frauen separierten, unter dem Vorwand, ihnen ihre Sachen zu bringen, denn sie fuhren ja „zur Erholung", halfen ihnen, durch die Fenster in die Nachbarblocks zu kriechen, wo sie dann ein paar Stunden oben auf der dritten Pritsche hockten. Nicht selten färbte man ihnen dort die grauen Haare mit irgendeiner schwarzen Schmiere. Un-sere wichtigste Aktivität aber bestand darin, die Kranken vor der Selektion zu ver-stecken. Manchmal (bei den Deutschen hat nicht nur das Verbrechen System, son-dern auch die Unordnung) konnte man erraten, in welchem Block Winckelmann auftauchen würde. Dann trug man die Kranken in den Revierblock, der frisch se-lektiert war, um sie dort zu „verstecken". Voller Dankbarkeit gedenke ich der Soli-darität eines großen Teils des Revierpersonals bei dieser nicht eben ungefährlichen Aktion. Hier soll hinzugefügt werden, dass bei diesem dauernden Sich-in-Gefahr-Bringen auch viel Egoismus unsererseits mit im Spiel war. Es war ganz einfach eine Methode, um durchzuhalten und nicht den Verstand zu verlieren.

Es gab Momente, nachgerade komisch in ihrer Wunderlichkeit. Einmal erschien eine Deutsche vom Kommando bei mir. „Du musst mir helfen und rasch eine Aufstellung von französischen und polnischen Frauen machen, die Erbtitel haben." Ich war felsenfest überzeugt, dass die Frau, eine alte Sozialistin, den Verstand verloren hat. Meine Miene muss entsprechend gewesen sein, weil Thury mir unaufgefordert versicherte, dass sie vorläufig ihre fünf Sinne noch beisammen habe, jedoch von Schwarzhuber damit beauftragt sei, eine solche Liste zu erstellen. „Ganz offensichtlich wollen sie diesen Personenkreis nicht vergasen, also muss man die Liste möglichst erweitern." Als ich in dieser Angelegenheit zu den Französinnen ging, brach natürlich Freude aus, besonders bei Marie-Claude (Vaillant Couturier), die mir nahe stand, und ich gewann noch eine Reihe von Marquisen und *vicomtesses* zu meiner Aufstellung hinzu. Auch verliehen wir besonders bedrohten Personen besonders hochtrabende Titel, allerdings konnte eine solche Fabrikation bedauerlicherweise nur en detail, nicht en gros stattfinden. Niemand, der sich auf der Liste befand, wurde vergast.

Dies war die einzige Zeit, da ich die grüne Armbinde nicht verwünschte, aber wir gaben uns auch damals keinerlei Illusionen hin: unsere Hilfe war minimal. Uns gelang, eine gewisse Anzahl menschlicher Wesen zu retten, das stimmt schon, aber es war nicht mehr als ein Tropfen auf den heißen Stein! 7000 Frauen gingen damals, beinah vor unseren Augen, in die Gaskammern! Völlig hilflos waren wir bezüglich der Vergasung von Kranken und solchen, die bei Bombenangriffen auf die Fabriken verwundet worden waren. Eine Menge der aus Warschau „Evakuierten" kam damals um. Einmal, es war spät am Abend, ging ich am Bad vorbei, als mich jemand in der Dunkelheit erkannte und beim Namen rief. Ich trat näher. Eine Gruppe von Frauen lag vor dem Bad auf der Erde. „*Madame*, sie haben uns als krank weggeschickt aus der Fabrik, was werden sie mit uns machen?" – „Bestimmt werden Sie sich in irgendeinem Block erholen", erwiderte ich, doch meine Stimme kam mir fremd vor in diesem Augenblick. Da rannte auch schon eine Aufseherin herbei und vertrieb mich. In jener Nacht nahm kein Block den französischen Transport auf, nur die Flamme aus dem Krematorium loderte hell …

Manchmal traf man eine unvermittelt aus den Blöcken geholte Partie, die niemals beim *Jugendlager* ankam. Ich weiß noch, wie mir jemand beim Vorbeigehen an einer solchen Gruppe mit friedlichem Lächeln einen Abschiedsgruß zuwinkte – es war *Mère* Marie. Auch ein paar Deutsche gingen mit, darunter die mitteilsame Astrologin.

Ein paar Tage nach dem Verschwinden dieser Personen aus dem Lager erhielt die Kanzlei von der Kommandantur eine Liste ihrer Nummern und Familiennamen mit dem Vermerk, dass die nachfolgend aufgeführten Häftlinge in ein *Schonungslager*, Mittwerda in Schlesien, überstellt worden seien. Nebenbei gesagt wussten wir alle, dass zu dem Zeitpunkt bereits ganz Schlesien in russischer Hand war.

In den letzten Tagen des März sammelten sie große Gruppen sowohl von Polinnen als auch von Französinnen zusammen und ließen ihnen nicht einmal die Zeit, um ihre Sachen zu nehmen. Das wirkte sich in moralischer Hinsicht fatal auf sie aus. Die Kameradinnen überredeten die verhältnismäßig anständige Aufseherin Seltmann, uns zu eskortieren und sogar die Habseligkeiten hinbringen zu lassen. Wir wollten auf diese Weise auch ein bisschen Brot schmuggeln. Sie war einverstanden, wir schnappten uns von irgendwo einen Handkarren, luden die Bündel auf und gingen zum *Jugendlager*, das recht hübsch in einem Kiefernwäldchen gelegen war, Platz hatte, 300 Schritt vom Stammlager entfernt. Als wir dort auftauchten, umringten uns die Frauen und fragten uns nach allem, was da vor sich ging. Als wir uns nach dem Austeilen der Sachen wieder verabschiedeten, zwängte sich eine alte grauhaarige Französin zu mir durch. Ich erinnerte mich an sie, eine ehemalige Hebamme mit einem äußerst banalen Namen, *Madame* Durand, glaube ich. „*Madame* Karla, ich bin aus dem Block 27 und weiß, wie sehr Sie unter den Französinnen zu leiden gehabt haben. Ich habe alles mit angesehen, was da los gewesen ist, und auch, wie Sie krank geworden sind. Heute bin ich hier und weiß, was mich erwartet, genau so, wie Sie es wissen. Bitte, sagen Sie mir, dass Sie mir persönlich nichts nachtragen, ich habe Ihnen ja nie etwas zu Leide getan." Ja, ich erinnerte mich sehr genau an sie, stets war sie gut und freundlich gewesen, die Ergriffenheit, die ich jetzt empfand, lässt sich nicht schildern.

Wir kehrten ins Lager zurück, ließen das Kiefernwäldchen hinter uns und darin die Todesblocks.

An dieser Hinrichtungsstätte war ein Phänomen besonders frappierend. Je dichter der Rauch aus dem Krematorium, je näher, unmittelbarer jede von uns dem Tod ins Auge blickte, um somehr wuchs das Bedürfnis nach geistigen Gütern, ein intellektueller Hunger ganz einfach. Man war den Anforderungen kaum gewachsen, die Bestellungen von „Vorträgen" mehrten sich. Täglich fand nachmittags bei den „Kaninchen" oben auf der Dritten Unterricht statt. Eine Gruppe von Mädchen kehrte in den Block zurück, Wachposten wurden aufgestellt, und der Vortrag über die Kultur der Zeit Karls des Großen oder eine Lektion über die Gotik begann. Die Hörerinnen, von denen keine wusste, ob nicht schon der letzte Tag ihres Lebens angebrochen war, lauschten mit voller Konzentration und wahrem Interesse. Hin und wieder hatte ich drei Schülergruppen täglich, presste mein armes geschwächtes Gedächtnis wie eine Zitrone aus – und redete. Heute kann ich nur meiner Hoffnung Ausdruck geben, dass ich meinen Hörerinnen wenigstens zum Teil gegeben habe, was sie mir gaben – die Möglichkeit der Abkehr von moralischem und körperlichem Schmutz, von Eiter, Ruhr, Erniedrigung, die uns umgaben, und einer Rückkehr zu jenen Werten, die einst meine Welt ausmachten, meine ureigene Welt.

Die Karwoche stand bevor, als Marysia Grocholska (geb. Czetwertyńska)* zu mir kam, riesig und sanft wie Podbipieta (Riesenhafter Kämpfer, Gestalt aus: *Mit Feuer* *und Schwert* von H. Sienkiewicz – d. Übers.), deren Christentum nicht einmal eine Reihe von Monaten *Strafblock* zu erschüttern vermocht hatte. Man sagte, dass wer nicht im *Strafblock* war, nicht wusste, was Ravensbrück bedeutete, und dass von dort niemand ohne moralischen Schaden herauskam. Sie jedoch war unberührt geblieben, und zu allem Überfluss wurde sie von den Kameradinnen jenes Blocks vergöttert – es war der Lagerabschaum. Sie war zu mir gekommen, um mich zu bitten, besonders bei den „Kaninchen" in meinem Vortrag auf die Karwoche einzugehen. Als ich erwiderte, dass ich dazu nicht in der Lage sei, drang sie weiter in mich, bis ich letztendlich kapitulierte und mich ihrer sanften Überredungskunst ergab: „Schließlich ist diese Karwoche vielleicht oder sogar wahrscheinlich die letzte für uns, und vor allem für die ‚Kaninchen'! Sie darf einfach nicht so unbeachtet vorübergehen." Ich wusste nicht so recht, was ich machen sollte. Ich begann damit, meinen Hörerinnen von den vielen großen Künstlern zu erzählen, die sich mit den Leiden Christi befasst, Hauptszenen dargestellt haben. Auf Gründonnerstag fielen Leonardos Letztes Abendmahl und dasselbe Thema bei Tintoretto, für Karfreitag und Karsamstag wählte ich die entsprechenden Werke und Gedichte Michelangelos aus, zusammen mit der Schilderung der großen religiösen Erlebnisse seines letzten Lebensabschnitts. Die neuen Vorträge gefielen sehr und machten einen größeren Eindruck, als ich vermutet hatte. Ich musste sie für etliche Schülergruppen wiederholen. Für den Ostermontag bereitete ich „Emmaus bei Rembrandt" vor, doch es gab Schwierigkeiten, der Vortrag wurde verschoben. Mittags, beim Essen, stürmte die Wienerin vom Arbeitsamt in den Block mit dem Befehl, ich habe unverzüglich zusammen mit den Französinnen vor dem Bad Aufstellung zu nehmen. Früh hatte man 400 „gesunde" Französinnen ausgesucht und sie zum Baden geschickt. Gerüchte wollten von einem Gefangenenaustausch mit Frankreich wissen. Jetzt sollte also auch ich mit ihnen gehen. Im ersten Augenblick glaubte ich ihr nicht und erklärte, dass heute der 2. April sei, nicht prima aprilis, und dass ich in Ruhe meine Suppe essen möchte. „Aber nein! Beeil dich, Befehl vom Kommandanten!" – „Vom Kommandanten?" wiederholte ich automatisch und sah zu den Kameradinnen. Sie schauten schweigend zu mir. Ich erhob mich, ging und stellte mich zu den Französinnen vor das Bad wie damals, vor 27 Monaten, als ich ein Zugang war.

Eine genaue ärztliche Durchsicht erfolgte. Personen, die geschwollene Beine hatten (Hungerödem), schickte man in den Block zurück. Wir wurden gebadet, mit Kleidern ohne Kreuz und Nummer ausstaffiert und in einem mit Stacheldraht abgetrennten Block untergebracht. Aber damals fragte schon keiner mehr nach Disziplin, und ich entschlüpfte anderntags zu meinen Blocks, um meinen Emmaus-Vortrag zu halten. Was wir von der Katastrophe Deutschlands zu hören bekamen, war von der Art, dass unsere Abreise mehr und mehr zweifelhaft schien. Dennoch traf am vierten April nachmittags die Nachricht ein, dass morgen um vier Wecken sein werde und dann Sonderappell ...

Ich eilte zu meinen Nächsten. Sie stiegen herunter, um sich von mir zu verabschieden, die Bortnowska, Grocholska, Zdenka und ein paar andere. Ich lernte Ziffern auswendig, um annähernd angeben zu können, wie viele Häftlinge einer jeden nationalen Gruppierung sich zum gegenwärtigen Zeitpunkt in Ravensbrück befanden. Außerdem gab es andere Neuigkeiten. Der Gasofen war am 2. April demontiert worden, dafür gab es jetzt im Wäldchen beim *Jugendlager* einen „Autobus", den Lubliner Häftlingen wohl bekannt. 100 Personen „stiegen ein", dann begann sich ein kleiner Schornstein auf dem Dach zu drehen – der Tod trat unverzüglich ein. Es war offensichtlich, dass das Leben aller Häftlinge weiterhin bedroht war, daher wurde ungeheure Hoffnung an meine Ausreise geknüpft: „Du holst uns hier raus!" Aber es gab auch Pessimistinnen. Marta Baranowska kam sich verabschieden und sagte: „Ich glaube zwar nicht, dass wir mit dem Leben davonkommen, aber es wird leichter sein zu sterben mit der Gewissheit, dass eine von uns lebt und der Heimat von uns berichtet."

Tags darauf, am 5. April in der Früh, Appell – der letzte. Eine neue, diesmal schon dramatische Selektion. Einige Französinnen waren während dieser zwei Tage erkrankt, man ersetzte sie durch „gesunde". Das dauerte lange und war furchtbar unangenehm. Endlich begannen wir in Fünferreihen aufs Tor zu zu marschieren. Ganz am Schluss ging ich. Auf einmal rannte jemand hinter uns her – Halina Chorążyna. Wir umarmten uns während des Marsches, kurz, fast schroff. Ich kam an den polnischen Blocks vorbei. An meinem Weg entlang gingen Fenster und Türen auf, Frauen winkten mir zu. Dieselben Rufe: „Denk an uns – vergiss nicht!" tönte es wie ein Echo von Block zu Block. Endlich kam ich auf dem Lagerplatz an. Dort standen die Bortnowska, die Grocholska und eine Gruppe „Kaninchen"[25]. Grocholska war ruhig und ernst wie gewöhnlich, die immer strenge Niuta lächelte heute, dabei strömten die Tränen über ihr ausgezehrtes, kluges Gesicht. Die „Kaninchen" waren nur mit einer einzigen Sache beschäftigt und ihretwegen sehr beunruhigt. „Dass Sie bei all dem Ganzen nur nicht vergessen, sich umzudrehen im letzten Augenblick, rückwärts hinauszugehen, das Gesicht uns zugekehrt – dann ziehen Sie uns nach. Es wäre schrecklich, wenn Sie nicht daran denken würden!" Ich musste an Stanisławów denken!

Die Französinnen waren schon draußen, ich folgte ihnen als letzte und durchschritt das Tor von Ravensbrück, rückwärts gehend, die Arme zum Lager hin ausgestreckt. Schließlich drehte ich mich um und ging den Weg, den vor vier Jahren Polinnen gebaut hatten. Wie viele Male hatten wir durch die Gitter auf ihn hinausgeschaut, Sommer und Winter hatten wir ihn uns vorgestellt, diesen Tag der Freiheit, an dem wir dort entlanggehen würden, alle zusammen – nach Polen! Und jetzt ging ich allein, die einzige aus meiner ganzen Gruppe. Ich ging nach Westen, entfernte mich mit jedem Schritt von Polen. An der Wegbiegung drehte ich mich noch einmal um und sah zum letzten Mal im frühen Morgenlicht eines strahlenden

Frühlingstages die Gruppe meiner Schwestern. Sie streckten die Hände zu mir aus hinter dem Schlagbaum, der schon heruntergelassen war. Worte können diesen grausamen Augenblick nicht schildern.

Hinter der Wegbiegung verließen wir den Hauptweg. Unweit eines spärlichen Wäldchens stand eine Reihe weißer Lastwagen mit dem Zeichen des Roten Kreuzes. Wir hatten dieses Zeichen so oft auf deutschem Gerät gesehen, diesmal aber war das Zeichen ein anderes: auf rotem Schild ein w e i ß e s Kreuz! Jesusmaria! Die Schweiz! Ein freies Land erinnert sich an uns, die keine Konvention schützt! Und auf dem Kühler die Aufschrift: Comité International de la Croix-Rouge – Genève. Es war also Wirklichkeit, sie hatten wirklich nach uns geschickt. Ich lese die Aufschrift ein zweites Mal, als fiele es mir schwer, sie zu entziffern, sie zu verstehen; es fällt in der Tat schwer. Dann drängt man mich, einzusteigen; die Französinnen sitzen bereits auf den großen weißen Wagen. Die Lagerleitung ist *in corpore* anwesend – diese Leute verhalten sich jedoch anders, so dass ich den Gedanken nicht loswerde, es müssten andere sein. Aber nein, da sind Suhren, Schwarzhuber, Pflaum und ein Rudel Aufseherinnen. Nur dass keiner brüllt, tritt, stößt, sie verhalten sich wie normale Menschen, sogar mit vorbildlicher Höflichkeit wenden sie sich an den einzig anwesenden Zivilisten, der sich ebenfalls normal benimmt. Wer mag dieser Zivilist sein? „Das ist der Schweizer Delegierte", sagt jemand. Ich schaue ihn an, fast wie ein exotisches Exemplar. Das ist ein freier Mensch, sage ich mir immer wieder, weder durch eigenen Totalitarismus unterjocht noch durch einen fremden Eindringling … Und da gewahrt mich der dicke Pflaum und vollführt einen komischen Freudenhüpfer auf mich zu. „Was? Du fährst auch? Wie mich das freut. Nun bringst du mich endlich nicht mehr in Wut!"

Um 9.05 setzen sich die Autos endlich in Bewegung. Wir fahren, lassen in Ravensbrück die Lebenden und die Toten hinter uns.

Den ganzen Tag fuhren wir ziemlich schnell durch ein völlig entvölkertes Land. Auf der *Reichsautobahn* kein Fahrzeug, keine Menschenseele. Nur in den Wäldern eine Menge Panzer und verstecktes Kriegsgerät, das in krassem Kontrast stand zu den Millionen Veilchen und Anemonen, die gerade jetzt die blutige deutsche Erde bedeckten. Abends erreichten wir das bayerische Hof. Unser Nachtlager fanden wir im Theater des Städtchens Ober-Kotzau. Dort warteten wir unter der scharfen Kontrolle von Gestapobeamten drei Tage auf Benzin.

Ich erinnere aus diesen Tagen eine kleine Episode, die ich damals nicht begriff. Wir saßen in dem kleinen Theatersaal auf dem Boden, auf sauberem (!) Stroh und ruhten uns aus … Irgendwann trat eine der Französinnen zu mir und sagte, *Tante* Yvonne möchte mit mir sprechen. Es handelte sich um die Admiralswitwe *Madame* Leroux, ein außergewöhnlicher Mensch, die unter den Französinnen mit Kultur große Autorität besaß und mir stets besonders wohlwollend gesonnen war. Ich erhob mich also und trat an das Lager der sehr schwachen *Tante* Yvonne. Sie begrüßte mich herzlich, dann sagte sie: „Nur das eine – sollten Sie in Zukunft irgendwelche Schwierigkeiten bekommen, benachrichtigen Sie mich bitte unverzüglich. Hier meine Adresse", und sie reichte mir ein Kärtchen. Ich ahnte nicht einmal, mit welcherart Schwierigkeiten ich mich an diese ehrwürdige ältere Dame wohl wenden sollte. Natürlich bedankte ich mich angemessen und ging, um sie nicht zusätzlich zu ermüden, sie sah schrecklich aus. Sie starb übrigens beinah sofort nach ihrer Rückkehr. (Nicht allzu lange nach der Befreiung sollte ich begreifen, um welche *difficultés Madame* Leroux wusste. Sowohl ich im Westen als auch Niuta Bortnowska in Polen wurden von den verschiedensten Seiten beschuldigt, in Zusammenarbeit mit den Deutschen Kameradinnen schlecht behandelt zu haben. Es dauerte seine Zeit, bis wir beide – durch den Eisernen Vorhang voneinander getrennt – begriffen, dass es hier schlichtweg um Rache für die ideologische Einflussnahme auf die Jungen ging. Ich wurde „bloß" angeschwärzt, Niuta landete im Gefängnis. Gerettet hat sie unsere Freundin Zdenka Nedvedova, die Superkommunistin, die extra von Prag nach Warschau fuhr, um Niuta aus dem Gefängnis zu holen.)

Endlich war das Benzin eingetroffen, und wir setzten unsere Reise fort. Nunmehr ging es durch das dicht bevölkerte Süddeutschland, die Donau entlang. Wir kamen durch Ulm, oder eher durch formlose Trümmermassen, die sich Ulm nannten. Mein Blick suchte entgeistert nach den Ruinen des hochberühmten Doms, und da auf einmal – aus einem Lastwagen mit Verdeck sieht man nur, was man bereits hinter sich gelassen hat – wuchs vor unseren Augen der herrliche Bau empor, unangetastet, unberührt, keine Fatamorgana, sondern real, ein architektonisches Konkretum, sofern ein Bauwerk der Gotik real und ein Konkretum genannt werden kann. Wie eine Flamme schoss der Turm in den Himmel empor, als ein Beweis für den Sieg dessen, was allein ausschlaggebend ist.

Am Abend erreichten wir die Schweizer Grenze. Die untergehende Sonne bestrahlte die aus der Ferne sichtbaren Berge des freien Landes.

Um zehn Uhr abends hielt unser Lastwagen, der letzte aus der Reihe, in Kreuzlingen, einem Grenzstädtchen. Man hieß uns aussteigen und zu fünft Aufstellung nehmen. Ich stand in der letzten Fünferreihe. Zehn Meter von uns entfernt war ein großes offenes Tor zu sehen. Bei ihm standen etliche Männer, darunter die Gestapo-Männer, die uns begleitet hatten. Die Französinnen marschierten zu fünft zum Tor hinaus. Uns, die letzte Gruppe, hielt man auf. Ein Herr trat auf mich zu und stellte sich als deutscher Gesandter in Bern vor. Und sagte, dass er sich freue, dass auch ich freigekommen sei, denn er habe die Hoffnung, dass ich *ein guter Mensch* sei, obschon, wie man höre, außerordentlich kriegerisch. Ich war einfach baff. Und ich war in diesem Augenblick absolut nicht in der Stimmung, mich mit den Deutschen herumzustreiten. Deshalb entgegnete ich nur, dass ich, wenn die Liebe zum Vaterland ein Beweis für Kriegslust ist, in der Tat kriegslustig sei. „So ein gutes Deutsch

hätte man besser nutzen können", ließ sich hinter dem Gesandten ein Gestapo-
beamter vernehmen. Mir gelang gerade noch, ihm zu versichern, dass ich auch Englisch spreche, als zum letzten Mal das Wort *los* fiel. Nun schritten wir zum Tor hinaus. Wir waren allein, hinter uns, auf jener Seite, blieben die Gestapobeamten mit
dem Gesandten zurück. Und mit ihnen das Dritte Reich.

Bon soir, hörten wir jemanden von der Seite. Es war ein Schweizer Wachposten.
Unweit standen Grüppchen aus der Bevölkerung, winkten mit Taschentüchern und
riefen: *„Soyez les bienvenues!"* Uns allen versagte die Stimme, wir winkten nur
stumm mit der Hand. Auf einmal fingen die Glocken an zu läuten, der Bürgermeis-
ter von Kreuzlingen hatte angeordnet, dass ein freies Land unsere Freilassung auf
diese Weise begehe, die schlichteste und die feierlichste. Ich muss gestehen, dass es
viel leichter ist, über drei Jahre der Gefangenschaft hinweg nicht zusammenzubre-
chen, als einen solchen Empfang auszuhalten. Wir bekamen Abendessen und ein
Nachtquartier, man umgab uns mit rührender Fürsorge, die sich umso notwendi-
ger erwies, da etliche Französinnen trotz aller Selektionen in Ravensbrück bereits
mit dem Tod rangen. Die Kranken blieben in Kreuzlingen, wir anderen stiegen anderntags in den Zug. Die Französinnen kehrten in ein freies Vaterland zurück,
während ich in Genf ausstieg. Auf dem Bahnhof erwarteten mich mein Bruder und
Carl Burckhardt, mein Befreier.

Anmerkungen

1   Sanatorium für Offiziere der SS. Es hielten sich dort Frontinvaliden auf.
2   Komorowska (K.L.). Den Komorowski wurde 1944 ein zweiter Sohn geboren – Jerzy. K. Lanckorońska wurde seine Patin.
3   Was machen hier die vielen Pilgerdegen (Pilger hier = Fremde)?
4   „Die Raubüberfälle, die außerhalb der Grenzen des jeweiligen Stammesgebietes unternommen werden, bringen deren Teilnehmer keineswegs in Verruf; man behauptet, dass es dabei um die Abrich-
tung der Jugend und den Kampf gegen das Nichtstun gehe" (De bello Gall. VI, 23).
5   Die Eiserne Maske
6   Die erste konkrete Information, dass ich hier umkommen sollte (K.L.).
7   Aus der *Hymne* von Juliusz Słowacki:
    „Ich sah sie fliegen himmelwärts die Störche in langer Reihe. Weil sie vertraut mir aus polnischer
    Nähe, Gott, ist mir wehe!"
8   3. 9. 1943
9   Frau Christiane Mabire wurde damals nicht freigelassen, sondern nach Tirol gebracht und dort bis
zum Mai 1945 in Haft gehalten. Sie setzte mich davon nach dem Krieg in Kenntnis (K.L.).
10 Vermutlich handelt es sich hier um Urszula Wińska. Joanna Szydłowska erinnert sich: „Nicht viele
Personen wussten, dass K. Lanckorońska, die als *Sonderhäftling* damals im Bunker war, uns an einer Schnur Kassiber mit Gedichten von Słowacki und Mickiewicz sowie Worte der Zuversicht und
Stärke schickte" (U. Wińska, *Zwyciężyły wartości*. Wspomnienia z Ravensbrück. Gdańska 1985,
S. 135).

11 Die Meldung von K. Lanckorońska gelangte im November 1943 zu Gen. Tadeusz Bor-Komorowski.

12 K.L. erfuhr nach dem Krieg, dass in dieser Angelegenheit ein paar Mal das Internationale Rote Kreuz interveniert hatte: „… 1943 ließ Himmler antworten, dass er angesichts des Ernstes meiner Angelegenheit sowie meiner provozierenden, chauvinistischen Haltung darum ersuche, nicht mehr auf diese Sache zurückzukommen. Die gleiche Antwort erhielten meine italienischen Verwandten von Ribbentrop." (Kopie. Berichtsmeldung Karolina Lanckorońskas über die Gründe für ihren Verbleib in deutscher Haft 1942. Archivum PAU in Krakau.)

13 Ein soziales Wesen

14 Wir sprachen Lagersprache, ein fürchterliches polnisch-ukrainisch-jüdisches Kauderwelsch (K.L.).

15 Halina Chorążyna geb. Starczewska, Kämpferin des bewaffneten Untergrunds, verfasste für die Häftlinge in Ravensbrück das so genannte gesprochene Tagblatt.

16 Die Verbindungsperson Jadwiga Horodyska bekam eine Augenentzündung, die Gott sei Dank vorbeiging, aber jene 180 auspunktierten Worte entzifferte sie und stellte sie General Komorowski zu, der mir nach dem Krieg davon erzählte (K.L.).

17 Frau Strassner kam später in Belsen um (K.L.).

18 Freiwillige Arbeiterinnen

19 Carmen Mory wurde im Nürnberger Prozess zum Tode verurteilt und beging in der Zelle Selbstmord.

20 Die Anhöhe Monte Cassino wurde von den alliierten Truppen am 4.6.1944 erobert.

21 Mitglieder der von Gen. A. Wlassow geschaffenen Armee, die an der Seite der Wehrmacht kämpfte und wegen ihrer besonderen Grausamkeit berüchtigt war.

22 Nach Jahren hatte ich die Ehre, diese Episode Seiner Heiligkeit Johannes Paul II. vorzutragen (K. L.).

23 In dem im Archiv der PAU in Krakau aufbewahrten Manuskript über die Erlebnisse in Ravensbrück fügte K.L. an der Stelle mit dem Themenwechsel hinzu: „Und dies war die einzige Trauerfeierlichkeit, mit der wir Halinas Andenken ehren konnten."

24 Maria Kujawska brachte es noch in den Jahren 1945–46, die sie in Polen arbeitete, fertig, mir auf drei unterschiedlichen Wegen den folgenden Satz (in allen drei Fällen gleich lautend) zukommen zu lassen: „Karla, ich bitte dich von ganzem Herzen um Verzeihung. Das Recht war auf deiner Seite, nicht zu 100, sondern zu 1000 Prozent." Heute, da sie nicht mehr lebt, denke ich mit unermesslicher Dankbarkeit an ihr rührendes Unterfangen (K. L.).

25 K. Lanckorońska brachte aus dem Lager eine Liste der zu Versuchszwecken operierten Frauen (auf einen Taschentuchrand geschrieben) und übergab sie der Leitung des Internationalen Roten Kreuzes in Genf.

Kapitel 8

Italia

Nach kurzer Begrüßung sagte ich zu meinem Bruder, dass er sofort ein Telegramm nach Warschau, ans Rote Kreuz schicken müsse, um dort Bescheid zu geben, dass die Bortnowska in Ravensbrück zurückgeblieben war. „Ein Telegramm nach Warschau?" wiederholte mein Bruder. „Du meinst nach L o n d o n", beeilte er sich hinzuzufügen. Wir schauten uns an, dann drehte er das Gesicht weg. Ich verstand, dass er in der ersten Minute unseres Wiedersehens nicht alles sagen wollte, doch ich wusste bereits, dass das Allerschrecklichste wahr und ich in jenem Augenblick vom Häftling zur Verbannten geworden war.

Tags darauf begann ein Zeitraum, in welchem unternommen werden musste, was unter anderen Bedingungen vielleicht angenehm gewesen wäre und sich „Rückkehr ins Leben" genannt hätte, so aber nur ein einziger großer Missklang sein konnte. Man musste sich äußerlich anpassen an gewisse Formen, die unter „normal" lebenden Menschen erforderlich waren. Meiner Ansicht nach sind solche Normen gewiss schwer verständlich für alle diejenigen, die sich für längere Zeit außerhalb von ihnen, ja außerhalb des Lebens überhaupt, befunden haben. Ich nehme an, dass es nie leicht ist, „wiederaufzuerstehen", doch die Rückkehr in ein freies Land, gemeinsam mit allen, die für die gemeinsame Sache gelitten haben, muss ein so gewaltiges Erlebnis sein, dass die inneren Schwierigkeiten beim Anpassen an anderswo unumgängliche äußere Formen, die einem kurios veraltet und unwesentlich erscheinen, vermutlich zur Bagatelle werden.

In meinem Fall war alles so sehr anders. Ich war nicht nur nicht nach Polen zurückgekehrt, sondern war allein herausgekommen, ohne meine Schwestern, und ich war in die wunderbare Schweiz gelangt, die keinen Krieg hatte erdulden müssen. Man musste also gehen und Kleid, Schuhe, einen Hut (!) kaufen, und im Restaurant speisen. All das war nicht nur lächerlich, sondern beinah scheußlich zu einem Zeitpunkt, da jene möglicherweise in den Tod gingen. Da blieb nur eines, eines nur war wichtig – ihre Rettung. Obwohl die Kommunikation mit Ravensbrück bereits wenige Tage nach meinem Eintreffen abgebrochen worden war, so dass eine zweite Rettungsexpedition unterwegs umkehren musste, hatte ich dennoch das Glück, dass mein Bericht, den ich dem Vorsitzenden des Internationalen Roten Kreuzes erstattet hatte, dazu beitrug, dass die so genannte schwedische Expedition auf die Beine gestellt wurde. Eine große Zahl Frauen wurde aus Ravensbrück geholt, nach Lübeck und von dort weiter nach Schweden[1] transportiert. Andererseits wusste Genf nichts von der Anwesenheit der Französinnen und Belgierinnen „NN" in Mauthausen. Man schickte jetzt unverzüglich Autos los, die glücklich an- und zurückkamen, mit „NN"s „an Bord".

Unmittelbar nach meiner Ankunft erhielt Burckhardt in meiner Angelegenheit einen Brief von Himmler-Stellvertreter General SS Kaltenbrunner*. Dieser Brief (siehe S. 288) war der unerwartete Wahrheitsbeweis hinsichtlich meiner Angelegenheit mit Krüger.

Nach den ersten zwei Wochen gewaltiger Emotionen gab es nicht mehr die geringste Möglichkeit, den Frauen in Ravensbrück wie auch immer Hilfe zu leisten – der Vorhang war gefallen. Ich hatte also keine Pflichten mehr, und mir blieb nichts außer der persönlichen Sicherheit. Sie rief unter diesen Bedingungen ein Gefühl des Missbehagens und der Bitterkeit hervor, gegen das selbst das Zusammensein mit den Nächsten und die rührende Schweizer Gastfreundschaft nicht ankamen. Die mit der Unsicherheit, der Gefahr verbundene Spannung ist ein enormer Kraftquell; wenn die plötzlich nachlässt, nur in Bezug auf die eigene Person und nicht auf die Sache, bleibt nichts außer einer schmerzlichen Leere und – in ihrem Gefolge –, eine demütigende Niedergeschlagenheit.

> *It is not in the storm, or in the strife*
> *We feel benumbed and wish to be no more*
> *But in the after-silence on the shore*
> *When all is lost except a little life.*[2]
>
> (Byron)

Die damalige Weltlage umschrieb Burckhardt, den ich am Tag des Waffenstillstands traf, am besten. Auf meine Frage, was er von dieser ach so lauten Freude halte, die uns dieser Tage umgab, erwiderte er knapp: „Einen Kopf hat man der Hydra abgeschlagen, leider den dümmeren."

Wie gescheit der andere Kopf war, wurde uns klar an dem Tag, als unsere ehemaligen Verbündeten tief die Stirn neigten vor dem konsequenten Eroberungswillen des „Großen Östlichen Alliierten" und seine „Rechte" auf die Hälfte polnischen

Bodens unterstrichen, für die andere Hälfte aber eine Scheinregierung mit einem „Präsidenten" an der Spitze anerkannten, an dessen richtigen Namen sich bis auf den heutigen Tag niemand erinnert.

Wie glücklich war doch das Polen des 19. Jahrhunderts, in dessen Namen keiner das Recht hatte, die Unwahrheit zu sagen, und dessen Exilierte für die gesamte zivilisierte Welt ein Symbol des Kampfes um die Freiheit des Menschen waren!

Wir dagegen wurden zu „Friedensfeinden", weil wir uns nicht einverstanden erklärten mit der Hauptrolle in der historischen Premiere, bei der nach gewonnenem Krieg die Alliierten einen Verbündeten in den Sarg legten.

In diesem politischen, aber vor allem moralischen Chaos suchte jeder von uns einen Anker. Für viele wurde das Polnische Heer vorläufig von der Katastrophe noch nicht betroffen, vor allem aber das siegreiche Zweite Korps, das in Italien stand, dieser Anker.

Und so begann, als ich an heißen Julitagen auf einem Militärlaster, auf der Fährte von Tausenden „befreiter Verbannter", durch Frankreich der Adria entgegenfuhr, auch für mich ein neues Kapitel.

Wir ließen Bologna hinter uns, das unsere Truppen unlängst ohne Zerstörung eingenommen hatten, und näherten uns dem Meer. Immer wieder, auf Wegweisern oder Tafeln, an der Umleitung einer in die Luft gesprengten Brücke, sah man polnische Inschriften. Immer häufiger kamen wir an Autos mit der Sirene des Zweiten Korps vorüber, bis wir endlich bei Forlì auf eine größere motorisierte Abteilung des Polnischen Heeres stießen. Fahrzeuge, Panzer, Waffen, alles glänzte in der Sonne; braun gebrannte, starke gesunde Männer lachten uns an beim Vorbeifahren. Je näher wir der Adria kamen, desto dichter bevölkerte Militär die Straßen, und wiederholt stiegen Soldaten bei uns ein, die zur nächsten Ortschaft mitgenommen werden wollten. Sie waren zuvorkommend, höflich, unglaublich bewandert und gewandt nach der langen Odyssee durch die vielen fremden Länder. Die natürliche Intelligenz des polnischen Bauern, zumal der Menschen aus unserem östlichen Landstrich, hatte hier endlich eine unerwartete Möglichkeit zur Entfaltung gefunden. Das zeigten schon die damals geführten Gespräche, während jener ersten „Militärfahrt". Sie erzählten vom Irak, Iran, von Palästina, Ägypten, von General Anders, von Monte Cassino, Ancona, Bologna, erzählten schön und herzlich, ich aber hörte zu und schaute. Wie armselig erschienen mir die eigenen prosaischen Erlebnisse angesichts dieser Kombination aus *Tausendundeiner Nacht*, *Robinson Crusoe* und einer xenophontischen *Anabasis*. Über Russland sagten sie wenig, und das verblüffte mich. Ich erkundigte mich, wie es dort in den Lagern gewesen war, und gewann den Eindruck, dass sie eher widerwillig antworteten, dass sie von jedem Duldertum weit entfernt waren. Nur der Hass meldete sich aufs Lebhafteste. Es war schwer, all das im Kopf, selbst im Herzen zu ordnen. Ein Mensch, der drei Jahre lang keine äußeren Eindrücke hatte und dessen Leben in dieser Zeit eher das ganze

Gegenteil von Farbigkeit gewesen ist, tut sich schwer mit dieser Art von Emotionen. Schließlich erfuhr ich in diesem Augenblick, worauf das Land so viele Jahre gewartet hatte und was ihm bisher noch nicht widerfahren war; ich sah und erlebte das Sienkiewicz'sche Epos des 2. Korps, durchlebte es mit der ganzen Intensität eines Menschen, der in diesem Moment spürt, dass er erst jetzt ins Leben zurückkehrt.

Ein paar Tage später, wieder auf dem Lastwagen, doch jetzt bereits in Uniform, fuhr ich über die via Salaria nach Rom ...

Ich wurde der Sektion Bildung zugeteilt, und meine Aufgabe war es, höhere Studien für Studenten-Soldaten des 2. Korps zu organisieren. Eine schwierige und interessante Arbeit begann.

Eines Tages besuchte mich in Rom eine frisch aus der Heimat eingetroffene junge Person, die mir die herzlichsten Grüße und Neuigkeiten von Adam Szebesta brachte. „Er lässt Ihnen extra ausrichten, dass sein Söhnchen jeden Tag für Sie betet."

Ich war wie vom Donner gerührt. Die Worte des Dichters[3] betrafen also auch mich – ICH WÜRDE NICHT HEIMKEHREN!

Anmerkungen

1   Noch nach Jahren, als ich schon in London war, besuchten mich etliche Male Kameradinnen aus Ravensbrück, die durch Schweden gegangen waren. Sie erzählten, dass die Schweden Namenslisten der Polinnen hatten, die vorrangig herausgebracht werden mussten. Sie fragten die Schweden, woher sie eine solche Liste der „bei den Bolschewiken am meisten Kompromittierten" hätten. Durch ein Telegramm aus Genf, sagte ein Schwede. Sie wussten gleich, dass eine solche Aufstellung nur von mir kommen konnte. Ich begriff damals, wie recht Zdenka gehabt hatte, als sie so heftig auf meiner Ausreise bestand. Und das war so schwer! (Geschrieben am 23.2.1994)

2   Nicht während des Sturms noch im Kampf / Verlieren wir die Energie und den Willen zu existieren / Sondern schon am Ufer, in der Stille danach / Nachdem wir alles verloren außer dem bisschen Leben.   Aus dem Gedicht: *Lines, On Hearing That Lady Byron Was Ill* (9–12).

3   Im Lande befahl man dem unschuldigen Kindlein / für mich zu beten alle Tage ... ich aber wusste / Dass mein Schiff in der Heimat nicht landet / Während es durch die Welt fährt ...
       Juliusz Słowacki, *Hymn* (*Smutono mi, Boże* / Gott, mir ist traurig)

Epilog

In den ersten Tagen des Jahres 1967 erfuhr ich in London rein zufällig aus dem „Dziennik Polski", dass in Münster in Westfalen Hans Krüger, der ehemalige Chef der Gestapo in Stanisławów, wegen Massenmordes an den Juden vor Gericht stehe. Ich wandte mich darauf an unseren Rechtsanwalt, Dr. Chmielewski, um Rat. Er diktierte mir einen Brief an die entsprechenden deutschen Gerichtsbehörden und meldete mich als Zeugen. Meine beiden aufeinander folgenden eingeschriebenen Briefe blieben ohne Antwort. Erst als ich mitteilte, dass ich besagten Brief in der „Züricher Zeitung" veröffentlichen würde, wurde ich (und zwar umgehend) als Zeuge geladen.

Ich bat Herrn Rechtsanwalt Chmielewski, mich zu begleiten. Wir fuhren nach Münster, eine Deutsche von kleiner Statur begrüßte uns auf dem Bahnhof. Sie erklärte, sie habe sich um mich zu kümmern. Wir fuhren ins Hotel. Die Verhandlung sollte am nächsten Tag beginnen, um zehn Uhr. Ich bat meine Beschützerin, mich früh zur Kirche zu bringen. Nach der Messe gingen wir zu dritt ins Gericht.

Auf dem Podium saßen drei Richter, und an den Seiten im Halbkreis die Geschworenen, darunter auch Frauen. Links davon, hinter einer Balustrade, saßen Krüger und acht Gestapobeamte, einst seine Untergebenen. Einige kannte ich. Bei ihnen saßen ihre Verteidiger. Rechts der Staatsanwalt. Mir wies man einen Stuhl und ein Tischchen in der Mitte des Saals, dicht beim Podium, an. Hinter mir saßen ein paar Dutzend Leute als Publikum, unter ihnen Rechtsanwalt Chmielewski.

Bei meinem Eintritt begrüßte mich der Vorsitzende höflich und fragte, nachdem die Verantwortlichkeit des Zeugen und das Gewicht des Eides formaliter betont worden waren, ob ich mit der Aufzeichnung meiner Antworten auf Tonband einverstanden sei. Ich erklärte mich natürlich einverstanden. Dann stellte er mir die formale Frage: *„Also Sie waren in Stanislau?"* Ich bejahte und beschrieb meine Aufenthalte in Stanisławów, meine Verhaftung, die Situation im Gefängnis und schließlich das Verhör bei Krüger, als er mir sagte, dass er die Lemberger Professoren ermordet habe. Ich sprach ein bisschen im Ton einer „Meldung". Nach Beendigung des Berichts über meine Erlebnisse in Stanisławów, als ich gerade auf den Fall der Lemberger Professoren zu sprechen kam, unterbrach mich der Richter höflich, aber bestimmt und sagte, dass es bei dieser Verhandlung um Stanisławów gehe und ich mich allein darauf beschränken solle. Mich beunruhigte das. Ich versuchte weiter im Telegrammstil zu reden, ohne Wichtiges auszulassen. Daraufhin standen alle Geschworenen auf, traten zum Vorsitzenden und sagten leise, aber energisch etwas zu ihm. Ich befürchtete, sie wollten nichts über Lemberg hören. Als sie wieder auf ihren Plätzen saßen, unterbrach mich der Vorsitzende erneut und sagte: „Die Geschworenen wünschen, dass Sie nicht auslassen, was zu sagen Sie die Absicht hatten. Ich ziehe also das vorher Gesagte zurück." Selbstverständlich sprach ich angesichts dessen bedeutend länger als beabsichtigt, alles in allem 65 Minuten.

Nach dieser Rede ordnete der Vorsitzende eine Pause an, während der ich in der Bar einen großen Kaffee trank, um mich auf die große Bataille mit Verteidiger und Angeklagtem vorzubereiten.

Nach Rückkehr in den Saal erhielt der Verteidiger das Wort, der zu meiner Verblüffung erklärte, dass er nichts zu sagen habe. Darauf wandte sich der Vorsitzende an den Angeklagten und fragte ihn, was er zu dem zu sagen habe, was er von der Zeugin gehört hat. Krüger schwieg …

Dann stellte der Vorsitzende mir einige Fragen, übrigens eher banale, die nur zu deutlich seine völlige Unkenntnis der Situation in Polen während der deutschen Okkupation bezeugten. Als nächstes erteilte er erneut dem Angeklagten das Wort, der den Mund nicht aufmachte. Daraufhin meldete sich der Staatsanwalt zu Wort. In scharfem Ton wandte er sich an mich, wobei er unter anderem behauptete, dass laut Krügers Aussage die polnische Konspiration mit den Sowjets zusammengearbeitet und bolschewistische Fallschirmspringer versteckt haben solle. Ich war wie vor den Kopf geschlagen. Ich bat um das Wort und sagte: „Herr Staatsanwalt, die Bolschewiken sind und waren die größten Feinde Polens, und die Polen hatten mit dem kommunistischen Russland nichts gemein." Worauf der Staatsanwalt erklärte, dass Krüger etwas anderes sage. Ich drehte mich zu dem Vorsitzenden, schlug die Hände auf und zuckte die Achseln – wortlos.

Da sprang Krüger in seinem Käfig hoch und hob die Hand. Der Richter erteilte ihm das Wort. Das mir wohlbekannte Geschrei erhob sich, Krüger schrie: „*Aber Herr Staatsanwalt*, ich hab doch gesagt, dass es die Ukrainer waren, die den Sowjets geholfen haben! Solche Sachen kann ich gar nicht über die Polen gesagt haben. Die Polen haben doch die Sowjets gehasst! Das hab ich Ihnen erzählt!" Da fing der Staatsanwalt seinerseits an Krüger anzuschreien. Ich saß in diesem Getöse ruhig da, zwischen dem einen Schreihals und dem anderen, und wartete, was da kommen sollte. Eines war klar, der Staatsanwalt, dessen Kronzeuge ich immerhin war, wollte um jeden Preis den Eindruck verwischen, den meine Beschuldigungen auf die Anwesenden gemacht hatten, aber da er von nichts eine Ahnung hatte, brachte er mit seinem kompromittierenden Gerede den Angeklagten zur Raserei[1]. Als endlich der Vorsitzende (nicht ohne Mühe) den Krach beigelegt hatte, stellte er mir noch etliche banale Fragen, worauf er zum dritten Mal Krüger fragte, ob er nichts zu sagen habe. Krüger schwieg zum dritten Mal.

Dann wurde ein auf einem Sockel angebrachtes Kruzifix hereingetragen. Der Richter fragte, ob ich bereit sei, auf dieses Kreuz zu schwören, dass das, was ich gesagt hatte, die Wahrheit sei „und nichts als die Wahrheit". Ich schwor, gemäß der klaren einfachen Formel, die mir vom Richter vorgegeben wurde. Das Verhör war beendet. Wir gingen zu dritt hinaus, Chmielewski, die Beschützerin und ich. Viel, viel später erst begriff ich, warum mich die beiden keinen Augenblick allein ließen, weder auf der Straße noch dann im Restaurant. Kapierte, dass es in Münster eine Menge Leute gab, denen meine Zeugenaussage durchaus missfallen konnte.

Nachmittags warteten im Hotel Journalisten auf mich, Juden und Nichtjuden. Sie stellten zahlreiche, eher schlichte Fragen. Am Fall der Lemberger Professoren, der mir so sehr am Herzen lag, waren sie nicht sonderlich interessiert, sie fragten hauptsächlich nach den Juden. Etliche Details erfuhren sie von mir. Einer von ihnen sagte mir, dass meine Zeugenaussage Krüger in eine schwierige Lage brachte, zumal bereits am Anfang des Prozesses die Rede von mir gewesen war. Krüger hatte da erklärt, dass er sofort von allen Vorwürfen entlastet wäre, wenn die *Gräfin* Karolina Lanckorońska noch lebte, die genau gewusst habe, wie sehr er sowohl Polen als auch Juden geholfen habe, doch die Dame sei – leider! – in Ravensbrück umgekommen …

Später besuchten wir in der Kirche das Grab des Kardinals C. A. Graf von Galen*, dessen heroische Briefe an Hitler einst im ganzen besetzten Polen in Umlauf waren. Sie waren uns kostbarer Beweis, dass dieses unglückselige Volk, das im Verbrechen versank, dennoch wundervolle Menschen hatte.

Am anderen Tag reiste ich ab, nachdem ich einen ausführlichen Bericht an Prof. Z. Albert* in Wrocław geschickt hatte, der seitens der VR Polen eine Aktion im Auftrag der Witwen und Waisen der ermordeten Professoren durchführte. Bald darauf begab ich mich nach Wien, um Simon Wiesenthal* zu treffen. Der empfing mich äußerst liebenswürdig, behauptete jedoch hartnäckig, dass nicht Krüger, sondern Kutschmann, der auch andere Verbrechen auf dem Gewissen habe und sich jetzt in Argentinien verstecke, der Mörder sei. Ich gab meiner Meinung Ausdruck (natürlich mein persönlicher Eindruck), dass Kutschmann als Krügers Untergebener Mittäter seines Vorgesetzten sein mochte, doch nur schwerlich anzunehmen sei, dass er allein von sich aus diese Tat vollbracht habe. Bevor man Kutschmann fand, sollte man unbedingt von den Deutschen einen neuen Prozess gegen Krüger erzwingen in Sachen der ermordeten 23 Professoren der Lemberger Universität. Wiesenthal verhielt sich in dieser Sache reserviert.

Unterdessen erfuhr ich, dass Krüger wegen der Morde von Stanisławów zu lebenslänglich verurteilt worden war. Damals schrieb ich an die deutschen Justizbehörden auf allen Ebenen und suchte um ein erneutes Verhör nach in einem künftigen Prozess, bei dem das Lemberger Verbrechen zu verhandeln wäre. Eine Antwort ward mir nicht zuteil. Aus Paris unternahm der Neffe von Boy, Herr Władysław Żeleński, die ernsthaftesten Anstrengungen um Einleitung dieses Prozesses[2] – vorläufig ohne Erfolg. Unterdessen haben Wiesenthals Leute Kutschmann endlich in Argentinien aufgespürt, doch die Deutschen verlangten nicht seine Auslieferung, so dass ihn die Argentinier wieder laufen ließen[3]. Der Fall des Mordes an den Lemberger Professoren ist fernerhin offen.

Rom, 1967

Anmerkungen

1 Als ich kurz darauf den mir gut bekannten bedeutenden deutschen Kirchenhistoriker, Pfr., Prof. Dr. Hubert Jedin, traf und erwähnte, dass ich beim Prozess gewesen war, fragte dieser sofort: „Und wie hat sich der Staatsanwalt verhalten? Man sagt nämlich, dass die bisweilen den Auftrag haben, den Zeugen der Anklage in negativem Licht darzustellen." Ich erwiderte also: „Sehr abgeneigt mir gegenüber, aber er war nicht erfolgreich, weil er den Unterschied zwischen Polen und Ukrainern nicht kannte." Bedeutend später sollte ich erfahren, dass in dieserart deutschen Prozessen die Staatsanwälte nicht selten die Hitlerverbrecher zu retten versuchten!

2 Siehe W. Żeleński, *Wokół mordu profesorów lwowskich w lipcu 1941* (Rund um den Mord an den Lemberger Professoren im Juli 1941), in: „Odra" 1988, Nr. 7

3 Kutschmann erlag in Argentinien einem Herzleiden.

Nachwort

Ist denn die Hingabe all seiner Kräfte an das, was man am meisten liebt, ein Verdienst?
Ich meine, nein.[1]

Karolina Lanckorońska

Die letzte Repräsentantin des Geschlechts der Lanckoroński von Brzeź vertritt die
Ansicht, dass die Geschichte ihrer Familie, deren Stammbaum bis ins 14. Jahrhundert zurückreicht, ihr eher Verpflichtungen auferlegt als Privilegien. Zu Zeiten der
Adelsrepublik nahmen die Lanckoroński aktiv am politischen Leben teil. Sie wurden als Gesandte und Senatoren in den Sejm gewählt; in der Galerie der Würden
und Funktionen findet sich neben dem Bischof, neben Wojewoden, Kastellanen
und Starosten ein General und Feldherr.[2] Karolina Lanckorońska kam im 19. Jahrhundert zur Welt (1898), durchlebte das gesamte 20. Jahrhundert, nicht nur als Zeugin, sondern auch als unmittelbar Beteiligte vieler historischer Geschehnisse; der
Dienst an Polen und der polnischen Wissenschaft war der Hauptinhalt ihres Lebens. Im 19. Jahrhundert wurde die Hauptstadt der Habsburger zur Zufluchtsstätte
der Lanckoroński. Als Antoni (1760–1830), Abgeordneter zum Vierjahres-Sejm und
Befürworter der Verfassung vom Dritten Mai, nach der dritten Teilung der Rzeczpospolita nach Wien übersiedelte, verlieh man ihm dort die Würde eines Kammerherrn, und er wurde zum Marschall des Ständelandtags gewählt. Sein Sohn Kazimierz (1802–1874) hatte einen Sitz im Herrenhaus, und der Enkel Karol – Karolinas
Vater –, mit dem Orden vom Goldenen Vlies geehrt, erhielt die Ernennung zum
Oberhofmarschall am Hofe Franz Josephs I. Im 19. Jahrhundert gingen die Lanckoroński allmählich im Staatsorganismus der Vielvölkermonarchie auf.

Die Lebenszeit des letzten von ihnen, Karol Lanckoroński (1848–1933), eines
berühmten Sammlers und passionierten Kunsthistorikers, umspannte Aufschwung

und Niedergang der österreichisch-ungarischen Monarchie. Der hoch geachtete Großgrundbesitzer, mit ausgedehnten Gütern in Galizien, Kongresspolen und in der Steiermark, war ob seines wissenschaftlichen Interesses und seiner Sammlerleidenschaft von nachgerade Renaissanceformat geschätzt. Seine Gemäldesammlung im Palais Lanckoroński bildete eine der prächtigsten privaten Kunstgalerien in Wien.[3] Durch seine Ehen, zwei mit Österreicherinnen und die dritte mit einer Preußin, Margarete von Lichnowsky (der Schwester des deutschen Botschafters in London während des Ersten Weltkriegs, Karl Max Lichnowsky), war Lanckoroński „scheinbar ganz und gar mit dem Hof und der höchst exklusiven österreichischen Aristokratie verwachsen".[4] Unter dem Zepter der Habsburger und in einer Dreivölkerföderation sah er Polens Platz, doch später, mit dem Untergang der österreichisch-ungarischen Monarchie, ging die Welt seiner politischen Illusionen dahin. Obschon mit der österreichischen und deutschen Kultur so eng verbunden, tat er für die polnische Kultur und Wissenschaft unermesslich viel. Für dieses Wirken wurde er von der Regierung des unabhängigen Polen mit dem Großen Band des Ordens Polonia Restituta ausgezeichnet. Als nach seinem Tod die geliebte Tochter Karla das Tischchen neben dem Bett abräumte, bemerkte sie ein aufgeschlagenes Buch. Es war Adam Mickiewicz' *Pan Tadeusz.*

Lanckoroński hatte es vermieden, Druck auf seine Kinder auszuüben und ihre politisch-nationalen Neigungen und Vorlieben zu beeinflussen. Antoni, Karla und Adelajda, aufgewachsen und erzogen in Wien, fühlten sich eng mit der Kultur und der Geschichte Polens verbunden, des Polen von einst und dessen, das sich zu seiner Unabhängigkeit emporschwang. Während des Ersten Weltkriegs, da der Oberhofmarschall des Habsburger Hofes den Tod des Kaisers durchlebte, sammelte seine 18-jährige Tochter mit jugendlicher Hingabe alles, was mit den Legionen zusammenhing – Fotografien, Broschüren, die kleinen Adler –, denn ihre Sympathien galten dem „Brigadier" Piłsudski. Eine gewisse Zeit lang kümmerte sie sich um die kranken und verwundeten polnischen Soldaten in der Einrichtung für Rekonvaleszenten (Faniteum), die ihr Vater gegründet hatte. Es war zu jener Zeit, da ihr die Dichtung von Juliusz Słowacki ans Herz wuchs, von der sie lange Passagen auswendig kannte.

Nach Kriegsende traten die wissenschaftlichen Neigungen der Gymnasiastin zutage, die schon damals als freie Hörerin die Universitätsvorlesungen des bekannten Wiener Kunsthistorikers Max Dvořák besuchte. Nach der Matura 1920 im Privatgymnasium „Zu den Schotten" schrieb sie sich an der Wiener Universität für Kunstgeschichte ein. Die Wahl der Studienrichtung war so selbstverständlich wie ihr Umgang mit der Kunst seit Kindertagen. Die Gemäldesammlung der Familie im Palais in Wien sowie häufige Reisen zu den Museen Europas blieben nicht ohne Einfluss auf ihre lebhafte Fantasie. In der galizischen Sommerresidenz in Rozdół, wohin die gesamte Familie in den Ferien reiste, hatte sie Gelegenheit, neben den

Porträts der Vorfahren polnische Malerei zu betrachten, schmückten doch Bilder u. a. von Jan Matejko, Artur Grottger, Józef Chełmoński und Jacek Malczewski, der beinah so etwas wie der „Hofmaler" der Lanckoroński war, die Wände des Palais. Im großen neobarocken Wiener Palast fühlte sie sich nicht besonders wohl, nach Jahren erinnerte sie sich: „An die sieben Monate im Jahr warteten wir auf die ersehnten Monate in Rozdół. Wir reisten im Juni an und kehrten für gewöhnlich Mitte November nach Wien zurück. Den bedeutsamen Tag des hl. Karol, meines Vaters und auch mein Namenstag (auch Vaters Geburtstag), begingen wir stets in Rozdół. Im Speisezimmer waren an diesem Tag, wie das die Tradition gebot, die Stühle der Namenstagkinder blumenbekränzt."[5] Die schönsten Augenblicke ihrer Kindheit erlebte sie dort, kletterte auf Bäume und schwor in ihrem Schatten jugendliche Eide ... Während ihrer Studienzeit wurde sie der Versäumnisse in der Gesundheitsvorsorge gewahr und ständig war sie „zu Kranken unterwegs". Wieder in Wien hörte sie Vorlesungen über Kunstgeschichte und beschäftigte sich mit dem Schaffen ihres Lieblingskünstlers – Michelangelo. Bisweilen hielt ihr Vater mit seiner Missbilligung der studentischen Lebensweise der Tochter nicht hinter dem Berg, wobei er argumentierte, dass die „Frauen der Renaissance so viel gebildeter waren, dabei nicht um acht Uhr morgens zur Straßenbahn rannten, die Aktenmappe unterm Arm". Noch bevor sie den Doktorgrad erwarb, machte sie sich Gedanken über ihre Zukunft. Der Wunsch, sich anderen Menschen zu widmen, ein Hang zum Pflegeberuf und das Interesse an medizinischen Fragen veranlassten sie nach Warschau zu reisen, um sich dort eine Schwesternschule anzusehen.

Letztendlich wählte sie, auf Rat des ihr wohlgesonnenen, „sehr guten und klügeren als andere" Tadeusz Rawski, des Arztes von Rozdół, die wissenschaftliche Arbeit. Mit der Abhandlung *Studien zu Michelangelos Jüngstem Gericht und seiner künstlerischen Deszendenz*, die sie bei M. Dvořák in Angriff genommen und nach seinem Tod unter Julius von Schlosser zum Abschluss gebracht hatte, erlangte sie am 21. Mai 1926 an der Wiener Universität das Doktordiplom in Kunstgeschichte.

Noch in demselben Jahr reiste Dr. Lanckorońska für länger nach Rom, wo sie sich Forschungsarbeiten auf dem Gebiet der italienischen Kunst der Renaissance und des Barock widmete. Die dort gesammelten Materialien trugen in ihren späteren wissenschaftlichen Arbeiten Frucht. In der Römischen Dependance der Polnischen Akademie der Wissenschaften (PAU) war sie als Bibliothekarin tätig und leitete etliche Jahre die kunsthistorische Abteilung, ordnete u. a. die Bibliotheksbestände und die Fotografiensammlung, die zum Teil aus einer Schenkung ihres Vaters stammten. Karol Lanckoroński starb 1933, die von ihm geerbten Güter in Galizien brachten die Lanckoroński-Geschwister Polen noch näher. Karla war die Erbin von Komarno und wählte als ständigen Wohnsitz Lwów. Zu diesem Entschluss trugen wissenschaftliche Rücksichten wesentlich bei – die Möglichkeit einer Universitätskarriere. 1934 wurde sie Mitglied der Wissenschaftlichen Gesellschaft von

Lwów, und im Oktober beschied eine Kommission an der Jan-Kazimierz-Universität ihr Gesuch um Zulassung zur Habilitation in neuzeitlicher Kunstgeschichte zu ihren Gunsten, indem sie ihrer einhelligen Meinung Ausdruck verlieh, „dass es wünschenswert sei, Frau Dr. Lanckorońska als Dozentin für Kunstgeschichte zur Mitarbeit an der UJK zu gewinnen". Noch in demselben Jahr begann sie – als Privatdozentin – mit ihren Vorlesungen und Übungen. Ihre Habilitationsschrift *Dekoracja Kościoła Il Gesù na tle rozwoju baroku w Rzymie* (Die Ausschmückung der Kirche Il Gesù vor dem Hintergrund der Entfaltung des Barock in Rom) wurde am 13. Dezember 1935 auf einhelligen Beschluss des Rates der Humanistischen Fakultät und am 13. Januar 1936 des Senats der Jan-Kazimierz-Universität[6] angenommen. Und so wurde Karolina Lanckorońska die erste in Kunstgeschichte habilitierte Frau in Polen. Nunmehr konnte sie sich aus voller Seele dem widmen, was sie am meisten begehrte – der didaktischen und wissenschaftlichen Arbeiten an einer Universität, aber, wie sie zu sagen pflegte, das Glück war nicht von Dauer.

* * *

Ihre *Kriegserinnerungen* setzen mit dem Kriegsausbruch und dem Einmarsch der sowjetischen Truppen im September 1939 ein. Sie hätte die Emigration wählen können, doch sie wählte das Los des „späten Enkels" ihrer mutigen Vorfahren. Das von fremdem Militär besetzte Polen wollte sie nicht verlassen. Um die Wende 1939 zu 1940 lehrte sie noch an der Universität, doch ziemlich rasch verschrieb sie sich der konspirativen Arbeit. Januar 1940 legte sie den Eid im Lwowsker Verband Bewaffneter Kämpfer (ZWZ) ab. Die erschütternden, tragischen Ereignisse jener Zeit – die Verschleppungen ins tiefste Innere der UdSSR, die Entführungen und Widerrechtlichkeiten, das Klima menschlicher Verzweiflung und Ohnmacht – hat sie in den Erinnerungen so getreu wie möglich festzuhalten versucht. Zahlreiche Verhaftungen im Lwowsker Untergrund infolge von Denunziationen durch Spitzel beschleunigten im Mai 1940 auch ihre Flucht aus Lwów. Nach Eintreffen in Krakau erneuerte sie die konspirativen Kontakte. Auf Befehl von Oberst Tadeusz Komorowski, dem Befehlshaber des Krakauer Kommandos des ZWZ, führte sie unterschiedliche Aufträge aus, übersetzte u. a. defätistische Aufrufe an die deutsche Wehrmacht ins Deutsche, die nachfolgend bekannt gemacht und an Häuserwände und Stadtmauern geklebt wurden. In der Hauptsache aber engagierte sie sich beim Polnischen Roten Kreuz, wo sie als freiwillige Pflegerin an kranken und verwundeten, aus Stalags und Oflags entlassenen Kriegsgefangenen Samariterdienste leistete. Von nun an war sie Zeuge „vieler Tode und Begräbnisse". In der zweiten Hälfte des Jahres 1941 betraute der Zentrale Vormundschaftsrat (RGO) Karla Lanckorońska mit der Pflegschaft über sämtliche Häftlinge des Generalgouvernements (GG). Dieser Arbeit widmete sie sich voll und ganz. Die vollkommene Beherrschung der deutschen Sprache, ihre aristokratische Abkunft sowie Entschiedenheit und eine couragierte Haltung gegenüber den Deutschen begünstigten die erfolgreiche Tätigkeit. Die von ihr in die Wege geleitete Aktion gemeinschaftlicher Zusatzernährung in den Gefängnissen, die Zuteilung von Päckchen und anderen Hilfen an rund 27.000 Häftlinge trug zur Lebensrettung vieler Inhaftierter bei.

Im Januar 1942 fuhr sie als Beamtin des RGO nach Stanisławów. Dort erfuhr sie von Massenmorden durch die örtliche Gestapo und machte unverzüglich Gen. Komorowski Meldung. Trotz Ernennung zum Kommissarischen Leiter des RGO in der Wojewodschaft Stanisławów im März d. J., akzeptiert von den deutschen Behörden, stieß sie auf Schwierigkeiten; ihre Aktivitäten riefen mehr und mehr Verdächtigungen hervor, vornehmlich beim Chef der Gestapo, *Hauptsturmführer SS* Hans Krüger. Am 12. Mai 1942 wurde sie während einer Versammlung des RGO in Kolomea verhaftet und ins Gefängnis von Stanisławów verbracht. Beim Verhör bekannte sich ihr Peiniger – in Rage gebracht durch die unbeugsame Haltung der Festgenommenen, die Bekundung ihres Polentums und überzeugt, dass sie in Bälde zum Tode verurteilt werden würde – zur Ermordung von 23 Professoren der Universität Lwów. Auf diese Weise wurde sie zur ersten Zeugin in der Frage dieses bis zur Stunde geheimnisumwitterten Verbrechens. Unerwartet für Krüger setzte eine Intervention der italienischen Königsfamilie bei H. Himmler das Todesurteil außer Kraft. Ein paar Tage später, am 8. Juli 1942, kam sie ins Gefängnis von Lwów. Dort berichtete sie beim Verhör durch SS-Kommissar Walter Kutschmann vom Verlauf der Untersuchung in Stanisławów und schrieb auf seine Empfehlung hin einen 14-seitigen Report, in dem sie u. a. das Bekenntnis Krügers zur Ermordung der Professoren in Lwów enthüllte. Dieser Text gelangte in die Hände von Himmler, der mit Sicherheit für die Unterbringung der „chauvinistischen" polnischen Gräfin im Frauen-Konzentrationslager Ravensbrück verantwortlich war. Am 27. November 1942 verließ sie unter SS-Eskorte Lwów und Polen für immer.

Nach einem Aufenthalt im Berliner Gefängnis am Alexanderplatz wurde sie am 9. Januar 1943 ihrem Bestimmungsort Ravensbrück überstellt. Im Lager erhielt sie die Nummer 16076. Aufgrund mehrfacher Intervention des Internationalen Roten Kreuzes wurde sie in *Sonderhaft* genommen, eine „Auszeichnung", die sie als demütigend empfand; auf eigene Bitte kehrte sie, als gewöhnlicher Häftling, ins Lager zurück. „Es gibt Dinge, die der Mensch unfähig ist zu hören, Dinge, die der Menschenverstand nicht zu fassen vermag", schrieb sie nach ihrer Entlassung aus Ravensbrück. In den *Erinnerungen* finden wir ergreifende dokumentarische Schilderungen von Szenen aus dem Lagerleben, das Entsetzen und die Angst der Gefangenen vor Krankheit, Folter und Tod; die Atmosphäre einer ständigen Gespanntheit ist spürbar. Vor diesem Hintergrund treten Frauen mit unbeugsamem Charakter hervor, Frauen, die unter den extremen Lagerbedingungen die menschliche Würde zu retten vermochten. Die von ihnen organisierten Treffen, Vorträge und Gespräche über Themen aus einer anderen, normalen Realität erbrachten den Beweis, dass „diese ganze namenlose Brutalität, dass all diese Grausamkeiten in ungezählten Fällen die Geisteskräfte weder zu zerstören noch zu brechen oder ihnen auch nur Abbruch zu tun vermochten". Just diesen Menschen widmet K. Lanckorońska kurze, wie unwillkürlich hingeworfene Charakterstudien, Gedächtnisporträts. Sie selber hielt den „Kaninchen" kunstgeschichtliche Vorträge, den Frauen also, an denen gefährliche medizinische Experimente durchgeführt wurden.

Ein Monat vor Kriegsende, am 5. April 1945, wurde sie als erste Polin, mit einer Gruppe von 299 Französinnen, aus dem Lager befreit, und zwar infolge der Intervention des Präsidenten des Internationalen Roten Kreuzes Prof. Carl Burckhardt. Unvergesslich wird für den Leser der *Erinnerungen* neben vielen anderen die letzte Szene aus Ravensbrück bleiben: der Abschied Karla Lanckorońskas von ihren Gefährtinnen, wie sie das Tor durchschreitet, das Gesicht, wie es der KZ-Aberglaube verlangte, dem Lager zugewandt.

* * *

In der Schweiz erstattete Karla Lanckorońska Prof. Burckhardt Bericht über die Situation der Frauen in Ravensbrück. Das erst unlängst Erlebte machte sie in Schweizer wissenschaftlichen Zeitschriften publik – auf Französisch: *Souvenirs de Ravensbrück* („Revue Universitaire Suisse" 1945, vol. 2) und auf Deutsch: *Erlebnisse aus Ravensbrück* („Schweizerische Hochschulzeitung" Jg. 19: 1945/46 Heft 2). In dieser Zeit begann sie auch mit der Niederschrift ihrer *Erinnerungen.*[7] Die Ausreise nach Italien und das Zusammentreffen mit Soldaten des 2. Korps, die nicht ins kommunistische Polen zurückkehren wollten, stellten sie vor neue, ungewöhnliche Aufgaben. Auf Wunsch von Gen. Władysław Anders übernahm sie es, im Rang eines *Public relations officer* des 2. Korps (später Oberleutnant der Heimarmee – AK), für die rund 1300 ehemaligen Soldaten des 2. Korps ein Studium zu organisieren. Ihre Beziehungen und Vorkriegskontakte machten die Aufnahme polnischer Studenten an Hochschulen in Rom, Bologna und Turin möglich. Später unterstützte sie eine ähnliche Aktivität in Großbritannien und in Schottland.

November 1945 unterschrieb sie gemeinsam mit Prälat Walerian Meysztowicz und polnischen Gelehrten der Emigration den Gründungsakt für das Polnische Historische Institut in Rom. Gebunden an dieses „kleine Zentrum einer Freien Polnischen Wissenschaft" widmete sie sich ganz und gar der verlegerischen und organisatorischen Arbeit zugunsten der polnischen Wissenschaft. Über ihren Verzicht und die damaligen Entscheidungen sagte sie Jahre später: „Die Geschicke des (Heimat-)Landes haben mich in diese Richtung gelenkt, mich dazu bewogen, den geliebten kunsthistorischen Forschungen zu entsagen (…) Mir schien damals – und ich denke, ich hatte recht, es war dies das einzige schmerzliche Opfer in meinem Leben –, dass der

Dienst an der polnischen Kultur zum damaligen Zeitpunkt nicht die Erforschung Michelangelos verlangte, sondern eine vollkommen andere Arbeit. Für mich war klar, dass jetzt alle Anstrengungen der Erforschung und Veröffentlichung von Quellen zur Geschichte Polens aus den Archiven des Westens gelten mussten."[8] Im Rahmen des Polnischen Historischen Instituts trug sie entscheidend zur Herausgabe der der Geschichte Polens gewidmeten Jahrbücher „Antemurale" (28 Bände) bei, ferner zu der denkwürdigen Quellensammlung „Elementa ad Fontium Editiones" (76 Bände) sowie der „Acta Nunciaturae Poloniae". Schwer einschätzbar ist die Tätigkeit der Lanckoroński-von-Brzeź-Stiftung, die polnische Wissenschafter unterstützt.

Karolina Lanckorońska, die ein Leben lang der polnischen Wissenschaft und Kultur gedient hat, zeichnete sich durch einen Bürgerpatriotismus aus, wie es ihn heute kaum mehr gibt. Die vom Vater geerbte, einzigartige Gemäldesammlung schenkte sie, als letzte ihres Geschlechts, 1994 – „in Huldigung der Freien und Unabhängigen Republik" – den Königsschlössern in Krakau und Warschau. Auf die Frage „Was ist Polentum" in einer Enquete der Monatszeitschrift „Znak" antwortete K. Lanckorońska unter all den angeschriebenen hervorragenden Persönlichkeiten der polnischen Kultur am knappsten: „Polentum ist für mich das Bewusstsein der Zugehörigkeit zum polnischen Volk. Ich halte dafür, dass man möglichst konkrete Beweise dieses Bewusstseins erbringen sollte, hingegen begreife ich nicht das Bedürfnis nach einer Analyse." Die fundamentale Bedeutung des Wirkens von Karolina Lanckorońska liegt vor allem anderen in ihrem unermüdlichen Bemühen und Wachen darüber, dass die polnische Kultur und Wissenschaft im Bereich der europäischen und der Weltkultur bleiben.

Lech Kalinowski und Elżbieta Orman

Anmerkungen

1 Aus ihrer Rede anlässlich der Verleihung des Großkreuzes des Ordens Polonia Restituta vom 27. 5. 1991 in der polnischen Botschaft in Rom.

2 S. Cynarski, *Dzieje rodu Lanckorońskich z Brzezia od XIV do XVIII wieku*, Warszawa–Kraków 1996.

3 R. Taborski, *Polacy w Wiedniu*, Wrocław-Warszawa-Kraków 1992.

4 A. Wysocki, *Sprzed pół wieku*, Kraków 1974, S. 287.

5 K. Lanckorońska, *Rozdół*, „Tygodnik Powszechny" 1995, Nr. 35.

6 J. Suchmiel, *Działalność naukowa kobiet w Uniwersytecie we Lwowie do roku 1939*, Częstochowa 2000, S. 225–227.

7 Die Arbeit daran beendete sie 1946 in Rom. Die *Kriegserinnerungen* erscheinen mit der polnischen Ausgabe zum ersten Mal im Druck, doch waren Auszüge in der Emigrationspresse publiziert worden, in den neunziger Jahren im „Tygodnik Powszechny".

8 Aus der Ansprache K. Lanckorońskas anlässlich der Verleihung der Ehrendoktorwürde der Jagiellonen-Universität am 27. 5. 1983.

Nachwort zur deutschen Ausgabe

ZU EHREN EINER AUSSERORDENTLICHEN TANTE

Nicht ohne Ergriffenheit und mit großer Freude setze ich persönliche Gedanken an das Ender der Kriegserinnerungen meiner geliebten Tante Karla Lanckorońska. Glücklich bin ich, dass dem deutschkundigen Leser das Schicksal dieser einmaligen Frau, das in drei Jahrhunderte hineinreicht, zugänglich wird. Es freut mich ganz besonders, dass meine großen Freunde seit Jugendzeit, Feri und Ania Batthyány, geb. Konarska, im Einvernehmen mit Karla Lanckoronska die Initiative ergriffen, die letztendlich zur Übersetzung und Herausgabe dieser Erinnerungen in deutscher Sprache führte.

Ich bin der Urenkel der Schwester ihres Vaters. Das erklärt auch, weshalb meine Frau Ewa und ich, mein Sohn Jan Eugen, verheiratet mit Dominika geb. Kulczyk, ich und die Nachkommen als Einzige den Namen der Familie Lanckoroński tragen dürfen, die mit ihrem Tode im Stamm erlosch. Mit Unwillen sah Tante Karla, wie familienfremde Personen sich den Namen Lanckoroński arrogierten. Die Gräfin mag von höherem Standort schmunzeln, dass dieses Buch diese ihr willkommene Klarstellung mitführt.

Im Nachwort zur polnischen Ausgabe, verfasst von Professor Lech Kalinowski und Frau Elżbieta Orman, wird die wissenschaftliche Tätigkeit meiner Tante und die Bedeutung ihrer noblen Familie mit großer Kenntnis vorgestellt. Meine Worte mögen – dieser deutschen Ausgabe sei Dank – ihre Menschenliebe und Selbstlosigkeit offenbaren, die sie selbst in ihrer unendlichen Bescheidenheit gerne verschwieg.

Ungezählt sind die Bedürftigen in ihrem Vaterland, die Gräfin Karla über Jahrzehnte mit materieller Hilfe versorgte; Tausende waren es, und auch für unsere Familie gab es kein größeres Fest als die Ankunft eines Hilfspakets. Dass wir die schlimme Zeit kommunistischer „Gleichheit" in täglicher Diskriminierung und Erniedrigung nach dem Krieg überlebten, das verdanken wir nicht zuletzt Tante Karla und ihrem Bruder Tonio, die selbst aufs Bescheidenste wohnten und lebten, sich jeden leichtfertigen Groschen versagten. Beide unterstützten ihre ehemaligen Arbeiter und Angestellten von den Landgütern am Bug und in Wodzisław mit Tausenden von Paketen mit Lebensmitteln, Kleidung und Medikamenten. Eine Episode aus dieser Zeit: Während einer Zugfahrt erwähne ich einer mir fremden Mitreisenden gegenüber, dass ich ein wichtiges Medikament in Polen nicht bekommen könne. Darauf die Frau ohne Zögern: Ich gebe Ihnen die Adresse von Frau Lanckorońska in der Schweiz, nie hat sie eine solche Bitte abgeschlagen.

In den schwierigsten Jahren seit dem Krieg, gerade nach dem Kriegsrecht und als mit der Bewegung „Solidarność" der Zerfall des Kommunismus sichtbar wurde, was der Staatsapparat den Universitäten mit Drangsalierungen heimzahlte, half die Lanckoroński-Stiftung der Jagiellonen-Universität in Krakau mit den nötigen Medikamenten für Personal und Studenten.

Karla Lanckorońska, die ihr ganzes Leben der polnischen Wissenschaft und Kultur widmete, war ein Vorbild an Patriotismus. Die bedeutende Gemäldesammlung, Erbschaft des Vaters, schenkte sie 1994 als „Zeichen der Verehrung des freien und unabhängigen Polen" ihrem Lande. Auf diese Weise gelangten Hunderte von Kunstwerken, darunter Bilder von Rembrandt und Gemälde der italienischen Renaissance sowie eine Sammlung von Zeichnungen Jacek Malczewskis, an die königlichen Schlösser nach Krakau und Warschau.

„Polnischsein ist für mich das Bewusstsein, dem Schicksal dieses großen Landes anzugehören." Es war ihr größter Traum, ihre Heimat von fremdem Joch befreit zu sehen. Die Erfüllung dieses Traums war ihr – und ihrer Heimat – vergönnt. Das freie Polen überschüttete diese große Frau mit Ehrenbezeugungen, doch Gegenstand der Verehrung wollte sie nicht sein; ein Vorbild schon eher.

Tante Karla war eine Persönlichkeit von seltener Vitalität und Energie. Sie war über 90 Jahre alt, als sie regelmäßig die Vatikanische Bibliothek aufsuchte und auch, zur näheren Betrachtung des Meisterwerks von Michelangelo, das Baugerüst der Sixtinischen Kapelle erklomm. Als sie 100 Jahre alt war, ließ sie ihr Büro mit Internet ausrüsten.

Sie starb im 105. Lebensjahr als Letzte ihrer Familie, die den Wappenspruch führte: Flammans pro recto.

Stanisław Lubormirski Lanckoroński   Krakau, 13. Juni 2003

Anhang

Liste der 23 von Krüger ermordeten Professoren

Cieszyński, Antoni, Prof. Jan-Kazimierz-Universität/Abk. UJK (Medizin)

Dobrzaniecki, Władysław, Prof. UJK (Medizin)

Grek, Jan, Prof. UJK (Medizin) zusammen mit seiner Frau und den Gästen Tadeusz Boy-Żeleński und Pfr. Komornicki

Grzędzielski, Jerzy, Doz. UJK (Medizin)

Hamerski, Edward, Prof. (Medizin)

Hilarowicz, Henryk, Prof. UJK (Medizin)

Korowcz, Henryk, Prof. Außenhandelsakademie/Abk. AHZ (Ökonom)

Krukowski, Włodzimierz, Prof. Polytechnikum (Elektrotechnik)

Longchamps de Berier, Roman, Prof. UJK (Jura) mit den drei Söhnen Bronisław, Zygmunt, Kazimierz

Łomnicki, Antoni, Prof. Polytechnikum (Mathematik)

Mączewski, Stanisław, Doz. UJK (Medizin)

Nowicki, Witold, Prof. UJK (Medizin) mit Sohn Jerzy (Dr. med.)

Ostrowski, Tadeusz, Prof. UJK (Medizin) mit Ehefrau und Gästen, Dr. Ruff, mit Frau und Sohn

Pilat, Stanisław, Prof. Polytechnikum (Chemie)

Progulski, Stanisław, Doz. UJK (Medizin) mit Sohn Andrzej (Ing.)

Rencki, Roman, Prof. UJK (Medizin)

Ruziewicz, Stanisław, Prof. AHZ (Mathematik)

Sieradzki, Włodzimierz, Prof. UJK (Medizin)

Sołowij, Adam, em. Prof. UJK (Medizin) mit dem Enkel Adam Mięsowicz

Stożek, Włodzimierz, Prof. Polytechnikum (Mathematik) mit den beiden Söhnen Eustychy (Elektr.-Ing.) und Emanuel (Chemie)

Vetulani, Kazimierz, Prof. Polytechnikum (Mathematik)

Weigel, Kacper, Prof. Polytechnikum (Mathematik) mit Sohn Józef (Jurist)

Witkiewicz, Roman, Prof. Polytechnikum (Mechanik)

Dr. Ernst Kaltenbrunner
Obergruppenführer
General der Waffen-SS und der Polizei

Berlin SW 11, den 2. April 194 -
Prinz-Albrecht-Str. 8

Sehr geehrter Herr Präsident !

Ich bin in der angenehmen Lage, Ihnen berichten zu
können, dass der Reichsführer-SS Ihrem Wunsche stattgegeben und die Gräfin L a n s k o r a n s k a aus
der Schutzhaft entlassen hat. Wie ich aus dem Tatbestandsbericht entnehme, wurde die Schutzhaft über die
Gräfin Lanskoranska schon im Jahre 1942 wegen starker
Aktivität gegen die Interessen der deutschen Besatzung
macht verhängt. Es wäre an sich eine härtere Bestrafung vollauf berechtigt gewesen; jedoch hat sich der
Vernehmungsbeamte der Gräfin Lanskoranska gegenüber
sehr ungeschickt benommen und sich ausserdem wichtig
und interessant zu machen versucht, indem er ihr von
"Machtbefugnissen" seiner Person und "abschreckenden
Methoden" der Gegnerbekämpfung erzählte, so dass
schon wegen dieser Entgleisungen nicht nur der Beamte
bestraft werden musste, sondern insgesamt eine entgegenkommende Handhabung der Schutzhaft stattfand.

                                                    Ich

An den
Präsidenten des Internationalen Komitees vom Roten Kreuz
Seine Exzellenz Herrn Gesandten Prof. B u r c k h a r d t
G e n f / Schweiz

Dr. Ernst Kaltenbrunner

Sehr geehrter Herr Präsident!

Ich bin in der angenehmen Lage, Ihnen berichten zu können, dass der Reichsführer-SS Ihrem Wunsche stattgegeben und die Gräfin L a n s k o r a n s k a aus der Schutzhaft entlassen hat. Wie ich aus dem Tatbestandsbericht entnehme, wurde die Schutzhaft über die Gräfin Lanskoranska schon im Jahre 1942 wegen starker Aktivität gegen die Interessen der deutschen Besatzungsmacht verhängt. Es wäre an sich eine härtere Bestrafung vollauf berechtigt gewesen; jedoch hat sich der Vernehmungsbeamte der Gräfin Lanskoranska gegenüber sehr ungeschickt benommen und sich ausserdem wichtig und interessant zu machen versucht, indem er ihr von „Machtbefugnissen" seiner Person und „abschreckenden Methoden" der Gegnerbekämpfung erzählte, so dass schon wegen dieser Entgleisung nicht nur der Beamte bestraft werden musste, sondern insgesamt eine entgegenkommende Handhabung der Schutzhaft stattfand.

Ich

An den
Präsidenten des Internationalen Komitees vom Roten Kreuz
Seine Exzellenz Herrn Gesandten Prof. B u r c k h a r d t
Genf / Schweiz

Ich darf mich noch einmal auf Ihre persönliche
Zusicherung berufen, die Gräfin Lanskoranska,
die bei ihrem Bruder in der Schweiz Aufenthalt
nehmen wird, dahin zu belehren und zu beeinflussen, sich auf Kriegsdauer gegen Reichsinteressen
loyal zu verhalten.

Um Ihren Wunsch möglichst rasch zu erfüllen, habe
ich Ihren Beauftragten, Herrn Dr. M e y e r ,
trotz der Unbequemlichkeit dieser Beförderungsart gebeten, die Gräfin Lanskoranska schon beim
ersten Transport mitzunehmen.

Mit meinen besten Grüssen und vorzüglicher Hochachtung

Ihr sehr ergebener

Ich darf mich noch einmal auf Ihre persönliche Zusicherung berufen, die Gräfin Lanskoranska, die bei ihrem Bruder in der Schweiz Aufenthalt nehmen wird, dahin zu belehren und zu beeinflussen, sich auf Kriegsdauer gegen Reichsinteressen loyal zu verhalten.

Um Ihren Wunsch möglichst rasch zu erfüllen, habe ich Ihren Beauftragten, Herrn Dr. M e y e r , trotz der Unbequemlichkeit dieser Beförderungsart gebeten, die Gräfin Lanskoranska schon beim ersten Transport mitzunehmen.

Mit meinen besten Grüssen und vorzüglicher Hochachtung

Ihr sehr ergebener
Kaltenbrunner

Der Reichsführer-SS
und
Chef der Deutschen Polizei
im Reichsministerium des Innern

S IV D 2 - 5925/42 -

Berlin SW 11, den 21. 7. 1942
Prinz-Albrecht-Straße 8

Sehr verehrter Herr Professor!

Jch bestätige den Empfang Jhres Schreibens vom 1.6.42.
Jch habe sofort eine genaue Ueberprüfung des Falles
der polnischen Gräfin Dr.Karoline L a n c k o r o n s k a
angeordnet.

Aus den mir nun vorliegenden Berichten ersehe ich,
dass der Gräfin Lanckoronska, die im Zuge der Umsiedlung au
dem früheren sowjetrussischen Jnteressengebiet in das Ge =
neralgouvernement kam, von den deutschen Stellen zunächst
ein sehr großes Vertrauen entgegengebracht worden war.So
wurde ihr z.B. die Leitung des polnischen Hilfskomitees
in Stanislau übertragen und damit ein Einfluss auf die
übrigen Komitees in Galizien eingeräumt.

Leider enttäuschte sie die Erwartungen einer zu =
mindest loyalen Tätigkeit.So erklärte sie ganz offen,dass
sie sich als Nationalpolin mit der jetzigen Lösung nicht
abfinden könne.Für sie existiere noch ein polnischer Staat.

292 : Mut ist angeboren

Der Reichsführer-SS   Berlin SW, den 21. 7. 1942
und Chef der Deutschen Polizei   Prinz-Albrecht-Straße 8
im Reichsministerium des Innern
S IV S 2-5925/42-

Sehr verehrter Herr Professor!
Ich bestätige den Empfang Ihres Schreibens vom 1.6.42.

Ich habe sofort eine genaue Ueberprüfung des Falles der polnischen Gräfin Dr.
Karoline L a n c k o r o n s k a angeordnet.

Aus den mir nun vorliegenden Berichten ersehe ich, dass der Gräfin Lanckoronska, die im Zuge der Umsiedlung aus dem früheren sowjetischen Interessensge-
biet in das Generalgouvernement kam, von den deutschen Stellen zunächst ein sehr
großes Vertrauen entgegengebracht worden war. So wurde ihr z.B. die Leitung des
polnischen Hilfskomitees in Stanislau übertragen und damit ein Einfluss auf die
übrigen Komitees in Galizien eingeräumt.

Leider enttäuschte sie die Erwartungen einer zumindest loyalen Tätigkeit. So erklärte sie ganz offen, dass sie sich als Nationalpolin mit der jetzigen Lösung nicht
abfinden könne. Für sie existiere noch ein polnischer Staat.

Sie wisse, dass die Polen Feinde Deutschlands seien und bekenne sich auch offen als Feindin Deutschlands.

Bald nach der Aufnahme ihrer Tätigkeit in den Hilfs= komitees war unter den ihrer Betreuung unterstehenden Po= len ein ganz erheblicher Stimmungsumschwung zu Ungunsten Deutschlands festzustellen.

Um einer weiteren Verhetzung vorzubeugen, war es daher nötig,die Gräfin Lanckoronska zunächst in Schutzhaft zu nehmen.

Ich werde diese Angelegenheit selbstverständlich im Auge behalten, kann jedoch zurzeit leider eine Aufhebung der angeordneten Maßnahmen bis zum Abschluß der Ermitte - lungen nicht anordnen.

Ich darf Sie aber bitten überzeugt zu sein, dass in diesem Falle, wie in allen weiteren Fällen, nur so weit vorgegangen wird, wie es im Interesse einer befriedigen - den Lösung der Verhältnisse in Galizien notwendig ist.

Ich würde mich freuen, von Jhnen, sehr verehrter Herr Professor, gelegentlich wieder zu hören.

Mit den besten Wünschen für Jhre weitere Tätigkeit verbleibe ich

Jhr

Sie wisse, dass die Polen Feinde Deutschlands seien und bekenne sich auch offen als Feindin Deutschlands.

Bald nach der Aufnahme ihrer Tätigkeit in den Hilfskomitees war unter den ihrer Betreuung unterstehenden Polen ein ganz erheblicher Stimmungsumschwung zu Ungunsten Deutschlands festzustellen.

Um einer weiteren Verhetzung vorzubeugen, war es daher nötig, die Gräfin Lanckoronska zunächst in Schutzhaft zu nehmen.

Ich werde diese Angelegenheit selbstverständlich im Auge behalten, kann jedoch zurzeit leider eine Aufhebung der angeordneten Maßnahmen bis zum Abschluß der Ermittelungen nicht anordnen.

Ich darf Sie aber bitten überzeugt zu sein, dass in diesem Falle, wie in allen weiteren Fällen, nur so weit vorgegangen wird, wie es im Interesse einer befriedigenden Lösung der Verhältnisse in Galizien notwendig ist.

Ich würde mich freuen, von Ihnen, sehr verehrter Herr Professor, gelegentlich wieder zu hören.

Mit den besten Wünschen für Ihre weitere Tätigkeit verbleibe ich

Ihr
ergebener
H. Himmler

Rzym, dnia 22 V 2001 r.

Ojcze Święty!

Ośmielam się złożyć u stóp Waszej Świątobliwości krótki
opis moich przeżyć wojennych z lat 1939-1945. Pismo to ma jedyną zaletę,
że każde słowo odpowiada absolutnej prawdzie. Każdy zaś człowiek tą
samą prawdę widzi z innego punktu widzenia. Stąd odwaga napisania
i przesłania tych notatek.Proszę o wybaczenie mojej śmiałości i proszę
przyjąć wyrazy nieograniczonego oddania.

Karolina Lanckorońska

Rom, den 22. 5. 2001

Heiliger Vater!

Ich erkühne mich, Eurer Heiligkeit die kurze Schilderung meiner Kriegserlebnisse aus den Jahren 1939–1945 zu Füßen zu legen. Diese Schrift hat den einen einzigen Vorzug, dass jedes Wort der absoluten Wahrheit entspricht. Jeder Mensch aber sieht dieselbe Wahrheit von einem anderen Standpunkt aus. Von daher die Verwegenheit, diese Aufzeichnungen niederzulegen und zu übersenden. Ich bitte, mir meine Kühnheit zu vergeben und den Ausdruck grenzenloser Ergebenheit entgegenzunehmen.

K. Lanckorońska

Watykan, 25 maja 2001 r.

+ Czcigodna i Droga Pani Profesor,

Z wdzięcznością przyjmuję ofiarowany mi opis przeżyć wojennych Pani Profesor z lat 1939-1945. Gratuluję Autorce tej publikacji, która stanowić będzie jeszcze jeden cenny dokument historii Polski. Tym cenniejszy, że napisany przez wiarygodnego Świadka, który całe swe życie poświęcił służbie dla dobra Ukochanej Ojczyzny.

Proszę przyjąć wyrazy mego głębokiego szacunku i pozdrowień.

Z serdecznym błogosławieństwem

Jan Paweł II

Pani
Prof.Karolina Lanckorońska
Via Virginio Orsini, 19
00192 ROMA

Vatikan, 25. Mai 2001

Verehrte und teure Frau Professor,

Mit Dankbarkeit nehme ich die mir dargebrachte Beschreibung Ihrer Kriegserlebnisse aus den Jahren 1939–1945 an. Meine Gratulation der Autorin dieser Publikation, die ein weiteres wertvolles Dokument der Geschichte Polens darstellt. Um so wertvoller, da von einem glaubwürdigen Zeugen geschrieben, der sein ganzes Leben dem Dienst am Wohl des Geliebten Vaterlandes gewidmet hat.

Bitte nehmen Sie den Ausdruck meiner tiefen Hochachtung und der Grüße entgegen.

Mit herzlichem Segensspruch

Johannes Paul II

Frau
Prof. Karolina Lanckorońska
Via Virginio Orsini, 19
00192 Roma

Ojcze Święty !

Z niewymownym wzruszeniem przyjęłam słowa Waszej Świątobliwości skierowane do mnie, które się odnoszą do moich pamiętników. Nie umiem powiedzieć czym jest dla mnie to odezwanie się osobiste Ojca Świętego na ten temat. List ten jest ogromnym dla mnie szczęściem. Jedyne co mogę o tym powiedzieć jest to, że każde słowo w tych wspomnieniach odpowiada absolutnej prawdzie.

Z największą pokorą i z najgłębszą wdzięcznością

Karolina Lanckorońska

Karolina Lanckorońska

Rzym, 1 czerwca 2001r.

Heiliger Vater!

Mit unaussprechlicher Rührung habe ich die an mich gerichteten Worte Eurer Heiligkeit bezüglich meiner Erinnerungen aufgenommen. Ich vermag nicht zu sagen, was diese persönliche Äußerung des Heiligen Vaters zu diesem Thema für mich bedeutet. Dieser Brief ist ein gewaltiges Glück für mich. Das Einzige, was ich darüber sagen kann, ist, dass jedes Wort in diesen Memoiren der absoluten Wahrheit entspricht. Mit größter Demut und mit tiefster Dankbarkeit

Karolina Lanckorońska

Rom, den 1. Juni 2001

Albert Zygmunt (geb. 1908), Arzt f. Anat. Pathologie, Prof. an der Univers. Wrocław, 1950–54 Rektor. Während des Krieges Adjunkt an der Univ. Lwów; unter den am 4.7.1941 Ermordeten befanden sich seine Univ.-Lehrer.

Anders Władysław (1892–1970), General, während der Septemberkampagne 1939 Anführer der Nowogrodzker Kavallerie-Brigade. 1939–41 russ. Gefangener in Lwów und Moskau. Nach seiner Freilassung 1941 formierte er in der UdSSR die Poln. Armee. Als Anführer des II. Polnischen Korps nahm er mit den alliierten Truppen an der Italienischen Kampagne teil, u. a. an der Eroberung von Monte Cassino.

Barda Franciszek (1880–1964), Bischof v. Przemyśl (seit 1933)

Bortnowska Maria (1894–1972) leitete während des Krieges in Warschau das Informationsbüro des Polnischen Roten Kreuzes. Am 23.10.1942 von der Gestapo verhaftet, wurde sie im August 1943 ins Konzentrationslager Ravensbrück transportiert (das sie mit dem letzten Polinnen-Transport im Juli 1945 verließ). Am 4. 3. 1947 wurde sie unter dem Vorwurf, mit den Deutschen kooperiert zu haben, in Warschau verhaftet und zu drei Jahren Gefängnis verurteilt, auf Grund der Intervention von Mithäftlingen aus Ravensbrück jedoch am 5. 6. 1948 freigelassen.

Brachyneć Andrij (1903–1963), Ukrain. Historiker, Marxist. Von 1937–1939 las er an der Universität Charkow. Nach Lwów versetzt, war er bis 1941 und 1946 Dekan der Philosophischen Fakultät.

Bujak Franciszek (1875–1953), Professor für Wirtschaftsgeschichte an der Universität Lwów

Burckhardt Carl Jakob (1891–1974), von 1937–39 hatte er das Amt des Hochkommissars des Völkerbundes in Danzig inne. Von 1944–48 Präsident des Internationalen Roten Kreuzes in Genf.

Caetani Roffredo (1871–1961), Enkel von Kaliksta Rzewuska (1810–1842) und Michelangelo Caetani

Chorążyna geb. Starczewska Halina, Kämpferin im bewaffneten Untergrund, in Ravensbrück Initiatorin der so gen. gesprochenen Tageszeitung für Häftlinge

Cieński Włodzimierz, Pfr. (1897–1983), war Kaplan der Untergrundorganisation in Lwów. Verhaftet im April 1940 und in die UdSSR verschleppt, wurde er Kaplan in der Anders-Armee. Sohn des Tadeusz Cieński, eines galizischen Politikers, und seiner Ehefrau Maria geb. Dzieduszycka.

Dąmbska Aleksandra (1902–1988) war Krankenschwester, während des Krieges gehörte sie zum ZWZ-AK und arbeitete in der Abt. für Gefangenenhilfe beim RGO. Schwester von Prof. Izydora Dąmbska.

Dyboski Roman (1883–1945), Professor für englische Literatur an der Jagiellonen-Universität

Fedorowicz Tadeusz, Pfr. (geb. 1907), Kanonikus des römisch-katholischen Kapitels in Lwów, Sekretär der „Caritas" der Lemberger Erzdiözese, Direktor der Blindenanstalt in Laski bei Warschau

Galen Clemens August von (1878–1946) war Bischof von Münster. Trat gegen das Hitlerregime auf, verbreitete die Enzyklika Papst Pius XI. *Mit brennender Sorge*, die den Faschismus verdammte.

Ganszyniec Ryszard /Ganschinietz, Gansiniec/ (1888–1958), Professor an der Lemberger Universität

Gebhardt Karl, SS-Brigadeführer, Freund und Leibarzt von H. Himmler, Vorsitzender des Deutschen Roten Kreuzes

Gębarowicz Mieczysław (1893–1948), Professor d. Kunstgeschichte an der Historischen Fakultät der Lemberger Universität. Nach 1945 blieb er in Lwów und widmete sich bis ans Lebensende der Wissenschaft.

Goetel Walery (1889–1972), Professor der Geologie an der Akademie für Berg- und Hüttenwesen in Krakau

Gołuchowski Agenor (1849–1921), Außenminister Österreich-Ungarns von 1895–1906

Grabski Stanisław (1871–1949), nationaldemokratischer (ND) Funktionär, Ökonom, Professor an der Univ. Lwów (1910–39). 1923, 1925–26 war er Minister für Religiöse Konfessionen und Öffentliche Bildung. September 1939 verhaftet, wurde er 1941 freigelassen. 1942–45 stand er dem Nationalrat in London vor.

Grekowa geb. Pareńska Maria, Ehefrau von Jan Grek, Arzt und Professor an der Univ. Lwów. Am 4.7.1941 zusammen mit ihrem Mann auf dem Wulecki-Hügel in Lwów ermordet.

Grocholska Maria geb. Czetwertyńska (1899–1991), Ehefrau von Michał Grocholski (1891–1924)

Hess Rudolf (1894–1987), Hitlers Stellvertreter in der NSDAP

Kaltenbrunner Ernst (1903–1946), Chef der Sicherheitspolizei des Dritten Reichs

Koegel Otto, SS-Obersturmbannführer, Lagerkommandant von Ravensbrück von 1939 bis März 1942

Komornicki Władysław, Pfr. (1911–1941), Bibelkundler an der Univ. Lwów, Lehrer für Griechisch

Komorowski Tadeusz, Pseud. „Bór" (1895–1966), von Februar 1940 bis Juli 1941 war er Kommandeur des Gebiets IV ZWZ in Krakau. Später stellvertr. Oberkommandeur ZWZ, Gen. Stefan Grot-Roweckis, und nach seiner Verhaftung im Juli 1941 Befehlshaber der Heimatarmee.

Kornel, siehe Macieliński Emil

Kornijczuk Ołeksandr (1905–1972), ukrainischer Literat und kommunistischer Aktivist, Ehemann von Wanda Wasilewska

Kot Stanisław (1885–1976), Professor für die Geschichte der Aufklärung an der Jagiellonen-Universität, Volksaktivist. Im September 1939 organisierte er das Komitee zur Fürsorge an Flüchtlingen (Emigranten, Auswanderern) in Lwów. Von Dezember 1939 an Innenminister in der Emigrationsregierung von Gen. Władysław Sikorski, nach dem Krieg Botschafter in Rom.

Kozłowski Leon (1892–1944), Professor für Archäologie an der Univ. Lwów. 1934–35 Premier der RP. Verhaftet am 26.9.1939 und nach Moskau abtransportiert, wurde er zum Tode verurteilt. 1941 freigelassen, ging er zur deutschen Seite über und starb in Berlin.

Krzeczunowicz Maria, Pseud. Dzidzia (1885–1945?), Sportlerin, Tochter von Walerian und Ilona Fricke de Sövenyhàza. Vertrauenskurier (nach Ungarn und Rom) von Tadeusz Komorowski.

Krzemieniewski Seweryn (1871–1945), Professor für Botanik und Mikrobiologie der Univ. Lwów

Kuryłowicz Jerzy (1895–1978), Linguist, Professor der Lemberger Universität und nach dem Krieg der Univ. Wrocław

Kutrzeba Stanisław (1876–1946), Professor für Rechtsgeschichte an der Jagiellonen-Universität. Verhaftet am 6.11.1939 und ins Konzentrationslager Sachsenhausen eingeliefert, kehrte er im Februar 1940 nach Krakau zurück.

Lednicki Wacław (1891–1967), Russizist, Professor der Literaturgeschichte an der Jagiellonen-Universität. Anfang 1949 reiste er nach Brüssel, von dort nach Lissabon, um sich für ständig in den USA niederzulassen. 1940–44 lehrte er an der Harvard University in Cambridge, später (seit 1944) an der University of California in Berkeley.

Lichnowsky Margarete Eleonore (1863–1957), die Mutter Karolina Lanckorońskas, entstammte einer preußisch-schlesischen Adelsfamilie. Ihr Bruder Karl Max (1860–1928) war Politiker und deutscher Botschafter in London während des Ersten Weltkriegs.

Longchamps de Berier Roman (1883–1941), Professor für Zivilrecht, 1939 Rektor der Jan-Kazimierz-Universität in Lwów

Macieliński Emil („Kornel") (1892–1941), nach Kriegsausbruch Aktivist des ZWZ in Lwów. Ab April 1940 Stellvertr. des Kommandeurs des Gebiets II ZWZ. Zweimal verhaftet und freigelassen, beschuldigt der Zusammenarbeit mit dem NKWD und der Beteiligung an Verhaftungen im Lemberger ZWZ. Unter dem Vorwurf des Verrats vom Femegericht beim Generalkommando ZWZ verurteilt und am 17.12.1941 in Warschau erschossen.

Mandel Maria, Oberaufseherin des Lagers in Ravensbrück von April bis Oktober 1942

Marczenko Mychaiło (1902–1983), Historiker, Professor am Pädagogischen Institut in Kiew (1937–39), von 1939 an Rektor der Lemberger Universität, später – seit 1941 – Lehrbeauftragter am Pädagogischen Institut in Nowosibirsk (bis 1945) sowie nach dem Krieg in Kiew

Nowicka geb. Schusterowa Olga, Ehefrau von Witold Nowicki, Professor der pathologischen Anatomie in der Lemberger Universität

Ostrowski Tadeusz (1881–1941), Chirurg, Professor an der Universität Lwów, Leiter der Chirurgischen Klinik am Lemberger Medizinischen Institut, am 4.7.1941 zusammen mit seiner Frau Jadwiga erschossen

Peretiatkowicz (Peretjatkowicz) Janina (1890–1963) war Geografielehrerin und Aktivistin i.S. Unterricht und Bildung. November 1941 von der Gestapo verhaftet, ab 30.5.1942 in Ravensbrück. Am konspirativen Gymnasium auf dem Lagergelände unterrichtete sie Astronomie, Geografie, Geologie, und Mineralogie und führte viele Schülerinnen zum Abitur. Im Juli 1945 kehrte sie nach Warschau zurück. Im Dezember 1945 wurde sie verhaftet und verbrachte, ohne Gerichtsverhandlung, vier Jahre im Gefängnis. 1956 wurde sie rehabilitiert.

Podlacha Władysław (1875–1951), Professor für Kunstgeschichte an der Univ. Lwów. Seit Dezember 1939 Direktor des Historischen Museums der Stadt Lwów. Nach dem Krieg Professor an der Universität Wrocław

Połaczkówna Helena (1875–1942), Historikerin und Archivarin. Von Juni 1941 an war in ihrer Wohnung das Informations- und Propagandabüro ZWZ untergebracht. Im August 1942 von der Gestapo verhaftet, wurde sie im Herbst selbigen Jahres in Lwów erschossen.

Potocka von Tarnowski Zofia war die Gattin von Andrzej Potocki (1900–1939), Teilnehmer der Septemberkampagne, von Ukrainern bei Wielkie Oczy ermordet. Schwiegertochter von Andrzej Potocki, Statthalter von Galizien.

Ramdohr Ludwig, Offizier der Kriminalpolizei, in Ravensbrück an der Spitze von Abt. IV, die sich mit den polnischen Häftlingen befasste

Rencki Roman (1867–1941), Arzt, Professor an der Univ. Lwów, Dekan der Medizinischen Fakultät

Reynaud Paul (1878–1966), Französischer Premier, 1940 Außen- und Verteidigungsminister. Gegner der Kapitulation vor den Deutschen, 1940–42 von der Vichy-Regierung interniert, später in Konzentrationslagern inhaftiert.

Rękas Michał, Pfr. (1895–1964), Krankenhauspfarrer und Redakteur der „Apostolstwo Chorych". Während der Okkupation rege karitative Tätigkeiten unter Kranken, Verwundeten und Flüchtlingen. Am geheimen Priesterseminar lehrte er Apologetik.

Ronikier Adam (1881–1952) war von Juni 1940 bis Oktober 1943 Vorsitzender des RGO.

Rosenberg Alfred (1893–1946), Ideologe des deutschen Faschismus

Rowecki Stefan, Pseud. Grot (1895–1944), von Juni 1940 an war er Oberkommandierender ZWZ für das ganze Land und ab Februar 1942 Befehlshaber der Heimatarmee. Im Juli 1943 verhaftet, war er nachfolgend im KZ Sachsenhausen (unweit von Ravensbrück) inhaftiert. August 1944, ein paar Tage nach Ausbruch des Warschauer Aufstands, wurde er ermordet.

Sapieha Adam Stefan (1867–1951), Metropolit von Krakau. Dank seiner unbeugsamen Haltung gegenüber den deutschen Okkupationsbehörden und Interventionen in polnischen Angelegenheiten erfreute er sich einer ungeheuren Popularität.

Schebesta (seit 1947 Szebesta) Adam (1893–1973), seit 1940 Stellvertreter des Bevollmächtigten der Hauptverwaltung des Polnischen Roten Kreuzes für den Krakauer Bezirk, später Sanitärinspektor des RGO und Sanitärchef ZWZ-AK des Krakauer Bezirks

Schwarzhuber Johann, SS-Obersturmführer. Nach der Evakuierung des Lagers in Auschwitz kam er nach Ravensbrück als Spezialist für die Massenliquidierung von Häftlingen.

Seyfried Edmund (1889–1968) war in der Zwischenkriegszeit Direktor der Polnischen Gesellschaft der Eisenbahnbuchhandlungen „Ruch" AG in Lwów. Während der Okkupation arbeitete er beim RGO, von Februar 1941 als Vizedirektor und von Juli 1943 als Generaldirektor des Zentralbüros des RGO in Krakau.

Sikorski Władysław (1881–1943), General, Premier der Exilregierung und Oberbefehlshaber der Polnischen Streitkräfte, kam am 4.7.1943 bei einer Flugzeugkatastrophe auf Gibraltar ums Leben.

Slipyj Josyf Kard. (1892–1984), griechisch-katholischer Erzbischof

Smaczniak Józef Pfr., Pseud. Nadworny (1896–1942), Pfarrer in Nadworna. Von Anbeginn des Krieges organisierte er eine Paketaktion zugunsten nach Russland deportierter polnischer Familien und leitete die Stelle zur Weiterbeförderung von Kurierpost nach Ungarn. Von der Gestapo am 17.8.1941 verhaftet.

Sołowij Adam (1859–1941), Gynäkologe, Professor an der Univ. Lwów. Wurde am 4.7.1941 gemeinsam mit seinem Enkel Adam Mięsowicz ermordet.

Studyńskyj Kiryl (1868–1941), ukrainischer Literaturhistoriker, 1939–41 Dekan der Philosophischen Fakultät und Prorektor der Univ. Lwów

Suhren Fritz, SS-Hauptsturmbannführer, Lagerkommandant von Ravensbrück ab August 1942 bis zur Liquidierung des Lagers 1945

Szeptycki Andrzej (1865–1944), griechisch-katholischer Metropolit von Lwów

Tomaka Wojciech (1875–1967), sel. Angedenkens, Weihbischof von Przemyśl. 1939–41 leitete er den Teil der Diözese Przemyśl, der sich unter deutscher Besatzung befand.

Twardowski Bolesław (1864–1944), Lemberger Metropolit des lateinischen Ritus

Tyszkiewiczowa von Tarnowski Róża (1898–1961) war die Gattin von Władysław Tyszkiewicz (1898–1940), der nach Russland deportiert worden ist.

Weygand Maxime (1867–1967), 1939 Oberbefehlshaber der französischen Truppen im Mittleren Osten

Wiesenthal Simon (geb. 1908), Architekt, stammt aus Lwów. Von 1941–45 Häftling der Lager in Lwów, Płaszów, Gross-Rosen, Buchenwald und Mauthausen. Nach dem Krieg gründete er in Wien das Jüdische Zentrum zur historischen Dokumentation des Holokaust.

Winckelmann Adolf, nach der Liquidierung des Lagers in Auschwitz kam er nach Ravensbrück, wo er vom 25. 2. 1945 an „Arzt" war – Spezialist für die massenhafte Liquidierung von Häftlingen.

Wohlfarth Halina (1916–1945), 1940 in Warschau verhaftet für ihre Tätigkeit in einer geheimen Druckerei. Am 5. 1. 1945 zusammen mit vier weiteren Häftlingen in Ravensbrück erschossen.

Żebrowski Władysław, Pseud. Żuk (1883–1940?), Oberst d. Artillerie, Kommandeur des Kadetten-Korps in Lwów. Seit Dezember 1939 stellvertr. Kommandeur des Gebietes II ZWZ in Lwów.

Bildnachweis

Archivum Krolewski w. Warszawie, Foto M. Bronarski: Abb. 3 u. 4
Foto E. Orman: Abb. 25
Servizio Fotografico de „L'O.R.", Città del Vaticano: Abb: 26
Małgorzata Zowita: Abb. 28

Anhang:
Das Original des Himmler-Briefes von Seite 293–294 befindet sich in der Sammlung des Königlichen Schloss-Museums Warschau

Hinweis

Die Schreibung russischer und ukrainischer Namen folgt der (polnischen) Schreib-
weise der Autorin. Wenn bei Zitaten der Quellenhinweis fehlt, stammt die Übersetzung von Karin Wolff.

Personenregister

Karte des Generalgouvernements